中央民族大学国家“十五”“211工程”建设项目

何　群　编著

土著民族与小民族生存发展问题研究

中央民族大学出版社

图书在版编目（CIP）数据

土著民族与小民族生存发展问题研究/何群编著．北京：中央民族大学出版社，2006.5

ISBN 7-81108-173-3

Ⅰ．土…　Ⅱ．何…　Ⅲ．民族问题-世界-文集　Ⅳ．D562-53

中国版本图书馆 CIP 数据核字（2006）第 046970 号

土著民族与小民族生存发展问题研究

编 著 者　何　群
责任编辑　李苏幸
封面设计　马钢工作室
出 版 者　中央民族大学出版社
　　　　　北京市海淀区中关村南大街 27 号　邮编:100081
　　　　　电话:68472815(发行部) 传真:68932751(发行部)
　　　　　　　68932218(总编室)　　　68932447(办公室)
发 行 者　全国各地新华书店
印 刷 者　北京华正印刷有限公司
开　　本　880×1230(毫米)　1/32　印张:13.375
字　　数　332 千字
印　　数　2000 册
版　　次　2006 年 5 月第 1 版　2006 年 5 月第 1 次印刷
书　　号　ISBN 7-81108-173-3/D·84
定　　价　26.00 元

民族学社会学教材与研究丛书总序

民族学与社会学学院的前身是建立于1952年的中央民族学院研究部。在20世纪五六十年代，研究部曾汇聚了中国大部分民族学与社会学的顶尖人才，如中国民族学与社会学的开拓者潘光旦、吴文藻、杨成志、吴泽霖、费孝通、林耀华和李有义等人，以及他们的学生陈永龄、宋蜀华、施联朱、王辅仁、吴恒和王晓义等著名学者。

20世纪80年代初，研究部更名为民族研究所，不久又建立了中国第一个民族学系，20世纪90年代扩大为民族学研究院，2000年更名为民族学与社会学学院。半个世纪以来，名称和建制的变化，并没有影响她致力于民族学教学与研究的宗旨，经过几代人的努力，从该院毕业的民族学专业的学士、硕士和博士已遍布全国各地，多为栋梁之材。同时出版了大量在国内影响巨大的专著和教材。如潘光旦、吴文藻、费孝通等人的文集，林耀华主编的《民族学通论》、宋蜀华的《民族研究文集》、陈永龄的《中国民族学史》（英文版），还出版了全所历年研究成果的论集《民族研究论文集》。这些出版物的共同特点是，以实地调查的材料为基础，以中国的56个民族为主要研究对象。几十年来，这已成为民族学与社会学学院几代人的学术传统。

民族学（文化人类学）毕竟是一个自西方传来的学科，在中国发展历史较短，几十年来又多次受政治运动的影响，所以与我国一些传统的老学科相比，中国的民族学无论在专业的理论、方法和研究成果方面，都是一个比较年轻、比较薄弱的学科。因此，今后本学科的重点是加强民族学专业的基础理论和方法的建设。为此，我们认为需要长期坚持两个方面的工作：

一、积极了解和借鉴国外学者有关的理论、方法和实践。这就要求我们既要翻译、介绍国外一些经典的名著，又要随时掌握国外研究的动态，将其最新的代表性作品翻译介绍给国内的读者和同行。

二、继承我院50年来的传统，坚持实证性的研究方法，以中国的56个民族为主要研究对象，紧密联系实际，加强实地调查，以此为基础，进行理论的总结，为建立独树一帜的、有中国特色的民族学理论而努力。

我们认为有必要使我们的学科建设和理论研究进一步系统化、规范化，并且在研究成果的基础上不断更新教材。因此，我们于2000年成立了“民族学教材与研究丛书编委会”，目的是以民族学与社会学学院为基础，系统地编辑出版民族学专业的教材和以实证性研究为主的专著、调查报告和论文。编委会将重点支持以下内容的教材和著作：

1. 民族学专业主干课和紧缺的必修课教材。
2. 以实地调查资料为基础的专题研究著作。
3. 国外民族学名著或前沿理论与方法的译著。
4. 有重要学术资料价值且规范的田野调查报告。
5. 本院教师实证性研究的论文集。

我们要求教材的编写者，应具有多年讲授该课程的资历，并且发表过有关的研究论文。我们要求丛书中的教材和论著应参考并引用国内外最新的相关研究成果，能够与国际学术界对话。我们希望经过若干年的努力，本套丛书能够为民族学与社会学学院50年学术传统的发扬光大，为中国民族学学科的建设和中国民族学在国际学术界中较高地位的确立做出贡献。

杨圣敏

小民族、社会科学与人类文化（代序）

李安山

（多伦多大学博士　北京大学国际关系学院教授）

“小民族”，顾名思义，是人数少、力量小的民族，是“弱势群体”。[①] 我在这里要为小民族鼓与呼，主要想就三个问题谈谈自己的想法：他们的处境、他们对社会科学的贡献以及他们对人类文化所起的作用。

首先讲一件自己亲身经历的事情。1992 年，我正在多伦多大学历史系攻读博士学位。为了准备我的博士论文《殖民主义统治与农村社会反抗：对殖民时期加纳东部省的研究》，我从多伦多只身来到加纳，进行实地考察并收集资料。加纳是位于西非的一个非常美丽的国家，首都阿克拉更是具有典型滨海风光的城市。我当时住在我的师弟纳纳·布鲁库姆（Nana Brukum）家里。一天，他的妻弟吉米（Jimmy）来玩，他十分热情地邀请我去参观恩萨瓦姆（Nsawam）——一个曾经因可可种植业而兴旺的小镇。我十分愉快地跟着他的车来到恩萨瓦姆。小镇已经衰落，有“绿色黄金”之称的可可已失去了往日的辉煌。吉米在当地的教会工作，这个教会成立于 20 世纪 40 年代。教会里各种设备齐全，从抽水马桶到厨房内的电器设施应有尽有。教会还办了一个

① “国内学术界就‘小民族’的定义的基本共识是‘小’——是从人口少这一数量概念出发的，同时认为小民族具有大多居住在各省区的偏远地区，交通不便，教育与文化、经济设施落后等特点。”何群：《地域意识行为与小民族发展——以鄂伦春族为例》，《西北民族研究》，2001 年第 1 期，第 166—167 页。

帮助残疾儿童的自助中心。

我被邀请在教会用晚餐。一起吃饭的有六七个人，除两位在加纳从事传教工作的美国人（其中一位从1946年起就在这里工作）外，其余都是当地的神职人员。为了欢迎我，他们专门买了一瓶法国红葡萄酒。开始用餐前，一位年龄最大的非洲教士拿起酒瓶，准备斟酒。他打开酒瓶塞后，自己用嘴对着酒瓶喝了一口。见到这种场景，我十分诧异，心里想，这可不是咱们中国人的规矩啊！哪能不先让客人喝却自己喝将起来的？正当我在心中暗暗将自己民族的"礼貌"和恩萨瓦姆教士的"无礼"进行对比时，老人喝了一口后十分礼貌地对我说："尊敬的客人，根据我们的传统，开瓶之后，先由主人尝一口，以保证酒里没有毒药。你已经看到了，酒是好的，没有毒。"说完，他首先给我斟酒。当时，我的心被深深地触动了。假如没有他后面所作的解释，我对这一场景的解读会完全不同。假如我将这种错误理解带回加拿大，再带回中国，在朋友们中间传播，留下的将是一个永远无法弥补的误会与遗憾。

当地的这种习俗如何形成不得而知，但可以肯定的是，当地的土著民族在历史上因喝酒吃过亏。这是上当受骗后总结出来的经验，并在后来待人接物的过程中用礼仪的形式固定下来。也许是先人在奴隶贸易期间因喝过生人的酒成为了被缚的奴隶（这种情况在西非海岸确实发生过）？或者是在殖民统治前期的绥靖过程中因贪杯而误中他人奸计?[1] 总之，这反映了酒与权力之间的一种微妙关系。可以说，在人类遭受殖民主义侵蚀的过程中，作为受害者的土著民族遭受的是一种难以名状的苦难。他们中很多被强者欺骗、愚弄、蹂躏。并非巧合，殖民主义盛行的19世纪正是人文社会科学的现代体制成型的世纪。

这种成型不仅得益于古代理性的探讨精神和17—18世纪科学理想传播的社会环境，19世纪出现的实证科学、博爱精神和进化观点也为社会科学的形成提供了思想基础。现代社会科学的成型以19世纪历史学、经济学、社会学、政治学、人类学（还加上东方学）的学科化、制度化、独立性和国际化为标志。然而，新学科产生的一个重要条件是殖民主义的扩张和现实政治的需要。我们知道，人类学（民族学）之所以能够赶上学科成型的第一班车，这在相当程度上得益于殖民主义统治的需要。当然，我们并不是说人类学的产生是殖民扩张和领土占领的产物，而是想强调，人类学产生于殖民主义的大环境，这是难以否认的。[2] 值得庆幸的是，现代人类学家正在日益摆脱这种殖民遗产，他们或为解决社会面临的实际问题而努力，或不断探求人类发展的基本规律。中国学者已经有所表现：费孝通先生抱着“志在富民”

---

① 在位于西非的尼日利亚，奴隶出身的贾贾通过努力成为奥波博的土王，并垄断了当地的棕榈油贸易。1883年，英国领事休伊特向英国政府力陈将贾贾驱逐出境，但当时并未采取行动。1887年9月18日，贾贾收到一封来自英国代理领事约翰斯顿的信，邀请他到奥波博河畔一家英国商行的“商站”开会。来信写道“如果你明天参加会议，我立誓担保你能来去自由，绝不食言”。贾贾与会后，英方在会上宣布为了奥波博的安宁，他必须离开奥波博。他被英舰押送到阿克拉，并死于他乡。艾伦·伯恩斯著，上海师范大学翻译组译：《尼日利亚史》，上海人民出版社，1974年，第222—230页。这是殖民时期非洲人受骗上当的典型事例。

② Jan van Bremen and Akitoshi Shimizu, ed., *Anthropology and Colonialism in Asia and Oceania*, Curzon, 1999, p.6. 关于两者的关系，还可参见 Talal Asad, *Anthropology and the Colonial Encounter*, New York, 1973.

的精神考察城乡结合部的功能以及李亦园先生研究台湾山地民族政策不仅是对决策起着直接指导作用的实践活动，也在社会科学研究方法论上有着重要的开拓意义；而费老提出的“美人之美”的境界和李亦园先生对文化观的诠释，则是他们在人类学更高层次上的理论升华。① 他们的学术活动从某种意义上赋予人类学以新生命。

“小民族”的确切含义是什么？从目前使用的涵盖面而言，大致有狭义和广义之分。狭义主要指中国人数较少的民族。② 广义上，它包括“土著”、“原住民”、“初民”等群体。③ 本论文集主要涉及的是广义的小民族，它们具有以下共同特点。

---

① 费孝通、李亦园：《中国文化与新世纪的社会学人类学》，许在全主编：《泉州文史研究》，中国社会科学出版社，2004 年，第 1—20 页。原载《新华文摘》1999 年第 3 期。李亦园先生对人类学的贡献，参见曾玲：《李亦园教授与东南亚华人研究人类学的视野与方法》，《华侨华人历史研究》，2004 年，第 1 期，第 60—68 页。

② 参见何群：《地域意识行为与小民族发展》，表一，第 167 页。在中国，人数少于 10 万的小民族包括以下 22 个：撒拉族、毛南族、布朗族、塔吉克族、阿昌族、普米族、鄂温克族、怒族、京族、基诺族、德昂族、保安族、俄罗斯族、裕固族、乌孜别克族、门巴族、鄂伦春族、独龙族、塔塔尔族、赫哲族、高山族、珞巴族。2005 年 5 月 18 日温家宝总理主持的国务院常务会议原则通过《扶持人口较少民族发展规划（2005—2010 年）》。林昊：“中国力促人口较少民族现代化”，《瞭望东方周刊》，2005 年 6 月 2 日，第 18—21 页。

③ 国内有的学者将小民族与“第四世界”等同。“第四世界”最早出现在 1970 年代中期。它意思含混、涵盖面广泛，既可指原住民，如北极的爱斯基摩人、美洲的印地安人、澳大利亚的土著人、新西兰的毛利人以及撒哈拉以南的非洲人，也可包括那些未受到现代化或全球化侵染的地区或人类，甚至发达国家的棚户区或弱势群体也被列为第四世界。在后一种意义上，它已不具有民族学的意义。G. Manuel and M. Posluns, *The Fourth World: An Indian Reality*, New York, 1974; Leo Hamalian and Frederick R. Karl, ed., *The Fourth World: The Imprisoned, the Poor, the Sick, the Elderly and Underaged in America*, New York, 1976. 最新研究可参见 Anthony J. Hall, *The American Empire and the Fourth World*, McGill - Queen's University Press, 2004.

首先，他们都是真正意义上的“原住民”。[①] 小民族是其所生活地区最早定居的人，长期在这里生存繁衍，他们与世无争，与自然和谐共存。他们被人发现，被人观察，被人研究，被人关注，则是后来发生的事。其次，他们的人数相对较少。这或是因为其群体本身就小（如印度的安达曼人），或是因为被后来的强者剿灭（西南非洲的赫雷罗人被入侵的德国人杀害），或是因为缺乏免疫力而被入侵者带来的疾病所残害（如印第安人被西班牙殖民者所害），或是在发展过程中逐渐失去民族特征，被主体民族所吸收或同化（这种情况更多）。再次，他们的生活方式与生产方式保持着一种古老而简单的方式（有的学者认为这是“原始”或“落后”的表现）。这主要是因为他们对自然的索取较少，破坏较少，正如一位现代印度人在形容居住在安达曼岛上的贾拉瓦人时所说的：“这些贾拉瓦人并不像我们那样自私和贪婪。”“他们需要的是那么少——只消能与他们的自然环境和谐共处就满足了。”[②] 当然，这种民族所具有的文化是否如大部分人所说的“落后”，值得商榷。

最重要也是最根本的特点是他们处于人类社会的边缘地区。这既是从地理位置而言，也是从政治权力而言，更是从社会发展而言。正因为他们处于地理的边缘地区，他们与其他人类共同体的交往较少，对人类发展过程中的争斗、欺骗、暴力、战争的卷入相对较少，他们中相当一部分长期以来与自然的关系未受到或较少受到侵扰，其生产方式相对简单。正因为他们处于权力的边

① 李亦园先生对在台湾使用“原住民”一词持保留意见，认为这一名称的采用“将形成新的族群紧张”。参见李亦园：《李亦园自选集》，上海教育出版社，2002年，第33—34页。此处使用“原住民”属泛指。

② R·辛格：《弓箭比语言更能表达他们的仇恨——残存的安达曼岛民》，刘达成、蔡家骐、李光照编译：《当代原始部落漫游》，天津人民出版社，1982年，第25页。

缘地区，从弱肉强食的现代标准来看，他们往往是弱者；既不构成对他人的威胁，也从来不为他人所重视，有时甚至不得不经受权力的任意蹂躏。正因为他们处于社会发展的边缘，他们往往成为被遗忘的人群：他们的处境堪忧，因为现代化的浪潮将他们卷来推去；他们的文化堪忧，因为遭到主流文化的冲击，他们的文化或被强势文化逐渐吞没，或遭遇着急剧变迁的命运；他们的生存堪忧，因为他们属于弱势群体，其传统生产方式已经没有或只有很小的施展余地，其简单朴素的生活方式也难以持续。

当然，社会科学家认为对他们的研究可以为人类的一些共同现象做出解释，因为他们几近原生形态，与自然最为贴近。从人类研究自身发展的学术史的角度看，小民族确实对社会科学作出了十分重要的贡献。

从人类探讨自身历史的角度看　小民族对社会科学的贡献之一是导致了人类学的产生。我们知道，人类学的产生与欧洲人的殖民活动有着密切的关系。在殖民征服过程中，欧洲人遇到了那些“野蛮的”、“原始的”、“落后的”、“闭塞的”、“未开化的”、“部落的”社会或民族，“对这些民族的研究构成了一个新的学科领域，称为人类学。”[①] 对婚姻家庭的探讨，对原始宗教的诠释，对行为方式的探索，对社会制度的研究，对初民心理的解读，基本上是通过对三大典型地区（撒哈拉以南非洲、美洲印第安人地区和大洋洲－新几内亚地区）的土著民族或小民族的实地考察后概括总结而来。由于这些人类学家多来自殖民宗主国，他们不仅在政治权力和经济状况上占据着明显的优势地位，在文化和社会心理上保持着“欧洲中心论”的观念，在社会交往和行为方式上也带着不可避免的主人意识。这使人们很难不对其研究的客观性提出质疑。

① 华勒斯坦等著：《开放社会科学》，三联书店，1997年，第22页。

不容否认的是，正是这些探索和研究为人类解释自己的社会结构和行为方式打下了基础。人类学以其特有的方法促进了它与其他学科特别是历史学的结合。一些历史学家深入实地考察，收集民俗传说以扩大史料范围，很多人类学家则开始重视历史进程，并从人类学的角度来撰写历史。以非洲研究为例。《19世纪的西非王国》一书的作者全部是人类学家，分别对豪萨人、约鲁巴人、阿散蒂人、莫西人、贡贾人等西非民族的王国和社会结构进行了分析。[①] 凡西纳对中非诸王国的研究、基玛姆博对佩尔人的研究、菲尔曼对香巴王国的研究和莫里斯对吉库尤族起源的探讨，都是以人类学的研究方法和以口头传说为资料完成的。加尔赖克和哈夫曼则利用口头传说证实了大津巴布韦是由绍纳人的祖先建造，并研究了其社会组织和宗教意义。牛津大学集体编写的《东非史》和《南非史》的不少作者也是人类学家。

从人类探讨自身方式的角度看　小民族对社会科学的贡献之二在于对传统研究方法的突破。受欧洲中心论的影响，学术界一般将书写文字的存在看作是定义“文明”的主要标志之一。[②] 正统学者认为社会科学特别是历史研究只能依靠文字记录。德国近代史学鼻祖兰克认为“文件愈多，研究愈精确，成果愈多。”法国近代正统史家兰格洛瓦和塞略波认为，“历史学家借助文件工作，文件是以前时代人们留下的思想和行动的痕迹。”英国史学家阿克顿认为，文件档案可以为历史学家提供一切。这种传统观念受到了两个方面的挑战。一为口头传说（oral tration），一为实地考察（field study，一译“田野调查”），均与小民族有关。

① Daryll Forde & P. M. Kaberry ed., *West African Kingdom in the Nineteenth Century*, Oxford University Press, 1967.

② 这方面的权威代表人物是戈登·柴尔德。Gordon Childe, *Social Evolution*, *London*, 1951, p. 161.

既然文字被认为是一个民族文明的重要标志，从事人类社会的科学研究所依赖的主要条件只能是文字。根据这种传统观念，对于无书写文字的小民族而言，其口头传说是没有任何研究意义的。然而，从20世纪50年代开始，一些社会科学家认识到，口头传说具有历史价值（这需要从两层意义上看：本身作为历史的口头传说和作为史料的口头传说）。“具有历史学头脑的人类学家”埃文斯—普里恰德等人的支持和身体力行使口头传说开始被学者们作为可利用的资料。[①] 当然，要让口头传说成为正统学术认可的资料确实经过了一番努力。以马林诺夫斯基为代表的功能学派认为口头传说是一种“历史的凭照”，以证明目前社会、政治和经济制度的合法性。列维·斯特劳斯以后的结构主义学派则认为口头传说主要包括一些具有普遍象征意义的成分，它根据特定的思维模式构成，以表达人类最基本的价值观。历史学家则偏向于将口头传说作为史料。在用口头传说进行历史研究方面作出重大贡献的人类学家凡西纳认为，“口头传说是有意识地通过口头传下来的过去的证据”。[②] 曾几何时，奥戈特、阿贾伊、迪克等在伦敦攻读博士学位的非洲学生为博士论文答辩煞费苦心，目的是为了使习惯于传统史料的学界同意将口头传说作为资料使用；[③] 在历史学方法论更趋成熟的今天，一篇专论某一地区、社会或民族的学术论文，如果没有口头传说作为资料，则可能被认为是不完善的。受联合国教科文组织委托撰写《社会科学与人文科学研究主要趋势》中历史卷的英国历史学家巴勒克拉夫对口头

① David Henige, *Oral Historiography*, *Longman*, 1982, pp. 19—20.

② Jan Vansina, *Oral Tradition*; *A Study in Historical Methodology*, trans. by H. M. Wright, London, 1965, pp. 19—20.

③ T. O. Ranger, “Towards a Usable African Past”, Christoher Fyfe, ed., *African Studies since* 1945: *A Tribute to Basil Davidson*, Longman, 1976, pp. 17—30.

传说这种新史料给予了充分的肯定。①

重视实地考察是小民族为社会科学研究方法论作出的另一大贡献。实地考察指“在社会科学中对一种文化或某些社会成员进行直接观察，有别于在实验室或在其他人为的条件下所作的研究”（《简明不列颠百科全书》）。虽然在19世纪已有人类学家（如博厄斯）对无文字社会（所谓的“未开化社会”）的文化进行过实地考察，但实地考察的方法论意义是在20世纪确定的。新几内亚和美拉尼西亚的迈卢人（Mailu）使马林诺夫斯基及其调查报告为功能主义奠定了基础；苏丹的阿赞德人（Azande）和努埃尔人（Nuer）使埃文斯—普里恰德成为英国第一流的人类学家。南美洲的卡杜维奥人（Caduveo，一译卡都卫欧人）使列维—斯特劳斯认识到，“神圣与俗世之间的两者之间的对比，既没有有时候人们所断言的那么绝对，也没有那么持续不断。”② 在波洛洛人的男人会所的经历则使斯特劳斯意识到该会所的意义远非他想像的“只是社会生活与宗教生活的中心”，它不但允许各个不同的制度之间相互影响，“同时也综述保证人与宇宙的关系，社会与超自然界的关系，生者与死者的关系”。③ 这些观点构成了结构人类学的基础成分。同理，巴厘人教会了人类学家格尔兹正确理解宗教作为社会不平等的神圣化象征。巴厘人的斗鸡使他认识到：作为人类学家，只能从这种民族文化的文本集合体的当然拥有者的背后去解读，用一个通俗的警句来说，即“就什么说

① Geoffrey Barraclough, *Main Trends in History*, New York, 1978, p. 184. 口头传说也有其局限性，参见李安山：“国外对撒哈拉以南非洲古代史的研究（1960—1990）”，《世界史研究动态》，1991年第5期，第9页。

② 列维—斯特劳斯著，王志明译：《忧郁的热带》，三联书店，2000年，第212页。

③ 列维—斯特劳斯著，王志明译：《忧郁的热带》，第296—297页。

点什么”。[①] 这些理解成为象征或解释人类学的构成要素。可以毫不夸张地说，如果没有小民族的存在，社会科学研究中这两种方法的突破则成了无源之水，无本之木。

从人类探讨自身问题的角度看 小民族对社会科学的贡献之三在于为研究和解释人类的一些共同现象（如国家起源、战争问题、婚姻家庭、社会结构、宗教礼仪等）提供了基本条件，这一点已为学界公认。以战争为例。人类学家奥特伯恩曾对50个土著民族的政治制度进行研究，发现只有4个不存在军事组织，即铜色爱斯基摩人（Copper Eskimo），多罗博人（Dorobo），提科皮亚人（Tikopia），托达人（Toda），而这4个政治共同体所在的地理位置都比较孤偏。这种地理位置使他们不受外界干扰，与其他民族少有来往。[②] 通过对这些土著民族的比较分析，他将战争起因分为以下几种：征服和纳贡、扩大疆土、掠夺、获取战利品和荣誉、报复、自卫等。[③] 专门以雅诺玛摩人（Yanomamö，一译“雅诺马莫人”）为个案研究的拿破仑·查格农则先后对雅诺玛摩人的战争原因提出过四种不同的解释：政治主权、女人、复仇和

① 克利福德·格尔兹著，纳日碧力戈等译：《文化的解释》，上海人民出版社，1999年，第196—218，507—511页。

② Andrew P. Vayda, *Feuding and Warfare*: *Selected Works of Keith F. Otterbein*, Science Publishers, 1994, pp. 44—45.

③ Keith F. Otterbein, “The Anthropology of War”, in John J. Honigmann, ed., *Handbook of Social and Cultural Anthropology*, New York, 1973, pp. 923—958; Andrew P. Vayda, *Feuding and Warfare*: *Selected Works of Keith F. Otterbein*, pp. 33—73. 实际上，奥特伯恩这里提到的“征服”只是一种现象，难以构成一个起因。

富饶土地。①同样，关于国家起源的两种主要理论也得益于人类学家、民族学家和历史学家对分布于世界各地的土著部落或小民族的比较研究。“整合论”认为复杂的社会包含着不同组成部分，国家是作为协调和规范这些不同部分的整合机构。“冲突论”则认为国家机构是为解决因经济分层引发的社会间冲突的一种强制机制而产生。② 综上所述，人类学的创立、新研究方法的引进与对早期人类社会现象的解释都得益于小民族的存在。

遗憾的是，小民族或土著民族至今一直充当一个固定的角色——被调查者，而调查者与被调查者、“这里”和“那里”、“文明”社会与“未开化”社会的地位并不平等。③ “民族学是在两种环境中发展起来的，其背景永远是调查人与被调查人之间地位的不平等。这种不平等体现了调查者社会（群体）与被调查者社会（群体）之间、欧洲殖民者与殖民地人民之间，念过书而城市

---

① Napoleon Chagnon, “Yanomamö Social Organization and Warfare”, in Morton Fried, Marvin Harris, & Robert Murphy, eds., *War: The Anthropology of Armed Conflict and Aggression*, New York, 1968, pp. 158—159; Napoleon Chagnon, *Studying the Yanomamö*, New York, 1974, xi; Napoleon Chagnon, *Yanomamö: The Fierce People*, New York, 1983, 3rd edition, p. 86; Napoleon Chagnon, “Life Histories, Blood Revenge, and Warfare in a Tribal Population”, in *Science*, 239 (1988), pp. 985, 986; Napoleon Chagnon, *Yanomamö*, Fort Worth, 1992, pp. 83, 87.

② Jonathan Haas, *The Evolution of the Prehistoric State*, New York: Columbia University Press, 1982, pp. 34—85. 谢维扬：《中国早期国家》，浙江人民出版社，1995年，第33—84页。易建平对国家起源理论进行了评介，通过对中国少数民族非专制与早期国家的探讨提出了自己的观点。易建平：《部落联盟与酋邦——民主·专制·国家：起源问题比较研究》，社科文献出版社，2004年。还可参见李安山：《国家起源的困惑：整合论抑或冲突论——斯宾塞关于国家形成的观点评析》，《国际政治研究》，2003年，第4期，第15—24，11页。

③ 何群博士对此深有感触。她认为，要搞清楚我们与“他者”之间的差异是如何造成的这一问题，只有在解决了“研究者与被研究者在‘人’的意义上的一致性与平等的问题”的基础上才可以做到。何群：《田野工作中的三种考验探析》，《云南社会科学》，2003年第4期，第71页。

化的欧洲国家官员与穷乡僻壤的乡村社会或少数族群群体之间压迫和被压迫的关系。一直没能摆脱这层关系的人类学只能越来越招人讨厌。”① 这种情况无疑已有所改变。然而，尽管社会科学家们力图采用“参与式调查”，尽管他们极力保持客观公正的立场，但他们毕竟是凡人，是在不同的社会环境中生活的外人，偏见不可避免。小民族之所以引起现代人的注意，无非有以下几个原因：或是他们的居住地（最突出的是亚马逊流域地区和非洲热带雨林）日益引起因现代生活方式而不得不对自然资源进行掠夺性开发的人们的觊觎，或是有人因为旅游目的或消遣活动对他们产生了新鲜感。不容忽略的是，随着人类技术的进步，他们所在地的自然资源正被日益贪婪的开发者所侵吞，这一点使得他们的生存处境被一些具有人文关怀的人（包括学者）所关注。

人类文明是丰富多彩的。世界文明的多样性是人类生存的必要条件。小民族的文化是人类文明的重要组成部分。他们或是与自然维持和谐关系，或是对土地怀着敬重意识，或是对他人保持友好态度，或是对物质只有简单需求，或是对群体怀着献身精神，或是对野外生存具有极强的适应能力，或是对天气灾难有着惊人的敏感度…… 值得警惕的是，人类在改造自然的同时也在破坏自然；在破坏自然的同时也在伤害世世代代与自然融为一体的小民族。社会发展不断加速的今天，国家民族（或国族）的一体化过程总要牵涉到小民族的前途问题。我总是怀着一种困惑或担心：社会发展和国家民族的整合最终会触及到各个民族（特别是小民族）文化的保持。何群博士在“前言”中指出，小民族大多数处在一种不同于其他民族的急剧的同化过程中，“因为小民族的传统文化特点，以及历史、地理等条件的左右，所以小民族

① 莫里斯·戈德里耶：《社会人类学产于西方，就离不开西方么?》中国社会科学杂志社编：《人类学的趋势》，社科文献出版社，2000 年，第 164 页。

现实发生的文化同化，明显不同于一般民族实际上也在发生的文化同化。似乎他们走向衰亡的可能性更大，而实现长久稳定的自身重新调整的能力和条件则十分有限。”人类在对待小民族的过程中正在走着一条自我否定的路：在不断改变自然的过程中，或肆无忌惮地破坏环境并危及小民族的生存；或剥夺他们的传统谋生手段，一厢情愿地将他们带入“现代化”过程；或毫不怜悯地将小民族抛在后面，使之成为“现代化”的牺牲品。

对小民族生存环境的破坏意味着什么呢？这意味着人类发展的逐渐单一化，或“特化”，最终将导致人类的灭亡。“生物在演化过程中大致都要保持其基因特性的多元化，避免走入‘特化’（specialization）的道路，以免环境变化而不能适应。很多古代的生物种属，都是因为‘过分适应’而走上体质特化的死胡同，最终走上灭绝的道路。”① 当然，面对危机，小民族的反应迥然各异，既有充满活力的“印第安人复兴运动”，也有印第安人以酗酒来表示对未来希望的破灭；既有自强不息的鄂伦春族女博士刘晓春，也有借酒浇愁的鄂伦春妇女。何群在鄂伦春族猎民村实地考察的一次经历使她认识到比物质层面解体更可怕的精神崩溃：“传统的自然环境、社会环境的变化，给这个民族带来的不仅是传统物质层面文化的几近解体，还有一些阶层精神层面的如自尊、自强精神的瓦解。”② 对于世界上面临生存危机的小民族，我始终抱着一种崇敬的心情；这绝非同情，而是实实在在的崇敬。因为小民族虽然人数少，但他们自古以来就创造了属于自己的物质文化、伦理文化和精神文化，以独立和自尊屹立于世界民族之林，构成了人类不可缺少的一部分。有学者用“小的是强大

---

① 费孝通、李亦园：《中国文化与新世纪的社会学人类学》，第10页。

② 何群：《田野工作中的三种考验探析》，第73页。

的”来赞扬未受到市场禁锢的农民，[①] 有学者用“小的是美好的”来鼓励小型生产方法与消费模式；[②] 在这里，我用“小的是伟大的”来表达我对小民族及其文化的热爱与敬重。

何群博士近年来一直专注于小民族的生存状况，探讨发展、环境与小民族生存的关系，是中国较早利用生态人类学理论，以鄂伦春族为个案，从环境和文化关系视角研究环境与简单文化（一般意义上的“土著文化”）、“现代化”带来的环境突变与土著生存问题的青年学者。她的博士论文以鄂伦春族为个案，探讨小民族在社会经济发展过程中面临的危机与亟待解决的问题。[③] 为什么要编著这本论文集呢？她在前言中坦言：“带着环境与小民族文化、环境急剧变化与小民族生存、发展关系的问题意识，将所收集到的相关论文进行了筛选，并收入我的相关文章两篇，组织成该论文集。筛选、编著此论文集，意在与本人博士学位论文《环境与小民族生存——鄂伦春文化的变迁》构成姐妹篇，相互映照与补充；并希望通过这项工作，为关心现实世界中存在的这部分人群——小民族的生存和未来的人士提供了解和理解上的方便和思路。”我们看到了一位颇具潜力的中国青年学者从问题意识十分自然地转到了人文关怀。在这里，问题意识与人文关怀形

① Goran Hyden, *Beyond Ujamma: Underdevelopment and an Uncaptured Peasantry*, London, 1980, pp. 9—37.

② E·F·舒马赫著，虞鸿钧、郑关林译：《小的是美好的》，商务印书馆，1984年。

③ 她对鄂伦春族的研究除民族志外，主要包括参与“鄂伦春族现代化研究”项目和主持“现代化进程中小民族发展问题及政策研究——以鄂伦春族为例”项目（国家九五社会科学基金青年项目）。参见何群等著《狩猎民族与发展——鄂伦春族社会调查研究》，内蒙古人民出版社，2002年。参与费孝通教授担任学术指导，北京大学、中央民族大学、国家民委联合项目《中国人口较少民族经济和社会发展调查》，主持《资源开发、环境与小民族生存——赫哲族、鄂伦春族个案研究》（国家十五社科基金西部项目）。

成了一种良性互动：因问题意识而进行的研究导致更深刻的人文关怀，而人文关怀进一步激起更深层次的问题意识。

我以为，社会科学的生命力不仅在于探讨规律或理论，也不仅在于对各人类共同体的生存、发展和适应的研究，而在于不断揭示现代社会产生的问题并提出解决办法。换言之，只有当广大社会通过社会科学认识自己，发现问题，并提出相应的解决方案，只有当政府部门感受到社会科学在制定政策时不可或缺，只有当普通人理解到社会科学不是少数学者垄断的象牙塔里的“学问”而是可以用得着的工具时，社会科学才会得到社会的认可，才会具有存在价值。惟如此，问题意识才能自觉转化为人文关怀，人文关怀才能升华到更高层次：社会责任感。何群博士对发展、环境与小民族生存关系的关注表明她是一位具有前瞻力的青年学者。作为社会科学者，我们是否应该从她的探讨得到某种启示呢？

何群博士嘱我为这部论文集写序言。我不是学人类学的，但在学术上接触非洲这个素有“民族博物馆”之称的大陆已有20余年，加上我对人类学和民族学很感兴趣，在学习中也得益于人类学研究成果；更重要的是，这是一个难得的学习机会，我便答应了她，权当是我的一次学习之旅吧。

前　言

我在博士论文[①]中，借助生态人类学环境与文化关系的理论，提出环境与小民族生存的理论假设。在对“小民族”概念进行比较、讨论、界定的基础上，提出小民族文化具有简单性特点的认识。并从小民族文化——简单文化以及简单文化与环境、简单文化与急剧变化的环境的互动关系入手，通过文献回顾，结合自己在狩猎鄂伦春人中的田野调查，探索了所处环境急剧变化与小民族生存之间的互动形态，并对小民族生存与环境之间的关系进行了理论总结。

这本论文集所收入的34篇文章，即是我为撰写博士学位论文而收集的部分文献资料。带着环境与小民族文化、环境急剧变化与小民族生存、发展关系的问题意识，将所收集到的相关论文进行了筛选，另收入我的文章2篇，组织成该论文集。筛选、编著此论文集，意在与本人博士学位论文《环境与小民族生存——鄂伦春文化的变迁》构成姊妹篇，相互映照与补充；并希望通过这项工作，为关心现实世界中存在的这部分人群——一些传统文化呈现简单性特点的土著民族和小民族的生存和未来的人士提供了解和理解上的方便和思路。相信这些文章能够扩展人们对当今人类生活状况关注的范围，在阅读、掩卷思索中禅悟出某种文化与环境、简单文化与变化了的环境之间的关系。从文化差异的角度，进入到构成环境——特别是社会环境的各个层面，发现现代

---

① 何群著：《环境与小民族生存——鄂伦春文化的变迁》，社会科学文献出版社，2006年4月版。

化进程中小民族可能遭遇的特殊困难，探索什么是适合于他们的生存出路和发展目标，从而有望搭建起弥补文化裂缝之间的桥梁。

“土著”、“原住民”、“原始民族”、“小民族”，是社会生活中和文献中，外界对这样一部分人类群体——文化和历史经历具有特色，按照传统进化理论解释往往具有人类“原始时期”特点的这样一些族群的习惯称呼。我国近几年对鄂伦春族、赫哲族等人口相对较少，尤其是在1949年新中国建立之初，文化演化表现为传统狩猎、采集以及传统刀耕火种形态的这样一些群体，开始称其为“人口较少民族”或“小民族”。至于“土著”、“原住民”、“原始民族”、“小民族”、“人口较少民族”这些称谓之间是否能画等号，目前没有答案。但是作为一个社会事实，这些传统文化具有简单性特点的群体，文化上确实具有较多的同质性，确实曾经经历了并面临着一些共有的现实生存、未来前途问题。基于上述考虑，将“土著民族与小民族”纳入同一视野，权且将这本书定名为《土著民族与小民族生存发展问题研究》。

我们看到，19世纪末和20世纪初以后，分布在亚洲、非洲、美洲等地，从事传统狩猎、采集、简单农业生产的无文字的小民族社会，文化比较简单的族群，在同以西方文化为代表的文化的对峙中，处境往往不佳。他们的社会遭遇到了巨大的冲击，以致传统文化和生活方式残存无几，甚至出现整个群体的灭绝。在20世纪以来世界各国不断加快的现代化进程中，这些小民族由于人口少，社会经济发展水平低，“根蒂不深，人数又少”（费孝通语），在全球化迅速扩展的时代，面临传统文化灭亡的危机。例如美洲各国的500多个印第安民族，现有近半数的人口降到只剩下几千人甚至几十人。他们目前的状况如何？他们为什么会面临生存问题？他们今后的命运如何？这是人类学界多年来研究的一个问题。

关于现代化进程中土著民族和小民族生存发展问题的研究，通过文献回顾工作，我感到，国内外相关研究一直围绕以下三方面在展开：

第一，对优势文化与处于不利地位的文化汇合时，小民族命运的讨论。

有学者以殖民时期的北美为例分析指出：除了白人政府对印第安人政策的主导作用，新旧大陆在社会发展水平上的悬殊位置，决定了两个世界文明的接触不可能是和平的和平等的。在哥伦布到达美洲时，绝大多数印第安人部落还处于渔猎采集时代。按照一些学者提出的文化优势法则，“那些在既定环境中能更有效地开发能源资源的文化系统，将对落后系统赖以生存的环境进行扩张”。[①] 而当时西欧诸国正逐步走向以工商为主导的资本主义时代，其开发利用自然的能力和制度，远较印第安人发达，而且，其开发利用自然的方式与程度，直接威胁着印第安人的生存环境。其结果必然是具有优势的白种文化日趋兴盛、同化或诱变着处于不利地位的印第安文化。[②]

基于文化差异而引出的文化理解、文化冲突方面的问题确实存在，但是就小民族而言，他们的文化，多是在特定的背景下，中断了自然的进化过程，往往是与强势文化或“与占统治地位的民族接触时，在后者的影响下所发生的急剧变迁……”[③]。也就是说，小民族的文化变迁或他们可能的未来生活，已主要不取决

① 托马斯·哈定等著：《文化与进化》，第60页。宁波，浙江人民出版社，1987年版。

② 李剑鸣：《两个半球汇合与北美印第安人的历史命运》，黄邦和、萨那、林被甸主编：《通向现代世界的500年——哥伦布以来东西两半球汇合的世界影响》，第214页，219页。北京大学出版社，1994年版。

③ ［美］克来德·M·伍兹著，何瑞福译：《文化变迁》，第46页，石家庄，河北人民出版社，1989年版。

于他们自身，而主要取决于外部社会文化环境。大量研究指出，这种外部环境，主要包括国家政治的变迁，政府政策的选择，外来移民，大众传播等等。事实是，外部社会环境的变化往往伴随着传统自然环境的变化，从而根本破坏了小民族文化赖以生存的根基。

我国民族学、社会学等社会科学界，也一直在进行这方面或与此相关的研究。由费孝通教授主持、北京大学社会学人类学研究所承担的国家“七五”社会科学规划项目：“边区与少数民族地区发展研究”。1992 年该所又获准立项国家社会科学基金项目“民族地区的资源开发和脱贫致富问题研究”；中国社会科学院民族研究所 1995 年开始组织实施，以调查了解当前少数民族和民族地区发展现状与存在问题为目的的“中国民族大调查”研究计划；中央民族大学西部发展研究中心，以国家西部开发战略与民族发展为研究核心的“西部开发与民族关系问题”的调查研究；2000 年 6 月北京大学、国家民委、中央民族大学组织实施的联合项目：“中国人口较少民族经济和社会发展调查”；2000 年以云南大学为主组织实施的以反映云南 25 个少数民族现实社会生活为目的的“云南民族村寨调查”等研究。

第二，对现代化趋势下小民族文化前途、生存前景的探索。

关于文化变迁的结果，有研究指出，虽然人类学家们已经趋向于注视一个附属民族与占统治地位的民族接触时，在后者的影响下所发生的急剧变迁，但其情形和结果可以有很大的不同：也许会获得长久稳定的重新调整；也许一个民族会灭绝；也许会发生同化；也许会合并到其他文化中，成为一个亚文化。

就小民族而言，除去殖民时代发生的一些小民族整个族群灭绝的情况外，20 世纪以来，一些研究成果显示，小民族大多数处在急剧的同化过程中。因为小民族的传统文化特点，以及历史、地理等条件的左右，小民族现实发生的文化同化，明显不同于一般民族实际上也在发生的文化同化。似乎他们走向衰亡的可能性更大，而实现长久稳定的自身重新调整的能力和条件则十分有限。

总之，面对土著和小民族这样一种生存境况，或者叫做文化变迁现实，根据不同个案分析和经验研究，有的研究认为，他们正在实现“民族重组”[①]，实现了现代化生存环境下文化的成功转型；也有的从主体社会现代化进程推进，自然资源开发对当地小民族传统生存环境的破坏，传统文化衰亡等方面展开分析与讨论：“变化的步伐令人吃惊……一位关心加里曼丹岛上部落权益的马来西亚议员说，80 年代初佩南部落还有上万人过着捕猎、采集、半游牧生活，但木材工业破坏了他们的林地，马来西亚政府鼓励他们离开村子，现在生活在森林中的佩南人已不足 500 人。当他们在两个城镇中定居下来后，他们在林中的生活方式的专长也就丧失了……失去知识和传统对于部落本身是最大的悲剧。他们常常并未消亡，但其文化的精髓丧失了。留下的往往是这样一种人……他们既是自身过去的影子，又是身在已开发世界中的我们的影子。”[②] 尽管现代化进程常常伴随各种文化的变迁或消亡，但是，“中心区域的文化变迁通常伴随着新因素、新形式、新的观念体系和新的社会关系的产生”。然而，处于边际地位的民族的文化变迁“则将是彻底的文化消亡，几乎或完全没有文化替代，也几乎没有从本地技术进步和经济增长中发展而来的新的文化形式”。“因此，边际化不仅摧毁了文化，也消灭了动力。对处于痛苦中的部落集团的一个共同评价就是，他们苦于无

① ［美］乔安尼·内格尔、C·马修·斯尼普：“民族重组：美国印第安人的社会、经济、政治和文化生存战略”，中国社会科学院民族研究所主办：《民族译丛》，1994 年第 2 期。

② 尤金·林登：《失去部落，失去知识》，中国社会科学院民族研究所主办：《民族译丛》，1993 年第 5 期。

聊、怠倦和‘对生活缺乏兴趣’。”①

总之，对小民族文化前途、生存境况的关注，众多的研究仁者见智。分歧恐怕还是在于研究者对文化变迁理解的不同，对进步、发展等认识的不同，甚至是关于公平、平等等价值理念的有所不同。正如有研究所言：“人道主义者和进化主义者对生生死死不可能有同样的看法”。②

第三，对政府应该采取怎样的政策保证小民族生存、繁荣的反思。

作为小民族文化变迁社会环境重要因素之一的所在国家的民族政策，是所有相关研究都涉及到的问题。讨论的焦点主要是：政府应该采取怎样的政策保证小民族生存和继续繁荣。这方面的研究，尽管因为案例所在国的历史、政治制度和国情不同，但是研究结果反映出，在现代化话语主导世界的今天，小民族实际地面对着一些类似的问题。问题主要是围绕以下方面展开的：国家的现代化总体发展规划和具体实施，如对小民族地区的自然资源开发，如何与保证和促进小民族文化繁荣相协调；如何指导小民族的文化变迁；对全球化、文化多元时代的“发展”、“公平”、“平等”理念和人类可持续发展、小民族传统文化价值的再思考。

① ［美］詹姆斯·F·埃德：“菲律宾的森林消亡与部落解体：巴拉望岛个案研究”，中国社会科学院民族研究所主办：《民族译丛》，1992 年第 3 期。

② ［西］萨尔瓦多·德·马达里亚加著，朱伦译：《哥伦布评传》“译者序”，北京：社会科学出版社，1991 年版。

目 录

城市中的美国印第安人

［美］特雷尔·罗兹　王珊　译　李晓岗　校

在美国的所有民族和种族群体中，在美国的整个历史进程中，最引起人们关注的、受剥夺最严重的莫过于土著美国人。从儿童玩的“牛仔与印第安人”游戏到学校的美国历史教科书；从西部电影和电视到印第安人事务署的设立；水源权利的争执；翁迪德尼（Wounded Knee）① 和缅因州帕萨马科迪人② 的领土要求……印第安人在美国历史上经历的辛酸、屈辱是数不清、道不完的。

因为印第安人各群体在白人到达美洲之前就生活在这里，所以，印第安人部落和白人中央政府之间逐渐形成了一种特殊的关系。尽管现在大多数美国印第安人已不在保留地生活，而是居住在市区，但他们和大多数的美国人不一样，土著美国人不只是美国公民，各州、各市的公民，而且还是部落组织群体的成员。而印第安人部落拥有的部落土地系由联邦政府托管，直接由联邦政府而不是州政府管理。因此，在相互关系上，联邦政府托管地上的印第安人组织与州政府是平级的。部落保留地或托管地不是州政府的一部分，这和当地司法部门是州政府的一部分的关系不同。虽然一些州的法律适用于保留地或托管土地，但大多数州不能向联邦托管的财产或源自这些财产的收入征税。在只涉及到印

---

① 美国南达科他州西南部的派恩里奇印第安人保留地中的村庄。印第安人曾于1890年和1973年两次在此与联邦军队发生冲突。

② 美国印第安人的一支，主要居住在缅因州，约1000多人。

第安人的案件中，对使用州民法和刑法也有限制。在这里，特别重要的是居住在市区的印第安人的地位和经历。

涉及土著美国人的社会、政治和法律地位的联邦印第安人政策一直有其自相矛盾之处。由于这种矛盾和冲突，政府迄今实施的各种政策的原则、结构和程序，给许多现代印第安人造成了一种明显的两难境地：作为一名印第安人，他要么在保留地上继续他的相当贫困的生活，继续享受政府给予的福利待遇，以保持他的"印第安"生活方式；要么为了改变经济前景而离开保留地，但这样又要丧失联邦政府专为印第安人提供的大部分福利，而且更重要的是还要改变他作为印第安人的大部分的生活方式。这种生活方式的改变还不只是文化冲突和认同问题，虽然在某种程度上有这种因素。而更值得重视的是：成为美国公民并不是印第安人自由选择的结果，他们也往往不能自由地离开保留地迁往城市。而在美国的传统中，个人的自由选择一向是美国民主理论的最重要的一条原则。

国会负责为印第安人拨款，制定有关印第安人的计划和颁布管理印第安人的基本法律。在历史上，印第安人事务署一直是在保留地实施国会的法令，同时又在国会中代表印第安人的利益的联邦管理机构。它就像个掮客，在企求为它自身和它的印第安人客户争取国会的计划和拨款的同时，又对印第安人保留地进行管理和贯彻国会的政策。

在过去的年代里，联邦政府对印第安人的政策不断改变目的和目标，但万变不离其宗，即：想把印第安人同化到居主导地位的白人文化中。即使同化不是联邦政策的目的，现代技术社会的力量似乎也足以持续不断地使非白人的文化价值和模式同化到白人文化中去。联邦政府对印第安人的政策过去是而且在某种程度上现在仍然是鼓励将印第安人文化同化进主导文化。按照《道斯土地私有法》（Dawes Severalty Act）（1887 年的《总分配法》）的规定，鉴于印第安人已“文明化”，他们的部落土地、保留地被分配给部落的个人，从而使印第安人家庭和个人拥有和白人相类似的宅地。

从1879年到1934年国会和联邦印第安人事务署一直试图结束保留地制度，取消作为一种政治实体而拥有各种固定权力的部落政府。他们认为，要结束保留地制度，把前保留地及其资源向白人开放，最好的办法就是把部落土地私有化，让印第安人接受“文明”教育，以及将州和地方法律扩大到印第安部落和个人。

国会要摆脱“印第安人事务”，终止联邦托管责任的愿望随着1953年参众两院通过《第108号共同决议》而达到了顶峰。该法案将民事和刑事司法权扩大到某些州的印第安人部落，并且制定了一项永久程序，这样就可以使其他州在将来也可以这样做。这种做法削弱了部落政府管理自己的权力，限制了他们按照自己愿望利用部落资源的权利。虽然联邦托管制度并未自动终止，但这一立法的目的是想结束托管制。在把试图结束保留地制度的《道斯土地私有法》进一步具体化的基础上，联邦政府开始寻求减少保留地人口的策略。

印第安人从保留地向市区的第一次大规模迁移主要是由第二次世界大战引起的。在二战期间，2.3万名印第安男人，占年龄在18—50岁的身强力壮的男性印第安人的32%，在军队中服役。另外，还有800名印第安妇女在军中服役。1943年，大约还有4.6万名印第安男女为了得到战时就业机会而离开保留地服务于工业和农业。1944年，又有4.4万名印第安人离开了保留地。

战争结束以后，大多数在国防工业中工作的印第安工人被解雇，回到了保留地，从而导致保留地的高失业率与贫困。保留地缺乏就业机会的情况开始引起人们的注意。1948年，为了解决保留地大量的失业和贫困问题，印第安人事务署制定了一项为西南部纳瓦霍印第安人[①] 提供就业服务的计划。国会也希望结束联邦对印第安人事务的责任，而在40年代末和50年代初对该计划予以支持。这样，印第安人事务署为希望离开保留地寻求长期工作的印第安人制定了第一次全面重新安置计划。

1952年，有422名申请者参加了重新安置计划，加上附属人口共868人。1957年该计划达到高峰，在这一年参加该计划的印第安人达到2882名（加上附属人口共5728人）。在此期间，每年申请参加计划的人数在1600人（加上附属人口共3400人）到2600人（加上附属人口共5600人），平均每年大约为1800人（加上附属人口为4000人）。近年来，该计划的重点由在城市中安置印第安人转变为更重视在保留地就地提供职业培训和安置，以及重视在保留地创造就业机会。

在城市地区重新安置印第安人的联邦政策是否起了重要作用？如果没有联邦的计划和资金支持，很难说在过去的几十年中会不会有这么多的印第安人离开保留地。但是事实上，在向城市的移居中，没有享受联邦资助的印第安人比享受资助的印第安人多一倍。移居的基本原因一般是由于保留地缺乏就业机会而城市中存在就业机会。在这一方面，联邦的就业和重新安置计划为保留地贫困的印第安人提供了开始新生活的转机。

在过去的40年中，美国印第安人口有了显著的增加，印第安人的城市化进程更是有了飞速发展。由于印第安人大都被重新安置在密西西比河西部，所以城市中的印第安人也都集中在密西西比河西部，这些城市是：洛杉矶（4.8万人）、明尼阿波利斯（1.6万人）、塔尔萨（1.37万人）、俄克拉何马城（1.04万人）、安克雷奇（8900人）、阿尔伯克基（7300人）、西雅图（6300人）

① 美国印第安人中最大的一支，散居于新墨西哥州西北部、亚利桑那州东北部及犹他州东南部，20世纪80年代初人数约有15万。

和圣迭戈（5100人）。在纽约市也有印第安人社区（1.38万人），住在芝加哥的印第安人为6100人。

与今天美国人口的发展模式一样，印第安人口也经历了从农村居民占多数转变为城市人口占多数的发展过程。如下表：

美国印第安人

年　代	总人口（人）	城市人口（%）	农村人口（%）
1940	333969	8	92
1950	343410	16	84
1960	523591	28	72
1970	763594	45	55
1980	1418195	70	30

人口统计署把居民在2500人以上的地方定为城市地区（原文如此，“2500人”疑为“2.5万人”之误——编者），上表就是按此标准计算的。但是，这样计算出的城市印第安人在印第安总人口中所占的比例仍是不准确的。城镇和城市中的印第安居民与有过城市生活经历的印第安人之间是有很大差别的，最实际的估计是大约75%的城镇印第安居民是他们所在社区的常住居民，①其余的25%为了寻找就业和更好的经济机会而在各城市之间以及城市与保留地之间流动，构成了一个流动的亚群体。

许多印第安人为寻找工作和更好的生活来到城市，但是他们发现城市中的生活费用很高，寻找和保住工作也很难，因而感到沮丧和失望，于是很快又离开了城市。那些在城市里能找到并保

① 说明印第安人城市化的一大难题是很难确知居住在某一地方的印第安人的人数、他们居住在那里的时间以及其他相关资料。因此，人口统计署采取了让印第安人自己证明的办法，尽管这样，很多人还是指责1980年人口普查对印第安人的统计不准确。

住工作的印第安人，从社会——经济角度来说比他们那些没有迁入城市的同伴要生活得好些，但不如大多数白人生活得好。

土著美国人的中等人均收入（美元）

	1970 年		1980 年	
	城市居民	非城市居民	城市居民	非城市居民
男性（16 岁以上）	4200	1675	9320	6660
女性（16 岁以上）	999	360	4744	3609

上表反映了城市和非城市印第安居民的中等水平的收入情况，可以看出不管在哪里居住的美国印第安人的收入都有了增长，但城市中的印第安人的平均收入远远超过了非城镇居民的印第安人。这些数字说明，和留在保留地相比，迁往城镇居住确实在经济上带来了好处。对人均收入数字进行比较的作用是有限的，这种简单比较的问题在于其统计范围只包括当时有收入的人，因此排除了人口中很大一部分。例如据报道，1970 年只有 64%的女性白人有收入。而且，关于收入来源的类型，例如零工收入、全日工收入、季节工收入或只有社会保障收入等，也没有区分。

对城镇和非城镇印第安人加以比较也不能揭示印第安人同城镇中的大多数白人在社会——经济状况方面的差距。城市中的印第安人可能比非城市居民的印第安人生活得好，但他们怎么能和白人城镇居民相比呢？其他群体怎么能以城镇白人居民定下的这种标准来衡量他们之间的相对状况呢？

为了避免遗漏无收入的个人、单独生活者以及不是一个家庭的成员但在一起生活的人，就有必要衡量中等家庭的人均收入。另外，不管收入来源如何，都在家庭成员中平均，这样就能更清楚地了解一个人口群体中收入分配的真实情况。

土著美国人中等家庭人均收入与多数人的收入情况

	原始数据			社会指数值（与白人男性相比）		
年　份	1970	1976	1980	1970	1976	1980
所有家庭						
土著美国人	1122	2452	4361	0.43	0.57	0.58
白　人	2601	4333	7929	1.00	1.00	1.00
标准大城市统计区的土著美国人	—	3279	5480	—	0.76	0.69
非标准大城市统计区的土著美国人	—	1916	3665	—	0.44	0.46
女性为核心的家庭						
土著美国人	$ 711	$ 1310	$ 2191	0.27	0.30	0.28
白　人	1658	2563	4248	0.64	0.59	0.54

资料来源：《民族平等与男女平等的社会标识》，见 1978 年 8 月《美国民权委员会报告》。

上表反映了土著美国人中等家庭人均收入与白人中等家庭人均收入相比较的情况，但没有分别表明中等家庭中男人和女人的情况，这是因为很难了解家庭中男女各自的收入情况。

1980 年，以印第安人为户主的中等家庭人均收入只有多数人群体的中等家庭人均收入的 58%。相对多数人群体来说，印第安人人均收入增长的绝对值是很大的，但收入的不平等状况依然很严重。至于由印第安妇女支撑的家庭，其收入比多数人群体的家庭更低，只相当于多数人群体中等家庭人均收入的四分之一稍多。居住在标准大城市统计区（Standard Metropolitan Statistical Area，SMSA）[①] 的土著美国人比一般印第安人家庭生活得好，但这个差距似乎在慢慢缩小。标准大城市统计区内的中等印第安人

① 美国人口普查委员会规定的计算单位，它包括 5 万人口以上的城市以及市区人口在 5 万人以上、全市人口在 10 万人以上的地区。

家庭人均收入只相当于多数人家庭收入的三分之二多一点。与此同时，非标准大城市统计区内的印第安人虽然人均收入有了增长，但同多数人群体的生活水平相比，仍不比1976年好。

对比处于贫困线以下的印第安人家庭和单身者在印第安人口中所占百分比与处于贫困线以下的多数群体的家庭和单身者在多数人人口中所占比重，可以得出反映经济状况的另一个指数。下表说明，虽然根据官方标准1970—1980年生活在贫困中的印第安人数下降了，但是，处于贫困状态的印第安妇女却增加了。处于贫困线以下的印第安人家庭和单身者比多数人中的这类家庭和单身者多两倍半。而多数人群体中由妇女支撑的家庭的生活情况比整个印第安人的情况都好，尤其比印第安妇女支撑的家庭和单身者好。如果你是一个印第安人，而且是女性，又要支撑一个家庭，那么你生活在贫困线以下的可能性要比白人家庭和单身者大五倍。事实上，1980年，一般以及标准大城市统计区内的印第安妇女支撑的家庭比10年前更可能处于贫困。

贫困指数

	土著美国人与多数人的比率			贫困线以下的人所占百分比		
年　份	1970	1976	1980	1970	1976	1980
家庭及单身者						
土著美国人	36	26	29	2.77	2.89	2.64
多数人	13	9	11	1.00	1.00	1.00
大城市统计区的土著美国人	26.7	21.5	28	2.05	2.39	2.55
女性为核心的家庭和女性单身者						
土著美国人	54	49	53	4.15	5.44	4.82
白　人	28	22	16	2.15	2.44	1.46
大城市统计区的土著美国人	47	51.1	58	3.62	5.68	5.27

资料来源：《民族平等与男女平等的社会标识》，见1978年8月《美国民权委员会报告》及1980年8月美国人口普查的有关数据。

虽然联邦政府作出了努力，特别为印第安人提供职业培训和财政支持，如《就业与培训综合计划》和最近颁布的《职业培训合作条例》，但是，对于土著美国人来说，贫困仍是一个严峻的问题。在一项对《职业培训合作条例》的研究中发现，在实施该计划的地区，印第安人一般都比当地大多数人贫穷。此项研究表明，67%实施这一计划的地区内的居民其贫困率总的来说比全国平均贫困率低 12.4%，而 97%的地区中印第安人的贫困率超过全国标准。农村地区的贫困率（35.8%）要比城镇地区(26.4%）高，这进一步说明城镇中的印第安人比一般印第安人在经济上相对优越。

要想得到并保住一份工作，就必须接受必要的教育、培训并掌握一定的技能。因此，印第安人是否掌握了必要的技能，换句话说他们是不是更有可能被雇用是衡量印第安人在城镇地区的地位的关键。1970 年，居住在城镇中的印第安人总的来说比生活在农村地区的印第安人要多接受好几年的教育。前者中高中毕业生的比率是后者的两倍。到 1980 年，全美印第安人受教育情况有了明显改善，接受过各种级别的教育的人所占的比例都大幅度提高了，而农村地区的印第安人受教育状况的改善程度比城镇中的印第安人要高。愿在教育机构中接受更长时间的教育在美国印第安人中已经成为被普遍接受和广泛存在的现象。

衡量印第安人个人或群体与白人相比生活状况如何，简单地比较个人接受过多少年的教育是不够的。下表提供了有关印第安人学生受教育迟滞的数字，即：年龄在 15、16、17 岁的印第安学生中，其年龄比他们就读的年级的一般学生大两岁以上。这些年龄比一般同年级的学生大得多的学生除会遭到社会的误解外，还会产生因学业延误而带来的一系列问题，以至即使当一个学生合法地离开学校时他仍缺乏投身于劳务市场的必要的技能及凭证，以后进入劳务市场后在提职、加薪等方面也难以和他同年龄组的人竞争。另外，此表中的数据还说明，上学比一般人晚2年以上的印第安男性的比例在上升，而这种情况在印第安女性中所占的比例在减少。对于表中男性和女性这两组人来说，上学晚的情况在印第安妇女中得到改善，而在印第安男性中则不断恶化。

15、16、17岁土著美国人受教育迟滞情况

上学	晚2年以上的人所占比例（%）				
	全美国	全美国	标准大城市统计区	全美国	标准大城市统计区
年　份	1970	1976	1976	1980	1980
男　性					
土著美国人	35	32	14.7	44	43
白　人	12	10	—	10	—
女　性					
土著美国人	23	26	37.2	16	15
白　人	6	7	—	5	—

资料来源：《民族平等与男女平等的社会标识》，见1978年8月《美国民权委员会报告》及1980年8月美国人口普查数据。

1976年标准大城市统计区内的土著美国人和全美一般土著美国人受教育的程度相差很大，标准大城市统计区的印第安男人中受教育迟滞的比例是一般印第安男性的50%。到1980年虽然标准大城市统计区的教育状况有所改善，但标准大城市统计区的印第安人受教育迟滞的可能性几乎和全美印第安人的情况相同。土著美国人妇女以及全体妇女受教育迟滞的可能性都要比男性小得多。土著美国人受教育迟滞增加了毕业前辍学的可能性，这样，使得印第安人更难得到需要有中学毕业文凭的工作。

在校学习时间和学业成绩反映着受教育的程度，但更为重要的是在和白人相同的时间内达到和白人相同的受教育程度的土著美国人在进入劳务市场时所遇到的麻烦。他们能得到和白人相似的工作、挣得相似的薪水、受到相似的尊敬吗？当土著美国人越来越接近白人男性的教育水平时，这些问题就变得越来越重要了。

根据劳工部的《职业手册》，职业可以分为需要高中文凭的和至少需要大学文凭的两种。美国民权委员会公布的数据表明了受教育程度高于人们所从事的工作的要求的人的情况。

和1970年相比，1980年土著美国人男、女高中毕业生从事的工作同样有可能低于他们所达到的学历。1980年男性土著美国人高中毕业生从事不需要高中文凭的工作的可能性要比男性白人高中毕业生多52%。1980年土著男大学毕业生从事要求学历低于自己所持学历的工作的可能性比1970年更大。而同时，土著女大学毕业生的情况几乎和白人女大学毕业生一样。令人鼓舞的是，随着受教育程度的提高，在印第安妇女中学历超过工作要求的情况减少了；令人忧虑的是，印第安男性的情况正相反。看来，在劳动力数量迅速增加的情况下，劳务市场并没有质的改善。

就城镇中的印第安人的经济地位和受教育程度而言，他们实际上觉得城镇生活怎么样呢？把1974、1975和1976年的国家民意研究中心的抽样调查材料结合起来加以分析，便足以对土著美国人的情况做出概括。为了进行比较再把1980年和1982年的调查情况结合起来，就可得出被调查的印第安人对于基本生活环境的满意程度，那就是生活在标准大城市统计区内的印第安人和非标准大城市统计区印第安人之间几乎没有什么差别。和70年代中期相比，标准大城市统计区内的印第安人对城市生活更不满意；而非标准大城市统计区印第安人对其生活环境的满意程度实际增加了。显然，对工作的满意增加了对生活的满意程度；而亲密的家庭和朋友关系有助于非标准大城市中的印第安人对生活产生更大程度的满意。对于非标准大城市的印第安人来说，对工作和家庭的满意、对友谊的满意同样是他们对生活满意的原因。

可以反映城市印第安人情况的另一个标志是其社团的存在。它涉及到被调查者与若干个社会网络的交往频度问题。这个设想基于与亲友的交往越频繁，这个社会团体就越稳定；维系社团的纽带越多，与社团的认同感就越强。在印第安人的社会网络中，亲戚之间的交往一向是其主要的交往形式。与非城市地区的印第安人相比标准城市统计区内的印第安人更愿意与亲朋来往和光顾酒吧。

在全国各地的大中心城市都有许多非常有活力的、相当成功的印第安人社团。尽管这样的社团并不是同样的模式、也不是完全成功的，但现有证据可以对过去有争议的问题做出说明：在大城市中有许多健康的印第安人社团的观点是正确的。

就全国范围看，80 年代初期表达低收入阶层要求和全面刺激经济的流行理论是“积极投资”（trickle—down）：取消对经济活动的限制，鼓励有资本的人投资和扩大资本。这些做法最终将会让所有的人，包括社会地位最低的人受益。这种办法的结果尚不清楚，也没有足够的论据能说明这个理论的实际性。事实上，关于低收入的人的情况是自 1980 年以来他们的社会经济地位更加恶化。联邦削减了对经济发展的资金援助，使情况更加恶化。H·W·阿恩特写道：“没有一个著名的经济学家曾明确地接受任何类似的理论……‘积极投资’是一种应当放弃和结束的神话。”在分析这种“积极投资”的基础时，阿恩特认为，更公平地分配经济利益的推动力量不是市场力量。而且为了更公平地分配，政治斗争和政治变化往往先于其他各种运动发生，并伴随着漫长的、严重的冲突和紧张。而我们的证据说明，出现了某种程度的政治斗争，但其方向是将导致更不公平的经济利润的分配。

70年代后期，由于发展保留地的努力以及随之带来的大量工作机会，使得1978—1980年出现了逆向移居的情况。在有些保留地，50%多的工作空缺是由城镇印第安人回乡填补的。而与此同时，在靠近中心城镇的地区，印第安人的就业机会却出现了过剩。这种现象证实了早些时候的发现：如果家乡有了就业机会，相当多的印第安人愿意重返保留地。这充分说明，印第安人管理的保留地和由他们经营的中心城镇印第安人聚居区尽管不十分有效或者成功，但它们为将来的发展聚集了熟练的工人。而且在印第安人社区努力改善自身的社会——经济地位时给了他们相当大的心理推动力量。

本研究依靠有限的数据论述了联邦政府有关印第安人的主要政策和计划的作用。1970年人口统计、1976年收入和教育情况调查、1980年人口统计是最新的全国范围的调查，这些调查以足够的事实说明了全国范围内印第安人的社会和经济地位。

所有印第安人，特别是城镇中的印第安人，迫切需要联邦政府进一步努力改善他们的社会——经济地位，而仅仅增加拨款是不够的。联邦的新计划如职业培训计划的实行对印第安人一直有很大益处，这不只是因为追加了拨款，而在于为印第安人获得技术和培训增加了选择和额外的机会。这个计划也有助于在保留地和城镇中心之间创造一个健康的移民模式，正如美国印第安人政策评价委员会所发现的："印第安人不再认为为了工作必须被迫远走他乡。他们趋向于尽可能不远离保留地以获得基本的工作和生活条件。城镇印第安人聚居区的移民模式部分地包含了保留地特点，因此在从保留地生活转变为城镇生活时，就能保持一定的心理平衡。一些研究分析了这种安排并由此得出结论：为生计而远离保留地的印第安人与家乡保持着越来越密切的关系，这是因为与家乡保持密切关系能够弥补因远离家乡而造成的社会和经济方面的裂痕。"

城镇中的印第安人认识到，他们正在支持建立一个城镇印第安人中心；他们正在争取到联邦机构工作的权利；他们正在建立与保留地保持密切关系的城镇印第安人社团；他们在不放弃自己的传统文化的同时，正在利用自己兼有多种文化的优势。虽然这个新模式还存在某些弊端，但印第安人有了更多的希望和自由。过去的游牧移居模式仿佛又在重演，但印第安人不再是跟着水牛、水獭沿着无尽的田野走，而是在沿着宽阔平坦的高速公路行进。

（中国社会科学院民族研究所主办：《民族译丛》1993 年第 2 期，第 26～33 页。原载托马斯·罗斯编：《北美印第安人的文化地理》，伦敦，1987 年版）

远东土著民族的传统风俗

［苏］Ч·М·达克萨米
В·Д·科萨列夫　姚中岫　译

远东地区的一些土著民族——尼夫赫、纳乃、乌尔奇、奥罗克和其他民族——长期以来形成了一些保护自然界的风俗习惯。这些风俗习惯，在这些至今没有灭绝的民族利用自然和从事经济活动的实践中，一直起到了调节生态平衡的重要作用，对于猎户、渔民、采集者的休养生息和文明发展，均产生明显的、深远的影响。同时，在经营土地、山野、江海、狩猎、海洋捕鱼、鱼类养殖业等方面，积累了丰富的经验，信仰观念、生活习俗、道德规范、禁令戒律、礼仪章法都规定得十分清楚。

还是在上个世纪中叶，著名的F·N·涅维耶里斯基考察队的成员们就发现了黑龙江下游一些民族严守禁止“损害”（挖掘）土地的风俗习惯，并且予以极大的重视。这种古老的传统忌讳，在尼夫赫和乌尔奇民族这里直到20世纪二三十年代还依然保持着，按风俗规定，对于违犯者判以死刑。然而，这种风俗习惯却影响和妨碍着农作物的发展。可以想像的到，这种习俗，对于终年板结的土地上的植被起着一种破坏作用，它加剧土壤的风化，并使其贫瘠。库页岛上的奥罗克人也保持着这种风俗，他们沿着古老的道路，驱赶着鹿群，一年四季定期游牧，竭力避免再破土出新的道路。我们已经十分清楚，库页岛上漂石地带（诺格利克斯基区）陆地上生活的奥罗克人，在野外活动中有4个传统性的季节牧场。春夏秋冬，均各自有别，而每一季节，又不少于4个牧场。据此生活规律，则形成了北方鹿的生理和生态方面的特点。入秋时节，北方鹿在山冈丘陵地带牧放着，在森林冻土带过冬；春夏两季，则沿着水边漫游着。它们啃食的植物，首先是地衣类。地衣类的再生能力是较弱的，这样的放牧并且使其生长更受到限制，为了几年后再重返故地，奥罗克人每年都改变着放牧的地方。驱鹿放牧，用奥罗克人自己的话说是“踏先人足迹”而进行着。背离这些放牧路线是不允许的。古时，这些道路都是在鹿群不能践踏植物和影响植物茁壮生长以及不能惊动水鸟的地方开拓出来的。目前，尤其在冻土带和森林苔原带处处可见，可是，在许多地方，由于使用功率大的交通工具和掘土机械，这种传统风俗遭到严重破坏已成现实了。

尽管远东和原始森林犹如浩瀚的大海，可是，黑龙江流域和库页岛上的土著人对森林资源却是珍惜的。比如：阿伊努人去打柴，却不带斧头，而擎着顶端有钩子的长竿，他们用长竿上的钩子折树上的干枝。他们以干枝、风倒木、水漂木做燃料，不到万不得已的情况下是不砍伐树木的。现在，库页岛上的尼夫赫人和奥罗克人，对待林木依然保持着类似的风俗习惯。土壤的风蚀，鱼类产卵水域的干涸，浆果植物的减少，大自然中禽兽种类的灭绝等，更为遗憾的是令人触目惊心的现代化的乱砍滥伐（从生态角度来看）——所有这些促使人们去尊重原始森林中土著民族的风俗习惯，并且，真正了解其实际意义。确切地说，就是真正懂得森林植物群体对于整个生态领域的作用。

这与利用水和保护水资源的传统风俗，也是可以相提并论的。阿伊努人认为弄脏水源是大的罪过。尼夫赫人、奥罗克人、纳乃人对于水源，也是进行严格保护的，防止其污染。

远东的一些民族禁止在森林里、山冈上、江河中大量水禽栖息的湖滨池畔喧闹和大声谈话；禁止在鱼类产卵期沿河划船。阿伊努人只是在海上使用渔网。他们在河口用大拉网捕鱼，可逆流而上时，则用鱼钩、鱼叉。用网和其他各种捕鱼方法堵塞整个河道的行为，是要受到严惩的。阿伊努人捕捉海狮从不使用猎枪，而使用鱼叉。直到20世纪30年代，尼夫赫人还认为传统的狩猎工具比枪要好得多。他们解释说：射击会使兽类受惊。他们还不允许伤害睡觉的黑熊和环斑海豹。他们似乎认为，与野兽决斗也应该在“公平合理”的条件下进行。否则，那就等于是阴谋的凶杀。夏季，所有的远东民族禁止杀害鹿、黑熊和其他大型野生动物；就是冬季，他们对于猎物也是有选择的，他们不猎幼兽、生崽的母鹿。因此，一个猎手捕捉飞禽和猎取走兽的数量，受到一定的限制。只要弄清远东诸民族的世界观，对于这一系列的清规戒律、禁令忌章的风俗，就可以理解了。他们认为在大自然中，有许许多多的神，他们分门别类有自己的首领和宗室流派。比如阿伊努人，他们就认为山岳帝君掌管熊类就像人类支配狗一样。瀛海帝君管辖鲑鱼领域，在指定的季节里吩咐它们去拜谒江河帝君。路上，它们“遇上”了人，这人便把这些鲑鱼使者视为“神使”，从江河里捕捞上来，将其头祭祀神灵，为祭坛上增添了光彩，将其肉自己吃掉了，将其骸骨扔进江水里，他们认为鲑鱼的灵魂可以继续朝前游去，去拜见江河帝君。

如果遵照所有的狩猎和捕捉习俗章法——“接待客人”，这样的捕鱼或猎兽就不被认为是杀生，反而被认为这是上帝的自愿奉献。可是，倘若违背了章法，那违法者就要受到惩罚，他可能淹死，可能在原始森林中迷路……人们既要争取避免遭到来自神灵方面的惩罚，而另一方面，又期待着神灵的护佑。这便表现出了人与自然界之间要保持一种正常的关系。日本研究阿伊努人的专家、民族志权威渡边把人与自然界彼此之间似乎存在的某种关系，称之为“人与自然界之间的社会协调系统”。

按照陈规旧俗去利用大自然，人们并没有把自己的谨小慎微的行为当成自然现象，反而认为是天经地义应该做的。他们认为清除果园的蓬蒿、烧尽陈年杂草是必要的。清理鱼类产卵的河汊和河道，运走风折木、冲积石和草皮，是为了使鲑鱼逆流而上的游弋路线畅通无阻，这也是必要的。然而，在这种情况下，对自然风貌却不许有数量上和质量上的任何改变（砍木、挖土、迁移牧场、用狡黠的方法打猎和捕鱼等）。人们竭力去保护自然环境，使其免遭任何可能性的损害。他们这种远见卓识，与现代对自然界的保护措施是十分吻合的。

氏族村社时期，渔猎部落对于生态保护的丰富经验和渊博知识是从哪里来的呢？这些古老的民族在什么时候和如何掌握了与周围自然界和谐相处的学问呢？周围的自然界使他们可以被称为朴素的生态学家了。这些问题也确实不能置之不问。对于古代人类和生物群体之间彼此相互关系的特征，众说纷纭，观点不一。B·P·卡波把它归纳为三点，概括为“先验的”模式：与自然界和谐相处，保护人类的立场和被动应付的态度，以至于达到寄生的地步。我们渴望知道在一定的地理条件下，每个历史阶段的人与自然界之间究竟是什么样的关系，我们急切地想知道这确切的答案。

对于周围的自然界，采取保护的态度，或者采取维护生态平衡的行动。人，作为生物群体中的一员，大概未必是其自古以来所固有的本能，但这些特点无论如何也不会是从动物的祖先那里继承下来的。要知道，生态平衡并非某个或某些群体的活动就可以保持得了的，而是通过众多生物群体和周围自然界之间彼此所存在的复杂联系和相互作用而保持的。

在人类发展的初级阶段，为了摆脱包围着他们的世界以求生存，他们付出了不小的代价。因此，那时还谈不到保持自然界平衡的问题。生态学的知识是逐渐积累起来的，是经过无数次实践和无数次失败换来的。对待周围环境持传统的维护生态平衡的态度，经历了很长一段时间，那时，类似于动物世界的行动是居多的：被动应付和积极破坏。最后一个模式，大概是在旧石器时期初，因为那时在广阔的生态领域中发生剧变，并且威胁着人类社会的存在。人类若灭绝大型的哺乳类，或人类的活动加剧着这种变化的进行，那人类就完全有过错了，但实际是否如此，这一问题尚待讨论。但有一点是不被怀疑的，那就是人们遇上了这一剧变时期——虽然，这是破天荒第一次——遇上了大规模生态发生剧变的时期。

这次剧变的结果，引起了“新石器时期革命”，此时，现有的经济条件与生产力又逐渐适应了。然而，此种状况并不是在所有的地方都是同样的。从经济发展的自然优势来看，不久前，世纪并非久远，人们发现远东的许多民族——他们生息在偏僻之地，闭塞之区，其自然经济得以发展，并且从事一些作业（养犬业、狩鹿业），可这并不是其发展的主要缘由。如果这样的话，那么，远东的猎人、渔民和采集者们怎能摆脱旧石器时代的巨变呢？显然，其发展的途径与方式是迥然不同的。在技术的领域中，正像人们已经知道的那样，这就是说使用了许多工具，这些工具的使用提供了前提条件，使人们从专操狩猎或捕鱼的单一而狭小的天地中走出来，开始进行经营领域广阔的综合生产的渔猎采集业。与此同时，丰富了与大自然打交道的经验，积累了生态学方面的知识，结果，这些经验和知识，可以帮助人们充分地利用大自然，并且也促进其平衡了。

关于传统的风俗，在某些方面，其思想基础与客观实际是有差异的。对于猎人、采集者和渔民来说，一些天然的地域，实际上是其物质财富的源泉或基地，这些源泉与基地，犹似现在工农业发展的社会中的作坊、工厂、农场、种植园、牧业联合体……一样。远东土著人的生活习惯，反映了当地的区域条件和严寒气候的特点。他们的生态环境容易被破坏，其恢复也是相当难的。无论是经济生活，还是民族的传统文化和社会发展，与生态环境的稳定有直接的关系。这一切决定着人们活动的方针。

然而，为掌握这一活动方针，并使其得以巩固，在民族的思想意识方面就要有一些切实可行的遵循。在从前无阶级的社会中，这种意识领域的遵循则成了宗教和共同的传统风俗。

世界观和氏族公社的秩序，是在保护大自然的情况下逐渐形成的。从尼夫赫人的传统观念来看，周围的自然界是一座大堂宇——氏族繁衍的所在。可是，从氏族所有制的传统风俗规定来看，不仅对待本氏族的区域要采取珍惜态度，而且，对待毫无关系的他族土地也采取同样的态度。所以，狩猎人、渔民、海兽猎人，无论他在哪里，都同样珍惜和爱护大自然——氏族的本乡本土，特别应该指出的是对其任何一草一木，大自然中的任何分子，都被视为有生命的、会思维的和具有活动技能的实体，对待自然环境（森林、河流、湖泊、海洋）——氏族生灵居住的场所，和人同样受到保护。所有的怨恨，最后通过无数神灵：树神、山神、海神——氏族社会组织层次中的种种神灵，去对周围世界予以威胁惩罚。

对周围自然界无限崇敬的思想观念，在神话和民间口头故事中反映得淋漓尽致。在远东的诸多民族中也流传下来不少民间和神话故事。其中，阿伊努族流传着这样一个故事，说的是人们由于杀害鸟兽太多而被割去了翅膀。

现在，深入研究分析那些竭力防止生态变化而有益于人类的素材是十分重要的，因为众所周知，在许多方面有些被人们遗忘了的难能可贵的陈规旧俗，目前却成了新观念了。今天，比如，人们逐渐清楚了：现代化的技术在经济发展的古老区域发挥着很好的效力；可在自然条件不佳、气候恶劣的偏僻地区，有时又不是不可非议而完美无缺的。在这里实施技术和在其他民族区域里进行技术改革的同时，往往是这样的，必须采纳并重视当地民族的传统经验和制度。这在生态、社会和民族学方面，可以帮助解释许多复杂现象。

（中国社会科学院民族研究所主办：《民族译丛》1990年第4期，第58~61页。原载苏联《自然》杂志，1986年第12期）

近年来旅游业对罗瓦林夏尔巴人社会经济的影响

[英] 贾尼斯·萨切勒　王大栋　译

1974年第一次考察时发现：在尼泊尔夏尔巴人中，罗瓦林夏尔巴人是最闭塞、最守旧的，经济上也最落后。

罗瓦林是一条东西走向的峡谷，与西藏边境平行，在高里三喀峰的正南，北接西藏，向东穿过5700米的山口到达坎布，它从未像其他夏尔巴人地区那样成为重要的商道。峡谷长约7公里，宽不足1公里，经济生产区从最低的3600米的马铃薯地延伸到最高的5000米的牦牛牧场，即使按一般夏尔巴人的标准，生产条件也是非常困难的。

历史上，埃德蒙·希拉里爵士和查尔斯·里迪福德是光顾罗瓦林的第一批西方人。1951年勘察埃佛勒斯峰（即中尼界峰，我国称珠穆朗玛峰——译者）时，他们从坎布穿越德拉希拉布察山口，然后继续向西通过罗瓦林，最后到达加德满都。在随后的8年中，又有过四五批人到峡谷考察。

1974年秋，罗瓦林第一次接待了大批外国游客，在旅游高峰季节，他们的人数甚至比当地居民还多。从那以后，罗瓦林蜚声国外，成为尼泊尔最有地方特色、最美丽的旅游胜地之一，游客蜂拥而至。

旅游业对经济发生了十分显著的影响，工资增加，物价螺旋式地上升，而且工资一直比物价增加得更多。穿越德拉希拉布察山口的背运费已从5天70卢比涨到140卢比以上（按1978年的兑换率等于11.67美元），而且，行情随着希望穿越山口游客人数及对相应的背运工的需求还在上涨。这样，峡谷与外界的隔绝反倒成了它经济发展的得天独厚的条件，最初是由于对游客有吸引力，而后是由于只有罗瓦林人知道穿越山口的艰难道路、并能够忍受不断往返之苦（实际上，在所付的探险报酬中有 3 天是雪线以上的）。此外，旅游业还使罗瓦林人，特别是妇女和青少年可以在家乡干活，用不着先艰难跋涉到加德满都，再到其他地区找工作的麻烦和花费。这样，旅游业又保持了社会和家庭生活的连续性，不仅有较好的经济效益，而且有较好的社会效益。1974 年，只是出售牦牛杂种，尽管有 9 户没有牦牛，但人均收入仍达 1000 卢比（按 1974 年兑换率等于 160 美元）。到高海拔地带去探险的夏尔巴人，一年两次，然后卖掉他用过的装备，一般就可收入 1 万卢比（按 1974 年的兑换率等于 1000 美元——原文如此）。在 1977 年，参加探险队的罗瓦林男青年赚的钱就更多，同时，他们的兄弟、姊妹和妻子穿越德拉希拉布察山口背运 6～8 次，每人还能容易地挣 1500～2000 卢比（按 1978 年的兑换率约等于 125～167 美元）。和这些收入相比，食用谷物每帕蒂斯上涨 2～3 卢比就微不足道了。

到目前为止，剩余的钱主要是用于提高生活水平，而不是用于储蓄和生产性投资。同时，它也意味着食物消费的数量有了增加，特别是质量有了提高。罗瓦林人非常坦率地说："如果西方人来的很多，我们就吃香的喝辣的，如果不来，我们还不得不吃小米。"他们最流行的消费品是夹克、睡袋、塑料容器、手电筒、手表和半导体。后来，那些还不能离开峡谷到外面去经风雨见世面的小孩子和妇女，也要求广泛地熟悉尼泊尔的民族文化，特别是精通尼泊尔的民族语言。自从当地小学校采用国语教学以来，在入学前精通它节省了学生和老师的大量时间。

这些新经济机会最惊人的影响是，给最贫穷的社区成员提供了经济发展的良机。在 1974 年，只是较贫穷的家庭才出人为游客服务，而到1977年，甚至最富有的家庭，哪怕只是为了保持住他们的富有地位，也不能不从事旅游业。与此同时，一些现已达到中等水平的原来最贫困的家庭，由于最初无力抚养许多儿子，现在根据劳动力短缺的情况，把现金投到十分有利可图的个体企业。在经济上，个体企业的特点和适应性比传统的保守主义更受欢迎。这样，在1974年一般看来不是很精明的小伙子，仅在3年内就学会了讲英语和日语，做西餐和日本食品，保持迄今为止没人达到的卫生标准；以至于今天落后的青年通常来自传统的富裕家庭。总的来看，财富的标志已不再是妇女的珠宝等传统的东西，而是为保持家庭成员清洁而购买的西方消费品和登山运动设备了。

到目前为止，新的财富也大量地用于发起宗教之类的传统活动。1977年，花费最大的宗教节日缩短了3天，其他节日也缩短了，但是，探险的夏尔巴年轻人和当地首席喇嘛仍支持这些节日。

罗瓦林夏尔巴人为了解决劳动力短缺的问题（种植、收获马铃薯和割草都在旅游季节高峰），田地里的活计不得不雇用较低地区的夏尔巴人和塔芒人去做。这样，新财富也开始流入其他地区。还有，谷物价格上涨，他们购买时也把新财富分配到出售谷物的地区。近年来，罗瓦林马铃薯丰牧，随后马铃薯枯萎病又流行，结果价格大大下降，于是，出卖谷物的地区出人意外地发了财。

1974～1977年，最明显的社会变化是，政治权力从老一代手里转到年轻一代手里。1974年两代人的关系相当紧张，老人苦苦抱怨："年轻人才挣了几百卢比，就像当了皇上似的了。"到1977年，这场冲突已在有利于年轻人的情况下解决了，尤其是大多数村民都开始认为，为了应付多变的世界，最好还是让具有从事旅游业和登山运动经历的人掌握权力。这时，村子的头人已换上了较年轻的人，罗瓦林选出的5个乡村委员会委员也全是年轻人。田地和草原的看护人继续由大家轮流担任，几乎没有什么重要决定可做的经院委员会则依然照旧。就这些变化来说，年轻的新官员大都出身中层而不是上层，随着旅游业和登山运动的发展经济地位得到提高。尽管有些老人不愿让位，但多数还是愉快地放弃了职位，于是他们有时间把全部精力都放到老年宗教准备上。例如，现任首席喇嘛任期期满后，过去的村子头人将成为当地贡巴的首席喇嘛。多数老人对年轻人在社会方面和经济方面继续几乎无条件地支持宗教感到满意，所有老年人对旅游业给他们家庭带来的收益也持欢迎态度。

尽管如此，人们越来越忙，开始不参加时逢旅游季节高峰的某些传统节日，传统习惯节日渐受到非常微妙的侵蚀。最明显的就是玛尼节。为了祈祷在印度教徒达塞音节期间宰杀的动物，在达塞音节的同时举行3天素食者宴席。但因为时逢秋季旅游旺季，村里一半以上的人，包括妇女和青少年都去进行穿过德拉希拉布察山口的背运，所以它日渐成为小孩子和老人的节日了。到1974年，主要的宗教节日杜塞姆已从冬天挪到夏天，届时，在峡谷所有的游方僧举行庆祝活动。可见，尽管从季节考虑比较适宜，但还是可能发生类似的挪动。熟悉罗瓦林旅游业发展前后情况的人都很清楚这里的人们没有时间过从前舒适的社会生活。但测定这种情况还是比较困难的。由于高山探险的年轻男子本来就不够，可他们又参加了德拉希拉布察山口的背运，结果额外增加了妇女的劳动负担。尽管大多数妇女觉得，使用一点儿自己的背运所得雇用低地劳动力到田地里帮忙，这在经济上和政治上都是有益的，但在旅游季节高峰时，她们还是不得不留下来完成可怕的割草任务。因为割草经常需要用绳索爬上悬崖，然后再用绳索把约50公斤重的草放下来，所以绝不可能雇用低地人去做。这样，就留下了经济机制中最脆弱的成分，即日益把危险的、难以负担的责任交给了妇女。

缺少劳动力最可悲的后果是教育的衰落。由喜马拉雅托拉斯资助，由当地义务劳动，罗瓦林于1972年建立了小学校，并配备了教职人员。1974年男女儿童入学。到1977年，包括由政府免费提供教科书的学校设备已大大改进。然而，由于劳动力短缺，现今大多数女孩子已被迫退学参加劳动，而男孩子对学习讲英语远比学习标准的尼泊尔语课程感兴趣。针对这种情况，只好停办了藏语和宗教学校，结果，各种语言的重要地位从藏语、尼泊尔语变成了英语、尼泊尔语，但所学的语言和文字总数没变。另外，夏尔巴语成为一种在个人和商业交往中有外人在场时十分有用的秘语而继续存在，但它仅是口头语言，与书面语言没关系。

像其他的世俗化倾向一样，德高望重的首席喇嘛于1975年死去后，非全日制的藏文宗教学校就停办了。失去了这位罕见人物的后果如何，发展旅游业对于民族文化一体化影响的结果怎样，这些将永远无法用数字计算出来。但是，可以肯定，西藏文学和寺院传统的价值正在下降。正像人们解释的那样，“没有人想给那么多的钱，因为吉伦帕桑是死的。”也正因如此，开支最大的宗教节日已从7天缩短到4天（考验和仪式也变了）。但对佛教传统更严重的威胁是，尽管现在多数20多岁的年轻人能够多少根据语音唱出礼拜仪式的经文，可识字的人不能用英文和尼泊尔文唱，更年轻的人就几乎无法理解细微的意思了。为了改变这种状况，制订了一个简单的方案，把全部经文译成尼泊尔文本。同时，对西藏宗教传统最大的偏离是，峡谷里已发生偶尔有人屠杀动物的事。由于峡谷是莲花生开创的神秘而又神圣的地方，在过去，不论是当地夏尔巴人还是低种姓中的串乡的屠夫，都绝不允许在这里屠杀动物。那时，肉只是家畜偶然死去而很少出现的奢侈品。然而到1977年，已公开承认，一些山羊和绵羊被卖给低地尼泊尔人过达塞音节用，卖给过路的旅游团体，也成了学校组织郊游的肉宴（在低地尼泊尔教师影响下）。在这些已知事件中，动物的屠杀者都是外人，但也有人怀疑某些罗瓦林男人私自秘密地屠杀过一些动物。

最后，峡谷里不断世俗化最惊人的事情是，10 个僧徒有 9 个在 20 多岁时结了婚。此外，这些人有多少是经过前任首席喇嘛的劝诫出家的，他们的意志在多大程度上为经济的权宜之计所支配，这些还是争论未决的问题。确实，倘若没有旅游业的影响，他们不可能如此之多、如此之快地结婚。今天，通过为游客做向导的有偿劳动，可以有足够的钱购买食物和牦牛、建造房子，添补以前缺少的家产。

结婚增多相应地引起了婴儿增加，人口统计成了一个重要的问题。1974 年时，峡谷人口还处于负增长，但仅仅过去 3 年，其净增长就达到 11%。很清楚，如果允许人口继续增长，在不再有旅游业的情况下，必将导致严重的经济混乱。旅游业被迫停止，这一直是可能发生的，因为峡谷具有战略性的地理位置，同时无头脑的游客很容易扰乱北部边界（1978 年春，就是因为这样的原因，罗瓦林暂时关闭了），存在着导致无法估量的经济悲剧的潜在威胁。

至今，只有一户虽然还支持村里的节日，保持在村里的权力，但已长期移居在外。1974 年秋，为了能继续加工西藏地毯和寻找丈夫，几个年轻姑娘到加德满都的工厂做工。但由于峡谷中出现了经济复兴的机会和大批僧徒自由结婚，人口外流停止了。但到将来，很可能有一些更加有胆识的青年设法到加德满都开办宾馆和饭店，事实上，有些人已在考虑这些事了。

与此同时，尼泊尔民族生活一体化展现了美好的前景，刚从游客身上获得的财富不久将更直接地投入生产性企业。目前正在建设的拉姆桑古—吉里公路将大大改善罗瓦林的交通状况，很多年轻人正在筹划如何降低各种货物的成本率，考虑是否可以在当地建立旅游宾馆和饭店，以便生产比通常出售木材和马铃薯等当地初级产品利润更高的商品。育龄妇女的三分之一要求采取避孕措施，实行计划生育。村里头人对宣传接受附近政府种用马铃薯繁殖场正在推广的抗枯萎病马铃薯种感兴趣。这一改良，至少在理论上能够增加产量，足以承担正在增长的人口压力，并可提供大量的家畜饲料。

（中国社会科学院民族研究所主办：《民族译丛》1987 年第 5 期，第 55～58 页。译自印度《亚洲的高原社会》，1984 年版）

美国土著人民宗教概观：抵制同化的源泉

［荷］格里特·惠泽尔① 东蓠 译

基督教历史中最黑暗的一页大概就是对美洲的征服和强制性皈依。除了残酷地毁灭了先进的玛雅文明、阿兹特克文明和印加文明外，还从肉体上消灭印第安居民。基督教历史学家 H·J·普里恩认为，土著人由1500年的1亿人减少到1600年的1～1.2千万人。之后，他们又被迫接受基督教的伦理和信仰。从印第安人的观点来看，基督教的价值观比他们自己所尊崇的价值观远为缺乏人性。

征服者的初期进攻集中在富足的文明地区，在那里可以夺取大量财富。继后，居住分散、缺乏组织、外界不易到达的地区的人民和民族，也接连成为西方入侵的牺牲品。但是，有些美洲土著人民的文化作为自给自足的小型社会，部分地由于它们的退让得以生存下来，并忍受和抵制了基督教文明的冲击。北美印第安人的情况更是如此，他们的原有文化和信仰在很大程度上已度过劫难。美国和加拿大曾做过系统的、长期的努力，实施强制性教育和压迫，企图使美洲原住民接受基督教文明。但是，他们的许多传统文化和宗教遗产并没有灭亡，相反，通过某些复兴运动甚至兴盛起来。

有一点并不总能得到充分认识，那就是土著的宗教和文化，在面对欧洲霸权、白人文明以及资本主义渗透上，是一支重要的对抗力量。许多美洲部落或民族曾经历过巨大困难，例如由于天

---

① 格里特·惠泽尔是荷兰奈梅根基督教大学第三世界研究中心研究人员。

花等欧洲疾病的传播，人口几乎全部灭绝，失去生存手段（白人殖民者有计划地屠杀野牛），传教士的入侵活动，被迫背井离乡移居保留地，儿童被强制迁入政府的寄宿学校等一系列强迫性同化措施。尽管如此，这些部落或民族仍然在很大程度上维护了本民族文化和宗教的同一性。

在印第安人的民族性多次复兴的紧要关头，我们总可以看到，常有某种宗教或精神复苏的形式，由于超自然力量的引导而起到重要的作用。

正如兰特尔纳里在他的关于被压迫者宗教的经典著作中所指出的："在美洲印第安人反抗白人入侵的斗争中，宗教充当了远比公认的更为重要的作用。引用本领域一位权威人士的说法，对于印第安人来说，宗教实际上变成了印第安社会抵制欧洲人道德观念影响的一个堡垒。往往由于宗教的推动、激励和鼓舞，他们起来作殊死的斗争，反抗夺取他们土地的外国人。"

人类学家认为，"原始民族"的宗教复兴运动，比如使命信仰、土著运动或救世运动，在他们与欧洲文明接触之后，经常得到发展。华莱士建议称之为"振兴运动"，"以便表示社会成员为建设一个更加令人满意的文化而做出的任何有组织的自觉的努力"。即使在欧洲人的入侵产生影响之前，只要当地存在紧张和冲突的形势，这些运动也同样会出现。

因此，华莱士对早在与欧洲人接触之前就出现的印第安部落的强有力的振兴运动做过研究，这些部落是易洛魁人（现纽约州）、奥农达加人、塞内卡人、奥内达人、莫霍克人、卡尤加人、图斯卡罗拉人。这一运动可以说明，为什么易洛魁人后来反抗西方人的强制行动比其他民族更有成效。

除了传统和神话，人们对易洛魁人的这一运动所知甚少。14世纪末，易洛魁部落发生内讧，遭到邻近部落的袭击。夏瓦塔是一个牺牲者，他失去了家庭和财产，像一个吃人的生番那样苟活在山里，在森林中的一间茅舍栖身。有一天，德加纳维达到茅舍看望他。来访者是个神人，他启发夏瓦塔，并教他如何说服易洛魁人团结起来组成联盟，避免同族各部落间的流血争斗。谁真正是德加纳维达，我们不得而知。但是夏瓦塔凭其口才，使所有部落的头领心悦诚服，他们在奥农达加大会上建立了联盟。

有人指出，易洛魁妇女的声音也对作出这个决定产生过影响，因为她们拒绝在无休止的内战中性交和怀孕。

联盟建立伊始，就给 17～18 世纪的易洛魁人在与欧洲殖民者的周旋和较量中带来了优于其他部落的军事和经济力量。他们与荷兰人做生意（特别是毛皮）。后来英国人在 1664 年征服了当地，他们又和英国人做买卖。之后，法国人和英国人在 17～18 世纪曾互相进行过几次战争，易洛魁人持不偏不倚的态度，取得了某种权力。美国独立战争时，联盟正式宣布中立。但是，当时有些部落与美国人结盟，有些则与英国人结盟。1779 年英国人战败，联盟失去了大部分土地。由于这个原因，村庄被焚毁，人口流散，易洛魁人元气大伤。塞内卡人的头领汉萨姆·莱克嗜酒如命，他早已受到教友派（基督教的一个派别——译著）的影响，在稍后的 1799 年，他于昏乱中传达了振兴本族的神示。在他气息奄奄之际，三个神灵代表伟大的神要求他戒酒并授命他宣扬救世之道。他因此获救，并得到新的神示。在朦胧之中，他受命实践一种全新的生活方式，绝对禁酒，并像白人一样以农业为生，包括男子用犁耕地，取代妇女用铲干活。然而，不许本族人把土地卖给白人。这个规矩年复一年口头流传下来，直到 1900 年才由一个名叫卡塔兰古斯的塞内卡族人明文规定。汉萨姆·莱克所描述的规定曾获得很大成效，重建了印第安人的自信和尊严。这种宗教也叫做“公社宗教”，因为它当时在易洛魁人公社住地得到普遍实践，至今仍为众多易洛魁人所尊崇。它有固有的礼仪、灵魂学说、诸多神祇礼节及精神力量。虽然它含有基督教成分，但有助于易洛魁文化和价值对抗西方纯物质文明的侵蚀，避免遭受彻底毁灭。

诸如此类的复兴运动，即以“精神”力量为基础的公开的对抗，则是由肖尼人首领特孔塞和他的兄弟——“肖尼人的预言家”滕斯卡塔维塔发起的。前者是一个强有力的组织者。他认为，为了抵制白人（美国人）的推进，必须克服部落间的争斗。而后者则“提供了精神支柱，他的法力能使风神停步，星宿止行”。他的首要拯世使命是恢复部落的淳朴和团结，以便反对割让当地全体印第安人所共同拥有的土地。人们发现，在此运动中各部落群体的团结促进了印第安人之间的新的联合，从而引起白人殖民者的巨大恐惧。在一次会议上，滕斯卡塔维塔对州长说：“最近三年来，我所创建的宗教得到本地区各印第安部落的拥护。他们过去分为各行其是的集团，而现在则是一个整体。他们决定照我的吩咐去做，也就是实行伟大的神通过我来表达的直接意志。”

在1812～1813年加拿大英国人和美国人在底特律周围进行的战争中，肖尼人为捍卫自己的土地，站在英国人一边投入了战斗。但他们被打败了，特孔塞死于此役。

此后数十年，其他部落也群起响应预言家倡导的精神或宗教运动，他们为捍卫自己的土地反对白人入侵者的推进，但这些奋斗也同样归于失败。西海岸地区的预言家是斯摩哈拉，他是一个萨满巫医，人称“吼山”。他曾受教于罗马天主教传教士，因此，他所宣扬的信仰受此影响是显而易见的。他参加了1855～1856年在亚基马的战争。几年后，他在一次决斗中九死一生，从而闻名。但是实际上，他正是死于那次决斗。

在屡次生命攸关之际，他都得到“土地母亲”新的宇宙论的启示。这一理论反映了“土著人民的要求，他们通过远较财产和生产活动更为有力的纽带团结在一起，也就是说通过精神的和宗教的纽带团结在一起”。

在这位预言家的启示下，内兹佩塞人的首领约瑟夫率领众部落起义。此事发生在1877年的爱达荷州，起因是美国人开始掠夺他们的牲畜。数月之后，起义失败了。然而，当美国人为修建北太平洋铁路而掠夺更多的土地时，印第安人基于土地为精神价值的拯世思想又复活了。

在这一时期，最主要的运动是“幽灵舞”，1870年出现于帕维奥佐人中间（内华达州和加利福尼亚州）。这是对修建贯穿大陆的第一条铁路的反抗。此事始于1869年，当时预言家沃兹沃勃在一座山顶上接受神示。他说，浩劫将摧毁世界，包括毁灭白人；而新信仰的追随者印第安人将与复活的死者一起生存，那将是一个复兴的印第安社会。

然而，可以看到在不同时代幽灵舞有所不同。初期往往带有许多强烈的反抗成分，据称在白人的火器面前可以刀枪不入。而到1890年前后，最流行的则是另一种形式，显得更加和平、更加超然，这或许是对白人军事力量无法抗衡的一种反映。

晚些时候，一些部落首领也都开始崇拜幽灵舞。其中最杰出的首领名叫约翰·威尔逊，也叫沃沃卡（印第安名），他也是一位预言家。他的父亲曾是沃兹沃勃的助手。沃沃卡属于派尤特部落，他把这一运动推广到其他许多部落。

沃沃卡是个萨满巫医。1886年，他在发高烧时，受到神示，受命推广幽灵舞，并在印第安人中间弘扬，与白人一起实现慈善和平的生活。传统节庆则不应再举行，而应代之以幽灵舞。这是一种集体舞蹈，起舞者极易兴奋，并与死者亡灵沟通。当然，这有治病和净化心灵的作用，具有强烈的心理效能。幽灵舞在各部落得到广泛传播。虽然许多预言者遭到监禁和迫害，幽灵舞终究无法遏止。

幽灵舞吸引群众的一个生动人物是黑鬼奥斯。他是为数不多的印第安老巫医和神汉之一。他的事迹至今仍在流传。他自命熟谙幽灵舞，声称当人们起舞时能够见到死去的亲属并与之交谈。

而后，一个叫“瘸鹿”的巫医也熟悉了幽灵舞。他还认识了一位此舞的参加者，后者有过身外体验。他说：“我像死人一样倒下去，我死了。我在冥界见到了去年死掉的一位亲人，看到他像现在看到你一样真切。我还见到他的妻子，她很久以前就被白人士兵杀死了。”

黑鬼奥斯同许多其他部落的巫医和首领一样，从幽灵舞中得到很大启示。他们对白人掠夺土地不再用武力进行反抗，而是竭力振兴本民族的文化和精神。

但是，美国政府对幽灵舞宗教活动的反应是欠妥当的，甚至是缺乏理智的，特别是1890年在翁迪特尼进行了一次大屠杀。“大脚”酋长率领120名男人和230名女人及孩子出发迎接“红云”酋长，此人是苏人最后一位善战的伟大领袖。他们企望求得他的保护和领导，并且拒绝了向贝尼特营白人士兵屈服的命令。在前进路上他们遭到屠杀，350人当中有300人遇难，大部分人都手无寸铁。这是第七骑兵团犯下的罪行，目的是为库斯特尔将军复仇。此人在1884年的一次战斗中被打败战死。他之所以丧生是因为他支持数百名金矿工人，并派遣1000名黑山人入侵1868年条约规定受保护的圣地。

翁迪特尼的屠杀是一场针对处于饥馑而又无足够自卫能力的印第安人弱小群体的错误的军事行动。这次惨案，一般认为是幽灵舞结束的开端。虽然有些人认为白人的统治明显地变得谨慎小心了，但是印第安人反对白人的统治并没有结束，有些人认为他们只不过是退却了。

当然，军事行动并非是无效的。除了肉体压迫之外，还有更加厉害的迫害，旨在消灭残存的印第安文化。在罗斯福执政时期，人们熟知的印第安事务署负责人约翰·科列尔承认：“大约从

1870年起，美国的一个主要目标就是通过摧毁印第安宗教达到消灭平原印第安社会；也许世界上从未有过如此广泛、如此冷酷无情的宗教迫害。面对不可抗拒的禁令，印第安人前赴后继、持续高涨的反抗在人类宗教史上是悲壮的一章。”

对印第安各部落来说，在翁迪特尼的大屠杀和侵略性掠夺之后，团结一致的需要变得更加强烈。在此后的几十年里，当印第安人只剩下最后一些土地的时候，尤其如此。在这重新团结和适应每况愈下的形势的过程中，对“佩约特”（老头仙人掌）的崇拜起了重要的作用。

美国解放黑奴的内战结束以后，面临白人的扩张推进，许多平原部落和西部部落都信仰佩约特，以示反抗。

各部落被迫向西部腹地退却，退到难以生存的地方。曾为印第安人生命基础的北美野牛很快被白人灭绝，目的是为了主宰印第安部落，特别是夺取他们的土地。而结核病和酗酒也使平原印第安人丧生。

由于印第安人的顽强反抗，以消灭印第安人为目的的政策没有完全奏效。白人采取了种族隔离政策，在印第安人中推行移居保留地的政策。在保留地中，他们竭力同化印第安人，儿童被强制离开父母，另居他地。在印第安人中推广通用语言，但是新的语言反而使各部落空前团结。结果是对佩约特的崇拜也得以迅速传播。

佩约特是生长在得克萨斯州和墨西哥北部的一种植物，其上部含有龙舌兰碱，可以析出，但不可食用。一旦服用，人会产生幻觉。大约于1870年前，它首先在平原印第安人的崇拜仪式上使用，当时在霍皮人中间以及在墨西哥境内已为人们熟悉。佩约特的药理作用使人误以为能获得力量和超自然的本领，不仅使超常个人如巫医产生幻觉，而且可使服用集体感受同等效力。兰特尔纳里指出，当时政界认为，崇拜佩约特对在印第安人中渗透白人文化和宗教造成障碍。

从1890年起，由于约翰·威尔逊在俄克拉何马州的一次幽灵舞仪式上服用了这种药液，对佩约特的崇拜更加得以推广。从那以后，他开始隐居，并得到启示和教诲，创造出一种新的信仰，他称之为“伟大的月亮”。

而后，新宗教迅速发展，把印第安宗教的成分与某些基督教成分融合在一起，试图推行泛印第安目标，并谋求官方对此宗教的承认。它并不像幽灵舞运动那样企求恢复印第安原有文化，而只是谋求更新这种文化。过去个人行医治病的本领变成了集体的事业。“崇拜佩约特的长远目标，既是集体自救，又是保护集体免受无时不在的被瓦解的危险。”

由于政府政策的干预，在1880年以后的50年中（直到1933年罗斯福就任美国总统），文化崩溃对于美国土著来说是非常严重的威胁。在那时期，印第安人被迫集中在较小的保留地，一般来说，他们都被迫背井离乡。负责此项措施的印第安人事务署是一个极端腐败和残忍的机构。许多事例证明，该机构的地方管理人员对印第安人一无所知，但是他们欺诈印第安人，攫取其财产而使自己暴富的这类事却经常得逞。由此可知，对佩约特的崇拜为何有如此大的影响：“由于白人基督徒所犯下的愚蠢和欺诈行为，不难理解印第安人对白人传教士笨拙活动的反抗。”

虽然有许多人类学家对印第安人进行过调查，但只有塔尔勃特在其关于此时期的著作中指出：“蓄意沉默。”在此期间几乎无人重视美国印第安人的处境。同样，几乎谁都忽视了印第安人残存的行医实践。

后来印第安人事务署在几个州颁布法律，禁止服用佩约特，企图在保留地内禁止其使用，甚至禁止对它进行科学研究。依据宗教自由的宪法权利，印第安人进行抵制并进行上诉，甚至成立“教会”。1918年他们在美国土著教堂集会。这个教会虽然后来分裂成两派（1946~1955年间），但它毕竟包括美国的所有地区，对粉碎白人剥夺印第安人文化独立性的企图是大有帮助的。

然而据观察，只有部分印第安人在此信仰中找到了反抗白人社会同化的方式。其余的印第安人在试用佩约特以后，断定幻觉和精神力量虽然并非是人为的，但却也是由于“个人本身素质”所致。正如“瘸鹿”所说：“我信仰佩约特有6年之久。后来我放弃了，我觉得那不是我的道路，因为那是一条死胡同，一条无法通行的路，应当寻找新的出路。我不想小看对佩约特的崇拜。在许多印第安部落中，大家相信这种药物。佩约特老祖把许多人团结起来，他们不仅是信徒，也是印第安人，这是大好事。有些部落服用佩约特已经很长时间了，并把它当作自己主要的、唯一的信仰。许多人忘记了他们被传教士铲除了的古老信仰，而只剩下佩约特。所以佩约特就成为他们所知晓的印第安人的唯一宗教信仰。但对我们苏人来说，它还是一个比较新的东西，它不同于我们对‘伟大的神’和‘神圣烟斗’的信仰。我慢慢地明白了不应当把两个信仰掺杂在一起，也不应当把它们搞混了。我觉得是在烟斗和佩约特之间选择一个的时候了，而我选择了烟斗。”

另外，还有一些其他形式使得印第安人的精神力量能够完整保存，这些形式并不一定屈从某种信仰。19世纪的老巫医，诸如瘸鹿和黑鬼奥斯，他们把自己的精神传播给印第安人。后来，其中一些传人为人们所熟知，如惊雷、乌鸦猛犬（金钱豹）和药鹰布鲁克，他们都继承了古老的神奇传统。

这一传统借用了多种重要仪式。比如借用了神圣烟斗，一种只用美国某地特产的红石制成的烟斗，吸此烟斗才能体验人与造化的混一。另一个仪式是，须在一座圣山之顶的坑洼处，一连数夜寻找巫医传人。

特别重要的是太阳舞，它对全美国各部落的团结一致起了很大作用。据黑鬼奥斯说，在印第安人传统和礼仪逐渐失去活力的时候，伟大的神瓦坎·坦加从苏人头领卡布拉雅所感受的幻觉得到启示，发明了太阳舞。与会者敲击一面鼓，唱几首歌，让一个同伴绕着一株特别安放的白杨树起舞。这些舞蹈者是精心挑选出来的，他们必须虔诚信仰瓦坎·坦加。他们不进饮食，连舞4天。

参加祭礼舞的群众，通过仪式自我锤炼，得以净化，并更新生命之树。但是此舞在1881年遭到禁止。尽管如此，它在20世纪20~30年代悄然复苏。正如一位苏人所说："我们祖先的习俗并没有消失。我的父亲如今经常活在我的心中。我们的宗教牢固地活在我们的心中，也活在我的心中。"

经过多年无法忍受的压迫，复兴运动终于在1933年（罗斯福执政时期）很快得以恢复。当时，人类学家约翰·科列尔被任命为印第安事务署的负责人。他任职到1945年，在此期间泛印第安团结有很大发展。1934年美国印第安人联合会成立。1944年美国全国印第安人大会成立，这个大会是一个更有实力的团体。不少印第安人老兵从第二次世界大战各条战线回来以后，都参加了太阳舞仪式，重温他们固有的文化。

该运动的代言人之一是美国全国印第安人大会多年的主席，名叫小瓦恩德洛利亚。他曾就读两所大学，并曾在政府和议会的许多机构供职。关于他如何重新发现印第安民族性，此人强调指出："不久前，在我就读的大学有一位教授就发现民族同一性的危机。在各种讨论会上，他问我们：你们可曾感到这种同一性的危机？实际上，他想说：按照我的生活方式的大方向，你们是否感受到同一性的危机？其实，他是根本不应该提这个问题的！其中一些大学生正是我们年轻的印第安人。我们考虑了这个问题之后发现，我们无法苟同他的生活方式。我们只能认同我们印第安人的生活方式。在最近10年，许多印第安青年在学校里受的就是这种教育。他们懂得所谓的大方向。他们注意到并且看到，到处都是苏打水小店、心脏病、神经官能症、除臭剂，清晨6点钟就得起床，去修剪城郊居民住宅草坪。按照这种大方向，他们还看到，城里和城郊的居民都受生活的束缚，一旦找到工作，这些居民就得往上爬，不停地爬。心脏病成了工资的代价。”

在一次国会的印第安“问题”听证会上，德洛利亚就印第安人文化同一性谈了他的意见：“我想谈的同化问题，就是我们在《旧约》中所读到的问题。希伯来人在埃及生活了400年。我相信，当时为同化他们曾施加了压力，但是他们保持了自己的文化和宗教，并且继续是一个民族。因此我们现在能够看到这些人所创建的伟大宗教。现在，我也想用美国印第安部落做一个比较。我们也可以采用多种方式做出贡献，这样，我们将还是印第安人……易洛魁同盟和美国开国元勋达成政治谅解，这是极有价值的贡献。我们提出，美国印第安人在几乎所有的领域，如社会、经济、政治和爱国主义领域，都可以贡献文化、交流知识和承担社会责任，这都是今天国家所需要的……你们如果企图把印第安人变成白人，你们就不会得到印第安人对美国社会的贡献。”

美国印第安人的宗教仪式和精神仪式的复兴在60年代有更大的发展。与此同时，出现了各种解放运动，如黑人权利运动及妇女解放运动。斯坦·斯特纳曾说明此种运动。比如在一次会议上，与会者曾激烈争议过在俄克拉何马州切罗基人部落土地上进行无证狩猎的问题。对印第安人来说，狩猎不是体育运动，而是获得食物的生存手段，这早已是部落新精神的象征。受过高等教育的印第安年轻人采取了比父辈更有效的方式处理这些事情。他们在1960年成立了印第安青年会，这不是为了投身白人观念的“政治生涯”，而是因为感到旧的领导阶层在直接行动中不可能有所作为。他们的发言人派尤特人默尔·托姆指出：“运动以印第安方式成长。我们想过，我们需要一场运动；不是一个组织，而是一场运动。组织可以改变历史，但是只有运动才能创造历史。这是我们决心要做的事情，并且已经做到了。许久以来，印第安人已经知道如何运用直接行动。可以说，这本是印第安人行事的传统方式……对我们来说，直接行动是重要的：印第安人投入运动并采取行动。年轻人之所以团结在青年会周围，是因为他们不再相信旧的领导阶层还有多少进取心。而我们感到印第安人的事情是那么糟糕，因此必须制造某种事端……但还是应该以印第安方式去行事。”

该运动在各部落推行的第一个直接行动，是在华盛顿州各河流组织的“我们去捕鱼”的活动。捕鱼在这一地区本是部落生活的基础，但捕鱼的权利后来逐步遭到废除，而为各大公司所专有。捕鱼是民众的一种不服从行为，结果成为全民动员，得到当地所有部落的支持，甚至得到老年居民的特意支持，从而显示了广泛的团结。此案在两年后获胜。

1968 年，激进的美国印第安运动成立，运动又迈进了一步。很明显，它是部落间的组织。由于对这一运动及其日益增长的战斗性很少加以注意，因此莫霍克保留地定期出版的《阿克维萨兹内札记》成了该运动的喉舌。

美国土著为捍卫自身权益和保持文化遗产开展了各项活动。其中之一是 1951 年在加利福尼亚州戴维斯市成立的德加纳维达-奎查尔科阿特尔大学（DQ 大学），此大学专门吸收美国印第安人和奇卡诺印第安人（墨西哥裔美籍印第安人）。它的创始人和代表人物是杰克·富尔贝斯、戴维·利斯林和丹尼斯·班克斯。这所规模不大的大学，经过千辛万苦美国官方才承认它是一个教育机构。它的教育和科研都力求巩固文化遗产，例如复活并使用本族语言。另一个目标是组织或支持经济复苏，例如组织“长征”活动。DQ 大学组织的这次长途步行，1978 年 2 月 11 日开始于加利福尼亚州这所大学的操场和印第安人曾经占据过的无人居住的阿尔卡特拉兹岛（旧领地），岛上当时站满了印第安人。1978 年 7 月 15 日，长征在华盛顿结束，同时在国会山前举行了示威游行。示威者抗议批准某些法案，这些法案涉及夺取印第安人的最后一些土地，以便各大公司得以染指当地的自然资源，这样，美国政府就能解脱对印第安人所承担的行政责任。后来，长征在欧洲广泛宣传，但是消息却在美国遭到封锁。然而它毕竟有助于阻止上述各法案的通过。

1973年2月，1890年大屠杀的现场翁迪特尼被奥格拉拉——苏人全部控制，并象征性地占领，以便再现历史场景。虽然它不是一块圣地，但一向受到崇敬。占领者利用这个机会，宣称苏人是一个独立的民族，迫使美国政府的代表同活跃的“传统的和受人尊敬的众领袖”进行自1890年以来的第一次谈判。这些领袖显示了惊人的战斗性。这一活动后来广为推广，并且有助于重新肯定印第安部落在某些土地上拥有主权的理论。

官方的反应是严峻的。在这一事件后的两年间，美国印第安运动大约有300名成员被杀害，他们都死在松岗拉科塔保留地及其附近，其残酷程度只有第三世界独裁政权的暴力镇压才能相比。一位名叫莱昂纳德·佩尔蒂耶的美国印第安运动的领袖，从1974年起一直关押在狱，他被宣判犯有“杀害”联邦警察的罪行，但是对他的指控很难有确凿的证据。印第安运动认为他是政治犯，风险是很大的。

最近20年，由于发现煤、铀等重要矿藏，或者由于可以放置核废料，越来越多的印第安人的土地被没收。有27家公司，包括一家全美碳化物埃克森公司，提出了申请，要求开采南达科他州布莱克山的铀矿。有人说：“在这个国家的西部正在进行一场战争：能源对环境的战争。”

印第安运动的许多参加者与生态平衡保护者联合起来，通过民众行动，同各大公司和政府作力量悬殊的斗争。另外一些人则越来越频繁地谴责西方白人文明的生活方式。这种生活方式是如此荒谬，以至正在浪费和破坏土地和资源，而且由于毫无节制、过分贪婪，正在毁灭人类的未来。有些印第安团体从这场斗争中看到，古老的预言正在实现，人类的新时代开始了。伟大的神传给霍皮人的古老预言，现在刻在奥依拉比村附近的一块岩石上。预言说，我们的星球将有一次大涤罪。由于人类的干扰，维持地球母亲的能源体系将退化崩溃。一旦如此，大涤罪就要发生。预言准确地预告了第一次和第二次世界大战。预告第二次世界大战的标志是一个伽马字母形的十字符号。霍皮人首领指出，第三次大涤罪也不远了：由于近来在霍皮人的圣地和精神中心地区钻孔开采铀矿以及其他大规模的采矿活动，第三次大涤罪随时都有可能发生。

如果对土地的破坏进程还不停止，如果人类还要开始兴建一个所谓的“天空城市”，那么，大涤罪就为期不远了。

（中国社会科学院民族研究所主办：《民族译丛》1991年第1期，第45~52页。原载《印第安美洲》季刊，1985年第4期）

雅诺马莫人

——亚马孙地区仅存的部落民

［委］科恩特拉斯特　张学谦　译

战争在亚马孙地区已延续多年，至今这里仍是美洲最剽悍善战的部落民——雅诺马莫人的繁衍栖息地。

不久以前，澳大利亚的一个探险队沿着 19 世纪初南美伟大的探险家阿列汉德尔·波恩·胡姆伯尔特的足迹，再次考察了这一地区。1985 年，专门从事研究雅诺马莫人的民族学家哈罗尔特·赫尔索格就是在这里不幸遇难的，由此可见，这些部落是多么难以接近。

雅诺马莫人大多居住在达马。这是他们在亚马孙原始森林深处巴西和委内瑞拉交界地区建立的一个小小的军事基地。距此不远还有美国传教士多年来试图向雅诺马莫人传播福音而修建的一个移民点。雅诺马莫人的人口不超过 1.5 万人，至今仍过着原始的部落生活。每个部落最少不少于 40 人，由于抵御外族入侵的战争时有发生，人数再少便有被全歼的危险。但最多也多不过 125 人，因为人数太多了，部落首领们就难以驾驭。

在这次考察当中，探险队目睹了雅诺马莫人举行的一次葬礼。探险队员们看到，雅诺马莫人整夜警惕地守卫在死者身边，大声吟唱着节律单调的送葬曲，边唱边把死者的遗体焚化为灰烬。待天亮之后，将死者的骨灰沾裹在香蕉上，让死者的亲属们吃下。这也是各个氏族之间，为了抵御外族侵犯表示永结联盟的一种仪式。沾上了骨灰的香蕉，在吃下去以前，还要在每个人的手里传来传去，以示坚贞不渝。

在这个探险队当中，还有唯一的一位女队员，名叫蕾西娜·瓦格内尔。她在考察当中和雅诺马莫族的妇女和孩子们建立了特殊的关系。每当蕾西娜前去考察一个村落时，她都要被当地部落民脱得精光并受到她们仔仔细细的检查。雅诺马莫人见到她，先是惊异不已，然后便唧唧喳喳地议论纷纷。她们不明白为什么蕾西娜的乳房里挤不出奶水来，而她们则是要用奶水把儿女喂养到4岁，由于儿女一个接一个地出生，她们的乳房也就总有奶水。

由于雅诺马莫人是仅存的至今仍过着原始生活的部落民，且不以争夺土地而以争夺生育力强的妇女而闻名，所以近年来受到了民族学界的广泛注意和研究。

在这次考察中，探险队还和雅诺马莫人一起庆祝了土著人一年一度的重大节日——椰果收获节。大家都很兴奋，但原始森林中的蚊、蝇、蜘蛛、蜱螨等等昆虫，也给探险队员带来了极大的麻烦（即使是对当地的土著人来说，也如是）。探险队员当中有好几个人脚趾都被毒虫咬得红肿麻木，行动不便。即便是穿上皮靴，每晚临睡前仍可从皮靴中倒出不少各种各样的昆虫。

雅诺马莫人妇女承担着两项日常家务劳动。一是除了男人们打猎所得的野物之外，其他的饭食都要由妇女们去准备。当男人们悠闲地在吊床上休息时，她们仍在不停地为大家的饭食而忙碌，或为制作一种叫做“艾贝那”的麻醉药而操劳。“艾贝那”是雅诺马莫人通过一根细竹管用鼻子吸服的嗜好品。尽管雅诺马莫人每天都吸服这种麻醉药，但并没有把他们损害到羸弱无力的地步。而雅诺马莫人的卡曼，即部落中的巫师，据说还能借助这种麻醉药的效力，与自然界的精灵和天神对话，或请求这些精灵为雅诺马莫人消灾治病。

雅诺马莫人妇女的另一项家务劳动是捕鱼。她们可以灵巧地徒手捕鱼，捉到一尾鱼之后，立即在鱼头的下方咬一下，把鱼咬死，并把仍在摇头摆尾的鱼叼在嘴里，以便腾出手来继续捕鱼。

捕捉食用蜘蛛，只需5分钟就可以捕捉到30来只。她们把蜘蛛在火上稍加烧烤，大家就津津有味地吃起来了。

雅诺马莫人个个都是出色的好猎手。他们只需利用手中的弓箭就可以猎捕到猿猴、野猪、飞禽和种类繁多的鱼和鳖。

对孩子特别疼爱并予以耐心的教导是雅诺马莫人的两大特点。当孩子们还很小时，巫师就指导他们学习狩猎的本领。先是从做游戏开始，稍大一点，孩子们就可以用弓箭在30米之外射中树梢上的飞鸟了，对距离稍远一些的敌人来说，当然更不在话下。

由于近年来雅诺马莫人与“文明世界”有所接触，他们有了猎枪、砍刀和金属器皿，所以雅诺马莫人在入侵者面前变得更加强悍和富有战斗力了。然而，也正是因为他们与“文明世界”开始了接触，这个保持部落文化长达1万年之久的民族，现正处于蜕变消亡的前夕。

（中国社会科学院民族研究所主办：《民族译丛》1992年第6期，第65~66页。原载委内瑞拉《地理世界》，1989年5月）

在驯鹿牧民间进行的改革

［英］皮尔斯·维特布斯基　程席法　译

在圆形山丘的环抱中，我们的 7 个帆布帐篷显得格外矮小。落叶松的叶子已经变黄，使得一个个小山坡看上去像在燃烧一般。两个骑着驯鹿的牧民驱赶着第一群驯鹿跳进那条水流湍急但却很浅的小河，向我们游来。这时，在营地整整等了一个上午的上了年纪的妇女便发出兴奋的呼喊，接着便跑回帐篷拿盐来喂这些驯鹿。

时值初秋时节，各营地的牧民必须将在远处山坡放牧的驯鹿赶回来，以便为它们进行体检、接种疫苗和进行分类：有些将作为肉鹿出售，而有些则将按不同方式进行冬季饲养。牧民们清晨5点便开始工作，一直到晚 9 时才收工。几天来，男性牧民一直忙于砍伐落叶松和建造栅栏，今晚，近 2000 头驯鹿将拥挤在刚建成的栅栏中。

这些就是苏联北部地区众多少数民族之一——埃文人或拉穆特人。埃文人人口约有 1.2 万，以小村落形式散居在数千平方英里的地域，讲通古斯语。

20 世纪 30 年代，游牧于雅库特共和国维尔克霍扬斯克山区的埃文氏族实现了集体化。1961 年，定居在萨克基里尔和塞布扬－库耶尔两地的牧民又进一步组建成两个国营农场。1988 年 8～9 月间，这两处的居民邀请我和他们生活在一起，研究他们的生活状况。

这两个农场在北极圈的两侧，相距 250 英里，埃文人人口分别为 783 人和 655 人，另外还有少数雅库特人、俄罗斯人和其他民族的人。这里条件极其艰苦，每头驯鹿需要150英亩的牧草来饲养。维尔克霍扬斯克地区在北极是最寒冷的，冬季气温可降至-70℃左右。夏季可能会很炎热（+30℃以上），但却很短暂，所以地表下面的永久冻土带从不融化，而地表的融积水由于排放不出去，使大部分土地成为沼泽地。这里无法种植庄稼，居民只能靠放牧和狩猎维持生计。俄罗斯人于3个世纪之前进入这一地区，并向土著人课税，以皮革支付。迄今，猎取松鼠、黑貂和北极狐仍是一项重要行业。居民们同时也饲养一些马和牛，不过，正如苏联北部的大部分地区那样，这里的经济基础仍然是牧养驯鹿。

这两个国营农场目前各拥有2.1万头和1.5万头驯鹿。每一个农场驯鹿获年利高达200万卢布，而其他所有行业则亏本或不盈不亏。塞布扬-库耶尔农场尽管规模极小，与世隔绝，但其生产能力却在整个雅库特共和国居第3位，因而获得许多奖赏。每一个农场有一个中心村，村中有政府和共产党的办公机构、礼堂、幼儿园、学校、医院、商店、简易机场、牛和软毛兽类畜牧场、兽医站和屠宰场。远离中心村之外，零星地散布着十几个牧民营地，每个营地有六七个牧民（集体叫做“生产队”）和少数亲属或其他帮手。每个营地同时还有两个领工资的“女管家”。

在紧急情况下，直升机可以飞抵这些营地。通常则是夏天骑马，冬季坐雪橇。我曾骑马到过一个离中心村最近的营地。这个营地有不同年龄的男人，但所有女人，除1人外，都是上年纪的妇女。整个营地只有1个孩子——1个婴儿。

这种人口统计情况具有典型性。在这个地区，驯鹿畜牧业并未受到工业发展和牧草污染的直接威胁，然而家庭生活却一直在令人惊恐地衰败。目前，在牧业曾是家庭职业的地方，较年轻的妇女和孩子大都远离故乡。这一地区的整个经济收入几乎全靠驯鹿。然而，塞布扬-库耶尔农场的655人中只有101人受雇当牧民；300多名孩子无一永久性地居住在营地，而且仅有30~40名孩子去那里度暑假，即仅那些近亲是牧民的孩子。在这101位牧民中，仅有19名是妇女，而且其中只有3位年龄在30岁以下，11名为领取退休金者。这样一来，大多数男人，特别是较年轻的男人，都是光棍汉：82名男性牧民中有37人未曾结过婚。即使仅为牧民做饭这一项，家庭主妇的公务也是至关重要的。

为什么年轻妇女不住在营地呢？据说是因为她们不再愿意过艰苦的生活，贪图中心村生活的舒适。然而，更令人信服的原因是，年轻妇女之所以不愿意生活在营地，是希望和她们的孩子生活在一起，这些孩子为了上学，不得不住在中心村。这些妇女通常是当学校老师、商店营业员和会计，这类工作能够使她们有时间照看她们在中心村的家。她们知道，在中心村没有亲属的孩子得上寄宿学校。这是苏联北部地区通行的制度，它一直是受到报纸广泛批评的焦点。

土著成年人常在颇有影响的 Northern Expanses 杂志上撰文，叙述孩子与双亲离别之苦。另外，这些学校通常是使用俄语和讲授与本民族无关的课程，因而阻碍了土著文化的代代相传，结果使隔代之间成为陌生人。畜牧业日益老龄化的原因并不仅仅是因为中心村和营地生活条件的差异，而且还由于这样一个简单的事实，即牧养驯鹿有足够的知识或较为熟悉的年轻人已寥寥无几。

怎么会出现这种局面呢？这是一个仍未解决的矛盾，根子在集体化。在30年代以前，每一个游牧部落都有自己的领地或常走的放牧路线。集体化是要对苏联欧洲部分领土上的农民社会进行社会主义改造，并且一成不变地照搬到游牧民身上。在这方面，它至少还有另外两个目的。第一个目的是使放牧“合理化”，这样鹿的数量就被固定化，而迁徙的日期和地点则要由兽医专家和植物学家来决定；第二个目的是通过让他们定居在中心村，向他们提供急需的服务和在那里教育他们的孩子来使这些人“文明化”。然而，牧民和驯鹿仍需要经常流动。结果，这种古老的、举家一起迁徙的“游牧生活方式”受到批判和废止；而现在采用的“生产式游牧生活”方式则使牧民远离社区，苦不堪言，甚至以牺牲家庭生活为代价。

北方的这种特殊情形与全国范围内改革的新局面形成了鲜明的对比。正在快速实施的改革的核心是，所有企业，不论是工厂或是农场，都必须自负盈亏。这样做的目的是通过取消众多补贴和不合理的价格，来消除一直困扰苏联经济的低效率。因此，和这个国家的其他企业一样，驯鹿畜牧场将不得不用自己的盈利来购买物资和发放工资。这样，锯下的公鹿的鹿角便不再弃置一旁，而是作为药材卖给日本。动用直升机，如今生产队每小时要支付1000卢布，偏僻地方的牧民便不再轻易地用它运送生活物资了。紧急情况出动直升机仍不收费。

随着实行“家庭合同制”，牧民与农场的关系的基础也在变化。对于一个家庭来说，他们已不再是农场的雇员，而是要签订合同，按规定条款提交规定的产品。这就会完全改变集体化的基本原则，因为集体化是打破传统部落中的自我保护式家庭结构，使生产队的牧民好似在工厂一起工作的同事，全然不存在家庭关系。牧养驯鹿需要密切而又愉快的合作，现在终于认识到，由亲属组成的生产组比由陌生人组成的生产组工作效率更高，生产能力更强。总之，尽管集体化已经实行了50年，但大部分生产队仍几乎全部由亲属构成，而家庭合同制现在则是地方性改革的基石。

改革的重点并不仅仅在于进行经济重建，而且还在于推进民主化的政治进程。尽管家庭生活因教学制度而受到影响，但家庭已不像从前那样作为生产队的核心而被弃置不顾。根据牧民自身对其生活的观点，家庭仍将处于中心地位。官方政策越来越重视人民所关心的事情，反过来，人民也更加充分地利用能够表明他们的意见的各种渠道。地方报纸登载读者极其坦率的批评意见，而有些请愿书则直接寄给戈尔巴乔夫先生本人。公众压力看来甚至要迫使当局在整个北部土著区“取消”寄宿学校，以便让牧民的孩子回到营地。

在这个国家的其他地方，改革仍面临后勤和观念两方面的问题。例如，现在还不清楚，由于看来每一个由六七家组成的营地需要一名教师，教育何以能够进入营地。另外，尽管大多数牧民期望增加收入，而农场只能靠向全国销售驯鹿来增加收入，以此来支付牧民的工资，从而使销售方式更具冒险性。除此之外，由于生产队和个体牧民严格按产取酬，所以看来大大地拉大了高收入者和低收入者之间的差距。

从长远观点看，最麻烦的事情也许是有些人仍然心存疑虑，怕新政策有一天会变，不愿意为此而承担义务。私有驯鹿（与国营农场的驯鹿一起放牧）的最高限量已提升到 40 头，对工作好的个人的奖励也往往是驯鹿而不是现金。然而在集体化期间，北部地区的牧民为了不使驯鹿成为国有财产，而将其驯鹿大量宰杀，人们对私有驯鹿的种种限制措施及伴随而来的政治和社会压力仍记忆犹新。

不过，看来大多数人对新政策持十分乐观的态度。他们订阅莫斯科出版发行的改革者的杂志，而且欢迎具有“主人翁意识”的这种前景。正如有一个人所指出的：“官员终于开始认识到，他们的经济计划的完成要靠我们社会的完善。”世界上许多地方的当地居民还不能如此坦率地这样说他们的政府。

（中国社会科学院民族研究所主办：《民族译丛》1990 年第 5 期，第 54～56 页。原载英国《地理杂志》，1989 年 6 月号）

原住民：自治和政府间关系

大卫·C·霍克斯　周子平　译

大卫·C·霍克斯（David C. Hawkes）是加拿大萨斯卡奇湾省政府间事务部副部长。曾任昆斯大学政府间关系研究所副所长以及皇家原住民委员会研究部主任。他目前任卡立顿大学加拿大研究所副教授以及原住民事务和政府间关系顾问。

引　言

在过去的30年中，或许是巧合，与世界范围国际化和全球化压力不断增长的同时，原住民的民族主义也在增长。作为国际法意义下的“种族”（peoples），原住民提出了自决权的要求。同时，除了在某些极端恶劣的条件下[①]，这种自决权必须在现有的联邦国家内表达出来。由于在这个星球上民族（nations）[②] 的数

---

① 原住民的自决权只有在极端恶劣的条件下才能被国际法视为一种独立权，例如发生对原住民的种族灭绝，发生对其土地和资源的制度性掠夺，或对基本人权的剥夺［（参见 Anayal etal，1995；Dupius & McNeil，1995）。］另参见皇家原住民委员会所得出的结论：自决权……并不赋予原住民分离或建立独立国家的权利，除非遇到严重压迫或加拿大国家整个解体的情况（Volume 2，Part One：172）。

② 这里“民族”（nations）是根据皇家原住民委员会定义，即有一定规模的原住民群体，它们有共同民族特征，在某一领土或领土群上构成人口的绝大多数。民族特征通常是以共同遗产为基础的，这包括以下要素：共同的历史、语言、文化、传统、政治意识、法律、政府建构、宗教、祖先、家园或对某一条约的承担（Volume 2，Part One：164～184）。

量远远大于联邦国家（states），于是在所谓“多民族国家”的范围内容纳原住民自决权便成为一种挑战。澳大利亚、加拿大、墨西哥、美利坚合众国和俄罗斯等都属联邦国家。

联邦国家原住民的自决权问题通常分为两个方面：（1）争取原住民更大程度的自治（通常的表现形式是原住民自治政府）；（2）要求更多地参与国家决策机构的活动（有时表现为在立法机构中保证原住民的代表性或对国家争议裁决机构进行改革）。原住民自决权问题的这两个方面看来与联邦制度的两大支柱——“自治”与“共治”——密切相连。本文所要探索的是联邦制如何能够为联邦国家实行原住民自决提供环境。

联邦制度和原住民

联邦制度的一些特点表明，它可能为考虑联邦内土著民的愿望提供一个框架。首先，联邦制度具有对多样性——甚至可能是加拿大哲学家查尔斯·泰勒所说的那种“深刻的多样性”——的基本尊重，即国民以不同的方式从属于国家（有些以民族社群为中介，有些则不通过中介；Taylor，1991：75～76）。联邦制有潜力表现它对原住民文化、语言、法律及生活方式的尊重。联邦国家的制度也以其公共象征公共实践体现了对这种多样性，从而体现了对原住民政治文化的尊重（Report of the Royal Commission on Aboriginal Peoples，1996：Volume 1，682～685）。正如原住民学者泰阿亚克·阿尔弗立德在关于加拿大原住民的考察报告中所说的，民族间的关系应建立在自治和相互依存的基础上：

为了包容原住民的民族观念和停止对原住民社群的干涉，国家只需诉诸联邦的原则（Alfred，1999：53）。

其次，联邦制能够在一个国家容纳多种身份多种忠诚，容纳不同"层次"的政府，有一些是主权分享。例如在澳大利亚，联邦和州政府在其各自管辖的范围内都享有主权。在美国，除了联邦和州的主权以外，美洲的印第安部落也声明其自身的主权。这一主权，联邦政府按"国内依附民族"（domestic，dependent peoples）原则予以承认，依据的是美国最高法院1831年在"彻罗基族对乔治亚"（Cherokee Naitons v. Geogia）一案中的划时代的裁决①。在加拿大，皇家原住民委员会曾作出这样的结论：

> 原住民固有的自治权属原住民受条约保护的权利，这是《1982年宪法法案》第35（1）节承认和确认的。这项固有权利就为宪法所保障，它为原住民政府行使加拿大三级政府之一的功能提供了基础（Volume 2，Part One，213）。

加拿大政府承认，自治的固有权利是受《1982年宪法法案》第35（1）节保护的。因此可论证，联邦制度可以包容一系列主权——联邦、州以及原住民的主权。虽然加拿大的法律提供了这样的基础，但却少有具体的实际例子。这一点在本文后面将要讨论。

联邦内的政府间关系看来极善应变，颇能出新。这第三个特点意味着联邦制可以提供一个富有潜力的框架。例如，1938年至1987年，加拿大举行了4次与原住民领袖的首席部长会议，讨论原住民的宪法问题，这是加拿大政治中虽不成功却也空前的一场演练（Hawkes，1989）。

探索联邦制的观念并以此来满足原住民的要求还有一个理由，那就是双方的传统。在原住民自身的传统中有类似西方联邦

---

① 报告见皮特斯（Peters，1）（1931）5。

制的东西。远在欧洲人到来之前，美洲土著人就建立了自己的联邦或邦联组织，包括海域的麦克马克（Mi’kmaq）联盟、大湖地区的豪登那苏尼（Iroquois）联盟以及西部的黑脚（Blackfoot）联盟。这些联盟都是通过条约缔结的。缔约在西方和原住民历史上源远流长。在西方传统中，它可追溯到17世纪Althusius的著作。他的联邦思想与原土著民有异曲同工之处：都强调自治，相互依存，强调共同决策（Hueglin，1997）。他的联邦制也要求体制上的灵活性，要求对某种联盟形式的承担。

无论是原住民还是西方人，都有订立条约的历史。在西方的传统上，条约的签订至少可以追溯到罗马时代“信守条约”的基本原则。旧大陆签订条约有如下目的：确认国家的独立和边界，缔结军事联盟，促进和平，推动贸易，保证安全行为，确定战后投降条件，等等。在和西方人接触之前，美洲的原住民也有自己的一套外交。不同民族仿照家庭结为联盟，途径不外过继、送礼、联姻之类欧洲君主们的惯技。这些联盟有利于贸易的自由往来，资源的分享，安全通行和必要时的军事联盟及经济协助。原住民也好，欧洲人也罢，当生人进入他们的地盘时，都要签订新的联盟或条约（Office Of the Treaty Commissioner，1998：14～15；and Report Of the Royal Commission On Aboriginal Peoples，1996，Volumel：119～122）。

这使得原住民学者建立了一种“条约联邦制”理论，其中条约被看作是原住民与加拿大国家之间基本的政治关系，它与确立联邦和省政府关系的《1867年宪法法案》中的“省联邦制”并存（Henderson，1993）。条约联邦制包括一套基于共识的协调程序，它创立了一种开放式、横向、可更新的伙伴关系，目的是自治与所有参加者的互惠①。非原住民学者如詹姆斯·图利曾对同

① 这是胡格林（Hueglin，1997）对条约联邦制的概述。

样的历史作过探索，创立了“条约立宪制”（treaty constitutionalism）概念，即通过条约建立相互依存和保护的宪制联盟（Tully，1995）。与原住民缔约从而缔造联邦，这种思想为联邦制国家实行原住民自决提供了可能[①]。

原住民的公共政府和自治

联邦制国家原住民保留自决权，通过自治手段实现自主。他们或根据固有自治权要求行使管辖权，或通过公共的政府形式行使自决权。例如在加拿大，自治权被普遍认为是由《1982年宪法法案》第35节所承认和确认的原住民权利，因此原住民（如某地或传统地域上的“最早民族”）可以根据与联邦或省政府的政府间协议行使这项权利。加拿大的原住民还可以利用宪法中所规定的公共政府形式，如地域政府（territorial government）来实现其自治。自治的动力在于原住民希望通过自治在当代环境中保存他们的价值观和传统，保存他们的生活方式、语言和文化。

在原住民集中并占了人口多数的地区最有可能实行这些办法，加拿大北极东部地区的因纽特人就是当今的例子。他们选择公共政府形式来行使自决权。除最近解决了土地权之外，他们选择在北极东部原住民传统的领地建立一个新的称为“努拿吾特”（在因纽特的伊努克蒂图语中意为“我们的土地”）的地域政府。由于因纽特人占该地区人口80%以上，人口的绝对多数使得他们可以通过一种公共政府的形式来行使自决权。伊努克蒂图语是新确立的努拿吾特三种官方语言之一（另两种是英语和法语），

① 应当指出的是，并非在每一个联邦制国家中都存在着与原住民签订的条约，例如在澳大利亚就没有联邦政府与原住民订的条约。

这是根据加拿大议会通过的立法从 1999 年 4 月起正式生效的。因纽特人选择公共政府形式显然是受其近邻格陵兰的因纽特人的影响，后者与丹麦订立了自己管理自己的办法。

努拿吾特的例子表明联邦制如何能够在一个国家解决因纽特人的自决权要求。努拿吾特承认和尊重因纽特人的要求及其语言和文化，使其能够在其传统的领地上实行自治。设若因纽特人在其传统的版图努拿吾特属于少数，他们将保留通过其他形式如自治政府行使自决的权利。

就笔者所知，在原住民的语言中没有“自治”的说法，在加拿大多数原住民语言中最接近的一个短语翻译成英语是“we take care of ourselves”（我们自己照看自己）（Alfred，1995），这与联邦制中的“自治”（self—rule）相去不远。皇家委员会在加拿大法律中对原住民固有自治权利的宪法地位做了概括。

在与欧洲人相遇时，原住民本是具有主权的独立民族，拥有自己的领土、政治制度和习惯法。虽然殖民统治改变了这一切，但并没有剥夺其作为原住民文化整体一部分的自治权。在没有明确而相反立法的情况下，这种权利继续存在，虽然多有削减和限制，但没有完全取消（Volume 2，Part one，202）。

自治面临的一大问题是把自治权给谁。不是给予当地原住民社群，如加拿大的小股印第安人①，而是给予原住民民族，由所有社群组成的民族。因此，自治的成功还要看能否把原住民从现今的分离状况（这种分离是殖民统治强加于他们的）重新组织起来。加拿大政府正式确认了它在这方面的作用：

> 悲哀的是，我们与原住民打交道的历史并不光彩。种族和文化的优越感导致了对原住民文化和价值的压

① 印第安部落根据加拿大联邦立法《印第安法案》实行代表授权。

> 制。作为一个国家的历史重负，我们的所作所为使原住民丧失其特性，使其语言文化备受欺压，使其宗教活动沦为旁门左道。我们必须明白自己对那些也曾自立的民族做了些什么：我们霸占了人家的传统疆域，我们让人家背井离乡，我们搞了《印第安人法》，使人家亡国灭种。我们必须承认，这些行为的结果是对原住民族的政治、经济和社会体制的破坏（印第安人事务及北方发展部长，1997：4）。

要行使固有的自治权，原住民族就需与联邦及省政府谈判以达成协议，确定原住民政府具有哪些管辖权，与联邦及省发生法律冲突时最终裁决权在哪儿，财政上如何安排，要通过谈判解决的问题包括项目计划和服务标准的可比性、规模经济、政治和财务责任机制，以及法律和行政制度的协调。

在加拿大，自治协议可由联邦和原住民政府，或由三方（如上省政府）达成。其中所规定的权益连同法律程序本身，都可受宪法的保护，如果各方愿意这么做的话。最近的一例是加拿大政府、不列颠哥伦比亚省政府和尼斯加（Nisga）人达成的协议（《1998尼斯加最终协议》）。协议规定在尼斯加的领土上根据分权模式建立一个尼斯加的利赛姆斯（中央）政府和4个尼斯加村政府。在尼斯加人通过公民投票批准这项协议之后，不列颠哥伦比亚立法会和加拿大议会批准了这项协议。

原住民更多参与国家决策

原住民争取自决权的另一个方面，一般是在现有的联邦体制和政府间关系的范围内更多地参与国家决策过程。这就牵涉到联邦制的共治基础。

其中一个途径是争取在立法机构中获得更多的席位。历史上，原住民在联邦和国家的立法机构中席位少得可怜。例如在加拿大，自1867年的邦联选举到1993年的联邦选举，共有11000人当选为下院议员，其中只有13人自视为原住民（Milne，1994）。印第安人1960年之前一向被剥夺选举权，无疑与此事有关。不过原住民也一直拒绝参加加拿大的选举制度，把它看作“殖民者”的机构，而不是自己的作品。例如，一些人认为如果参加了投票，他们与国家的民族对民族（nation-to-nation）关系就会受到损害。

举几个确保原住民在立法机构中席位的例子。新西兰的例子最为著名。新西兰议会为毛利人保留了4个位置，毛利族选民可以在自己的选区按毛利族登记或作为一般选民登记。主要政党和毛利党在其间角逐。美国的例子不太有名：皮诺伯斯考特（Penobscot）和帕萨玛阔迪（Passamaquoddy）部落各选一名自己的代表进入缅因州议会，根据原住民自己作出的决定，这些代表不在议会对议案进行表决。但他们确实拥有其他权利和特权，例如参加立法委员会的会议，在议会就任何一个问题发言，享有一个当选代表的正常利益（Hawkes & Morse 1991：178～180）。

此外有斯堪的纳维亚国家首创的原住民议会。目前在瑞典、挪威和芬兰有3个萨米人（旧称拉普人）议会，“1751萨米附加案”（瑞典和前丹麦——挪威条约的补充）承认萨米人的一些原住民权利，包括其习惯法，承认萨米族并允许萨米驯鹿牧人自由迁移。1987年《萨米法》通过之后，挪威立法会建立了萨米议院。萨米选民参加了萨米选民登记，从13个萨米选区各选出了3名议员。议院（Samediggi）权力只限于协商和咨询。芬兰的萨米议院和萨米事务代表团是70年代初建立的，选举了20名成员，如其他两个议院一样，它不具有立法功能（Hawkes & Morse，

1991：180～182）。

在加拿大，皇家原住民委员会认为，第三级议会应是三级政府的合理延伸，可在上院下院之外再设一个原住民议院［最终建立由宪法保护的“初民院”（House of First Peoples）］。要使原住民在“共治”的全国性决策过程中享有发言权，皇家委员会认为，作为一个咨询团体是有局限性的，除了审查、监督、核查和调查功能以外，原住民议院还应有立法权并就有关原住民立法和宪法事务出谋划策。

除了立法改革，原住民还谋求更多地参与到解决争议的国家机构中来，或者致力于根据自身的需要建立争议裁决程序和机构——或者二者兼有。这方面的经验不为联邦制国家所专有。最早和最成功的例子是 1975 年在新西兰建立的“外坦奇法庭”（Waitangi Tribunal）。该法庭的目的是把 1840 年签署的《外坦奇条约》付诸实践，它是一个准司法性的咨询团体，就条约（该条约有英语和毛利语两个文本）有关毛利人的领土和资源要求进行调查并向王国政府提出建议。但法庭的作用有限，这一方面因为它的咨询性质（王国土地除外，在这方面它的决定是有约束力的），一方面因为它对有争议的私有土地无从置喙（Fleras & Elliot，1992：190～191）。

继联邦政府 1973 年颁布财产申诉政策声明之后，加拿大在 70 年代启动了综合及专项申诉的政策和程序。综合申诉政策根据残留的原住民财产权处理土地申诉。专项申诉政策只限于印第安人而非所有原住民，它处理以往王国政府管理印第安人土地和财产所造成的冤情，并兑现现有条约的条款（Royal Commission on Aboriginal Peoples，Volume 2，Part Two，1996：534）。目前联邦政府和一个代表加拿大最早民族（First Nations）的初民议会正在反思这些大受挞伐的政策。1992 年在加拿大最西部的省份成立了不列颠哥伦比亚条约委员会，该委员会是由初民首脑会议、联邦政府和不列颠哥伦比亚政府联合创立的。联邦和省政府各指定一名委员，初民首脑会议指定两名委员，委员长由各方联合指定（Royal Commission On Aboriginal Peoples, Volume 2, Part Two: 541）。此外，加拿大政府和萨斯卡奇湾（Saskatchewan）印第安族联邦在 1996 年签订一项协议，更新萨斯卡奇湾省的条约长官职责，以便于就条约和司法问题增加相互理解（Office of the Treaty Commissioner 1998：3～4）。

原住民更多参与决策的愿望也扩大到政府间关系中。首席部长会议、总理年会、负责加拿大原住民事务的联邦、省和领地部长会议都有原住民的代表——虽然对原住民全国领导人并无"长期邀请"。《1982 年宪法法案》（修正案）第 35（1）节是一个特殊情况，它要求在原住民的宪法利益受到影响时要与他们协商[①]。除了这一要求外，原住民每参加一次会议都要重新提出申请，而这种申请通常被拒绝。但有意思的是，即使没有他们的直接参与，原住民的利益至少也部分地在最近召开的有关新"社会联盟"协议的政府间谈判中得到反映。例如该协议的第 1 款中，有关原则要求尊重多样性、公平、互助，要求该协议不得"……废除或损害原住民条约或原住民的其他权利，包括自治权"。第 4 款中包括一项承诺："各级政府与加拿大原住民一道努力寻求解决原住民迫切需要的切实方案"[②]。

---

① 第 35 节（1）的内容如下："加拿大政府和各省政府遵守如下原则：在对《1867 年宪法法案》第 91 款第 24 条（"印第安人和印第安人领地"联邦首席权力代表）和本法案的第 25 款以及本部分进行任何修改之前，（1）加拿大总理将召开由加拿大总理和各省首席部长组成的宪法会议，其日程包括对所建议的修改进行讨论；（2）加拿大总理将邀请加拿大原住民代表参加有关项目的讨论"（括弧话系作者为清楚起见所加）。

② 摘自《改进加拿大人社会联盟框架，加拿大政府与省和地域政府的协议》，1999 年 2 月 4 日。

结　语

联邦制国家原住民的自决权问题常常水分二脉：一是争取原住民更大程度的自治；二是要求更多地参与到国家决策机构中来。这两个方面看来与联邦制度的两大支柱——“自治”和“共治”——颇为契合。联邦制度在许多方面都可为联邦制国家实行原住民自决提供空间。联邦制确保了对多样性及原住民的不同文化、语言、法律和生活方式的基本尊重。它可以在一个国家中容纳多种身份多种忠诚以及不同“层次”或级别的政府——其中一些可以分享主权。联邦体制可以随时调整和创新。联邦制在西方和原住民的传统中都源远流长。条约的制定也是这样。国家与原住民之间的条约应被视为联盟的手段，使各方联系在一起，既独立自主又相互依存。

为满足原住民实行更大自治的要求，可以在土著人口占多数的地区实行公共治理，也可以实行原住民自治，或通过政府间谈判作出安排。至于更多地参与国家决策机构即共治的要求，可由联邦立法机构中原住民的席位、成立原住民议会、解决原住民需要的国家争议裁决机制、条约制定和条约更新机制，以及通过原住民介入联邦国家的政府间关系等等来满足。

（中国社会科学院、联合国教科文组织：《国际社会科学杂志》2003 年 2 月，19—1。第 147 ~ 153 页。）

印第安美洲：殖民化 500 年与复兴的前景

［俄］T·B·贡恰罗娃[①]
蔡同昌　摘译　孙士明　校

当 500 年前欧洲人踏上那片新的、刚刚被哥伦布发现的大陆土地时，他们在那里遇到了为数众多的、处于社会历史发展极其不同阶段的民族。仅安第斯地区——“印加帝国”的人口就有 600 万人左右，而征服后过了 50 年，就已减少到 150 万人。

到目前为止，拉丁美洲的印第安人口为 3000 多万人。在许多国家（首先在秘鲁、危地马拉和墨西哥），正在出现印第安人口不断增加的趋势。印第安各民族和民族集团越来越坚决地致力于“收回自己的东西”，他们把这一口号理解为收回昔日的生存空间，恢复文化价值观和自我管理。

在 70～80 年代，即发现美洲 500 年前夕，这一愿望尤为强烈。这时出现了许多印第安人运动和组织，它们提出了复兴大陆土著居民的任务。其中最活跃的有：以玻利维亚和秘鲁印第安人起义者图帕克·卡塔里的名字命名的运动，哥伦比亚和厄瓜多尔的印第安农民组织，以及尼加拉瓜的梅斯基托印第安人联合会（该联合会实际上是国家分离问题的最早提出者之一）。早些时候，从 20 年代起，印第安农民利益的代表者主要是学者和文学家（如秘鲁的 Л·巴尔卡塞尔和 X·M·阿格达斯），按族系来说，

① T·B·贡恰罗娃系俄罗斯科学院拉丁美洲研究所史学副博士——译者。

他们本人不是印第安人。60年代,激进知识分子中的一些印第安主义者取而代之,他们经常号召拿起武器解放土著居民。现在,正如印第安人自己就此所说的,按照“NHДeaHNДaД”——“印第安人复兴”的理论,不用保护人和辩护者而由他们自己解决自己问题的时代已经到来了。

“对于我们这些亲身体验过历史上最大不公正的印第安人来说,庆祝发现美洲500周年有何意义?我们遭受过痛苦并继续成为最残忍地毁灭我们文化的牺牲品。这种庆祝多半是迎合某些人的政治利益的、厚颜无耻的又一表现”[①]——为纪念具有重要意义的日子而于1986年在西班牙马德里和于次年在西班牙塞维利亚举行的会晤中,美洲土著居民的全体代表用墨西哥印第安人A·巴尔塔萨的上述这些话语团结起来了。来自秘鲁的X·莫拉莱斯问道:“我们究竟庆祝什么呢?庆祝我们受奴役?庆祝我们在经济、意识形态和精神上受剥削和利用的漫长岁月?”来自玻利维亚的K·利马声称:“既然我们今天的整个命运是发现美洲的后果,我们怎么能够庆祝这一事件呢?”[②]

这一思想贯穿在80年代后半期印第安人领袖们的许多言论和出版物中。在这些言论和出版物中,无论是西(班牙)葡(萄牙)征服中南美洲时期还是以后的500年,都被描述为新大陆居民的一个悲惨时期。对他们来说,最近一个时期大多数学者把发现美洲确定为“两个世界的会合”这一观念本身是不能接受的,他们的大陆进入整个历史生活这一见解以及欧洲人的到来,继续被他们首先看作是其自身世界的覆灭。1986年9月《印第安民族》杂志就此写道:“应当认识到,对我们美洲印第安人来说,根本不存在‘两种文化会合’的问题,而只存在入侵、割让我们

① 《土著主义》,马德里,1989年,第26页。

② 同上,第26~29页。

的领土及殖民奴役我们的民族、人民和文化的问题。”①

根据大量证据来判断，对西班牙、葡萄牙征服中南美洲时期的这种观点，对于大陆广大土著居民来说是很突出的。他们不仅对入侵记忆犹新，而且甚至还存在着一种恐惧感，这种恐惧感在那个可怕的时代支配了印加帝国和阿兹特克帝国的许多居民，并永远铭刻在各种传说、民歌和传统观念中。随着500周年的临近，看来人们开始更加清晰、更加痛苦地回忆起一些人怎样“掠夺库斯科人的财富”，几百年来怎样铲除“公正与平等的法律”，乃至灭绝“祖先的智慧”。“不是我们来到西班牙人的土地上征服他们，夺走他们所拥有的东西”——这就是拉丁美洲土著居民拒绝庆祝500周年的那个越来越被认清的、坚持郑重声明的原因。②

虽然在那次马德里会晤中来自危地马拉的Д·洛佩斯说过(其他一些印第安人代表同样也说过)，当今的西班牙人不应对其祖先们的历史罪行负责，美洲土著居民尊重西班牙民族和西班牙文化，但是，反对西班牙的情绪还远远没有消失。

例如，一些印第安人领袖肯定地说，有关庆祝凶多吉少的日子这一问题的提出本身说明，种族主义和殖民主义的陈规旧习仍决定着欧洲人的思维。这些印第安人领袖还主张正式废除罗马教皇的训谕（按照训谕，他们自古以来所属的土地已献给了西班牙)。在1987年胡安·卡洛斯国王访问玻利维亚以及最近一次罗马教皇在拉美国家旅行期间，这种反对西班牙的情绪表现得十分明显。在胡安·卡洛斯国王访问玻利维亚期间，图帕克·卡塔里运动中的积极分子打着“我们仍然遭受殖民地无权地位的痛苦”的标语牌迎接了他。

① 《土著主义》，马德里，1989年，第7页。

② 《印第安美洲的发展》，波哥大，1987年，第85期，第65页。

然而印第安人复兴运动的其他思想家并不拒绝与西班牙合作，认为这个国家应对改善土著居民的地位做出特殊的贡献，从而抵偿其历史罪过。上述两次会晤的最后文件都特别指出了这一点。参加会晤的人认为，会晤“应当成为计算新时期”——相互理解、合作和某种光复时期的“开端”。

这种光复的思想是与发现美洲500周年有关的一些言论和出版物的第二种主要思想（光复首先是指恢复印第安各民族昔日的生存空间，废除各种形式的歧视和压迫），这一思想还决定着“印第安人复兴”哲学的实质本身，这种哲学正在成为一股最具特色的拉美社会思潮，它逐渐取代印第安主义这一旨在寻找拉美各国印第安人问题之解决途径的理论和社会运动。

与正在发生的关于“美洲印第安人的健忘症”即关于美洲印第安人对其往事似乎漠不关心和“失去的印第安人历史应把自己的复兴归功于白人”① 的论点相反，对往事的记忆甚至在人数最少的民族中也代代相传。据著名作家X·M·阿格达斯和学者X·罗埃尔·皮内多的调查，利马贫民区勉强生存的、分化出来的村社农民仍保留着关于被欧洲人破坏前的那个世界的回忆，那个世界看起来好像没有任何对抗性的矛盾②。虽然有些学者认为，墨西哥和危地马拉的印第安人对其往事的概念相当模糊，但他们的民间创作、节日演出的有关征服时期甚至更早时期的题材、对古老文化——宗教中心的定期参观访问以及印第安人思想家的言论，都证明不是这么回事。在一份危地马拉印第安人的宣言中就此写道：“我们的历史是伟大的，我们的根基是深厚的，所以，在我国建立和平、公正和民主时我们想获得最好的东西。”③

---

① M·加利奇：《我们的祖先》，哈瓦那，1979年，第26页。

② 《安第斯世界的救世主思想》，利马，1979年，第342页。

③ ALA I，蒙特利尔——基多，1989年，第115期，第17页。

通常在这种情况下，由于长期被压迫的各民族之精神和世界观非殖民化的必然的辩证法，不夸大土著文化的古老及其对于发展世界文明的重要性，就无法对付。对于激进的印第安主义者来说，这一点尤为突出。他们的历史——哲学理论在一些国家，首先是在玻利维亚和秘鲁，是正在收集力量的印第安人运动的思想纲领。例如，玻利维亚人Φ·雷纳加，一位有许多著作的作者，把久远的过去的几千年描绘得十分引人入胜，有时简直夸大得荒诞离奇。[①] 无论是在印第安主义者写出来的作品中，还是在民间传说中，被无止境地加以理想化的、哥伦布到达以前的历史都被当成真正人类生活的原型，当成独立、幸福、贴近劳动和与自然界和谐一致的象征。这反映在印第安人运动的纲领性宣言和文件中，例如，反映在《蒂亚瓦纳科宣言》中；反映在秘鲁“村社政权”运动的各项宣言中或“玻利维亚全国农民联合会”的《政治提纲》中。

玻利维亚和秘鲁的印第安人复兴运动的思想家们一方面批驳欧洲史学家们为印加帝国所下的某些定义，把这些定义只不过看作是殖民主义者们的有意篡改；一方面却继续推行关于“伟大的社会主义帝国”的神话，似乎在那里人们都为大家的幸福而工作，经济活动听命于不可抗拒的宇宙法则。有趣的是，按人民的觉悟水平，从高级和低级这一最古老的宇宙学范式的角度来看自由的过去和无权的现在的二律背反：过去——这是高级的、积极的，是秩序、财富、人类团结；而现在——这是低级的、消极的，是社会混乱、赤贫和离心离德。

印第安人复兴运动的思想家们坚持自己的、与官方并行不悖的历史观，同时批驳欧洲人对哥伦布到达以前的社会的看法。特别是对安第斯地区和中美洲国家早期阶级性质的看法。他们不接

---

① J·奥万多·桑斯：《土著主义》，拉巴斯，1979年，第135页。

受社会经济发展的标准，强调文明范式的特点。研究印第安民族特性的理论家力图确立其民族与文化在世界共同体中的地位，开始修正从苏格拉底和亚里士多德到黑格尔和马克思的欧洲整个历史学——哲学思想①。

Φ·雷纳加认为，从亚里士多德那里继承下来的“像对待植物或动物那样”对待野蛮人即对待除古希腊人以外的所有人的态度，在欧洲学术界，特别是在Φ·摩尔根的著名的时期划分中得到了多次体现。② 它决定了黑格尔关于欧洲是世界历史的终结和创造性精神的最高体现这一论点的出现，这一论点正在使人类的大多数失去独立的历史性创造的前景。③ 马克思和恩格斯的历史唯物主义，以及关于社会发展阶段的学说（这一学说被说成是世界历史过程之欧洲中心论阐释的又一变体，它不考虑另一种文明类型的特点，甚至不允许有这种特点）也被认为是不能接受的。④ 印第安人复兴运动的思想家们认为，关于不同发展阶段这一问题的提法本身使文化有可能划分为比较发达的或不那么发达的，因此他们与上述提法相对立，提出了关于不同的存在类型的论点，这些不同的存在类型不是由数量参数、而是由质量参数来确定的⑤。

看来，由于静态的“原始文化”与动态的文明的对立，现在，甚至连施本格勒和汤因比的文化学理论也招致远非同样的评价。如果说在20~30年代，玻利维亚和秘鲁的印第安主义者们

---

① M·萨格雷拉：《拉丁美洲的种族主义》，布宜诺斯艾利斯，1974年，第238~239页。

② F·雷纳加：《印第安人的权力与西方》，拉巴斯，1974年，第30页。

③ A·阿里亚斯——拉雷塔：《美洲土著文学》，布宜诺斯艾利斯，1968年，第23页。

④ 《印第安民族》，库斯科，1981年，第1期，第96页。

⑤ 《土著美洲》，墨西哥城，1981年，第4期，第31页。

重视施本格勒关于拉丁美洲下一个文明周期的假设，犹如重视自己的反帝和反寡头政治意向的哲学依据，那么在70～80年代，问题就已经是，就连这些思想家也终究未能克服欧洲中心论，未能识透另一种文明类型的规律性。

不过，对西方价值观的全面揭露向来多半具有辞藻华丽的性质，它是心理自我肯定必经的初级阶段。早在70～80年代之交，就有越来越多的印第安人领袖表示必须掌握现代科技成就，搞好与欧洲各拉美中心、其中包括与斯堪的纳维亚各国拉美中心的合作，指望得到社会学和财政方面的援助。常常有这种情况，以前对西方文明如此毫不妥协的印第安人领袖们在本国受到迫害时，却能在欧洲各国的首都找到避难所。

印第安人复兴运动的思想家们认为撰写自己的历史——500年抵抗的历史——是头等重要的任务之一。他们也着手重新考虑拉美的历史，首先是官方对拉美历史的阐释。在他们看来，官方对拉美历史的阐释也是从欧洲中心论的立场出发的。例如，墨西哥人M·萨格雷拉在其篇幅很大的著作——《拉丁美洲的种族主义》中详细展示拉美历史和社会思想的广阔全景时断言，社会经济结构和政治形式的任何变化（独立战争、革命、最近几十年的民主改革）与土著居民毫无关系。萨格雷拉把社会思想、文学和过去500年期间彼此取代的政治理论都仅仅看作依然是欧洲血统的人们那种内在种族主义的表现，认为诸如马里亚特吉、阿连德和加西亚·马克斯这些历来轻视印第安人的一切的活动家是“彻底的民族自我中心主义者”。[①] 恢复印第安各民族自己的历史这一问题是印第安人运动的要求之一。

研究印第安民族特性的理论家们把征服时期及随后令土著居民害怕的5个世纪只不过看作是一个悲惨的事件，但绝不是土著

① M·萨格雷拉：《拉丁美洲的种族主义》，第208～210、217、219～220页。

居民独立的社会——历史存在的终结。[①] 他们越来越明确地提出光复的问题，把这个问题理解为有可能重新成为在历来属于自己的土地上、并按其自古以来实行的法规生活的自由人。

首先，在自己的“土著”哲学（或另一种叫法，“民族哲学”）的基础上制定世界观方面的斗争纲领被认为是必要的。70年代在玻利维亚和秘鲁激进印第安主义者们的一系列著作中试图创立的这一哲学（虽然它的基本原理在印第安人运动的其他文件中也有反映），是作为两种不同的思维方式（唯理论的和直观的）、两种与周围世界相互作用的方式（改造和适应）全面对抗而形成的。

从哥伦布到达以前时期继承下来的神话成分（在许多情况下这些神话成分完全充满了现代的内容），与复兴哲学的理论家们所承认的、源于欧洲的某些观念相结合，是相当折中主义的和内在自相矛盾的结构。“土著哲学”的使命首先是论证光复的可能性及其历史的必然结局。它的矛盾性在很大程度上是由下述原因引起的：印第安人思想家们不得不把自古以来就提出的反西方的情绪同越来越明显的、吸收现代文明的必要性结合起来。可以这么说，虽然是假设，但这些历史——哲学理论符合其功能作用——恢复对于土著居民有权提出要求的信心，为某些形式的自决找出理论根据。

印第安人思想家们在越来越坚持不懈地提出自决问题和不同于欧洲的自己的发展道路之权利问题的同时，开始转向内源发展的构想。这一构想从60年代开始，在其他非欧洲民族中，首先在热带非洲得到了传播。与绝大多数印第安主义者一样，印第安人领袖们认为，放弃各种文化移入和家长式统治的计划并把发展

① G·邦菲尔·巴塔利亚：《乌托邦与革命：当代拉丁美洲印第安人的政治思想》，墨西哥城，1981年，第36页。

村社的事情交给印第安人自己的时代已经到来了。因为土著文化多半仍是没有文字记载的文化，所以恢复村社土地，恢复自古以来属于某些民族集团的地域，被视为民族发展的首要前提。

与实际上正在发展的和无疑正在加强的文化渗透过程相反，复兴哲学的理论家们驳斥文化——民族合成的思想，驳斥较为单一的、尽管从民族的角度看是多种多样的民族共同体形成的前景。他们坚持这一论点：就独立发展而言，土著文化保持了充分的完整性和生命力。[①] 他们认为，重要的是，究竟是什么使人们有可能指望有某种自己的发展道路？是大部分土著居民，特别是传统部门的农民保持了他们素有的、根本不同于欧洲人的精神、心理、宗教观念和从遗传上固定下来的行为模式。复兴运动的理论家们多半对于被他们与欧洲文明混为一谈的资本主义持强烈的否定态度。他们希望，仍然保持着的印第安人道德和心理的集体主义村社性质有助于印第安各民族抵制向他们灌输的个人主义，有助于建立某些现代化的村社组织形式，从而有助于作为具有自己突出特点的民族保持下来。

从种族的观点来看，精神上的非殖民化计划也包括为土著居民全面“恢复名誉”，因为正如印第安人运动的许多文件和激进印第安主义者们的著作所指出的，种族歧视仍是大多数拉美国家的现实。“做一个印第安人自豪”——由复兴运动的思想家们坚持灌输的这一口号尤其落到了安第斯国家这块业已奠定的基地上。

同时应当指出，一部分印第安居民已被深深吸引到同化过程中，受到了西方大众文化的影响，其中包括受到了白人女主角很漂亮、男主角本领高强的电视连续剧的影响，研究人员在他们中

① J·奥万多·桑斯：《基本土地法和土著民族的光明前途》，拉巴斯，1988年，第237页。

注意到非印第安化的企图。然而，大多数印第安人不拒绝教育的好处并力图改善自己的社会地位，但绝不力求成为白人。

复兴运动的思想家们坚持民族文化真实性的优先地位，不接受逐步形成混血种民族的道略（在苏联的研究人员中这条道路长期被认为是一条主要道路），以多民族模式与之相对抗。他们认为杂交不仅对于解放事业，而且对于本民族的生存来说都是一种最严重的威胁。由此应当指出，多民族共同体的构想在官方、即在政府的发展计划中也越来越得到确认。

有关混血种人是印第安人的敌人和压迫者的观念，基本上反映了拉美大多数国家农村居民的两个主要共同体——有血统关系、同时又在相互否定的紧张状态中共存的共同体之间的实际相互关系。秘鲁印第安人萨图尼诺·维尔卡就此说过："混血种人甚至毁灭了我们祖先的生活方式……他们不是真正的秘鲁人，我们农民才是真正的秘鲁人。因此我们对混血种人怀恨在心……他们谈论印第安人，说我们是野蛮的、肮脏的。他们似乎不明白，他们正是靠我们奴隶般的劳动才发财的。"①

印第安人在内心深处依然希望对混血种人进行某种报复，这反映在有关未来公正帝国的现代神话中：印加人回来后，一切都会交换位置，到时候印第安人将用长鞭迫使混血种人干活。②关于这一点，秘鲁孔本西翁谷地战斗的农民协会领导人乌戈·布兰科早在1969年就坦率地写道，他相信，混血种人犹如老鼠在惩罚面前感到恐惧而与白人一道四处逃窜的时刻一定会到来③。

当然，不能把印第安人和混血种人之间的矛盾绝对化，不能

---

① H·内拉·萨马内斯：《维尔卡：一个秘鲁农民发话了》，哈瓦那，1976年，第126页。

② 《安第斯世界的救世主思想》第301页。

③ 《阿马鲁》，利马，1972年，第11期，第14～15页。

忽视文化渗透过程的辩证法。然而，作为种族二元论之彻底解决办法的杂交与同化的构想引起了具有民主意识、善于独立思考的拉美学者越来越大的怀疑："今天甚至连那些人也不谈论印第安人的同化问题，这些人在不久前还充满决心，要让印第安人'农民化'或变成无产者，以便让他们卷入阶级斗争。现在人们开始懂得，无论是政治上的需要，还是所有其他的东西，只有通过民族——文化多元化的途径才能得以实现。"①

人们在试图从理论上制定民族发展计划的同时，正在采取保护和真正复兴印第安文化的措施。这主要在以下3个方面加以实现：向政府提出有关的要求，建立印第安文化发展中心，以及为土著居民制定和实施有助于适应当代现实而又不失去民族文化特点的教育制度。在这方面，各印第安人组织的倡议与印第安主义协会的活动不谋而合。

70年代，按照坚决宣布的主要任务——培养"印第安人的自我意识"，在许多印第安人运动的纲领中，保护和保留语言与文化传统的要求提到了首位。

甚至在几十年间实行彻底破坏土著传统的那些国家，印第安居民也表现出民族——文化自决的倾向。例如，这种倾向在厄瓜多尔变得越来越明显，在那里，处于无权地位和受穷困压抑的佃农在摆脱地主的统治以后，在各种村社之间、地区之间建立联系和相互交流成为可能的事情，自我意识开始很快增强。尽管教育水平低下，但这里也开始出现除提出土地要求以外，还提出其民族发展计划的领导人。民族发展计划包括恢复昔日的生存空间，实行区域自治和使文化遗产具有现实意义②。

---

① 《土著美洲》，1981年，第4期，第19页。

② M·奇里沃加：《厄瓜多尔的土地问题》，基多，1988年，第68页；《土著美洲》，1989年，第1期，第90页。

值得注意的是，70～80年代，危地马拉通过把不同民族集团的人们迁移到所谓的“模范村”和“开发地带”来破坏印第安人共同体的官方政策，在很多方面产生了相反的效果：传统的村社地方观念开始消除，保持自我意识和历史记忆的趋向开始出现。① 这个国家的印第安农民组织也不断提出关于保留民族文化的法律保障和社会保障问题，关于用印第安语进行教育和尊重集体主义传统的问题。例如，农民团结委员会的纲领中列入了诸如印第安人有权拥有出土文物，敬重已被变为旅游业项目的祭神仪式中心，恢复哥伦布到达以前的宗教信仰等问题。

在墨西哥，似乎取消了整个印第安人问题的1910年革命的思想基准，以及多年的官方印第安主义的启蒙文化移入活动，在很大程度上阻碍了独立的印第安人运动的发展。然而，最近几十年来这里的土著民族集团也开始表示自己有权依然如故，他们不认为融入统一的墨西哥民族是唯一的前途。② 逐渐形成起来的印第安人组织，在70～80年代加强了争取收回村社土地的斗争，现在开始越来越积极地主张发展民族文化，按照民族发展的构想来制定教学大纲，培养印第安人知识分子。

通常，印第安人血统的乡村教师在保留民族文化方面起着很大的作用。在最近一个时期，他们的活动由1977年成立的全国印第安人双语职业家协会来协调，该协会的纲领是以在现行的国家制度范围内让印第安各民族最大限度地自决这一思想为基础的。应当指出，在人道主义的、印第安主义的牢固传统业已形成的墨西哥，该协会与日益强大的印第安人运动的接近特别明显。就玛雅文化问题于1987年在尤卡坦举行的第六次会晤便是一个

---

① ALAI，1987年，第64～65期，第21～24页。

② 《土著美洲》，1982年，第1期，第8页。

证明，在这次会晤中提出了发展玛雅文化的前景问题①。

在复兴运动的发展过程中，除提出民族文化自决的要求以外，还提出了恢复村社结构、提高其实际重要性的要求。70～80年代，这一流派的思想家们提出要为村社——土著文明的主要基层组织全面恢复名义，而许多人现在仍把村社看作是农业现代化道路上的基本障碍之一。玻利维亚的纯洁派、危地马拉和哥伦比亚的印第安农民联合会，都主张恢复最初意义上的村社，认为只有这样他们才能抵制对印第安人世界具有破坏作用的资本主义扩张。这里谈的与其说是土地使用的形式（虽然他们中的许多人坚持集体土地占有制的优越性），倒不如说是保持这样一种社会意识，这种社会意识在几百年期间内无论对民族集团，还是对每一个个人，都是生存的保证。

村社遭到了破坏，并首先在外部因素的影响下继续遭到破坏。凡是没有对印第安人的土地发生灾难性进攻的地方，那里的村社经济成分就继续保持着相当强大的阵地。而凡印第安农民获得选择自由的地方，那里的农民就力图恢复传统结构，同时承认工艺现代化的优势。1953年土地改革后的玻利维亚有过这种情况；秘鲁以及危地马拉正在出现这种情况。在秘鲁的一些省份，村社数量持续增多。引人注目的是，甚至当村社本身实际上不存在时，在村社这个民族文化社会意识的成分中，有许多成分仍然保留着。例如在秘鲁，最近正在形成联合着城乡同族人的所谓"辽阔村社。"②

各地出现的集体主义原则现实化、村社自我保障和自我管理的趋势证明，村社传统具有生命力。

---

① 《日报》，墨西哥城，1987年11月7日。

② 《农民地位的提高，地区化与社会运动》，利马，1985年，第82页；G·萨尔瓦多·里奥斯：《农民村社的结构与变化》，利马，1983年，第223、225、246页。

对于村社来说，特别是在它们经受过迫不得已的重大变化的地方，可以说，力图以集体性的主体进入现代经济关系之中，这正在成为村社的基本趋势。同时又不破坏传统的社会结构，因为传统社会结构的缓冲作用越来越明显。例如，随着国内实行自由化，危地马拉相当一部分农民想保留村社结构，除了要求解决土地问题以外，他们还要求政府“尊重和承认印第安人村社的组织形式和生活方式，尊重和承认他们的自我意识和风俗习惯”①。玛雅农民保留了传统的集体主义制度，他们甚至上山躲避讨伐队员，从一个地方换到另一个地方，而每一次都重新占据一小块土地。日益成长的印第安农民领袖在这里也表示必须制订“统一的民族方案”，或许能够以此方案抵制与他们格格不入的自由主义的扩张。

在墨西哥也越来越明显地表现出这些趋势，在那里，农业中资本主义的发展似乎早就使渺小的村社经济成分失去了某种意义。1987 年，在庆祝印第安人泛美日的时候曾普遍讲到摆脱一切形式的家长式统治和必须自力更生地解决村社的发展问题。当时在集体抵制西方文明的口号下，基本论点是村社自治化。② 最近，全国印第安人协调委员会在印第安农民争取土地和自我管理的斗争中承担起了团结作用的角色，力图尽量解决农业现代化需求与印第安人越来越明显地渴望捍卫其生存空间、捍卫传统结构基础之间日益尖锐的矛盾。

最近 25 年，印第安人复兴运动的思想家们提出了土著居民的若干发展计划，这些计划大体上归结为两个基本的必择其一：作为民族国家共同体的一个有机组成部分继续发展下去；或者是最大限度地自决，直到建立独立的印第安人共和国。

最近，否定融合为更加广泛的民族构成体之前景的民族方案

① ALAI，1989 年，第 115 期，第 39 页。

② 《土著主义报道》，墨西哥城，1987 年，第 4 期，第 15 页。

的主张占了上风，但民族方案的制订也是在两种不同的进一步发展之构想的对抗中实现的。第一种是与具有现实意义和生气勃勃的传统社会遗产相适应的构想；第二种是与目前占主导地位的资本主义模式、与奉行科技进步的取向相适应的构想。70～80年代，曾经有过以下几种民族方案：在印加王朝时期的传统基础上重建印第安国家，甚至采用哥伦布到达以前的名称——秘鲁的塔万廷苏尤，玻利维亚的科利亚苏尤；与科学社会主义相对立的“印第安社会主义”；上面已提到过的、二者之中必择其一的印第安国家；最后是一些土著居民占很大比重的国家在人口、文化——心理上“印第安化”。

尽管以某种形式实行自决的主张越来越受到欢迎，但这种情绪不是无所不包的，与各种民族方案相对立的还有正在集聚力量的新型的国家一体化计划。有代表性的是，在过去几十年一直号召印第安农民开展武装斗争来反对国家的那些人当中，有些人在70～80年代却转向了上述计划。

这种主张也得到了来自印第安人自己方面的理解：对他们来说，这一点越来越明显，即普遍日益增强的“收回自己的东西”的愿望不一定如同早在20年前许多人所认为的那样，可以通过暴力、武装斗争、种族战争来实现，而且可以通过和平的、民主的、人口自然增长的方式来实现。

拉丁美洲土著居民斗争的新阶段，在500周年这一重要日子的前夕对新的“时代变革”的期待——所有这一切在来自其他非欧洲民族方面的、渴望文明自决的轨道上发展着。

唤醒“正在沉睡的各民族”是未来100年的主要特点之一。

（中国社会科学院民族研究所主办：《民族译丛》1993年第5期，第1～8页。原载俄罗斯《近现代史》杂志，1992年第6期）

土著人权利运动危机：从殖民主义、新殖民主义到复兴

［加］道格拉斯·丹尼斯　王丽芝　译

作者系加拿大里贾纳大学社会学系副教授，专长于社会发展理论和印第安人研究——译者

本文的目的在于指出，对土著人权利和土著人自治问题的不当处理不仅会导致土著人社会、同时也会导致整个加拿大社会的倒退和悲剧。由于本文对当前土著人运动的倾向持批评态度，所以有必要首先表明，作者全心全意地支持所有土著人通过土著人权利运动寻求政治地位和经济自主的斗争，支持土著人重新获得被窃走的土地、被大罐头公司侵犯的捕鱼权、被消耗的狩猎资源，以及要求增加健康福利和教育的斗争。然而，本文将要指出土著人运动和土著人政府战略——“非殖民化”战略中的若干严重问题。

本文还将评论土著人运动中的领导权问题。所以，也有必要首先指出，土著人组织中的大多数官员和中层领导都能在非常艰苦的条件下恪尽职守。例如，从教育和其他发展项目中，人们都会发现一种伟大的使命感和无私精神，许多人加班加点地工作。一些土著领导人竭尽全力、百折不挠地发展社会经济，不是为了中饱私囊，而是为了让人们摆脱贫困。本人认识许多当前土著人运动创始人，理解他们在看到运动早期的思想被官僚政治和个人野心所取代时的苦恼。本文正是为这些诚实的人们而作，期望他们中的一些人投入到危机之后土著人运动的复兴斗争之中。

本文写作的另一目的，是为了普及和修改作者于80年代初期所做的关于德内族（Dene）和其他土著人组织的工作报告，其中包括：“德内族：中等阶级的梦想，还是活生生的现实?”“对土著人权利委员会重叠协议的批评。”不幸的是，上述文章中的许多忧虑都成为当前土著人权利协议中的现实，其中许多解决方案都是迫于当前经济危机的压力，以及对土著人经济和政治自立至关重要的资源价格下跌的压力的结果。作者在两篇文章中曾表述这样的忧虑：协议并不能产生足够的财富和自主权，以建立一个自力更生的土著人社会，在这个社会中，雇佣劳动和“小本”职业（包括捕鱼、狩猎和其他传统生计）共存。协议恐怕只能达到支撑一个勉强的福利经济的效果，资源税基本上被花费在提取资源的基础结构上。从跨国公司利润中涓涓滴下的财富最终将落入几位土著领导人和企业主手中，他们中的一些人通过政府各种转让计划和向名义上归土著人所有的公司出售他们分包的建筑、公共事业和咨询公司，将其“政治”资本转化为实际资本。当各类土著人和白人承包商渔利时，根据协议建立起来的合资公司实际上是在亏本经营。一个富裕的土著领导人只会是中饱私囊、越来越脱离基层群众。那些生活在保留地或城市中的群众，或靠渔、猎、福利为生，或陷于长年的失业。许多白人和印第安人知识分子可能会为这种失业现象辩解（如果不是美化）：如果印第安人加入工人队伍，他们就将失去自身的文化。本文力图说明，巴西、印度、日本、土耳其和中国工人并没有因为在现代企业中工作而同时失去自身的特性。今天，作者感到就像神话中的女预言家卡珊德拉那样，因预言的准确性而受到诅咒，但却没有人相信其预言，并及时地加以防范。

当然，作者的这些文章并非仅仅预言阴暗面，它们也提出了几个实际战略，以避免各类形式的法人贪污和阶级分化。这些战略包括：通过对土著人分包公司利润和官员工资的严格监督，实行对各个土著人公司的公开民主管理。此外，用立法手段防止政治领导人将其政治权力变为经济财富。作者认为，这些原则与土著人社会——以亲属关系为基础的公社体——远比方言、服饰、饮食和舞蹈（多元文化主义的4项内容）更为重要的平等和合作价值观相适应。这些建议并不是乌托邦式的梦想，德内族主席1981年在消费品昂贵的耶洛奈夫（黄刀城）只领取1.8万元的年工资就证实了这一点。加拿大邮政工人工会主席只挣一名普通邮政工人的工资的例证也可以说明这一点。献身于人民的事业而不是中饱私囊的领导者还是大有人在的。

本文还将讨论“综合预算”之类的战略。就是说，土著人社会可以将所有来自政府的资金（包括教育、健康和福利资金）转为集中使用基金。这笔基金可以分别用来支持那些愿意并且能够参加学校和老人中心的建设、愿意提供必要服务、愿意照顾贫困者的人就业。社区应民主决定如何利用他们的资源，使大多数人得以就业和自立。在免除了外部市场强加给他们的顾问费、管理人员和白人专业人员的工资后，他们可以将财力用于开发最好的资源——人民。通过这一综合预算战略，还可以用渔业、狩猎和木材等行业筹集的资金来购置那些只能用现金从外部买到的东西。

这些意见受到基层民众的极大欢迎。例如德内族老百姓就正式要求参加麦肯齐走廊的开发，尽管白人专家警告他们，体面的工作也会带来灾祸。关于领导工资封顶的建议即将被组织宪章所采纳。所谓的“乌托邦”式的综合预算建议还受到印第安人事务部中虚心的发展计划制定者的认真考虑，这并不是因为它“激进”，而是因为它实际上比那些抛入无组织的社区的计划更有效。换句话说，“理想主义”也许比当前脱离普通群众的个人名利和官方计划更实际。历史上也不止一次地表明，“理想主义”曾是唯一可行的选择。

这些主意和战略当时在基层中得到了积极的响应，因为大部分主意来自群众本身和当初的运动组织者，而当时政府贷款和无休止的官僚主义化斗争（与国家能源局或像野蜂般徘徊在宪法、权利、宪章和土著人权利法庭周围的律师们进行的斗争）尚未出现。这些官僚主义和立法之争越来越削弱土著人运动的能量，直至只剩下组织形式的存在。早期的斗争原则已被洋洋大观的法庭战斗和“部长”会见所遮盖。1981～1982年的经济崩溃，以及加拿大从经济民族主义到自由贸易的重大政治调整进一步削弱（尽管没有消除）了早期人民所怀抱的建立一个更美好（不仅是更富有）的土著人社会的志向。

早期原则的恢复有待于当前的迅速致富计划的破产。通过这些计划，领导要求获取将会使其大大脱离群众的工资收入，同时上层机构臃肿的组织也力争保存下来。恢复运动初期原则的首要步骤之一，应是在运动中、在印第安人事务及北方发展部（DIAND）和其他政府机构中开展反腐化“清除”运动。这些步骤正在实施当中。刚刚召开的“第一民族”全国大会通过的对顾问费用实行严格的内部审计和检查制度在这一方面开了一个头。

我们这里所指出的问题并不是加拿大的独家产物，而是世界范围内从旧殖民主义到新殖民主义运动中出现的普遍现象。那些早期为独立或“非殖民化”目标而在极端困难条件下工作的勇敢的、无报酬的领导者们常常受到殖民当局（印第安人事务及北方发展部、教堂和皇家骑警）的压制，以及受到自己人民的嘲弄。当运动进入高潮时，平等和民主合作的最高理想被作为民族斗争的部分内容而提出来——常常是以社会主义、民族主义或部落和宗教的名义。随即一个勇敢、具有牺牲精神的中层领导层出现。统治当局当即对之实行残酷镇压。对此，我们不仅可以回忆遥远的肯尼亚的“茅茅运动”，或阿尔及利亚的斗争，同时也可以想到早期土著人运动活动家所受到的野蛮打击——吉姆·布雷迪[①]被"内部流放"；无数受到精神和社会摧残的人被列入老板的黑名单，帕齐·法因迪和乔纳斯·费弗尔就是这些未受赞颂的烈士的代表。想想看，60年代后期，加拿大皇家骑警曾把土著人运动列为对加拿大国家安全的主要威胁。当运动发展到无法用警察行动和折磨来镇压的程度，国家便开始采用吸收、挑选"温和"的、顺从的领导者，或用金钱驯服那些原来是斗士的人的做法来达到其目的。这种同化手段已引起人们的注意，20世纪梅蒂斯主义运动基层领导人马尔科姆·诺里斯至死反对国家对土著领导人的资助（当然，他争取国家对医疗、教育、就业和其他政府项目的资助）。国家资助产生一系列官僚主义，而这种官僚主义成为年轻的土著人向上爬的通道之一，因为除了部分转包合同带来的少量利润之外，实际创造的财富都落在跨国公司的手中。政治已成为一种受雇的职业。虽然当初从事独立斗争的"政党"可能受到来自多方面的挑战，但通常的规律是：一两个组织或正式党派成为统治机构。当可以从政府的合同和顾问费中获取财富时，加入统治党就成为通向成功的生涯的捷径。只有占统治地位的组织可以占有资源。那些批评新机构的年轻土著人很快发现，他们面临的是被流放、嘲弄或更糟的结局。无论是在牙买加、加纳、肯尼亚，或加拿大的草原省份和北部地区，都会看到这类现象的发生。对新的"殖民主义"机构持批评态度的人们被看作是民族的叛徒。哈罗德主教对德内族"激进分子"的激烈谴责就可说明这一点。

当独立运动早期展现给人们的前景变得越来越淡化时，统治党的主要精力则用来孤立（如果不算作积极的镇压的话）持不同

---

① 吉姆·布雷迪，土著社会主义者，从合作联盟运动到60年代一直活跃在萨斯喀彻温省。他的秘密消失至今仍是个谜。

意见者。在加拿大，人们可以遇到许多年轻而又诚实的土著人知识分子，这些人既无法在官方组织内实现其理想，又无力在官方组织外找到另外的选择。当我们再次放眼世界时，就会发现这种现象同样出现在坦桑尼亚、扎伊尔和乌干达。人们将会疑惑，当加拿大的印第安人政府最终成立、最后的土著人权利协议签署时，结果又会如何？

独立初期，处于运动主流地位的知识分子可以大谈独立和“非殖民化”，但不敢提“新殖民主义”和新殖民主义土著人上流社会的概念。而敢于指出这一点的非土著人学者则被说成是种族主义者。这种现象在非洲和加勒比地区屡见不鲜，作者本人则可证实类似事件在加拿大的发生。

加拿大土著人运动的官僚主义化和领导同化问题异常严重，与我们所一贯认为的第三世界政府及组织系统的低效率、腐化和无能相差无几。头脑迟钝些的学者将这类现象归咎于民族文化的落后或其他毛病；而头脑敏锐的观察者（无论是在非洲还是在加拿大）则认为，运动的波折不是人民造成的。他们也许确实缺少一些信心和经验，但最终的原因是他们缺乏对资源的真正控制权。财富和权力的缺乏导致官僚主义的膨胀，而这种官僚主义并非握有真正的权力，不过是事务缠身，穷于应付而已。那些取得了对本民族财富真正的经济和政治控制权的民族，并没有出现类似的严重问题。

尽管存在上述所有这些问题，加拿大土著人运动仍取得一些进展：土著人教师及其他知识分子受到培训；许多人离开保留地和梅蒂斯定居点到城市中做工。而其他人，像第三世界的无数农民一样，将继续靠捕鱼、打猎、打工和福利过活。有的人曾美化这种生活方式：光景好时，它显得丰富多彩、富有挑战性和自由。而在光景苦时，这确是十分艰难的生活。这里，再次如第三世界所曾发生的情形：许多领导人继续对旧的生活方式加以浪漫化，因为他们没有办法使数以千计的人进入城市。当人们强调设法帮助改善保留地狩猎者和渔民的生活时，不应忘记土著人的大多数是生活在城市中的新工人阶级。他们地位低微，在土著人运动中没有发言权，远不如宪法和资源使用费问题重要。此外，人们正在听到土著人妇女的呼声，她们有的从事教学和社会工作等专业性职业，有的则处于佣人一类的工人阶级地位。她们的要求常常与白人妇女的不大相同。她们不是设法结束“核心”家庭，而是要维持受到失业、酒精中毒、监禁和儿童拘捕等打击、处于动荡中的大家庭。她们对母乳喂养和在家中生孩子等一系列问题不感兴趣，而是希望在其社区内有正规的诊所和医疗保障。

由街头流浪者（Street People）构成的准阶级（Sub—C1ass）也发展起来。这样，由原来以亲族关系为基础的无阶级的土著人公社体中分化出许多阶级，而这些阶级不可避免地处于冲突之中。土著商人宣称，土著人木工工会是“非印第安人”的产物；土著老板则坚持认为，他们的秘书和办事员不能成立工会或要求改善条件。二者都以所谓的“文化”为借口。新的印第安上层人物坚持认为，从本质上讲，印第安人不能有剥削，因为他们从未被剥削过。因此，工会对领导人的财政审计以及对其权力的限制都是非印第安人的做法。这些含糊其辞的主张对那些步第三世界新殖民主义领导人后尘的人并不陌生。第三世界新殖民主义领导人正是以“非洲社会主义”、“阿拉伯社会主义”或部落和宗教的面纱来掩饰其对财富和权力的聚敛。

然而，真理是掩盖不住的。并非所有的年轻知识分子和企业家都能适应并加入占领导地位的官方组织和转包合同。随着正式独立的取得、印第安人代理人的解除、文化复兴和红色权力或黑色意识的“精神非殖民化”，广大基层群众的条件或许在政治上和心理上得到某种改善。但是，他们对就业和尊严的基本经济需要并没有得到解决。旧的说教变得空洞无力。突然间，那些呆在既成权力机构之外的真心实意的活动分子发现他们又有了听众。这意味着运动早期的、无报酬的“理想主义”领导者的原则开始复兴。真正的印第安人知识分子和中层领导将会欢迎这次复兴浪潮，而野心家们则不然。这一来自呆在既成权力机构之外的年轻领导人的“第三次浪潮”（继运动初期领导人的第一次浪潮和既成权力机构内领取薪水的官僚主义者的第二次浪潮之后）是一种世界性现象，从牙买加、加纳到印度都可以看到这一点。在加拿大，这一浪潮与在此之前一直为保守势力的主渠道——教堂相结合，这些教堂不仅支持土著人获取权利，同时也在积极寻求建立一种新的全面就业的经济秩序、与生态发展相和谐的技术以及满足人民合理使用资源的需要。他们寻求一种新的社会契约，这一契约将人类尊严置于公司利润需要之上，它将防止把人们的工资降至海地人的水准（为了有“竞争力”）。这些思想来自联合教会、天主教主教大会和工会运动，后者在经历了麦卡锡分子的清洗和里根的“新右派”（New Right）运动之后重新活跃起来。所以，具有批判精神的土著领导人的第三次浪潮不但不是一支孤立的力量，而且拥有许多盟友。土著人的平等公社社会原则在世界人民寻求建立高尚的人道、民主、相互尊重的社会的斗争中将会获得再生。这种复兴同样是一种国际现象，正展现在人们的面前——世界并不会仅仅停留在新殖民主义阶段。

当然，在加拿大现实政治中，没有哪一种关于土著人权利和土著人发展的观点会独占上风。我们可以根据当前的趋势概括出一些可能的发展方案——积极的、混杂的和异常消极的。滑稽的是，在加拿大政治中最有影响的方案也是成功希望最小的方案。这个自由/社会民主方案，旨在通过大的资源项目和由国家资助在土著人社区中建立大大小小的“红色资本主义”企业来提高土著人的地位。如果这一方案的成功在于将大多数土著人从苦难中解脱出来，那它将不会成功。这一发展模式影响异常广泛，甚至连一些对加拿大国家政策持批评态度的马克思主义者和其他激进分子也只将其批评限于政府资金不足、零售合作社的利用不够或其他的改革措施方面。作者并不怀疑许多顾问和中层土著社区领导人的动机：他们视这一发展模式为满足其人民对尊严和自主地位的迫切需要的一种手段，即使只有少数生活在高福利地区的人可能示范性地得到工作。同时，作者也赞许这些领导人的勇气，他们能够将文化、宗教、民族主义论调与工资劳动本身并不摧毁文化特性的现实调和起来。

但是当我们认真观察加拿大和世界政治经济的新变化时，就会怀疑上述自由主义方案的可行性。首先，我们必须注意1981年秋季世界经济的严重下降所引起的西方大国政治、经济战略的转移，转向各式各样的“里根主义”模式——削弱福利国家、“解放市场”将特有的民族辎重卷入跨国贸易。在加拿大，这种转变是以特鲁多自由党政府的战败以及那些与特鲁多的民族资本主义计划相关的自由党人的战败为标志的。特鲁多的计划包括：独立于世界石油之外的民族能源政策；民族工业战略；进口替代政策；多元文化补贴计划以及设想中会引起西方世界羡慕的社会安全“网”计划。加拿大试图建立自由民族资本主义的计划始于跨国公司扩张时代，结束于当前的经济危机之时。这样，特鲁多时代就像非洲的纳赛尔、恩克鲁玛、拉丁美洲的阿本兹和古拉特以及伊朗的摩萨台等社会力量所经历的上台、继而被战败的记录一样，只不过来得迟了些，表现得不那么勇敢而已。

西方统治集团战略的戏剧性变化对加拿大土著人产生了实实在在的影响。它意味着社会福利——包括医疗、教育和工作机会——的大削减。那些再也不能靠土地谋生的土著人（占土著人总人口的多数）受这一削减的打击最大。新的自由贸易圈和失控的全球价格导致北部印第安人和因纽特人受到世界石油、木材以及铀矿价格下跌的沉重打击。受所有这些变化的影响，一些部族，如德内人和麦肯齐三角洲的因纽特人（Innuvialuit），匆忙达成十分令人怀疑的土著人权利协议。这一危机还加速了一些土著组织领导人的变化，早期的领导人，即被称作乌托邦式的“理论家”被“实用主义者”所代替。至少，詹姆斯湾协议产生出一个土著百万富翁企业家；几个土著人也因北部加拿大跨国公司转包合同和工人承包合同渗漏下来的财富变为阔佬。为此，关于极端腐化和滥用资金的举报数不胜数。

德内族具有高度原则性的前主席当选为“第一民族”全国大会主席后发布的首批法令之一，是对非法金融活动的审计。前北方土著人组织研究顾问也曾指出，作者的一篇警告可疑的顾问转包合同和其他做法会吸干资源地的血脉的文章（1981 年）几乎成为“腐化手册”——文中所指出的种种可能产生的腐化现象不但没有在实践中被避免，反而被照搬。也许现在对这一时期下结论还为时过早。但我们相信，这一时期对那些被冷落的大多数土著人——如同非洲和拉丁美洲的农民来说，是最令人失望、最痛苦和最绝望的时期。而极少数人在放弃了“非殖民化”运动的早期原则后，趁机爬入新殖民地上层社会。

由富有献身精神的年轻土著人掀起的第三次浪潮正在通过成功的教育计划和新土著工人阶级向前推进。例如，在最近于马尼托巴召开的土著人社会主义联盟大会上就有一百多土著人到会。然而，这一代未来的领导人是否能够扎下根来？当他们向“官方”土著人组织者挑战时，是否能够顶住竞争和压制？这些还有待于进一步的观察。加拿大土著人运动也曾经历过暴力，也曾有过不明死因的事故（如关于学校控制权的争端，梅蒂斯领导人吉姆·布雷迪的消失），所以不难想像，在那些敢于向官方运动挑战的人中，还会有牺牲者。

毫无疑问，会有人谴责我们是在用国际大道理套加拿大的具体情况。对此我们并不否认。但仍坚持认为，我们可以从这些大道理中学习一些东西。这一时期全球资本主义的突出特点是，它并没有将大多数农民和狩猎者吸收到上层社会，而跨国公司的大地产、不可食用的用于兑换现金的种植园、能源项目和自由贸易带的发展剥夺了这些农民和狩猎者的财产，使其流离失所。在一个充满贫民窟和被迫离开土地的民众的世界中，亚洲“四小龙”的成功只是一个例外。我们要问，为什么当里贾纳和克诺拉充满靠失业救济生存的土著人时，加拿大会成为这方面的例外？我们并非处在18世纪50年代的欧洲，等待着产业革命为农民提供新的就业机会。大的计算机革命似乎只会使就业机会越来越少。所以，考虑到上述国际、国内因素，关于加拿大土著人的经济同化和向上流动的自由主义计划似乎注定不会成功。由于目前没有足够的力量投入广泛的社会调查，人们希望上述预言不是真的。但我们的愿望终究摆脱不了时代的限制。

如果说自由主义方案不大可能实现，那么，什么方案可行？当然，加拿大这一福利国家不会完全垮掉，这是由于它在世界体系中占有很高的地位，它有很高的资源——人口比例，以及仍旧可以从中产阶级手中征收大量剩余资金。由于同样的原因，加拿大土著人也不会遭到他们在危地马拉和萨尔瓦多的同胞所遭遇的种族灭绝的下场。

然而，加拿大印第安人自治政府的发展越来越近似于南非班图人的政治和经济结构。加拿大学者也曾指出加拿大印第安人保留地与南非家园在立法和人口统计方面的某种相似（加拿大的《印第安人法》与南非的《出入境法》、缺乏土地等）。但新的发展动向表现为，由国家通过资助土著首领而实行的“间接统治”手段在南非和加拿大都产生了越来越大的消极影响，其中包括，在非常民主和多元主义的口号下，废除一些最佳自由民主特色。例如，联邦及各省的人权委员会都力图避免在土著人运动中行使其权力，以免承担责任。而那里在雇用教师、雇工待遇或经济计划中存在着许多宗教、亲族、性别和道德上的歧视。

而印第安人自治政府有权废除教师的就业保证。由于教师随时可能被解聘，教室成为班德委员会随心所欲处置的场所。作者于10年间积累的关于土著人劳工关系的新闻材料含有无数有关反劳工、反工会的例证，其中包括职业健康问题。而所有这一切都被民族主义招牌所掩盖，借口是印第安人不会剥削，或者说劳工组织和劳资冲突是“非印第安人”的产物。在这一方面我们很难找到值得肯定的例证。印第安人和梅蒂斯展开的关于土著人权利的立法斗争首先是试图挣脱加拿大《劳工法》的约束，而这一法律对劳工利益实行一定程度的保护。当前围绕印第安人保留地权利的争端则目的在于摆脱省立法机关对烟草税和赌博的控制，似乎当地印第安人企业家正在为一个加拿大的太阳城奠定基础——为受清教徒或立法规定限制的加拿大人提供一个斯威士兰式的娱乐场所。

这些趋向的出现绝非偶然，它们全部出自1986年6月底于多伦多举行的土著人高级会谈。在这个会议上，部落首领们和土著人运动的倡导者们都清楚地表明了其意向。由于缺乏必要的用于发展自然资源的资本和技术管理（许多保留地甚至缺乏自然资源），这些领导们发现他们有两大财产可以与跨国公司的伙计们成交：廉价劳动力和保证这种廉价劳动力存在的立法和政治手段。这样，由于保留地的印第安人劳动力（有时也包括一些离开保留地的印第安人劳动力）不缴纳联邦和省的收入税，虽然他们从跨国公司那里只拿到少得多的工资，但却仍能拿不少钱回家。如果说像加拿大退休金、失业保险和工人赔偿费这些社会福利项目都可以取消的话，那么上述做法倒可以推广。此外，跨国公司还可以从那些没有加入工会的工人身上得到更多的油水，因为他们不必担心这些工人的职业健康、安全和环境保护等问题。总之，“红色资本家”（指土著人的红皮肤）选择了东南亚和第三世界其他地区的自由贸易区的做法。时间将会告诉我们，这种模式是否也会产生那些在这些自由贸易区易于发现的可怕的社会和经济状况，或者说，加拿大是否会免于发生这些情况。这种自由贸易区对加拿大其他劳动力带来的破坏性政治和经济效果会越来越明显。不仅会出现明智的、多种族的支持工人的反应，同时也会产生具有煽动性的种族主义后果。我们将会不幸地看到，我们所获得的政治上的自由民主将会被自由贸易区的“纯”自由主义经济所破坏。所有这些都是在多元文化主义的名义下，“自由地”摆脱国家劳工法和其他法令的约束而进行的。很难想像，加拿大会成为这样一个国家：英裔加拿大人为统治阶级；由欧裔加拿大人构成中产阶级和工人阶级上层（其中包括部分非白人）；由大批第三世界移民和印第安人和梅蒂斯组成工人阶级下层。后者中的许多人工作在土著人自治政府建立的自由贸易区内，受到极度的剥削。我们还应该注意到，美国的监狱在国家部门私有化的名义下，将大部分黑人和拉丁美洲人囚犯投入连续敲击计算机卡、卫星电视盘、计算机盘驱动器和邮件分类机的生产。难道加拿大不可能在反赤字的圣战中采用同样的措施来解决它的印第安人聚集的监狱问题吗？

第三种可能是我们对不可思议的结局的思考：一个文明国家退化到野蛮状态在20世纪并非没有先例，尽管这在近期内不会发生。加拿大土著人和部分第三世界移民将是这一退化的首批受害者。世界经济状况的进一步恶化会引起我们在讨论第二方案时提到的紧张局势加剧，丧失掉多元文化福利国家的社会契约，近年内被自由舆论冷落一旁的种族主义者也会找到更多的听众。左派的垮台（他们现在似乎忙于反对色情文学和卖淫的道德斗争）以及缺乏一个能够解决全面就业和经济增长问题的自由主义方案，将使右派进一步得势。最后，一些土著领导人的暧昧态度十分危险：他们不愿意尽其所能帮助其人民进入工人阶级行列，相反，热衷于资源使用税、与跨国公司的小本合作。例如，由里贾纳商界、政府和土著人组织联合召开的“携手工作”会议上，一些领导人甚至坚定地反对白人企业雇用土著人，相反要求建立土著人自己的行业，据称这样的行业会解决土著人的失业问题。这种暧昧态度，加上客观上存在的将那些既非渔民又非狩猎者的土著人融入劳动力市场的困难，最终会导致一场全面的种族战。这场战役会从对福利国家的最后攻击——“不劳动者不得食”——发展到低级的种族灭绝——“不劳动者不得活”。考虑到这一问题潜在的危险性，我们应对土著人进入工人阶级队伍问题做进一步的考察。

最后，让我们表明，我们就土著人权利问题所概括的各种方案和可能并非是戏言。从合作联盟到种族灭绝的可能与否完全要看国内外阶级力量的平衡。当前，右翼力量似乎强于进步力量。通过诚恳地指出当前加拿大土著人面临的新殖民地特性，我们可以帮助扭转力量的对比，使之有利于人类的进步。只有这样，我们才能为成千上万的在场外等待律师、商人和宪法专家决定他们命运的普通土著人找到出路。

（中国社会科学院民族研究所主办：《民族译丛》，1993年第1期，第17~24页。原载加拿大《土著人研究评论》，1986年，第2卷，第2期）

以驯鹿为生的人

戴维·佩利　文佩琳　译

戴维·佩利（David Pelly）是专门研究加拿大问题的作家。本文系作者与内地因纽特—— 一个处于文化过渡中的北美民族——相处了一段时间后所撰写的——译者

早上，皮尔久阿克第一个醒来，他在鹿皮被下翻了个身，把一只裸露着的胳膊伸到伊格鲁[①] 里的冷空气中去。他点着了小汽油炉，把夜间冻得十分坚硬的茶壶放在火上，以微笑道了个早安，然后又缩回到温暖的皮被里去，等着水开。伊格鲁的另一边，图卢里亚利克睁开了双眼，为了察看一下天气，他在雪墙上凿一个小孔。看罢，又从地上抓起一把雪把小孔填好。过了一会儿他对我们说，这可是个徒步旅行的好天气哩。不过，在我们进入冬季北极中部之前的此时此刻，首先考虑的是把这严实的冰屋里的空气弄得暖暖和和的，还要把那滚热而又清亮的茶水喝得足足的，直到肚子装不下为止。

我们是在哈得孙湾西部的加拿大荒原地带，这里，一连几个月气温都在零下 40 摄氏度上下徘徊。不刮风则已，一刮起风来，裸露的皮肉就会冻僵。离开圆顶冰屋开始一天的旅行之前，我们必须从头到脚都穿戴上鹿皮衣著。

和我一道出行的男人们都在猎捕驯鹿[②]，这是他们一家人的

---

① igloo：北美因纽特人居住的用硬雪块砌成的圆顶小屋，又称圆顶冰屋。

② caribou：北美产的身长 6 英尺、高 4 英尺的驯鹿。

食物。年已60的皮尔久阿克一辈子都以猎鹿为生。他每天都吃这个。生物学家当中很少有能比这些因纽特猎手更了解这种动物及其生活习惯的。跨过这片冻土地带的荒原时，我们这支小队颇似过去某个时代的情景：那时，这些猎手的祖先在这片土地上，随着驯鹿移动的方向而移动。他们不仅依靠驯鹿谋求衣食，而且同样还靠它们来获得制造工具、武器、卡雅克① 和夏季帐篷所需要的原料。这样，内地因纽特人，即历史上被称为靠捕鹿为生的爱斯基摩人，与居住在沿海的同族人有所不同，后者多靠捕捉多样哺乳动物维持生存。驯鹿对内地因纽特人的重要性，在其语言中也有所反映：至少有20个表示这种动物的名称，用来区分其年龄、大小、脂肪量及毛皮等次等等。

20世纪20年代，由于欧洲对白狐皮的需求达到顶点，毛皮商及哈得孙湾公司贸易站的人深入到这片内地的荒原，而荒原上的人数仅500左右，分散在大致与法国面积相当的地区之内。随着枪支使用的推广，狩猎较过去方便，人口也随之增长，到20世纪中叶，以捕鹿为生的爱斯基摩人已约达1千人左右。几乎所有的人都过着半游牧生活，以驯鹿为食物的主要部分。

后来，白人传入几种疾病，特别是结核病，加之食物供给量下降，这里的死亡率增长了。这种现象一直延续了整个20世纪50年代，进入那毁灭性的饥荒年月。在没有鲜肉吃的时候，人们煮旧鹿皮做清汤充饥，家家都呆在帐篷里，无力走动，坐以待毙。许多人就这样死去。

于是政府对此进行干预，把散居在帐篷中的人聚集为村落，他们在那里有饭吃，得到医疗保护，这样也“更易于管理”。其动机是好的，而深远的影响却无法改变，同样也无法预见。对以捕鹿为生的因纽特人来说，那独立生活的日子一去不复返了。

---

① Kayak：一种因纽特人使用的轻便小船，状似独木舟，但船外层覆以兽皮。

现在，以捕鹿为生的因纽特人后裔，聚居在哈得孙西边的村落里，在加拿大总数略高于 2.5 万的因纽特人当中，为数约占 3 千人之多。那些与其文化根源仍保持密切联系，如靠驯鹿生活的人，都居住在加拿大唯一的因纽特人聚居的内地村落里。地点就在贝克莱克，坐落在流向哈得孙湾西部的一条大河上游 320 公里的地方。这个约有 900 名因纽特人的村落，在加拿大荒原的中部，即树线北 480 公里处。

皮尔久阿克和图卢里亚利克同他们各自的家小居住在自己的有 3 间卧室的房子里，家里有现代化的厨房设备、电话、电视机和盒式录像机。图卢里亚利克时常坐在起居室里弹电吉他。对在圆顶冰屋和兽皮帐篷里长大的人来说，这一点就表明了生活方式上的巨大转变，然而在这样的环境中，看见厨房地上放着大块的鹿肉，也是常事。食物虽相同，但它所哺养的居民社会组织却起了很大的变化。皮尔久阿克一面回忆着今昔的不同，一面向我讲起他年轻时的日子来："如今只有那些从事专职工作的人才受尊重；过去受尊重的是高明的猎手。记得过去有些猎手常常捕捉到很多驯鹿。那时我算不上是高明的猎手，一年也许能打上 300 头驯鹿，而高明的猎手却能多打上一倍，即五六百头之多。不过，尽管有这么多驯鹿，没有一头被浪费掉。那些捕捉到 600 头鹿的人喂饱了自己、自己的狗和自己的亲戚，然后把其余的分给别人吃。"

如今，为了给家里弄到鹿肉，猎手需要有钱去买电动滑雪车、步枪和弹药。和加拿大别的地方完全一样，他们可以得到社会的若干帮助，不过按标准一户至少有一人得到有收入的工作，情况越来越是如此。最大的雇用者自然就是政府，同时，在北方，越来越多的私人企业诸如零售经营、有关旅游的生意、翻译机构、建筑公司以及种种不同的服务行业，正在建立之中。

一谈到"北方"和因纽特人，就使人想起冒险故事来。在某种程度上，那里是个富于浪漫色彩的地方。尽管他们经受过苦难，丧失过某些权利，他们待人热情，有仁爱之心，但是他们也要去面对现实中更严酷的一面，那就是福利国家的渗透，社会问题的增多，还有白人影响所产生的种种后果。

十分明显，与其说因纽特人企图同化别人，不如说他们带着自己固有的文化面貌被并入加拿大社会。他们正在努力掌握自己的命运，这就是可以感到乐观的理由。尽管如此，他们是一个处于过渡中的民族。这个过渡来得十分迅速：从政府在贝克莱克建立最初的公房起，至今仅有 12 年。在此期间，有两种强大的文化移入的力量：第一是移入的教育制度；第二是自 1975 年开始的电视。

对他们来说，学校现已培养出一代操英语的年轻人。他们大多数都没有学过父母所掌握的以土地为根本的谋生技能，因此他们需要有工资的职业。但是以工资为基础的经济还没有发展到足够雇用半数人的地步，不少家长因子女的命运而抱怨学校制度。有一个名叫马姆嘎克的著名皂石雕刻师，眼看着自己大一些的儿子从 70 年代中学毕业后就没有找到职业，于是就决定叫小儿子们脱离白人的教育机构，和他老婆一道返回原野。孩子们按照靠驯鹿生活的因纽特人的传统方式，生活和学习了 5 年。他说："现在我年纪太大了，不能事事都靠自己一人去做。不过，我的孩子们在原野上能活下去，他们懂得传统的生活方式。我们心里永远怀着到原野中去的热望，孩子们是能活下去的。"

话又说回来，就是马姆嘎克现在也认为因纽特儿童在其成长过程中需要具备两种文化中的某些成分。文化的过渡是不可逆转的。幸而所谈的这个民族与世界上其他民族一样，都有适应能力。加拿大政府 20 世纪 60 年代在内部实行的殖民政策之所以寿命不长，与其说是由于政府官员的开明，不如说大部分是由于因纽特人本身所具备的富于经验的特性所使然。在贝克莱克开创学校的10年之内，当地人要求对课程进行某些调节。现在，低年级完全用因纽特语授课，到了高年级逐渐采用英语。杂志、报纸和书籍用因纽特语出版，有些则是为学校使用而设计的。人们懂得：保留语言对保存文化来说十分重要。1982年成立的因纽特广播公司（IBC），用本族语言制作电视节目，其中有不少为居民区里的老年人提供记载其传统文化和传授老辈技能的机会。制片者、导演、摄影师、技师及演员几乎全是因纽特人。

坚持使用本族语言的权利以及公众喜欢用因纽特语而不是爱斯基摩语的普遍倾向，这两者是民族意识高涨的合乎逻辑的前提。1971年成立了一个名为ITC的民族之声，全称为The Inuit Tapirisat Of Canada，意思就是因纽特兄弟会。如今，ITC在以渥太华为根据地要求土地所有权的斗争中，充当了主要角色，这也就是本地土著在他们历史上就已居住和狩猎的土地上有哪些权利，即要求土地所有权的问题。北方关心的政治问题，在很大程度上反映了加拿大南方的问题，诸如促进经济发展、妇女地位、采矿权、本族语言的保留以及自决权等。

1982年11月，加拿大政府同意将西北地区划分为大致以树线为界的两个行政区。这一带居民75%是因纽特人。对因纽特人来说，这就等于自治。过渡到这个阶段之迅速再次证明：因纽特人生来具有适应能力，而且有能力在如此短的时间内就学会白人处理问题的方式。

随着复杂政治情况的发展——现在国会上下两院都有因纽特人的席位——因纽特人对其不可避免的社会演变已获得更大的控制力量。不过，在这一切背后，他们仍然是个与其土地密切相连的民族。贝克莱克市长又是城镇里最佳猎手之一，他靠捕捉驯鹿养活一大家人，而驯鹿肉永远是他们饭食的主要成分。

要想了解这个民族，必须了解土地。人们离开村落到荒原上追捕驯鹿，只有在这时，才最能抓住因纽特人的本质。即或是在贝克莱克出生、成长的儿童，在跟着全家外出到原野上去时，似乎也觉得精神为之振奋。多数在贝克莱克住家的人在暑假期间是都要到原野上去的。出生于城镇的孩子多以看电视为娱乐，但当他们回到原野上去的时候，便觉得精力充沛，对什么都容易发生兴趣。在老年人看来，这就标志着希望。有人说，“如果我们相信自己并掌握住我们的土地，那我们就会生存下去。”土地与这个民族是不可分割地连在一起的。

和皮尔久阿克与图卢里亚利克一起站在小山顶上，我们眺望着那将近1.3万平方公里的杳无人烟的冻土地，只有那偶尔露出地面的岩石断层才隔开了那连绵不断、闪闪发光的积雪。在这片原始的景色中，没有任何迹象表明白人的工业技术已涉足其间。

皮尔久阿克那狭长的眼睛穿过这片无边无际的雪原，在寻求驯鹿。对我来说，站在山顶瞭望，除了广袤的荒原外，一无所见；而对这位猎手，却有许多迹象可寻。皮尔久阿克手臂一挥，就指出寻找驯鹿必须前进的方向。

皮尔久阿克在那片原野上行走，完全是靠自己的本能，因为没有别人踩出的道路可循。靠前辈传下来而又为后代所尊崇的知识与传统就能把猎手带到驯鹿跟前，正如它们会把因纽特人带到加拿大生活的主流之中去一样。他们怀着希望，有一定程度的自信，并有一种能力，靠着它就能辨认表示道路方向的细微标记。

（中国社会科学院民族研究所主办：《民族译丛》1988年第6期，第52~54页。译自英国《地理杂志》1987年3月号）

世界倾听印第安人的呼声

马库斯·科尔切斯特[①] 王砚峰 译

亚马孙丰富的自然资源正在遭受严重的破坏。由于巴西仍然继续对其内地作无休止的开发，全世界对开发亚马孙的看法似乎终将转变。在由印第安人自己发起的一场国际抗议的影响之下，世界银行也在重新考虑对这个地区的策略，现在正打算提供一笔环境保护贷款以取代会淹没印第安人土地的水坝修建项目投资。

在巴西亚马孙地区进行大规模国际投资修建水坝的计划已经停止执行了。随着关于此决定的消息扩散传播开来，全世界都对巴西开发亚马孙的计划表示反对。这个计划导致了由卡亚波人组织召开于兴古河畔阿尔塔米拉的印第安人的空前集会。在国际公众的瞩目之下，印第安人同政府作了最后的谈判，要求政府暂停在他们的河流上修筑大型水坝的计划，因为这些水坝将使他们祖先的土地被淹没，让印第安人背井离乡。

暂停建坝投资对印第安人来说标志着一个重大的胜利，他们得到了国际人权组织如国际维护土著人权力组织的支持。为了阻止世界银行及一个由日本、德国、英国和美国的商业银行组成的财团将数十亿美元的资金投入巴西雄心勃勃的水坝修建规划中去，他们进行了一场持续 3 年的斗争。

事实上，巴西森林损失的速度已经达到国际规定的警戒线，

---

① 马库斯·科尔切斯特是国际维护土著人权力组织（Survival International）计划部主任。该组织致力于争取土著人民的生存、自决权和土著土地的使用和拥有权，其成员和支持者遍及 63 个国家、地区，总部设在伦敦。

这一点只是最近才为开发机构所了解。将近 1988 年底，当科学家宣布有一块面积相当于比利时国土大小的巴西雨林被烧毁后，国际上对此的反应缺乏兴趣和理解。

然而两个月以后，巴西天然雨林的一位保卫者被牛场主们雇用的枪手杀害后，世界的舆论被激怒了。

“奇科”门德斯，一位割胶工人，工会活动家，联合国环境保护规划署“环球 500 佳”奖获得者，在巴西最西部的阿克里州沙普里的住所附近被枪击倒在血泊中。直至被暗杀前的几个月里，门德斯以他的正直和不知疲倦的义务工作而赢得了国际声誉。面对殖民者——沿着国际银行和泛美开发银行资助修建的公路涌进门德斯的家园——的进攻，阿克里的割胶工人找到了一位为保卫他们的森林和生活方式免遭破坏的勇于献身的代言人。

门德斯之所以形成了如此的影响是因为他不仅反对将森林改为牧场的短视行为——这种牧场只能给人们带来短短几年的收益，此后便会退化成无用的灌木丛——而且提出了一个经济上的替代方案，他所获得的联合国奖，即是奖励他提出的“开发保留地”的建议。他提出在各片森林中划出用于割胶、采集巴西胡桃以及狩猎的区域，使森林与其处于被浪费的状况之中，不如进行生产性的开发。

门德斯的另一显著成绩是致力于建立一个“亚马孙森林人民联盟”。建立此联盟是基于这样一个认识：使橡胶工人、卡博克洛（Caboclos，巴西居于森林中的农民）以及巴西的 25 万印第安人能够对付他们面临的一个共同问题——对他们的生活方式所依存的大森林的破坏。

然而，巴西显然在继续毫不留情地向亚马孙不停地推进。由于巴西 0.7%的农场占据了 43%的土地，而 70%的农民没有土地所有权，看来强制开发内地似乎是不可阻挡的。特别是那些拥有土地的政客，他们控制着政治进程，害怕像革命时期东南地区的土地改革。而向雨林中移民就成了巴西对付因农业困境造成政治危机的安全阀：随着农业综合企业为适应出口进行扩充而大农场继续靠涌上外亚马孙公路的办法进行对林区农业无益的土地开垦，成千上万的无地农民便迁入了雨林中。

淘金热也席卷了亚马孙。无论哪里发现了黄金，不管那里是不是印第安人的地区，当地政府即被成千上万入侵的淘金者控制并且不久便被其收买。在北方，这种入侵已把亚诺马米印第安人——巴西最后几个大型印第安部落之一——带到了毁灭的边缘。

过去，亚诺马米人由于被隔离在与委内瑞拉交界的高原森林地区中，因而成为印第安人中少数几个幸存的完整部落，他们同20世纪的现代社会几乎没有接触。然而到70年代中期，一条贯穿森林的公路给他们这些最北端的印第安共同体带来了死亡和文化崩溃。由于亚诺马米人对他们过去未经历过的疾病缺乏抵抗力，他们的村落在一次普通的传染病流行中就失去了三分之一的村民。在如麻疹和百日咳等疾病的连续摧残下，有的村落在短短几个月里人口就锐减了几乎90%。绝望和文化的冲击使一些亚诺马米人不得不流落街头乞讨和卖淫。那些被嫖客传染上性病的年轻姑娘们发现：她们已经被她们的族人和她们曾虔诚信奉的文化抛弃了。

到了80年代中期，人们刚刚开始以为一万多亚诺马米人似乎可能成为巴西一个成功的经验：为保护亚诺马米人的利益而进行的一场长达10年的国际运动使得巴西政府同意制定法规将亚诺马米人“禁闭”于一个大面积的区域里，并划出界限。然而这个希望被粉碎了，因为到了1987年底，在亚诺马米人居住地区的河流中发现了丰富的冲积沙金。如今，有4500名矿工被安置在印第安地区。地方政府，包括来自政府印第安事务署的官员们，正在调查他们得利的情况。而疾病又一次席卷了亚诺马米部落，河水也被采金过程中泄漏出的水银所污染。

1989年1月底，戴维·科比纳瓦，一位亚诺马米首领，成为第二个获得联合国“环球500佳”奖的巴西公民。戴维在巴西利亚领奖时发表演说道：“我并不是反对淘金的人，我反对淘金是因为它到处制造洞穴，破坏河水和河床，刨开土地，砍倒树木，烧毁森林。我们亚诺马米人不那样干。我们不是自然的敌人，我们是自然的朋友，因为我们曾在森林中居住，森林保护我们的健康。欧马米（我们的祖先英雄）赐给我们这块土地是让我们住的，不是让我们去出卖它。白人卖掉土地又转移到其他地方去，印第安人不那样做……现在，鱼儿在遭殃，河水被污染，甚至这里的白人也在遭受痛苦，印第安人和白人，穷白人，有钱的白人。疾病是什么都不怕的，它能杀死任何人，富翁、勇士、壮汉。我的土地是最后一块被侵害的土地，这是最后一次侵犯。在印第安人的苦难之后，白人也将遭受灾难。用不了多久，战争就会落到你们头上。”

尽管政府的口号把亚马孙说成是“给没有土地的人们一块无人的土地”，然而它看起来对那些“剩余人口”来说恰恰更像一个空荡的垃圾场。

亚马孙还是一个巨大的天然资源的宝库，开发亚马孙，可以加快巴西的工业化进程，清偿国家的1200亿美元外债。现在，巴西迅速增长的人口中，有三分之二居住在沿海城市，大多数人处于令人吃惊的贫困和失业状况中，而仅在40年前，巴西人口还不到现在的四分之一。当前巴西工业基础所取得的“发展”乃是利用亚马孙的自然资源来保证国家在国际市场上的地位。

在亚马孙东部，政府的一项耗资620亿美元的地区发展计划正在向前推进，目标是将这块面积相当于英、法两国面积总和的地区变成一个大型农工专业发展区，这就是所谓的“大卡拉雅人计划”。由世界银行和欧洲共同体筹集部分资金建成了世界最大的铁矿之一，开采出的铁矿石，沿着向东伸延500英里的铁路被运到亚马孙河口的一个专用港口。在那里，矿石以政府特许价出口到欧洲，并经谈判商定，只要允许向巴西贷款，铁矿石“将保证欧洲钢铁工业的竞争力”。

可是便宜的钢铁也有其价格。欧共体和世界银行的贷款却为这个地区的印第安人和森林带来了毁灭。作为卡拉雅人计划经济原则的一部分，财政补贴和免税已刺激了许多巴西的大公司在铁路沿线开办炼铁厂。由于矿工自己向工厂提供矿石，矿石价格又便宜，加上可以从当地森林中砍伐树木制成木炭做燃料，这些冶炼厂将可以在10年时间里轻而易举地创造出免税的利润。根据里约热内卢大学森林研究所的调查报告，这些冶炼厂将在7年中消耗亚马孙30%的森林。对森林中的人民来说，这场灾难意味着贫困和文化的毁灭。

亚马孙大量的河流为巴西工业提供了另一项重要的财富——水电资源。政府的“2010计划”设想建造136座水坝，而将会淹没印第安人土地的就有60座。正是巴西政府争取世界银行对这个规划项目进行贷款的企图，才引发了国际社会如此一致的抗议。

当两位卡亚波印第安人于1988年访问了华盛顿，以要求世界银行不要再为淹没他们的土地提供资金之后，人们注意力的焦点便集中到了阻止这些贷款的行动上来了。两位印第安人回国后，发现他们被指控犯了巴西《外国人法》中“在国外贬低巴西形象”的罪行。10月份，法院对其中的一位名叫库贝的审讯引起了一次民族骚动。当库贝和另外400名印第安人身着传统服装到达法院的时候，卡亚波人被武装警察拦在了法庭门外，同时法官拒绝让库贝进入审判厅，除非这位卡亚波人首领“身着衬衫和长裤”，因为法官认为这位首领的服饰是对法庭的一种“无礼的表示”。不过，这位法官倒支持一个提议，即对这两位卡亚波人首领作一项心理学、人类学和精神病学的测试，“以确定他们的文化适应能力，以及他们是否意识到正在犯一项反对巴西的罪行”。

对于这种法庭闹剧，卡亚波人的另一位首领贝普科罗罗蒂·帕亚坎丝毫不予以理睬。他又走访了欧洲和加拿大，会见了银行家和海外发展部长们，向他们陈述了事实真相，并邀请他们参加1989年2月份的一个大会，来倾听印第安人的呼声。

2月份最后一个星期在亚马孙中部小镇阿尔塔米拉召开的印第安人大会，引起了全球的瞩目，数百名印第安人代表了大约20种不同的印第安人民，在一起集会。他们要求对那些关系到他们未来的计划拥有参与意见的权力，并且国际人权组织和国际环境保护组织也应邀参与意见，因为这些组织一直提出要结束对亚马孙进行盲目开发的国际投资。

面对如此一致的反对，银行已被迫寻找其他途径来为资金进入巴西开辟渠道。银行注意公众抗议的结果，标志着对开发亚马孙国际政策的一个转折点。我们最终应认识到这一点：没有一个人可以从一个未注意到对自然资源的破坏，从而去承担其后果的发展进程中得到好处。

（中国社会科学院民族研究所主办：《民族译丛》1990年第5期，第71~73页。原载英国《地理杂志》1989年第6期）

国家意向下的民族文化的重新组合※

——托拉查地区的旅游开发

［日］山下晋司　郑信哲　译

1. 政治和文化在印度尼西亚的重新组合

首先，简述一下关于印度尼西亚政治和文化之统合方式的再组合问题。关于这个问题，克利福德·格尔茨做出了如下的历史性概述："在殖民地时期，一方面有殖民政府，另一方面存在着精神性力量的均衡状况。这二者，即不掌握文化的政府和不具备政治表现的文化之间的紧张关系，终究要侵蚀其整个体制。在民族主义时期，国家一方有苏加诺的雄论，在文化和认同方面存在着多样而政治上相互竞争的不同意识形态的诸流派。这二者的紧张关系最终导致1965年暴力事件（9·30事件）的爆发。"

在此，格尔茨以政治（或国家）和文化（或每个人的认同）的不同，对比性地划分出关于印度尼西亚政治和文化的统合方式的荷兰殖民地时期、被他称为"民族主义"的时期——要求独立的民族主义运动时期以及独立以后至1965年"9·30事件"（苏加诺体制崩溃）时期。也就是说，在殖民地时期，殖民政府一方没有把"印度尼西亚文化"加以肯定；而对"原住民"来说，殖民

※　该文是作者《国家过程之中的民族文化——传统文化在印度尼西亚的现实状况》一文的第2部分——译者。

政府当然也就不是他们的政府。这个时期的政治和文化，基本上是以“不掌握文化的政府和不具备政治表现的文化”的形式而分离着。与此相比，在民族主义时期，政治和文化的统合方式是在要求国民国家的民族主义的展开过程中探索。但是，格尔茨认为这个时期国家（政治）方面虽然有了以苏加诺为代表的领导者的雄论，但由于存在着构成印度尼西亚的多样文化和认同方面的过剩的政治表现，最后导致了1965年“9·30事件”的爆发。就是说，在这个时期，要建立与作为理念的“一个国家”相应的“一个文化”，存在着过多的意识形态和文化传统。所以，苏加诺的雄论最终也未能把这个时期过剩的政治和文化的多样性加以控制。

真正意义上的政治和文化的统合，即国民文化被提到议事日程上，是在第三历史阶段，也就是“9·30事件”（苏加诺体制崩溃）以后的1968年成立的苏哈托体制之下。被称为“新秩序”的这个体制，据格尔茨认为，以如下三个“发展”为特征。即：“（1）专家治国论者与军方的微妙关系的发展和作为其结果军方在政府里的得势和政党政治的削弱；（2）进行精神生活（宗教的、文化的生活）在制度上及其内容上的再组合；（3）作为这二者发展的结果，印度尼西亚的宗教、社会、政治在一般关系上的重要变化。”（1972年）

印度尼西亚在国家规模上的政治、社会、文化之统合方式的如此变化，对于居住在印度尼西亚国家边沿的南苏拉威西州内陆山区的托拉查人社会也给予很大影响。在笔者进行主要调查的70年代中期至后期的这段期间，与国家规模的动态相呼应，托拉查人的社会和文化发生了剧烈的变化。

这个变化是围绕着托拉查人社会的双重运动，即由托拉查人社会内部走向外部的趋向和与此相反的由外部走向内部的趋向所引起的。前者为60年代后半期以来变得明显的外出挣钱并走向城市而出现托拉查人移住民社会的趋向，对此笔者在别处已有叙述。后者是印度尼西亚国家及其背后的国际社会渗入托拉查人社会之中的趋向，其具体形式为印度尼西亚政府和国际性旅游业者对托拉查的旅游开发。在此，民族的东西和族体的东西，传统文化的持续和改观，都在国家意向下被置于同一个过程中。下面以更远的眼光，从被笔者称作动态民族志的范畴，也就是比通常的民族志研究更为广泛的角度加以探讨的就是这一点。

2. 托拉查的旅游开发

1969年，以“开发”为口号的苏哈托政权在第一个五年计划里提出了“开发旅游以获取外汇”的方针。那时，作为托拉查人的家园的塔纳托拉查县成了旅游开发的重点地区之一。这个以旅游为开发的路线，在70年代初期，为南苏拉威西州及其塔纳托拉查县的地方政府所积极推进。从州的规模上，1971年召开的“南苏拉威西旅游开发推进会议”把旅游作为该地区经济发展的基本支柱，特别强调了托拉查地区旅游开发的重要性。同年，又向塔纳托拉查县的县议会提出“依靠旅游开发地方”的议案，当时的县知事为此下达指示，以促进居民对地域文化的兴趣。此处所举的“地域文化”，主要是指托拉查人的“传统礼仪”。1973年，在马卡勒召开了由政治家、有识之士以及称为“to minaa”的宗教职能者参加的“关于旅游开发的讨论会”。经过整个70年代的努力，旅游开发计划取得了惊人的成功。这可以由访问该地的外国游客数量的迅速增加——从1978年的58人到1979年的25537人——所证明，而且到70年代末，托拉查就成为仅次于巴厘岛的国际旅游胜地。

托拉查地区的旅游焦点在于如上所述的那样，是“自太古以来，扎根于泛灵论信仰的托拉查人的文化”（印度尼西亚政府旅游局），也就是伴随宰杀大量家畜供祭的传统的或者“未开化的”死者礼仪。从这一点上，把托拉查地区的旅游形式称为“民族旅游”也未尝不可。在印度尼西亚，巴厘岛已经保持了“民族旅游”的悠久传统。托拉查地区旅游开发之所以成功，是因为它比巴厘岛更“未开化”，是它把“真实的”文化提供给旅游对象之故。就是说，在巴厘岛非常注意区别“观光展示”和“真实表演”，仪式中所跳的舞蹈已自成为独立的艺术领域。然而，关于托拉查旅游，某本《旅游手册》是这样写的：“传统的托拉查人在他们的日常生活中，至今还保持着民族志性的重要礼仪。如果幸运的话，我们还能目睹几项。他们在围绕着生与死的祭宴中，表现出繁荣和丰饶的神话性诸观念。”（《社会考察》，1981～1982年）这就是说，托拉查人的文化（礼仪）不是用于观光的展示，而是“真实的文化”。正是这一点，大大满足了在巴厘岛观光展示中未能如愿以偿的游客。这意味着托拉查地区向国际旅游市场提供了比巴厘岛更为“野生的”文化。所以，刚才引用的《旅游手册》中给它以“深奥文化的远猎”这样一个题目。

尽管如此，政府旅游局和旅游代理店的小册子的宣传却认为，托拉查人的礼仪并不代表“太古的”或“未开化的”文化。如上已述：强调传统文化是在非常近代的结构——外出赚钱所引起的经济上、社会上的变化和根据国家的旅游开发——之中出现的。从而，游客们认为是“传统”而“本真的”礼仪予以拍照的东西，实际上也可能是出外赚钱“发财”的基督教徒所进行的仪式。

总之，政府和旅游业从各自立场出发欢迎托拉查人的“文化复旧”，并把它作为开发的目标。由此，民族的东西作为国民文化的重要遗产而被重视，强调传统引发了与开发相连的事态。与此相反，由于国家的推动或是为外来游客的媒介和刺激，托拉查人本身重新估价自己的文化传统，结果引向“传统的”礼仪的“复旧”，造成了“传统的”东西与“近代的”东西俱全的自相矛盾的状况。

3. 旅游开发的背景——文化政治学

旅游开发，不过是一种现象，更为重要的是其背后的动向，也就是由苏哈托政府引发的印度尼西亚政治和文化的再组合问题。可以说，托拉查的旅游开发就是在这种趋向中所出现的政治现象，必须把它理解为针对国家开发、国民文化而创造的“文化政治学”。

苏哈托体制的课题，虽然是把多样的印度尼西亚文化重新组合，统一于国民文化的结构之中，但考虑到该国语言、民族集团的广泛而多样性，国民文化的创立并不是一朝一夕的事情。于是，在当前，国家以“印度尼西亚文化的国民性遗产”来规定如此多样的诸文化，以此方法把多样性的东西吸收到国家之中。展示这一点的里程碑式的工作是，于70年代初期在首都雅加达郊区建立的，以“美丽的印度尼西亚微型公园”（Taman Mini Indonesia Indah）命名的野外博物馆。在那里，多样的印度尼西亚文化的整体展现在为数27个州（propinsi）的每个州上。亦即各州的文化是以其有特征的民族传统房屋为形式的博物馆本身，或者以馆内的展品（物质文化）来表现。所以，在南苏拉威西州的展厅里，与布吉人和望加锡人的传统房屋相并列，建起托拉查人的传统房屋，陈列了托拉查人的特产咖啡和工艺品，并作为产品出售。

这个野外博物馆能够把政府公认的印度尼西亚文化的多样性在首都展览，从旅游开发的路线看，也就是把文化多样性展示于现场。这里，文化不是作为生活方式而存在，而是以经得起外部视线和鉴赏的真实素材来表现。以此看来，印度尼西亚是以“生动的博物馆”而登场；而对那些从国外来的游客来说，他们也正想走遍这个国家，体验“文化远猎”的滋味。这就是所谓的“民族旅游”。从托拉查人的情况看，他们的文化本来所具备的表现性、夸示性的特点，已经妥当地与印度尼西亚政府要推进的文化政策相吻合。由此可见，旅游开发路线作为文化政策是一种“文化的博物馆化”，是政府对国民文化的掌握。文化达到这一步，它就脱离了各种各样的社会温床，而以独立变数开始其自身的运动。

4. 托拉查人的宗教和政治的重新组合

第一个五年计划开始的1969年，托拉查人的传统宗教“Aluk To Dolo”为政府所公认。印度尼西亚采取宗教公认制，宗教部承认伊斯兰教、基督教（天主教及新教）、印度教、佛教、儒教（主要指居住于印度尼西亚的华人宗教）为宗教（agama）。托拉查人的宗教虽然属于东南亚古老宗教传统的系谱，但在这一年，以“巴厘—印度教”的一个分支而得到了政府宗教部的公认。尽管在托拉查人那里不能说没有印度教的影响，但是东南亚宗教的研究者对这种承认的做法，即把精灵崇拜的托拉查人的固有宗教作为受印度教影响很深的巴厘宗教的一个分支感到奇怪。虽然如此，把这个公认联系到国家的旅游开发政策和苏哈托体制下的政治和文化的重新组合问题来看，就可以把它理解为在“新秩序”体制下，托拉查版式的政治和文化的重新组合。尤其是，其背后存在着苏哈托中央政府和托拉查地方政治之间如下的巧妙交易。

印度尼西亚独立后的托拉查地方政治，自1955年第一次总选举以来，50~60年代的整个时期是由本部设在县北部兰特堡的托拉查教会（Gereja Toraja）的基督教领袖人物为中心的基督教政党所领导。在“新秩序”体制下，政治秩序再组合的课题中，地方政治的状况有了很大变化。研究托拉查人社会史的比加尔克指出：“苏哈托政府的成立，削弱了原来在托拉查地区具有强大势力的基督教政党——尤其是新教系统的‘印度尼西亚基督教党’。这是新的中央政府与托拉查地区的老派人物相联合而达到的，而老派人物在政治战略上，推进了集托拉查传统主义意识形态之大成的固有宗教为政府所公认。也就是说，他们为了加强自己的地位，防止基督教和伊斯兰教向托拉查人固有传统的渗入，防止他们的追随者流入从伊斯兰教徒到‘无神论者’或‘共产主义者’而希望得到公认。”

这里为比加尔克称作“老派人物”的是，县南部以马卡勒为中心掌握传统“专制的”政治组织的地方王族出身的传统统治者。他们同县北部以兰特堡为中心的基督教人物之间存在着传统的对立。苏哈托政府为了在托拉查地区培植自己与党的专业集团，以利用这个地方性对立来削弱政敌基督教党。另一方面，“老派人物”为恢复自己的权威，利用了与基督教对立的传统宗教。政府公认托拉查的传统宗教，是为了求得其相应的东西，也适合于前述之旅游开发计划。

在中央和地方、政治和文化的如此复杂的纠缠中，其结果是在1972年第二次总选举中，与传统主义结合的专业集团取得了很大胜利，这个专业集团的领导权，在笔者实地调查时举行的第三次总选举（1977年）中，更为强化。在这种背景下，基督教政治由前沿阵地退下与传统主义的复权这一事实，在很大程度上规定了70年代的托拉查文化的形式。并且，这种明显的形式作为强调与旅游开发相连的“传统礼仪”而表现出来。

5. 旅游开发的影响

由于在托拉查地区引入旅游路线还只是十几年的光景，所以，用肯定的语言评价旅游开发对于托拉查人社会和文化的影响还为时过早。但是，旅游产生一些影响是事实，而从中探讨某些问题也是可能的。

托拉查地区的一般人大都积极地接受了旅游开发。其理由：第一，对旅游对象来说，礼仪不再是秘密。从他们传统宗教的伦理看，集结很多游客的祭宴是“热闹”的、可喜而体面的事。特别是他们对于死的祭宴，从实质上说是祭宴主持者实力的显示，而对吊唁者来说本带有“参观”的因素。第二，托拉查人的礼仪并不是由于旅游开发而突然出现在近代世界的舞台上，从20世纪初，尤其是在具有基督教化形式的近代化历史上就已存在，他们的文化成为对近代脉络的一种抵抗力。可以说，“文化远猎”在殖民地时代就已开始，而礼仪的旅游化只是其新的展开而已。

然而，与推进旅游开发的同时，根据游客的好恶，传统礼仪的过程也被改变，甚至出现以备观光用的礼仪歌舞的表演来替代的状况。用作观光展示并不一定是坏，但是在丧仪中进行的伴随礼仪歌而舞蹈，以“表演会”形式向游客披露总是有点奇怪。与巴厘岛不同，托拉查人的礼仪是其自身生活的一部分，作为独立部门的艺能很难说十分成熟。尤其是，有人认为以旅游为开发的目的并没有像当初所设想的那样带来经济上的成果。也就是说，在托拉查地区试验民族旅游的人们，并不会给这个地方大把扔钱，旅游产业（宾馆、特产商店）也只能使部分人受惠，它对该县居民整个经济的发展贡献很小。

虽然，存在类似否定的评价，但旅游开发促进了托拉查人对传统文化的重新估价。这是不可否认的事实。在这一点上，目前可同从巴厘岛旅游研究中得出“旅游开发对保存传统文化有益”的菲利普·麦基恩的观点相符。

（中国社会科学院民族研究所主办：《民族译丛》1990年第3期，第17~21页。原载日本《国立民族学博物馆研究报告》，1988年，第13卷第1号）

非洲的民族过程

［苏］P·H·伊斯马吉洛娃　高公尚　译

民族过程，用以区别各种民族共同体的基本特征（语言、文化、自我意识等）的变化，可以分为包含有同化、聚合和一体化的民族联合过程与民族分解过程。非洲的民族过程不仅包含各种类型，而且反映出聚合、一体化和同化过程的不同阶段。当代非洲还为人们提供了民族共同体的各种形态——从保持着氏族制残余的采猎者小型游动群体，到过渡型的各种族体；从各种民族语言及民族政治共同体，到庞大的部族和人口数百万的现代民族。

各种民族文化成分在漫长的岁月里，经过复杂的迁徙过程、相互作用及影响，方形成今天非洲各族的态势。非洲民族历史的一个重要阶段首先是由于撒哈拉地区的沙化，自公元前3世纪起该地区居民的迁徙，尼格罗人部落逐渐向大陆南部扩散。属于不同种族和语言，处于不同聚合和同化阶段的各族体，历经数百年的迁徙过程，在西非形成了混合型居民。另一个重要阶段便是自纪元初开始的班图各族自西向东的迁徙。在东非，他们排挤库希特人北上并部分同化了后者；与此同时，他们排挤布须曼人和霍屯督人向非洲西南部移迁。所到之处，操班图语言的各部落与当地最初族体的长期交往和混合，便形成了今天这些地区各民族。公元7～11世纪，阿拉伯人迁入北非，后扩散至中苏丹和东苏丹，乃至东非沿海地区及印度洋诸岛。古代及中世纪非洲许多国家的形成，诸如加纳、马里、桑海、刚果、库巴等，对非洲民族历史产生了深刻影响。在这些国家范围内，出现了氏族部落的联合并逐渐聚合为部族。然而，这种自然的民族过程被波及广大地区的奴隶贸易所中断。殖民主义阶段对非洲民族文化的发展产生了巨大影响。殖民地的依附性、殖民主义者推行的旨在保留殖民地社会、经济的落后性、各族的分散不合、维持过时的氏族部落制的反动政治以及殖民地疆界对统一族体的分割——这一切均有助于族体的封闭与分散，阻碍了各族体相互结合的过程。但是，民族联合过程在殖民时期还是有所发展。在各种国家，形成了民族聚合中心，出现了族际一体化的过程。在反殖民主义斗争中，民族自我意识得到巩固和发展。非洲国家争得政治独立后，各族的民族文化发展进入一个新时期。在新的历史条件下，更大的民族共同体的形成过程在迅速发展，该过程同时波及民族社会结构的各种层次及形态——从大的和小的家庭到整个部族。大多数民族社会共同体已经跨越“部落”发展阶段。到处进行着部族形成过程，出现了不同层次民族共同体的混合和演变，地域联系取代了氏族部落联系，社会内聚力在加强。

独立致使许多地区宗法封建封闭状态得以瓦解，独立加强了经济联系，推广了共同文化形态与共同文学语言（例如东非的斯瓦希里语，西非的豪萨语等）。现代民族的形成过程不仅出现在北非和非洲南端（如阿非利坎族），也出现在热带非洲不少国家（例如尼日利亚的约鲁巴族、豪萨族和伊博族，扎伊尔的刚果族等）。毫无疑义，这个过程是业已存在的部族的相互聚合。就国家范围内的现代民族形成而言，考虑到民族社会发展的目前阶段，只能讲存在着这种趋势。

由于热带非洲国家中民族共同体的多样性、未成熟性及未定型性，加之族体界限的变迁，大量过渡型族体的存在，往往很难使人们对非洲各族发展水平作可定性的描述。

当今非洲，民族聚合过程在迅速发展——在同族源的基础上，更大的民族共同体在形成，或者讲，随着社会经济和文化的发展，已形成的族体在进一步聚合和扩大。这一过程出现在肯尼亚的卢赫亚族和基库尤族中，加纳的阿肯各族中，尼日利亚的伊博族、约鲁巴族、努佩族、伊比比奥族中等。例如，以基库尤族为中心，分布于肯尼亚山南麓和东麓的语言和文化相近的族体（埃姆布族、姆贝雷族、恩迪亚族、基丘古族、梅鲁族）正在聚合。就语言而言，埃姆布族、基丘古族、姆贝雷族和恩迪亚族更接近基库尤族，他们仍保留部落语言和族称；在居民登记中，基库尤族、埃姆布族和梅鲁族仍分别入册。

不同民族的聚合过程其水平各不相同。尼日利亚的伊博族分布相对集中，且具有物质与精神文化的共同特征，但仍保留着部落界限的痕迹及方言，存在着文化方面的地区差异。按 1952 ~ 1953 年的登记，所有伊博人均认为自己属同一民族。但在 1966 ~ 1970 年的尼日利亚危机时期[①] 及随后的年代里，则出现了民族分支要求独立的倾向。民族分支同样存在于约鲁巴族之中，例如伊杰沙人、奥约人、伊菲人、埃格巴人、埃格巴多人、昂多人等。但是，某些分支的独立倾向无法逆转伊博族与约鲁巴族的聚合过程。

在许多国家，随着族体聚合过程的发展，出现了族际一体化过程，不同族体相互更加接近，出现了共同的文化特征。这一切发生于语言各异、社会经济与文化发展水平不同的各族相互作用的过程之中。这些过程的进一步发展，有可能在一个国家范围内出现不同民族全面一体化的现象。

整个非洲，一体化过程正在进行。在某些国家，不仅在全国范围内，也在个别部族中同时发生这种过程。社会经济的改革、

① 此处指 1966 年 1 月 15 日，伊博族军官发动政变，推翻亲英的巴勒瓦政权，成立伊龙西政权。同年 7 月，北方豪萨族军官发动政变，推出北方人戈翁掌握全国政权。1967 年 6 月，以东区军事长官奥朱古为首的伊博族统治集团宣布独立，成立“比夫拉共和国”。同年 7 月，戈翁为首的联邦军政府向“比夫拉”发动军事进攻，至 1970 年 1 月 5 日打败“比夫拉”，延续数年的内战结束——译者。

统一国内市场的形成、在国家范围内由众多民族文化形成的共同民族文化的产生，都有助于逐渐形成尼日利亚、刚果、几内亚等共同体意识（сознание общиости）。非洲人称呼自己往往不用传统的族称，而乐于用国家称呼，诸如尼日利亚人、刚果人、几内亚人等。

在单个部族水平上的一体化可以豪萨族的民族过程为例。以构成北尼日利亚大部分居民的豪萨族为中心，不仅与其近缘的族体在聚合，而且出现了该族对尼日利亚中部地区众多小部落的同化现象，即豪萨语及文化日益扩散。通过这些不同的民族成分，正在形成新的现代豪萨民族。她的成分包括豪萨族本身、安加斯族、安奎族、苏拉族、巴德族、博列瓦族、卡雷卡雷族、坦加列族、布拉族、万达拉族、马萨族、穆斯古族、穆比族等。这些成分的大部分仍保持着自己的族称，基本上均操豪萨语，部分人操双语——豪萨语和本族语言。这些族体的大多数都曾是昔日豪萨城邦国家[①] 的居民，很早以前便与豪萨人具有经济与文化联系，这也是一体化过程的原因。在一些情况下，一体化过程将导致在一个国家的疆界内形成统一的民族共同体。在另一种情况下，由于民族多元主义的存在以及族际关系的复杂化，将导致形成若干个一体化中心及其相应的民族社会共同体。由于一体化过程的发生，在当今非洲国家中，正在形成跨族际新的民族政治共同体。

凡社会经济发展程度相差颇大，起源、语言和文化各不相同的族体毗邻而居的地方，则发生着同化过程。例如肯尼亚的基库尤族及被其同化的恩多罗博人、尼罗特卢奥人、班图基西伊人和

---

① 纪元初几个世纪，今尼日利亚北部出现了所谓“豪萨七大家族”。以它们为中心于13～16世纪，形成了早期封建制豪萨城邦国家：卡诺、卡齐纳、扎利里、古比尔等。17世纪又形成分布在今尼日利亚北部和尼日尔南部的强大国家扎姆法拉。18世纪由于争夺撒哈拉贸易控制权而相互攻击，力量渐弱。19世纪富拉尼人远征至该地区，遂将它们一一征服——译者。

苏巴人；卢旺达的尼亚卢旺达族及俾格米特瓦人；博茨瓦纳的茨瓦纳族及布须曼人。此外，在多哥，小的民族共同体——阿凯布人、阿克波索人和阿德列人正被埃维族所吸收。在几内亚，在语言文化方面与基西族相近的族体——巴加人、姆马尼人、兰杜马人正与基西族相结合。与此同时，不少巴加人和兰杜马人讲苏苏语，正部分地被苏苏化。在苏丹，阿拉伯人正在同化努比亚人和贝扎人等。在尼日利亚中部的阿匡加地区，众多族体正受到邻近伊博族和伊比比奥族的巨大影响。

在非洲一系列地区，与联合过程并行，存在着民族分解过程，而且在过去某个历史时期，后者更为明显。众所周知，在非洲历史上，阿拉伯部落曾广泛迁徙扩散，从而导致不同族体的形成。非洲中部，在古代出现过历时数世纪之久的班图人的复杂迁徙过程，并形成一系列班图族体。还有，中世纪卢奥人自尼罗河上游向南迁移，深入东非大湖地区，同时分解形成不同族体。与此相仿，19 世纪初，南非境内的部分祖鲁人，即恩古尼人，向北移迁，沿途形成不同族体。在肯尼亚，吉休族发生分解，形成马萨巴和布库苏两个族体。

在非洲，民族过程的性质及其速度受到若干历史的、社会经济的和政治因素的制约，其中包括社会经济的落后性，经济的多成分性，许多国家受外部势力的左右，社会问题成堆，民族问题尖锐，殖民主义遗留下来的民族地域纠纷等。

迄今，非洲许多民族的传统社会结构保持着复杂的等级制度，为此，同一群人便同时成为不同发展层次民族共同体的组成部分。例如人口数百万的民族语言共同体阿肯人，在加纳的中部和南部及毗邻的科特迪瓦形成一系列族体。语言的相近使所有阿肯人在广大地区相互接近，形成一个民族文化共同体；与此同时，又使几个大的民族社会分支——阿散蒂人、芳蒂人、阿基姆人等自成一族体。随着加纳社会经济的改革，阿肯人逐渐形成几个部族。这种民族过程与此同时则波及整个加纳，从而出现了形成更大民族政治共同体的趋势。

当今非洲的民族过程不仅复杂，且充满矛盾。一方面，自我意识在加强，部落差别在消失，更大的民族社会和民族政治共同体在形成，部落利益让位于整个国家利益；另一方面，每个族体的意识亦在增强，要求提高其在国家政治生活中的地位，部落分裂主义在发展。

经济和文化的进步过程，城市化和居民的迁移，均导致民族的相互接近。非洲城市已变成民族聚合和一体化过程的中心，因为在那里工人阶级在成长，资产阶级与知识分子层在壮大。在城市里，不同民族的文化价值观在交流，语言和方言在接近，从而逐步形成文学语言。这一切为部落特征的消失，即非部落化过程创造了条件。

在城市里，新的族际关系在建立，尽管这并非意味着每个居民一下就断绝与本族体的联系。在城市里，存在不少族体组织和同乡会，这就证明村社部落联系尚继续存在。

大量劳动力拥入城市，不同族体的人们集中同一企业之中，导致传统部落结构的瓦解，加速了民族过程的进行。一般而言，人数少的族体能迅速适应异族环境，并完全被同化；人数众多的移民则宁愿聚居一处，并在一定程度上保留自己的民族特点——生活方式以及自己社会组织固有的特殊性。在某些情况下，移民与当地人的关系并不和谐，存在着发生冲突的危险。殖民地时期许多城市和大村落就已存在的居民分布状态有助于民族本位主义的存在，因为人们往往按族体聚居一起，住区分布则具民族性。在加纳的城市里，外来者的住区专称“宗戈”；在尼日利亚北部，则称“萨本加里”（豪萨语意为“新城市”）。这种居住状态不仅不能导致非部落化，反而更增强了各自的民族自我意识。

在昔日殖民地疆界内形成今日的非洲国家，昔日政治疆界与民族疆界不符而产生的种种问题，今日的非洲国家无法回避。一些大族，如埃维族、刚果族等，同时分布在不同的国家之中。任何一个大族的统一民族地域被政治疆界所分割以及这种分割的长期存在，势必导致该族各分割部分之间产生各种重大差异。在这种情况下，有关国家的社会经济及政治环境十分重要，因为这会影响民族过程的进行。在一些情况下，国家政治将促使一体化过程，使不同的民族成分融合而形成统一的共同体；而在另一种情况下，则形成若干个民族共同体。举例而言，在多哥，由于一体化过程条件较好，埃维族可能加入统一的多哥民族共同体的形成过程之中；而在加纳，埃维族则可能作为单一民族而存在下去。

在多成分经济的条件下，民族共同体，其中包括部族和正在形成中的现代民族的社会结构，绝对不可能单一。来自民族部落社会的许多陈旧制度和结构，诸如等级制、家庭奴隶制、对某些职业的鄙视、民族偏见、部落伦理观、传统统治制度的巨大作用、族体的封闭性等等，都将为民族一体化过程的速度和水平打上烙印。

具体的历史条件决定了民族发展的不同类型。在北非各国，由于民族成分相对单一，已形成若干个人口众多的操阿拉伯语的民族——阿尔及利亚人、埃及人、摩洛哥人等。在大多数非洲国家，民族发展的方向则是较大的民族共同体在巩固，一体化过程在加强。形成统一的民族政治共同体的例子是坦桑尼亚。在这个国家，以宣布为国语的斯瓦希里语为纽带，100 多个不同族体正在形成为一个统一的共同体，而这个共同体可能演化为坦桑尼亚民族。

在南非，土著非洲各族的民族过程由于南非统治者的反动种族主义政治而变形。班图各族中，形成更大民族共同体（部族和现代民族）的过程在加强。班图斯坦的建立以及南非当局推行的保持传统氏族部落制度的政策，显然对民族聚合过程产生了不良影响。

民族过程与语言过程的关系最为密切。社会的进步，其中包括对传统社会制度的改革，促使经济和政治统一的措施，不仅导致民族分歧因素的减弱和更大民族政治共同体的形成，而且促进了语言过程的进行。一方面，双语和多语现象在推广；另一方面，大共同体的语言在吸收小族体的语言。非洲国家中经济、社会和政治改革导致族际交际语言的更加推广，例如斯瓦希里语、肯格瓦纳语、林加拉语、桑戈语、沃洛夫语等。英语和法语在族际交往中也发挥着不容忽视的作用。

非洲国家的社会经济与政治改革加速了民族过程的进行。民族发展的基本趋势是每个民族共同体的聚合过程，其中某些族体演变为部族和现代民族以及国家范围内的族际一体化。在联合不同族体形成更大共同体的过程中，国家的作用尤为明显。凡选择社会经济沿进步之路发展的国家，采取有助于各族接近，在国家范围内形成统一民族政治共同体的政策，无疑，为非洲新民族的产生创造了前提。而这种新民族，从长远而言，其基础具有革命的、民主的和社会主义的性质。

（中国社会科学院民族研究所主办：《民族译丛》1990年第5期，第1～4页。原载苏联《非洲百科全书》新版，莫斯科，1987年）

走向毛利人未来的新道路

罗伯特·麦克唐纳　文佩琳　译

新西兰毛利人的文化目前正在发生恢复其固有特点与力量的异常深刻的变化。尽管少数帕基哈（Pakeha，即白种人）对之感到震惊，但它却使许多人对未来感到乐观。胆子较小的白人每逢听到激进的活动分子在市内叫嚷“毛利人要主权”时，甚至会想像到被赶下大海的情景。在此文化复兴的过程中，毫无疑问，会出现火药味和激烈的言词。不过，由于毛利人在总人口中所占的比例不到 10%（如包括太平洋岛上的波利尼西亚人在内则为 12%），估计白人暂时还不至于被仓促赶上船。

毛利人的马拉伊（Marae）是传统的开展音乐、舞蹈、雕刻、演说及其他集体活动的场所及中心。一百多年前，英国人在新西兰推行西方的农业经济制度，全国就以小农个体经济为主，产品只有黄油、肉类和羊毛等。毛利农民本来具有部落公有的传统，由于出现多种所有制而使土地问题变得复杂化，加之缺乏资金和西方技术，处境十分不利。所以目前在城乡各地同时兴建的马拉伊，就是毛利文化正在复兴的可靠根据。

近几年来，毛利领导人想出了一些办法来使西方制度适合于自己的利益，而住在新西兰东海岸和奥克兰南部怀卡托省的毛利人也自动组织起来，形成集体型的生产小组，在早年租给白人农民的土地上进行耕种。农业生产上的园艺化和深耕细作的方法，目前在新西兰日趋流行，这也符合毛利人部落公有的传统。人们深切地希望能够再度回到源于毛利坦加（Maoritanga）的生活方式中去，也就是说毛利人应当按照毛利人的方式去行事。

过去的20年中，大量农村人口流入市区。1945年，在一些主要城镇，毛利人口只占15%，如今已上升到50%。所以毛利人在城市所面临的一个主要问题，就是如何适应这种新环境。毛利人口从20世纪初的微小数字迅速增长，这就形成了一个十分突出的新兴社会，其失业率之高，大大超过白人居民，这其中也兼有民族特征等问题。许多在城市居住的青年人既远离本族故土，又失去了和卡乌马图亚（Kaumatua，即长老）的联系，而长老被看作是一种稳定社会的力量。新西兰的教育制度原想把他们教化为“棕色皮肤的白人”，但这一目的未能达到，所以他们之中有许多人如今处于中间状态，浮游于两种文化之间。

正因为如此，70年代就出现了以“海尔安琪儿”[①]（Hell’s Angels）为其组织名称的毛利人帮伙。白人和年纪大些的毛利人都为之感到十分担忧。1979年，惠灵顿《共和国》报的专栏作家抱怨说，守法居民由于他们的出现而受到威胁，由于看到反映他们破坏社会秩序的野蛮行为的报道而深感气愤。他们的野蛮行为是那样的厚颜无耻，他们戴着法西斯袖章招摇过市又是那样丑态百出。他们还奉行种种野蛮的陋俗。这一切无疑是为了冲击新西兰人所普遍遵守的中产阶级道德标准。他们的所作所为的确极其高明，而种族容忍的这层薄薄的外衣也同时被他们撕毁无遗了。

该专论的作者里弗斯敏锐地觉察到：出现上述帮伙现象，其严重意义还不止愤怒的白人所耳闻目睹的那一点而已。他已看到，在毛利人当中正在出现一场政治觉醒，而青年活动分子就处于这个政治运动的前列。他们在某种程度上，也和那些帮伙一样，怀有相同的愤懑情绪。他们声称：“由于新西兰社会受欧洲社会制度及其价值观念的支配，毛利人遂遭到歧视和排斥。”他

① 意为“地狱之天使”——译者。

接着说："毛利民族主义分子希望看到社会能有一个深刻的变革，他们是具有高度组织能力的先锋，而帮伙的表演正是他们所流露的这种不满的丑恶反应。"

里弗斯写这篇文章的时候，好斗的帮伙正把侵犯的矛盾指向白人，新西兰确实存在着出现种族暴乱的恐惧。两年之后，果然出现了非人们意料所及的事态发展。1981年，斯普灵伯克橄榄球队在新西兰进行的巡回比赛所引起的一场骚动，造成了国家的分裂。

在一些城市、村镇发生了前所未有的骚乱。受过训练的青年人成群结队，头戴护盔，手持木盾，和警察与橄榄球迷形成的队伍混战在一起。白人中产阶级，因为对种族隔离的偏见极其不满，所以也和毛利活动分子及帮伙成员一起参加战斗，足见这次分裂的骚乱并非以种族为分界线。身穿红色制服的警察穷凶极恶，他们挥舞警棍，不分肤色，见人就打。

这些暴乱震撼了长期以来似乎是处于自我陶醉状态的白人社会。过去认为一切都是理所当然的新西兰的白人生活，已被猛烈的贸易风所动摇，被英国加入欧洲经济共同体以及随后为争取建立新贸易关系所作的斗争所动摇。由橄榄球队巡回比赛而引起的内部冲突促使很多人彻底放弃过去的想法并产生了内疚的心情。

这种形势对一贯要求进行根本变革的毛利人来说是令人鼓舞的，它在鼓励那些在沉默无言的文化中生活成长的毛利人，开天辟地第一次站起来维护自己的权利。年长的毛利人和年轻人一起对新西兰生活所强调的单一文化进行分析。他们想搞清楚为什么教育制度使毛利人学无成效，为什么他们在就业问题上屡遭挫折。

据1978年估计，由于不合格而被迫退学的毛利小学生，占其总数的67%以上，相比之下，白人儿童只占28.5%。失学之后，能找到工作，且多数为非技术性工作的少年儿童只占半数。

怀卡托大学的毛利人研究中心，于1981年对某毛利社区进行考察之后,提出报告说:新西兰教育制度系按白人的价值标准及其需要建立的。“该制度可能适合于保存西方文化传统,但却不能满足具有不同文化标准的少数民族的需要。”报告提出:这种制度使毛利人蒙受失败的耻辱,故只能作为消极力量而起作用。

在局外人看来,此种教育制度长久以来竟置毛利人的风俗习惯、语言、历史于不顾,确属咄咄怪事。这一手段,也在消灭毛利文化上起着推波助澜的作用。直到最近,电视和广播才开始播放毛利人的新闻,但报纸对毛利人自己的看法,仍未给予起码的注意。

今天的形势已很清楚,毛利人甘愿挺身维护本民族的毛利坦加(行为方式)并同那些想要把他们封闭在无声无息的文化之中的人进行抗争。这不禁使人想起20世纪初期的爱尔兰、苏格兰或威尔士的情况,那时他们由于重新发现他们凯尔特族祖先的力量和影响,从而使得本民族的个性特征再次得到发扬。

今年早些时候,新西兰各地的毛利人都参加了向地处岛湾的怀坦吉地方的希科伊(Hikoi,意即“和平进军”)。这就是他们为维护本民族利益所表现出的新精神的证明。1840年就在怀坦吉,毛利酋长和英国王室之间签订了一项授予英王以管辖新西兰之主权的历史性条约。而作为条约的交换条件,英国答应给毛利人以英王子民所享受的一切权利和特权,并保证毛利人对其土地森林及渔业的所有权不受任何干扰。

希科伊一开始,进军者都聚集在怀卡托地区的恩加卢阿瓦西亚。这里原是毛利王于19世纪建立的活动根据地,其目的在于防止毛利人的土地被转让他人。恩加卢阿瓦西亚是泰努伊人(Tainui)的政治、文化及宗教活动的中心,是使用独木舟的部落联盟。他们分布的地域十分广阔,从奥克兰以南到塔拉纳基省的边界,都是他们生活的地区。泰努伊在毛利这个集合体(Maoridom)里原是一股强有力的保守势力,而他们之决意与其他部落及城市激进团体一道参加向怀坦吉的进军正是毛利政治上的新发展趋势。

这次不同寻常的冒险行动之目的在于呼吁政府尊重既定条约。在毛利集合体中，认为白人从不信守合同义务的看法相当普遍。19世纪中叶毛英土地战争中，一支英国军队侵入泰努伊人的领土，抢占了整个肥沃的怀卡托河谷，在那里建立白人的拓居地，所以泰努伊人对此也更是坚信不移。土地战争之后，500万公顷的毛利土地被没收，从此便埋下了仇恨的种子。后来，毛利人在怀卡托又收复了一些小块土地，其中有些现在成了人们心目中所向往的具有公社发展形态的中心地区。这些事业的动力来自罗伯特鲁·马胡塔（Robert Mahuta），他是毛利王后的义兄，也是一位强有力的泰努伊领导人。

马胡塔是向怀坦吉进军的幕后决策人物。他认为他的同胞都是“在一切都用白人标准来衡量的社会中受富裕白人包围的落后少数民族”。他有引导本族人民摆脱这种处境的雄心壮志。他强调说，《怀坦吉条约》未能向签约一方提供其所承诺的文化及经济的安全保障，并认为政府现在只要提供发展毛利经济的充分物质资源，就能实现其全部诺言。

在马胡塔看来，希科伊象征着新西兰毛利人与白人关系的分水岭，因为如果白人不理解毛利人民的痛苦，不采取相应的行动，那么就不可能进一步幻想在新西兰会出现团结的局面。

在许多其他毛利领导人看来，该条约业已成为政治动乱的焦点。它在新西兰从未产生过法律上的约束力，而现行法律制度又使各部落无法像加拿大和美国的印第安人那样，要求政府对其过去所受的不公正待遇赔偿损失。毛利人对这一问题的焦虑不安，遂促使工党政府于1975年建立怀坦吉法庭，这一司法机构可以对违反条约的现行立法进行审查。它无权追溯既往，只有权向政府提出建议。因此遭到不少评论家的指责，认为它无能，不能胜任。可是，去年该法庭公布了一项产生深远政治影响而又引人注目的判决，这又使评论家为之感到困惑不已。

人们要求法庭对梯·阿提阿瓦（Te Atiawa）地方的塔拉纳基族一个名叫阿伊拉·泰勒的人所提出的控告进行裁决。泰勒是他的家乡怀塔拉冷冻厂雇用的一名屠宰工人，他认为塔拉纳基的新建工厂会污染沿海的礁石，而礁石对他的部落来说，历来是获取海味的来源，也是部落法律与宗教的信仰中心。

法庭在怀塔拉的马努科利希·帕聚会所里开庭，泰勒呼吁本族长老为大家讲述有关礁石的历史和传说。其证人当中有的甚至已达99岁高龄。泰勒的对手是本地最有权势的人，因为他指控的新建工厂是一个规模庞大的合成燃料厂，作为新西兰国民政府"大步前进"政策的核心项目正在塔拉纳基进行修建。

"大步前进"是加速发展工业的一项计划，目的在于使新西兰在能源上大体做到自给自足。这项合成燃料工程是以政治信誉作为担保的。工厂坐落在怀塔拉附近，废水可以毫不费力地通过一个特别修建的排水装置从那里抽送到大海里去。

法庭审判以优美生动的语言总结了部落传说和法律上的复杂规定，它当即做出有利于梯·阿提阿瓦的裁决。法庭明确地说："按计划开辟的出水口，对未经污染的海味采集场的确是个威胁，从而违反了《怀坦吉条约》的规定。"判决书还进一步陈述：该条约是一个旨在为新西兰未来的成长和发展指引方向的蓝图。它"承认毛利人的存在，承认土地以前曾为他们所占有，并承认毛利人将继续存在并受到尊重这一意图。"法庭又说："它（条约）使我们组成一个国家。但也承认我们是两个民族。它建立这个政权的目的是要为两种文化而不是为一种文化服务。"

当时的总理罗伯特·马尔登最初的反应是对此裁决不予理睬，但因公众对他满不在乎的反应，抗议呼声甚高，才迫使他让步，向国会提出有关立法，制止使用出水口。今后，在新西兰要想无视毛利人的意见是难以办到的。对梯·阿提阿瓦人来说，他们对这次胜利感到特别满意，因为19世纪土地战争的第一枪，就是在怀塔拉这个地方打响的。

（中国社会科学院民族研究所主办：《民族译丛》1986年第2期，第71~74页。摘译自英国《地理杂志》1984年第9期）

博茨瓦纳的桑人

[英] E·维利　戈弓　译

桑人一般也称布须曼人，是当今世界上仅存的 28 个狩猎采集社会体之一，而且是最大的一个。桑人过去人口众多，曾是南部非洲的唯一居民，今天则聚居半干旱的卡拉哈里荒漠之中。从地理上讲，卡拉哈里沙漠的三分之二位于博茨瓦纳共和国境内。这里桑人有 6 万人，占全国人口的 6%。另有 2.1 万生活在毗邻的纳米比亚，有 6000 人生活在安哥拉南部。

卡拉哈里的干旱与荒芜保护了桑人，使其在班图人每次南迁南非的浪潮中不被对方同化，也使在欧洲移民于 1652 ~ 1880 年入侵和扩张之中未被灭绝。卡拉哈里桑人仍未能与其他民族完全脱离，班图茨瓦纳人由于在南部的纠纷而西迁，于 1720 ~ 1880 年间定居在卡拉哈里边沿地区。

拥有牛群的茨瓦纳人与卡拉哈里桑人初期的关系虽然存在着剥削，但基本上是和平的。茨瓦纳人利用桑人狩猎卡拉哈里的野兽，获得昂贵的象牙、毛皮和鸵鸟羽毛。随着茨瓦纳人的增强和扩散，桑人的生活来源日渐减少，水源也慢慢枯竭，猎物越来越少，一些重要的野生食物濒于断绝，畜牧破坏了卡拉哈里的生态环境。许多桑人社会的狩猎和采集地区让位于茨瓦纳人的村落或放牧场，受影响的桑人被迫或乐于在茨瓦纳牧主家里以放牧为生。整个桑人社会体被肢解，一些家庭为茨瓦纳人酋长所“占有”，一些地区桑人的子女被出卖。近来，在茨瓦纳人和平的和不断的占领之中，流动的分散的桑人被掠走土地，被一一征服。在茨瓦纳人看来，桑人是可利用的原始狩猎者，他们只配做先进社会中的牧奴。

1885年，整个地区变为英国保护国（贝专纳兰），英国政府从法律上未将桑人列入所划的各种部落领地内。殖民当局甚至将西部与桑人攸关的地区卖掉（指杭济区，1898～1959）。正是在这个杭济地区中，桑人群体仍在沙漠边沿漂泊，保留着单一的狩猎采集生活方式，数百年来在不毛之地卡拉哈里之中生存下来。20世纪，随着水利技术的引进，这个地区的不少荒原被开拓为牧场，桑人便被排挤得无立足之地了。60年代，只有1万桑人，即所有桑人的三分之一能以狩猎和采集为主要生活来源。其余的不同程度依附于茨瓦纳人牧主，或做牧人，或做季节工，或做农奴和向茨瓦纳人乞讨为生。桑人社会日趋贫困、无人过问、支离破碎和道德颓败。这些有依附关系的桑人中的大多数为了在不毛之地生存下来，还得尽一切可能去狩猎和采集。

1960年，博茨瓦纳摆脱英国殖民统治而独立，种族上完全不同的桑人在新的国家中与其他班图各族完全平等。但是这不能立即改变桑人的地位，直到今天，在农村中，桑人仍是最贫穷和最受剥削的，尽管1974年政府实行了“布须曼人发展计划”，要求扶助桑人“自立和与广大社会融合”。在这个计划中，桑人最关心的土地、水源和狩猎权利在某种程度上得到解决，基本保健、教育和其他措施在牧区和偏远地区均有实行。在桑人传统地区也兴建了某些水利设施，鼓励桑人狩猎活动，使其自立。

但是，计划未受到社会普遍重视，或者说未得到应有的政治支持。茨瓦纳人长期以来视桑人为原始群体，认为只有桑人定居下来才会变成“文明的”农耕者。狩猎和采集一直不被人们认为是对土地的一种利用方式，认为桑人不懂农事，不识畜牧，所以不需要什么土地。桑人在其他部落地区应享有什么权利一直无人过问，独立以后的土地法（1968年）和各种政策（1971、1973、1975）都未能解决这个问题。尽管博茨瓦纳一再宣布实行民族社会的正义原则，但是，土地奇缺，已引起桑人的强烈不满，先进的牧牛茨瓦纳人如何对待桑人已成为亟待解决的问题。

法律上实行农业劳动最低工资制同样引起桑人的强烈不满，因为这种法令事实上是在桑人和大牧主之间确立一种传统的封建关系。1967~1971 年通过的限制狩猎法令更束缚着桑人的发展，尽管采取了某些调整措施，但无关大局。博茨瓦纳宣布自己是一个无种族问题的国家，十分留心接近实行“分别发展”政策的南非共和国。政府却无意采取各族平等的政策，近期历史证明，全国只推行一种生活方式，无异于茨瓦纳化。桑人的子女无法学自己的语言，使桑人完全同化于茨瓦纳社会。1978 年通过的“布须曼人发展计划”，宣称致力于偏远的地区，实际上只采取政治宣传，极少实行福利措施，事实上是个流产的计划。

桑人的前景是暗淡的。他们居住异常分散，无文化，不被当作真正公民看待，又缺少自己的领袖人物，社会内聚力极弱，无法在政治上形成一股势力，在国家和地区行政部门无自己的代表。政府反复宣称，对待少数族体应是同伴关系，也希望桑人社会进步，但又无意改变目前的制度，这种制度是沿袭下来的不平等的等级制。不对博茨瓦纳社会进行根本变革，桑人就只能处于社会的最底层。

（中国社会科学院民族研究所主办：《民族译丛》1986 年第 1 期，第 68~69 页。译自《八十年代世界少数民族》一书，1982 年伦敦版）

消逝中的最后家园

J·特里恩　P·扬哈斯本　肖为　译

桑人，或称布须曼人，居住在南部非洲卡拉哈里沙漠中。他们是已知的部族中最古老的一支。千百年来，他们始终沿袭着游猎的生活方式。他们追捕野生动物，徒手挖掘地下水源，并且发展了具有11种方言的民族语言。这些方言由于其中的啧啧音、哇哇音以及嘎嘎音极为复杂，语言学家们不得不用惊叹号、斜线号、垂直号等标记去拼读桑语词汇。目前，桑人被迫聚居在纳米比亚东北部一块仅有2300平方英里的区域内，而那里实际上只有三分之一的地方适于生存。然而他们连这样一块小得可怜的地方也难保住，因为南非当局正准备把这一带辟为自然保护区，用以招徕游客。

如果上述计划得以实施，将有大约2200名祖—特瓦西人(Zu—Twasi，他们是桑人部族中颇具特色的一支）被迫改为从事月薪不足2.5美元的工作，或到南非军队当兵，或迁徙到不毛之地的沙漠及干旱的灌木林中去。只有少数人得以作为向导和捕猎者留居此地，以带领游客们观赏大象、长颈鹿、非洲狮、旋角大羚羊、南非大羚羊及南非小羚羊等盛产于本地的各种动物。那时，当局将要求他们身着桑人传统的兽皮服饰和腰布。弗蒙特大学的人类学家罗伯特·戈登指出："他们将在这里表演桑人的传统生活。而游客来此正是为了看一看'原始桑人'。事实上，那里已不复有什么'原始布须曼人'了。"一位名叫赞科的祖—特瓦西人说，这项计划对他们意味着死亡："这是我们的水，我们可以用双手掘取赖以生存的水源。现在他们要夺去我们的水源，夺走它就是夺走我们的生命。”

南非的欧洲殖民者剥夺桑人的生存权利已是由来已久了。19世纪末期，桑人曾生活在现今博茨瓦纳、南部非洲、纳米比亚和安哥拉的广大地域。他们仍未形成部落群体，素以小家庭为单位，浪迹四方。他们业已成为出色的猎手，至今人们仍流传着有关他们神奇本领的传说故事。但是20世纪以来，他们原有生活发生了变化。南非农场主曾以猎杀桑人为乐事，进行无情的种族灭绝，驱赶他们离开自己的土地。1920年南非当局通过一项法令，迫使所有无业的桑人到纳米比亚的钻石矿服劳役。1927年在比勒陀利亚颁布了进一步迫害桑人的法律：弓、箭皆成为非法持有的武器。这实际上是剥夺了桑人猎取食物的权利。

今天,除了纳米比亚尚有大约3万人之外,南非实际上已无桑人居住。一位曾与祖—特瓦西人共同生活了30年之久的美国人类学家约翰·马歇尔说:“这种情况可能是由于他们的廉价劳动力所造成的。纳米比亚殖民者发现,布须曼人似乎很容易放弃自己的土地而转操他业。”20世纪60年代,南非当局把纳米比亚分割为一系列的“家园”,并在靠近博茨瓦纳边界的地方划给祖—特瓦西人一块地区。对桑人来说,这意味着丧失自己70%的故土。曾有一位祖—特瓦西男子对马歇尔说:“拥有好马快枪的人就是上帝。”

“家园”内的生活异常贫困。大部分祖—特瓦西人，即大约72200人，聚居在行政首府春奎（Chum Kwe）附近，仅靠160名在南非军队当雇佣兵的男人的军饷过活。他们住在肮脏的贫民窟里，保健措施极差，营养不良十分严重，儿童大批夭折，性病和结核病造成大量死亡，酗酒亦极为普遍（在这里最有利可图的行业莫如开酒店）。“家园”之外的情形也并不乐观。大部分桑人住在自己的庄园里，靠每月1至2.5美元的薪水和一些附加的谷物及廉价的烟草维持生活。

人们曾为改善桑人的生活境遇做出过某些努力。马歇尔和

250名祖—特瓦西人定居在内伊内伊（NyaeNyae），他们在那里种植粮食，饲养牲畜。这是桑人千百年来狩猎——采集生活方式的一个重要转折。马歇尔说，这并非是强加给他们的一项计划。相反，这是祖—特瓦西人自愿采纳的一种过渡性步骤。遗憾的是，这一计划至多能与领地的存在相始终，而领地本身的命运依然是凄楚惨淡的。

（中国社会科学院民族研究所主办：《民族译丛》1986年第1期，第69~70页。译自美国《新闻周刊》1984年12月10日）

游牧民的过去、现在和将来

[苏] Б·Б·安德里阿诺夫　姚中岫　译

一些人常年居住在一个固定的地点：城市或农村，就他们的生活方式而言，通常把他们称之为定居人。可是，还有不少的民族，他们的传统经济活动与季节性迁徙联系在一起，他们具有独特风格的传统文化和殊异习俗的生活方式，这样的民族被称为游牧民族，其人就叫做游牧民。然而，这种称呼不完全正确，对这些人最恰当的称呼应为“不定居人”，因为他们不仅包括真正的游牧民和半游牧半养殖牲畜和鹿等动物的人，而且还包括猎户和按传统生活方式经营非农业的流浪人，其中有茨冈人、“海上游民”等。他们的一部分人伴随着畜群几乎整年在荒漠或草原上放牧；另一部分人则是一年中有几个月过着游牧的生活。他们四时不同，作业相异。他们从事狩猎业（陆地上和海洋上）、捕鱼业等。地球上的地域不同，过着不定居生活的民族在数千年的过程中，根据自己所处的自然环境，积累了丰富的生活经验和科学知识，他们能够饲养家畜，按季节在牧场上进行放牧。他们创造了特殊的适应不利自然条件的物质文明。

现在，在 20 世纪末，不定居人的数量只占人类总数的 1.5%。到目前为止，在许多发展中国家的经济和文化生活中，不定居人还起着重要作用。其中，比如在索马里、毛里塔尼亚、利比亚、苏丹、沙特阿拉伯，游牧民和半游牧民占全国人口的五分之一，有的甚至达到半数以上。由于帝国主义国家的渗透，经济上的对外严重依赖性，国际市场价格的波动和下跌等许多原因，尤其是连续的自然灾害，多年来的干旱威胁着沙漠和平原，致使他们的生活水平逐年下降。

那么，当代不定居人的地位究竟如何？他们有前途吗？一些学者断言，他们是没有前途的；另一些学者却恰恰相反，他们认为只要吸取昔日的一切有益的经验，在新的社会条件下合理推广和应用，还是有前途的。对于“悲观主义者们”来说，不存在研究当代不定居人的问题，不定居人的历史应该到此结束。对于“乐观主义者们”来说，这是与国计民生相关的、值得讨论的重要理论和实践问题。笔者综合世界各国不定居人的传统生活方式和游牧特点等科学资料，提供探讨，并略谈自己的观点。

不定居人的自然环境和经济文化特点

当前，采取这种或那种游牧方式的不定居人，他们活动的区域分布很广，达到世界陆地面积的五分之二——从热带的赤道森林到北冰洋沿岸和北方边区的冻土带。因此，研究世界上不定居人的生活迁徙和经济活动，不能不涉及到一些共同的问题，也不能不涉及到对他们生活有影响的一些因素。根据自然状况进行研究的工作人员，不仅要考虑到地貌生态结构，而且也要考虑到与生物地理群落分布有关的因素。这里应该着重强调的是人对自然界的作用——人们在最近，以及数千年来对地球表面的危害作用。正如许多学者，其中也包括研究生态学的专家们说的那样，在社会统一的过程中，在历史文化促使社会与自然界相互作用的过程中，使生态遭受到了一定的破坏。要知道，人类统一性中是具有多样性的，其中包括部族和民族所处的特殊的地理环境。一些基本民族不仅相互影响，而且与其生息的地理坏境和自然条件也是密不可分的。

为了了解这些问题，我们只要看一下他们的道德规范和文化风俗就可以知道了。从文化风俗或经济区域方面所进行的分类，被称之为传统风俗的经济文化类型。经济文化类型——这是历史进程中复杂的经济和文化的综合体。一些民族根据其来源不同，在文化风俗方面也各具特色。然而，就是在地域相似、社会经济水平发展相同的条件下，也互有差异。历史文化和传统风俗包括一系列地域习俗特点。这些文化习俗可能是由于起源不同所致，也可能是由于共同的历史命运和长期接触与文化交往的结果。当然，经济文化状况与自然环境具有密切的依赖关系。

某一经济文化类型可能是融合多种经济文化的典型特点而成的。19世纪至20世纪，人们纵观不定居人的状况，按其劳动产品剩余的数量和异常复杂的文化色彩，分为以下几个主要类型：

第一种是最原始的经济文化类型，狩猎、采集和季节性捕鱼是它的主要生活方式；第二种经济文化类型是从第一种逐渐过渡而产生的农作业和养畜业相结合的经济形式；第三种是手工农作业和养畜业并举发展；第四种是畜力农作业和各种形式的畜牧业相结合的类型。

让我们举一些文化风俗的典型实例。最原始的经济文化类型是游猎和热带采集类型。在新石器时期热带农作业出现以前，这种经济文化类型不仅分布在雨量充沛的森林地区和热带草原，而且还分布在干旱的半沙漠地区。现在，这样的民族不多了，他们只活动在交通闭塞、地域偏僻、有较优越生活条件的非洲、亚洲、南美洲和澳大利亚等大块陆地的赤道地带，他们的总数达38万人。这其中有小黑人、布须曼人、库布人、普楠人、澳大利亚当地的土著民族等。1974～1975年，日本民俗学者们指出，现在扎伊尔姆布贾小黑人的生活习俗和游移活动可分为三个季节：雨季(8～11月)，他们住在邻近从事农作业的班固人那里，帮助他们干些农活。从旱季开始(1～5月)，姆布贾人就进入大森林，他们在那里进行集体狩猎，采集可食的块根植物、野果、蘑菇。第三个季节即所谓蜜季，他们在林中采蜜，过着半定居的生活。他们一共只有 592 人，其经济活动区域却达到 1200 平方公里。

沿海的采集——捕鱼人在许多方面类似于热带的这些采集猎人，他们过去和现在在某些方面多趋向于定居人的生活方式。

温带和寒带大森林冻土区域的狩猎—渔民（阿塔巴斯卡、克里、奇佩瓦扬印第安人等），他们的定居性迁徙和季节性游移是别具一格的。他们一共有 66 万人。现在，他们成了专职的猎人，只有一部分人还保持季节性迁移的习俗。他们猎取毛皮动物、养鹿、捕鱼。比如：加拿大的奇佩瓦扬印第安人，1975～1976 年统计有 4695 人。他们捕鱼、猎鹿和猎取其他毛皮动物，其活动领域相当广阔，占地面积 2.69 万平方公里（平均密度为每平方公里 0.013 人）。他们每个家庭的住所不少于三处。今天，他们居住在捕鱼的湖泊岸边的窝棚里。

现在，奇佩瓦扬人夏天的大本营是奥尔斯顿列依克镇。在这里，他们向商人出售毛皮，并且与政府官员打交道，采购打猎用生活必需品（盐、茶等）。

北极的猎人与原始森林和冻土带的狩猎—渔民属于同一经济文化类型。他们在海上捕捉海豹和在冻土地带猎取野鹿、麝牛、北极狐等。爱斯基摩人和阿留申人（3 万人）的经济方式就是这样。他们极其善于在严酷的自然条件下生活。现在他们的一部分居民也还保持着定居性迁徙和季节性移动的生活特点。

第二种经济文化类型是以手工劳动为基础的“生产性”经济形式。这包括热带一些刀耕火种的农夫，他们从游猎业向农作业过渡。他们从事畜牧业，同时还狩猎和捕鱼。到目前为止，他们生息在非洲、亚洲和美洲的热带地区，其数量为 850 万人。他们中的一部分保持着季节性迁移的生活习俗。

农业和畜牧业之间的劳动分工，促使前者定居，而后者进行季节性迁移。显然，也出现了社会差别：在定居的农业区，亲缘关系很快被土地上的邻里关系所代替，而游牧地区却形成了部族结构。

19世纪至20世纪，在国外的各种自然环境中，游牧的经济文化类型形成了地方性色彩。其中，在热带和温带的草原上（经营骆驼养殖业）有索马里人、贝都因人、贝加人。再就是分布在西南亚干燥的山阳坡的俾路支人、巴赫蒂亚尔人。第三部分是生活在温带沙漠和草原上的蒙古人、哥萨克人。第四部分是活动在中亚高原地区的藏人、吉尔吉斯人。这四部分人共有3780万人。

这一类型的迁移形式以其多样化而不同于其他民族：有的终年游牧，从一个临时驻地到另一个驻地；有的在常年的居民点过定居生活，牧人季节性地到夏日牧场上去放牧。

游牧方式彼此千差万别，在苏丹境内就历历可见。在其西北和东北部广阔的草原牧场上到处放牧着骆驼的是阿拉伯的卡巴比什人和贝都因人。卡巴比什人的迁移（他们进行长途迁移）是根据季节和水源情况进行的。在热带干草原地带的阿拉伯的巴喀拉人，驱赶着带角的大畜群离开卡巴比什游牧到南方去。在夏末，他们登上高原，在那里度过秋天和冬天。春天，他们朝南方移动，赶上第一个雨季，“逐嫩草”以放牧，然后，开始返回北方。巴喀拉南边是尼罗河流域的各个部族，他们在尼罗河水量充沛的时节，从事自己的畜牧业和农作业。他们有长期定居的村落，有耕地，年轻人季节性地去夏日牧场和放牧驻地。

前亚细亚和北非的热带和温带的游牧民族，其种类是相当多的。其中许多民族的语言属闪语系（阿拉伯人），另一部分属含语系中的库希特语族（贝都因人、索马里人和其他民族）和印欧语系的伊朗语族（库尔德人、俾路支人和其他民族）。他们的物质文化特点和生活习俗与温带游牧民族相比有明显的区别。其中，他们的居室是毛皮帐篷。这是些黑色的（褐色的较少）、狭窄的毛皮织物，用木竿支起来，然后用绳索固定在木桩上。这些黑色的帐篷在北非和西南亚的广大区域里均有所见。在热带和温带的条件下，经济活动和迁徙的方向表现出鲜明的季节性，并具有一些温带游牧民的特点。

南撒哈拉牧人的迁移和其方向是多种多样的。在这里不定期迁徙是普遍的，其迁徙要根据牧场雨水情况而定。游牧民有效地利用沙丘牧场——沙岭。有时迁徙的路程一年可达到800—1000公里。实现这样长途迁移的人，其主要食物几乎全是骆驼奶。

法国学者罗·卡巴·列依指出，沙丘上的少数游牧民（如沙巴的阿拉伯人）与农业毫无关系。沙巴的阿拉伯人从来不种地，就是雨后也不播种，只放牧骆驼和几十只山羊或绵羊。有些牧民几乎半年是在绿洲里度过的，把畜群交给专职的牧人。罗·卡巴·列依的观点认为，这是逐渐过渡到半游牧的第一步。

中撒哈拉的图阿雷格人（穿蓝色服装）居住在山谷地带，那里有裸露在外的地下水岩层或有泉井。畜群整年都在游牧之中。中撒哈拉的图阿雷格人（阿哈加尔等地）不进行长途迁移，甚至短期游牧也不是经常的。他们游牧的区域受到严重的限制，他们只能活动在世袭的领地之内。每一个不大的沙谷中，平时容纳几十座帐篷。图阿雷格人除去生活中的主要财产——羊群外，还有骆驼。但确切的说，骆驼是为交通用的，平时放牧也是把它和主要畜群分开。在沙原上，游牧的范围是有局限性的，一年也不超过三五十公里。

图阿雷格人平时赶着畜群从一个牧场游牧到另一个牧场。阿哈加尔高原的最高处，有夏末之后最好的天然牧场，丰盛的水草吸引着广大的牧民来到这里。高原的下边，生长着金合欢和灌木丛。沿着高一点的山坡地带，这儿那儿地坐落着图阿雷格人的帐篷。他们有季节性的住处，很少离开家族的传统地点。在干涸的阿别列斯河的河床里，图阿雷格人每次都确定同一地点，扎下自己的帐篷。图阿雷格人控制着可哈加尔山地的最高处——阿塔柯尔高原。一年中迁移的高度可达1000至2000米。只是在旱季，他们被迫赶着骆驼群南去50公里。那里有3个阿哈加尔图阿雷格人的部族。在达蔑斯柯平原上，每一个部族都有自己的牧场。妇幼们与羊群留在阿哈加尔，而男人们驱赶着骆驼群到南方去，并且用肉和皮革换回粮食。

古老的牧风，在一些山区——比利牛斯半岛、阿尔卑斯山、喀尔巴阡山、高加索等地的居民那里，至今依然保持着。

“海洋游牧民”（巴德扬人、莫干人）——居住在东南亚的岛民，直到现在仍以其浪迹天涯的生活方式而独异于他人（共5万人）。他们一年中大部分时间是在船上度过的，在巽他群岛沿海水域，以捕鱼、采珠或收集软体动物为生。

在缅甸南部丹老群岛上的居民——莫干人，属于“海洋游牧民”。其经济活动周期与两个季节最密切。第一次季风雨季，他们住在陆地上。涨潮时，他们在红树丛中捕捉可食的软体动物和蟹子，同时，采集食用植物。随着旱季的到来，他们就捕鱼、采珠，在沿海渔村出售。具有类似生活方式的还有其他地方的“海洋游牧民”——奥琅珞拉乌特、奥琅珞巴德扬等部。他们一年中有相当长的一段时间是在水上度过的，他们住在篷船里或木筏上。现在有一部分“海洋游牧民”沿着海边也建起了用木桩支起来的常居所。

过着传统浪游式生活的非农业居民也占有一定的位置，这是流浪的茨冈人和在生活方式上接近于他们的其他群落（大约有200万人）。几乎在全世界都可以见到他们。茨冈语言属于印欧语系的新印度语。他们的祖先来自印度西北部。从那里开始，在公元5~10世纪，他们就浪迹于西方各国。在欧洲有相当多的罗姆茨冈，或叫罗马尼茨冈。这是对凯尔德拉利、洛瓦利、丘拉利和其他茨冈部的统一称呼。游牧茨冈流浪的生活方式是伴随着诸多行业进行的：他们有打铁的、镀锡的、编织的和做木器用具的、贩马的、驯动物的、演奏的、歌舞的。然而，现在大部分茨冈人已经摆脱了浪游的生活方式而定居下来。

综上所述，不定居人的后两种经济文化类型是错综复杂的。

确定不定居人各个部族的具体数量是十分困难的。最确切的统计资料尚且没有，因此，只能根据世界各大洲和各个部族的估计数字来统计。

不定居人的未来前景

从表中可以看出，1982 年不定居人一共有 5939 万人。在今后的几十年里，世界上游牧民的命运将如何呢？在 20 世纪后半叶，其数量大幅度减少，这不能不引起怀疑。在最近几年里，其数目更在逐年减少。他们的生活方式、习俗和文化正在发生变化。某些民族和部族部分或全部转入定居的数量日益增多。古老的经济形式和社会结构日趋改变。这些部族正在涉足于商品经济的生活之中。在游牧和半游牧的一些大部族中——阿拉伯地区的游牧民当中，显然发生了巨大的变化。进入定居生活方式的游牧民众到处都有，他们迁移到城市和一些工业中心区。

在一些发展中国家里，在传统村社秩序的游牧经济活动和现在青年人所受的学校教育之间显现出突出的矛盾。青年人现在开始经营自己祖传的草原牧场显然比较晚。他们在学校里就忘记了放牧业的知识和技能。与此同时，在大牧主手里，又集中了许多牲畜，为了经营获利，就需要新的知识和科学方法来进行管理。新知识的应用，导致了青年人早期求学，而比较晚地从事牧业，这就显出一片紧张与忙乱。

最近几年阿拉伯地区的游牧民遇到了致命的天灾——干旱，受其影响的有非洲和亚洲的部分国家。比如，1968~1973 年的大旱，导致非洲撒哈拉地区的数十万游牧民逃往南方。其中有许多人丧失了牲畜（仅毛里塔尼亚一国几乎就有90%的牲畜死掉了），牲畜是饿死的。在1983~1984年，又遭受到大旱灾。这一次旱灾降临到埃塞俄比亚和邻近地区。干旱由撒哈拉沙漠蔓延到南部热带的稀疏草原，而后又进入森林区。这一天灾被认为是使人们濒临绝境之灾，甚至被看成是“灭顶之灾”。这“灭顶之灾”的原因不仅需要从全球气候的改变方面去找，而且还要从居民的经济方面去探索。人们滥伐树木、毁坏灌木丛以做燃料，草原植被逐年被焚烧，这就对牧场增加了威胁。牲畜在牧场上大批死亡，牲畜总数的下降几乎遍布于全球，蔓延于游牧民集中的亚洲和非洲的许多国家。人与周围环境显然严重失调。

这些情况致使国外一些学者认为传统的游牧业行将就木。比如：著名的美国地理学家德·德隆逊认为，未来游牧业注定要变化。最有可能的抉择是，由于采油工业的发展和工业中心与城市的兴起，这就要使游牧业迅速消亡，必将促进彻底的经济和社会的变化。根据他的观点，完全有可能把草场游牧业与现代化技术结合起来。然而，用德·德隆逊的话说，要引进新的科学装置，在非洲和亚洲各民族传统的文化条件下，可要慎重而行。

美国的地理学家根本没有涉及到问题的实质——主要因素：非洲和亚洲许多游牧民的经济和文化依然处于落后状态。依据我们的观点，他们落后的原因首先在于他们现在生活的社会经济条件，严重的宗法观念和封建习俗，以及对发达资本主义国家存在着各种各样的经济和政治的依赖关系等。

现代化的技术目前已经推广到世界各地的通晓文化的沙漠带，并且正在急剧地改善那里的民族生活条件。因此，游牧民众的前途取决于牧场放牧业集约化和现代化、土壤改良状况、食用水源和食品的供给情况。所有这些均与国家的统一计划和用大量资金采取的一系列有效措施相联系。在已采取这样措施的地方

(苏联和蒙古人民共和国),昔日游牧民的处境得到彻底的改善。

比如,在中亚和哈萨克斯坦,传统的游牧方式和牧人昔时的居室不见了,在那里出现了定居的建筑舒适的常住房屋、学校和医疗场所。公共交通、航空、邮局已经进入昔日游牧民的生活之中。在这些地区广泛采取了放牧式的畜牧业,一年中,只是在部分季节里进行草场放牧,他们的家一年四季都定居在不大的村落里。现在的牧场也正规化了:解决了水源;修建了为保护牲畜以防不测天气的栏厩;为干旱、冰冻、大雪天气储备了大批饲料;兽医们定期为畜群诊断,并及时防治牧民们历来存在的大难——瘟疫。

在蒙古人民共和国,作为协作劳动经济形式的游牧团体也发生了一系列的变化:阶级出现之前的氏族("库列尼耶")首先变成了"阿依里"——具有阶级关系的部族,而后成为"苏里"——现代的社会主义经济。

其他国家的一些更加古老的游牧民——狩猎人和采集者,其发展过程都是相似的。他们今天的生活方式、文化和习俗依然有些复古。可是,这一发展过程在世界各地也是各有千秋的。在某些非洲国家(刚果人民共和国、喀麦隆、坦桑尼亚)小黑人民族的狩猎——采集者开始从事农作业。他们当中的一部分在自然保护区里服务。肯尼亚的狩猎人从邻国那里学习了畜牧业的管理方法,狩猎人进行农作业,促进了定居生活的发展,这与从非定期游牧到季节性地在草地游牧相联系的放牧业,是属于两个经济文化类型。

欧洲侵略者霸占了北美印第安人大片的肥沃土地。由于杀掠,一些部族整个被驱逐到干旱地区或渺无人迹的原始森林和冻土带。他们季节性移动的方式改变了,他们在森林中猎取毛皮动物,这样,就开始具有商品性质。当然,这种打猎也是有季节性的。

在印度,相当多的务农猎户——采集者部族依然保持季节性的移动。他们最近几年已把在林中采集食物的单调生活变成采集具有商品价值的植物,这是植物的果实、叶等有价值的部分。采伐树木也日益增多，比如伐红树以做木炭等。

不定居人数量统计表（千人计）（1982年）

不定居人类别	非洲	亚洲（除苏联）	南美	北美	澳洲	欧洲（除苏联）	苏联	合计
阿拉伯地区游牧和半游牧者	18600	19150						37750
热带地区游牧和定期放牧—狩猎者	8500							8500
山地放牧者	1400	4300	100	30		400		6230
高山地区游牧民		1500						1500
养鹿—狩猎—捕鱼者				10		10	10	30
现代化畜牧业的居民	200	50	300	310	70		150	1080
热带地区半定居的农民狩猎者	400	500	500					1400
“海洋游牧者”捕鱼—采鱼者		50						50
热带地区狩猎—采集者	200	100	60		20			380
原始森林和冻土带的狩猎—捕鱼者				400		20	20	440
北极狩猎—捕鱼者				30				30
非农业的浪游方式生活者（包括茨冈）	90	1550	40	20	10	270	20	2000
合计	29390	27200	1000	800	100	700	200	59390

随着欧洲移民的到来，澳洲土著民族一部分被杀害了，另一部分被驱逐到荒漠之中。当欧洲人与土著民族刚接触的时候，土著人有30万左右。在1981年，加上混血人一共只有25.4万人。然而，其中只有10%～15%保持着传统的生活方式。许多土著

人在盎格鲁澳大利亚人（英国移民的后裔）的牧场上干活，实际上，土著人是他们的仆人。

南非的基本居民——布须曼人和霍屯督人的命运是悲惨的。18世纪至19世纪，正是欧洲殖民统治的年代。这些民族，有一部分被灭绝了，有一部分沦为奴隶或被驱赶到不毛之地，遭到非人的歧视。

近几十年来，尽管游牧民经济活动区域范围有所缩小，尽管传统经济文化形态有所改变，但游牧民还是有其前途的。尤其是由于新式交通工具的出现，依我们的观点来看，其经济活动更加便利了，与定居的城乡之间的经济文化联系也更加密切了。相互联系的强化，具有我们时代的特点。电影、收音机、电视机、小汽车、家用必需品等已经进入现代不定居人的文化和生活中。

许多国家的政府，在其游牧民所在的区域里，力争改变其落后面貌，帮助他们学习知识，掌握技术。许多民族资料也提供了有利的条件，因为其中记载着各个部族生活方式的差异，反映了具有前途而应加以继承的劳动技术和生活方式，比如衣服式样、住所、饮食等。

综上所述，无论在游牧民族贫富悬殊的亲族之间，或是在社会经济发展和社会制度不同的各国的贫富民众之间，均不可能消灭自身的物质和文化利益分配方面的不平等现象。游牧民的未来，首先取决于社会条件、经济水平的变化和发展道路的选择——社会主义道路还是资本主义道路。苏联和蒙古人民共和国的经验表明，社会主义制度的民族经济，是依靠国家全民所有制的经济和广泛的土地改革，这在游牧民未来经济发展中是具有巨大作用的。

（中国社会科学院民族研究所主办：《民族译丛》1988年第5期，第37~43页。译自苏联《自然》杂志，1986年第3期）

澳大利亚库瓦拉民族的衰落

——通过合法手段取得统治权的实例研究

［美］肯尼思·利伯曼　巩惠昌　摘译

澳大利亚西部沙漠地区的库瓦拉(Kuwarra)土著人每天都在为本族文化的存活而斗争着。他们失去了土地,失去了原有充满宗教仪式的生活以及大部分语言,在澳大利亚内地城郊过着一贫如洗的生活,同时还要应付旨在把他们同化到欧洲人社会中去的法律和政治机构。表面上看库瓦拉人百依百顺,实际上他们与传统特征更加明显的土著集团保持宗教仪式联系。这些集团活动在欧洲移民势力波及不到的乡村,退而过着一种神秘的生活。这种秘密性使他们免遭欧洲移民的彻底摧毁。本文旨在探索库瓦拉土著人同在澳大利亚定居的欧洲人从最初接触直到今日的交往史。

1768年当詹姆斯·库克船长乘坐“图强号”扬帆前往南大陆时，英国皇家学会会长（这次发现性航行的倡导者之一）就当地居民情况作了下述忠告，船长把它同船上文件一起带在身边：

他们是自己所居住几个地区的天然的、真正合法的主人。

任何欧洲国家都无权占据他们领土的任何部分，或者不经他们欣然同意而在他们中间定居下来。

征服这样的民族是师出无名的，因为他们绝不会变成侵略者。

10年后第一批英国人来到植物学湾定居。库克和他的随行人员认定这里最适于建立第一个澳大利亚殖民地。移民们怀有文明世界的最佳意图。约翰·亨特是到悉尼首批人员中的一位。谈到提供资料的土著人时，他写道：“我倾向于认为在他们当中或附近住上一段时间，他们会很快发现我们不是他们的敌人。”亨特之所以这样乐观，在于土著人对欧洲人几乎毫不介意。尽管亨特深信英国人是天下人的朋友，但是不到50年时间，几乎一枪没放，也没遇到有组织的持续反抗，悉尼港湾的土著人和澳大利亚东部沿海地区的大部分土著人都被征服了，十分驯服，有的背井离乡而去。

开始时英国人按照不列颠法律进行统治。当查明土著人不想为合法权利而斗争时（例如新西兰的毛利人通过武装斗争而取得了《怀唐伊条约》的签约地位），英国皇家学会会长关于土著人合法权利的忧虑就被当成耳旁风了。政府宣布所有土著人都是英国臣民。而他们的土地是大英帝国的合法财产。这就使英国人没有必要像在美洲那样同土著部落民族签订任何条约。剥夺了土著人在本地任何合法拥有财产的权利后，英国人在其统治期间借助精心筹建的合法机构急切想用立法手段来控制和统治土著人。下文将剖析澳大利亚西部一个土著部落（即方言集团）的情况，以便描述一下这种合法统治的机制，揭示土著人往往依靠什么样非武力的策略来保护自己文化的完整性。

土著人与欧洲移民

各地欧洲移民对待土著人的情况不尽相同，因为定居在每一殖民区的集团相对独立，分别与大英帝国保持联系，各有自己的法律机构（直到20世纪澳大利亚联邦才产生）。天花在东部沿海区大部分土著人共同体中猖獗一时；与其说是靠正式政策，不如说是靠假仁假义，迫使土著人离开家乡，让给相邻的欧洲移民。尽管在新南威尔士、维多利亚和南澳大利亚有过孤立的暴力事件，却几乎没有任何关于土著人的正式政策。

另一方面，在塔斯马尼亚特意制定了政策把土著居民从殖民区排挤出去。在一次大屠杀中（奥伊斯特海湾大屠杀），包括妇女儿童在内的50名土著人惨遭欧洲移民杀害。1830年塔斯马尼亚代理总督乔治·阿瑟发表声明，号召每一位定居者都要志愿承担搜寻岛上土著人的任务，把他们驱赶到一个半岛的尖端，以便更容易控制。3千名移民士兵参加了企图建立称为“黑线”的行动。当这一行动失败后，土著人被赶到巴斯海峡的小岛上。欧洲人定居前，估计在塔斯马尼亚住着7千名土著人。到1888年，纯血统的土著人已不存在。20世纪一些被赶到巴斯海峡岛上的土著人混血后裔返回了塔斯马尼亚。

在维多利亚和新南威尔士，尽管都没有反对土著人的侵略政策，却产生了几乎完全相同的结果。到1881年，新南威尔士还幸存1.18万名纯血统土著人，不到原有人数的五分之一；然而到1901年，他们的人数下降到0.37万人；而到1936年，仅剩869人。显然新南威尔士的行政部门没有关于土著人的政策，完全忽视土著人的权利和欧洲人的责任。1845年，在首批欧洲移民来后半个多世纪的时候，一部由一位英国人写的旅澳游记出版了。作者在465页的书中仅用13页的篇幅谈了谈土著人情况，而后是向读者表示歉意。南澳大利亚总督格雷思想开明，在他管辖之下，没有执行移民者的贵族政策，允许土著人保有地产，在本来属于他们的草地上来去自由。因此，那里的土著人生活得稍好些。

然而，在西澳大利亚和昆士兰首先制定出统治土著人的法律政策。后来变成其他殖民区制定土著人政策的样板。土著人的家园被夺去发展畜牧业，他们被迫签订契约充当定期合同工为欧洲殖民者卖命。“保护性”立法规定，限制土著人的行动，不准照管自己的子女，剥夺他们作为英国臣民应该享有的合法权利。

回顾欧洲移民给土著人造成的恶果时，必须谈谈不同殖民政策的另外一个发源地。一般说来，今天的土著人文明有三种社会学类型："城市的"、"内地的"和"部落的"。城市土著人有部分欧洲人血统，居住在欧洲移民中心地带附近的各沿海地区。他们几乎完全丧失了自己的文化，在经济上同美国城市黑人处于相类似的不利地位。欧洲移民用混血、同化和吸收相结合的方式对付他们。内地土著人原居住的腹地，变成了欧洲移民的牧场，因此他们受着牧场生活的束缚，承受合同工的压力。实际上他们过着奴隶般的生活，深受地方种族隔离之苦。部落土著人居住在中部沙漠和北部热带地区，是些方言集团。这些地方气候恶劣，土壤贫瘠，欧洲移民在此无法维持生活。中部地区夏季气温可高达华氏 140℉，使生活在那里的土著人相对来说不受欧洲移民的干扰。在他们中间建立起来的传教会严重地破坏了他们的传统生活，但是仅从第二次世界大战起他们才不得不同大规模社会变化作斗争。比方，英国为修建核试验场，迫使土著人离开某些沙漠地区；国际矿业财团数量骤增，都要在部落土著人地区搞生产工程建设。

通过合法手段取得对澳大利亚库瓦拉土著人的统治权

库瓦拉土著民族是内地土著人的一个集团，居住在西部沙漠西边的伊利里—利奥诺拉地区。库瓦拉的家园位于欧洲移民西部定居区向东延伸的地区。今天还在此地生活的土著人大约有 60 人，他们是该区原库瓦拉土著人的后代。欧洲移民来到之前，库瓦拉土著人方言集团人数在 250 到 750 人之间，若以土著人提供的资料为依据，估计原有土著人数为 400 到 450 人是合理的。现在，大部分库瓦拉人住在利奥诺拉，其余人住在米卡萨拉、丘伊、威卢纳和利奥诺拉与威卢纳之间的孤立的草原牧场上。他们几乎毫无例外全靠社会福利金生活，或者当临时工，收入微薄。20世纪初欧裔澳大利亚人在这些地方建立起政权，完全摧毁了库瓦拉人传统的社会和礼仪生活。但是他们的语言和最初维持世间生活的神话残余还存在，而且正由新的一代代库瓦拉人以更加非礼仪性方式把它们永久保存下来。殖民统治已达一个世纪之久，但他们的大部分传统的认知体系和文化同一性仍然保留着。

在伊利里—利奥诺拉地区有过三次定居浪潮。19世纪80年代随着淘金热出现第一次定居浪潮。曾在库尔加迪和卡尔古利以北工作的黄金勘探者搬进了达洛特湖区。这些人多半不想永久定居下来，遇到土著人时他们感到很讨厌，并未当成一种威胁。20世纪初期，淘金热之后，牧场主们先在利奥诺拉，后来围绕威卢纳建起家业。1924年有的牧场主又在伊利里定居。对这些牧场主来说，当地土著人确实构成一种挑战，而西澳大利亚政府利用欧洲法律来帮助这些移民。20世纪60年代和70年代，采镍的工业大发展，随之出现第三次定居浪潮，在拉维顿和阿格纽兴建起主要城市。这次浪潮的后半期，在几个地方发现了铀矿。很可能于20世纪的80年代，在伊利里、科斯莫—纽伯里和威卢纳建起几座新城。

起初，大英帝国国王企图给西部土著人提供保护。作为批准西部殖民区享有独立地位的条件，他要求在1889年宪法的第70款规定拿出“殖民区总收入”的1%作为改善土著人生活的基金。这笔基金为信托财产，立法委员会无权动用。在约翰·福雷斯特勋爵第一次首相任期，殖民区有了自治政府，很快就取消了这一条款。但是，“保护”这一思想概念却流传下来。

根据西澳大利亚制定的法律，欧洲移民在“丛林”中定居下来，同时给土著人提供保护；建立了一支特种骑兵警察队伍，用以保护和控制土著人。1886年通过了土著人保护法，授权土著人保护委员会用契约形式把凡是达到一定年龄的混血或其他土著人儿童以学徒身份送交想收养他们的人，直到年满 21 岁才能解除契约。欧洲移民把这样的同化看作一种慈善行为。1897 年土著人保护委员会被土著人的“首席保护人”所取代。他的办事机构由秘书和办事员组成。警官变成了内地土著人的“保护人”。

1904 年一个政府委员会要求控制土著人，说这样做既对他们自己有好处，也符合共同体的总体利益。它还提出一项隔离政策，规定用强制命令使土著人搬到指定定居地点，把失业的土著人从城市中驱逐出去。根据这一政策，土著人不得进入利奥诺拉。1905 年的土著人法案规定首席保护人是每一个不满 16 周岁土著人儿童的法律监护人。1911 年这一法案的补充规定剥夺了私生混血儿的母亲的一切权利。

在西澳大利亚到处建立起贫民救济会，收养数以千计的土著人儿童。他们是未经父母同意被人从家里偷领出来的。1936 年非欧洲人行政管理法规定非欧洲人父母不得担当土著人儿童的监护人。这一法令到 1963 年才废除。

所有这些政策都是以“保护”的名义执行的。总的说来，欧洲移民认为从长远观点看对（他们）社会有益的事也对土著人有益。与此相似，从 1905 到 1963 年由于实行对土著人进行保护，如不带巡官（即警官）或土著人事务部门官员的书面批准书，欧洲移民进入土著人集团所在地 100 米之内就是违法。这就使牧场主能紧紧控制土著人，欧洲移民只可走访。当今的牧场主以保护私人财产不受侵犯的法律条文为借口，不愿放弃这一权利。

由牧场主起草的契约，土著人在上面签上“某某”就在法律上产生约束力；这变成各地牛羊牧场广泛采用的合同工形式。直到 1905 年，法律条文还规定 14 岁为合同工的最小年龄，但据报道，有的低到 10 岁。1936 年，西澳大利亚非欧洲人行政管理法规定土著人擅自离开雇用场所是一种犯罪。警察保护人严格实行这样的法律限制。

根据1940年制定的法令，除非有医生检查证明并得到官长的批准，土著人越过南纬20度就属犯法。土著人往往因杀死一头牛就可能从家乡被驱逐出去。从1936至1954年，不经司法程序官长就可以拘留土著人。这一条款不仅用来把孩子与父母分隔开来，还用来把整个家庭驱赶到定居地的慈善机构去。今天，这些家庭的许多后裔继续住在那里，穷愁潦倒，十分凄惨。

在公众舆论的压力下,1944年通过了《非欧洲人公民权利法》。按这一法令,土著人变成和欧裔澳大利亚人享有同样权利的完整公民。法令规定要发公民证,得到公民证的土著人“不再被看作行政管理法中所指的非欧洲人”。一旦土著人获得公民身份,就被禁止同其他土著人交往(直系亲属成员除外)。以这种方式,某些土著人(通常是部分欧洲人血统)能被吸收到欧洲社会中去,而其余土著人仍然处于地方种族隔离状态。然而,至1951年为止,仅有478名土著人合格获得公民身份。1971年废除了这一法令。

在内地土著人中，相互交往的综合模式是对牧场主的意愿公开表示默许，而暗地里土著人秘密活动，充满生气，对此牧场主大都一无所知。

西澳大利亚政府不愿承认欧洲移民对库瓦拉民族和其他内地土著人的衰落负有任何责任。例如，1977年政府有关部门就准备在伊利里建立铀矿工程之事写了一份对环境影响的报告，声称1924年草原开发之前没有发现有土著人居住在伊利里。然而，博物馆保存的原始报告有许多篇幅描述土著人的存在情况。欧洲人定居的时候，他们仍住在世袭的伊利里地区，由于种种原因，没有暴露身份。原始报告还分析了伊利里地区传统土著人生活消失的5种主要原因，其中只有两种是“自然原因”：1. 他们希望不费气力就得到食品，因而来到欧洲人定居中心；2. 他们喜欢大部分人聚集在一起，一些仍留在原地的土著人来与亲属团聚；

3. 由于内部自相争斗，一些库瓦拉人从伊利里地区向东部的达洛特湖区移居；4. 欧洲移民下毒伤害土著人；5. 欧洲移民合法诱拐土著人儿童。通过巧妙措辞，政府能够略去后两个前提对库瓦拉民族的衰落所起的作用。

欧洲移民都说当初定居此地时没见有土著人，当代土著人“不属于这一地区”，而是来自再往东一些的“部落”。库瓦拉土著人特别恼火的是那些“仅仅去年才来的”人说他们是“晚到的约翰”，但他们不向欧洲人发牢骚。

最后，土著人想收回祖传家园，但遭到州议会和法庭的拒绝。由于土著人无法证明对家园的合法所有权，包括神圣遗址在内的地区都被转让给了矿业公司采矿。一些牧场因胡乱放牧而破产，土著人企图出卖牧场契约，但州政府反对，其根据是一条专门性法律条文：禁止单个人拥有超过规定的草原土地数量。西澳大利亚法律规定土地所有权都归土著人土地托拉斯，它现已达到每个人应占有的土地限额，所以州内各区的土著人集团甚至用私有资金也不能把暂时不用的牧场契约弄到手。部落土著人试图通过谈判争得原属土著人的“未被占领”的王国土地，但没有成功。政府拒绝谈判，把所涉及地区立契转让给州野生动物保护部门作为野生动物保护区，以了结此事。

今日的传统生活

今大，库瓦拉人生活在西部高度文化移入的土著人（瓦詹迪人和帕蒂马亚人）和东部及东北部具有传统特征讲恩加安亚贾拉语、马图语和曼吉尔贾拉语的土著人之间的过渡地带。库瓦拉人保留着大部分传统观念，但把自己祖先的特殊宗教仪式活动忘得精光，却接受了北部和东部传统特征更强的集团的神圣宗教仪式。按土著人传统生活方式，通过以广泛宗教仪式为基础的教育程序使青年人获得“法律”保管人资格，而今天库瓦拉青年人不断被诱拐，所以他们认为必须采用欧洲人最初定居时边远地区土著人集团的保存完好的宗教仪式。近半数的库瓦拉人劲头十足地举行这些仪式，男性青年要定期在神圣仪式中“经受法律考核”。

库瓦拉人仍维持认知生活的传统风貌。在地理上对周围乡村的解释还是以“梦幻”（The Dreaming，原称 tjukurpa）的术语为基础。大约有三分之一的库瓦拉后裔居住在铁皮顶小棚子（wiltjas）里，睡在地上，而不是住在房子里。普遍使用英语，同时也经常听到土语，特别是在老年人中间。然而库瓦拉青年们一概讲英语，对库瓦拉语只是略知一二。一些库瓦拉人与传统特征更加明显的方言集团成员通婚，从而有效地加强了库瓦拉人自己的土著人特征。

1967 年通过了奖励性工资法，进一步破坏了牧场土著人的传统生活。当牧场主不再留用他们时，许多土著人被迫搬往利奥诺拉、威卢纳、米卡萨拉和丘伊等边缘地带的小保护区。这一代土著人儿童大都是在小城市的环境中，按穷苦人的生活水准养育大的。有些土著人干点临时工，而住在城郊的绝大部分人是靠政府的福利救济生活。全家都靠婴儿津贴或家中长辈的养老金过活的事是很常见的。

由于几年前卖掉了阿尔比恩·唐斯（与伊科里牧场为邻），库瓦拉人在城外的最后主要营垒被摧毁了。只是老人和一些有妻小的工人留在祖传家园，住在内地城郊简陋小棚里，酗酒消愁，自我摧残。

欧洲人的道德

西部沙漠地区有两种独立的泾渭分明的世界观在起作用——土著人世界观和欧洲人世界观。相互作用近一个世纪后，这两种世界观仍然互相冲突。在库瓦拉人家园的平坦多尘的农村，土著人与欧洲人每天的私下交往均属文化政治范畴。欧裔澳大利亚人更加富于侵略性，处于统治地位；然而土著人总是巧妙地让欧洲移民们每天都获得缺乏实际内容的胜利。

如前所述，欧裔澳大利亚人设法保证了定居成功，部分是靠对土著人进行保护的合法方式，再就是一种不加言明的态度，说欧洲社会能为土著人做的最大好事是把他们变成欧洲人。

今天，牧场主强迫生活在他们牧场的土著人干些象征性劳动后才把政府发的社会福利支票交给他们。甚至当欧裔澳大利亚人显然出于自己的政治经济利益而在辩护尽职时，他们的论争还是带有道德味道。几年前，前国家内务部长辩论时说不仅不可能接受土著人的土地要求，而且这种要求“完全错了”。与此相似一个牧场主在金伯利区做收选票的助理员工作，拒绝帮助没文化的土著人划选票（后来法院纠正了这种行为），却把她的拒绝提到道德高度：老年人“不应该受到”帮助；歧视一定是“合乎体统的”。

利奥诺拉的欧洲移民认为应该强迫土著人讲英语，一些牧场主不准别人在他们面前讲土语，都认为这样做会改善土著人的精神面貌。一位澳大利亚白人支持在土著人视为神圣的地区采矿，并在辩论中反对政府承认土著人的任何精神信仰。

默许——存活的策略

在整个伊利里—利奥诺拉地区，欧裔澳大利亚人在土著人中赢得了“刻薄鬼”的名声。土著人靠迎合欧洲人的权势主义来对付这种局面。所有欧裔澳大利亚人都被称作“老板”，土著人唯老板的意愿是从。

甚至涉及到保护神圣遗址的事情时，守旧的土著人仍然保持沉默。1970年就一家矿业公司侵犯了威博地区的神圣遗址一事，政府召开意见听取会以了解情况，守旧的土著人拒绝说不利于矿主的话。实际上，在这一地区通常是那些与神圣遗址没有正式关系的部分欧洲血统土著人抱怨对它的侵犯。更加守旧的土著人对此不太关切，因为他们懂得不要同白人发生争执。这就使一些欧洲人认为守旧的土著人并不真正关心神圣遗址，而仅仅是有政治头脑的土著人“唆使”他们出面表白关切的心情。实质上欧洲人——土著人论战是相互作用策略的一种功能。只能是欧化了的土著人敢于就关心的问题同白人论争。

秘密——存活的策略

欧裔澳大利亚人既对土著人的信仰，也对不准把信仰的内容告知外人的传统禁忌抱着怀疑的态度。这导致伊利里—利奥诺拉地区的土著人采用了审慎而成功的策略来对付白人，使他们对土著人的根深蒂固的信仰几乎一无所知。戴维·卡内基（20世纪初该地区的采金者和探险家）评论说，土著人对于“任何企图窥探他们的秘密的行为都会立即表示愤慨”。

牧场主不知道自己牧场的“梦幻”，甚至不知道自己牧场或城市名称是源于“梦幻”的宇宙哲学。

今天，同欧洲移民在一起时，土著人提到宗教遗址脱口而出欧化名称来助长无知。土著人感到自己比欧裔澳大利亚人优越，因为他们不知道国土存在的“基础”，威博通常被称作“奥其尔伯里山”。在科斯莫·纽伯里附近的一片具有突出意义的宗教遗址被叫做“明尼山间狭道”。科斯莫·纽伯里东部的讲恩加安亚贾拉语的土著人代表要求我用欧化名称来记录一个重要宗教遗址，以便起到保护性作用。

甚至一生都在土著人身旁生活的牧场主都不知道土著人讲库瓦拉方言的情况。一位牧场主曾十分肯定地告诉我，说我要会见的土著人都不再讲土语。这位牧场主的夫人告诉我，如果我讲土语，这个土著人（他已采用牧场主的姓氏）会感到受了侮辱。当第一次在米卡萨拉城接触他时，我一开始就说库瓦拉语，发现他欣然回话。我们谈了很长时间。到谈话结束时，我对这个地区“梦幻”情况的了解，牧场主很可能一生也做不到。

区议员宣称伊利里牧场区的土著人确实认为本地不存在宗教遗址。牧场主们普遍的看法是土著人为了得到金钱奖赏假造了宗教遗址之说。这里大多数欧洲移民的基本动机是大发横财，而土著人却没有伪造他们的“梦幻”。有了上面讲述的秘密政策，就别指望欧洲移民了解宗教遗址的任何情况。

库瓦拉人崇拜“梦幻”，维护了自己的土著人特征。实际上只有通过“梦幻”创立的至高无上的实在，库瓦拉人才避免被完全同化到欧裔澳大利亚人的生活中去。土著人的“默许”与“秘密”策略有助于成功地保持了这样的理性实在。

前途展望

从首批欧洲移民来到伊利里—利奥诺拉地区定居起，近一个世纪过去了，库瓦拉土著人继续作为一个特殊民族生存着。国内外公众舆论设法促使政策改变，增加他们存活下去的可能性。在澳大利亚各地，内地和部落土著人集团已经在政治上组织起来，形成“共同体议会”，取得合法援助。先前，内地土著人的唯一有效的政治组织是西澳大利亚东北地区的斯特雷利土著人集团创立的。经过多年努力，包括一次规模很大的工人罢工反对牧区工业，于1967年获得胜利，国民投票表决保证土著人享受同等工资待遇、选举权以及其他公民权利。这次国民投票还授权澳大利亚政府介入各州处理土著人事宜。然而，两种事态的发展趋势对库瓦拉土著人文化存活构成威胁。

一、近年来，内地土著人从牧场向城市迁移（部分原因是牧场停业；1967年公民投票表决通过了同等工资法，使雇用土著人费用增大）。他们离开了传统的家园，来到城郊，过着贫困悲惨的生活。土著人领导阶层大肆酗酒，其中许多人伤身误事，开始出现“代沟”。

二、这一地区的矿山工程建设进展很快。工地取代了更适于土著人生活的牧场，大批城市化的欧洲移民，多半来自海外，充斥了这一地区。土著人与矿山公司雇用人员的社会交往成效不大，因为酗酒成风，时有桃色事件发生。按照库瓦拉土著人的看法，20世纪60~70年代的采镍热潮中兴建的三项主要镍矿工程——斯科舍、温多拉和阿格纽，都是土著人首先发现矿苗的，然而土著人从中没得到任何经济效益。当前的铀矿热甚至更进一步威胁土著人的生活。与此同时，采矿过程中排出的放射性废液很可能毒害他们的传统猎物，特别是袋鼠。

当代澳大利亚土著人的生活有三种模式，对于他们的问题需要分别寻求解决办法。城市土著人的问题需要政府插手，制定各种经济、教育资助计划。近年来在全国倡导的领导阶层训练计划在城市土著人中见有成效。对于跨国财团的大规模入侵要采取保护性措施，以便使部落土著人的生活得以维持下去。国家政府管辖北方领土，制定了最低限度的土地保护法，但相邻各州不愿批准互惠法。最近，部落土著人把土地权问题提交联合国，希望澳大利亚部落地区的土地权改革得到国际社会的支持。

像库瓦拉这样的内地土著人问题的解决办法主要是确保牧场所有权，他们能够管好牧场。在自治的情况下，不从事畜牧业生产，内地土著人的传统特征将会继续消失，最新一代库瓦拉人将不具有畜牧生产的实践本领。这样的经济损失对于澳大利亚的整个经济以及库瓦拉人来说都是有害无益的。1967 年宪法修正条款规定，国家政府需要干涉内地土著人的这类事情，因为至今州政府（特别是西澳大利亚和昆士兰）不愿把甚至已经放弃的牧场契约转让给内地土著人集团。根据 1967 年的修正条款，国家政府要行使权力，但又怕引起同州政府之间的代价很高的政治斗争，因为国家政府和州政府常常由同一个政党的成员把持着。然而，澳大利亚土著人的前途在很大程度上取决于国家政府是否愿意制定立法，在几个州从上层消除阻碍土著人生存的法律体系。如果实现了这一点，澳大利亚联邦将会重视英国皇家学会会长在纪念库克船长初航澳大利亚之际所宣布的最严格意义的合法权利。

（中国社会科学院民族研究所主办：《民族译丛》1988 年第 3 期，第 17 ~ 23 页。摘译自作者手稿本，1985 年）

菲律宾的森林消亡与部落解体：巴拉望岛个案研究

［美］詹姆斯·F·埃德 知寒 译

导言

本文旨在探讨森林消亡对菲律宾土著民族生活的影响。与其他地区一样,菲律宾热带森林植被的消亡也是和国家发展政策以及这些政策中有关土地转让和土地授予的内容密切相关的。由于土地的控制权对土著民族的生活极端重要,本文将着重分析土地控制权的丧失问题(这一问题总是伴随着森林消亡)。我的民族志资料主要得自巴拉望岛。作为菲律宾第五大岛,巴拉望至今仍是农业边缘区,并且是菲律宾最大的原始森林区之一。该岛也是当前一场有关如何处理原始森林的激烈的全国环境保护问题论战的主题。岛上的一个菲律宾人部落群体,即巴塔克人、塔格巴努亚人和巴拉望人对这场论战本身影响甚微,但正是他们将直接受到论战结果的影响。因此,本文的首要宗旨就是探讨他们的现实地位和前途。

首先，我将从全国的角度，对几乎集中了该国所有现存森林植被的山岭连绵的菲律宾高地的森林植被和土著民族的现实地位做一简要综述。然后再讨论巴拉望岛的特殊性。我认为毁灭性的商业采伐，加上毫无节制地向巴拉望高地移居，是造成该岛大批土著居民部落解体和随之发生的社会经济边际化（Socioeconomic marginalization）的主要原因。在结语部分，我将简要探讨一项广为提倡的旨在解决高地生态恶化和居民贫困这一对双生问题的政策干预，以及与社会林业、农艺林业有关的各种发展项目之类的问题。这些项目旨在使高地居民参与一种个人得利、社会受益、又不会破坏生态环境的农业。我认为，至少就巴拉望岛而言，缺乏稳固的占有权和大众参与使得理想与现实相距甚远，结果是这些项目一方面加速了部落解体；另一方面却未能改善生态环境。

背　景

今日菲律宾森林植被消亡之快举世无双。菲律宾全国土地面积共 6000 万公顷，目前总人口近 6300 万，人口增长率为每年 2.4% ~ 2.8%。1900 年（当时人口为 760 万）时，菲律宾群岛的大部分均为森林覆盖，到第二次世界大战结束时，尚有三分之二以上的国土为森林覆盖。但是，自第二次世界大战以来，森林消亡的速度越来越快。对现存“足贮森林”面积的最新估计数字为 660 万公顷到 680 ~ 730 万公顷，约等于国土面积的 22.24%。这些森林也正以每年 10 ~ 30 万公顷的速度消亡着。人们一般认为，到 20 世纪末，那些最具商业和生物价值的森林将不复存在。

森林的毁灭主要有两个原因。其一是无情的毁灭性采伐。独立后，新政府把开发国家森林资源视为增加财政收入的良方，这种做法，加上一般“初级产品”的出口，一直持续至今，因为现政府也必须尽力挣得所需外汇以偿付巨额外债。森林毁灭的第二大原因是低地移民——最近数十年间，许多人由于在原居住地无地可耕和缺乏就业机会而被迫从菲律宾各地向高地移居。随即就该指责这些移民所惯于从事的那种十分刺眼的刀耕火种（kaingin）的农耕方式了。然而，这一类森林毁灭的最终原因却是未获解决的低地土地问题和 20 世纪早些时候人们涌入低地森林边缘区。历史上，这种边缘区一直发挥着减缓低地土地问题所造成的土地资源压力的“安全阀”作用。因此请注意，是高地的森林毁灭问题，在今日的菲律宾特别难以解决。

就这样，大量居民进入了菲律宾高地地区。至于确切数字，人们的看法很不一致。一般认为前政府的估计数字过低。据世界银行目前的估计，居住在广义的高地地区的人数多达 1800 万，占菲律宾总人口的将近三分之一。其中的 800 万人居住在国有森林保留地内。

不管数字如何，应对较晚近的低地移民群体和土著民族加以基本区分。土著民族常被称为部落菲律宾人（Tribal Filipinos），他们世世代代生活在其祖先一直在那里生活的高地地区的土地上（部落菲律宾人总数约为 500 万，其中大多数人现在居住在高地地区）。这一区分并不是绝对的：有些低地移民已在高地地区居住了许多年，甚至许多代；而有些离乡背井的部落民则是最近才被迫迁回高地的。而菲律宾政府常常完全漠视这类差别，把所有森林地都一概称为“国有地”，并相应地把这些土地上的所有居民一概称为“非法占地者”，而无视其居住期长短。

关于菲律宾高地居民和那里正在发生的森林消亡之间的关系，主要有两种看法。一种看法认为，人是问题的根源，由此引发了有时十分激烈的关于哪种人造成的破坏最大的争论，特别是关于最应受谴责的是伐木者还是游耕者（kaingineros）的争论。例如，比[①] 认为，导致森林消亡的并不是伐木本身，而是游耕者对新采伐过的土地的侵蚀。相反，波特[②] 则引用了当地的一

① O·J·比：《菲律宾森林资源的枯竭》，见田野报告丛刊第 18 号，新加坡东南亚研究所，1987 年版。

② G·波特和 D·小加纳平：《资源、人口和菲律宾的前途》，第 23 页，世界资源研究所论文第 4 号，1988 年版。

种估计，认为森林消亡的“大约25%”是由游耕造成的，其余均应归咎于伐木。为伐木所做的有力辩护，从获得特许权的伐木人利己的广告到他们的政治盟友的支持性声明，定期出现在传播媒体中，而且通常含有对游耕者的批评。例如，一位巴拉望的著名的国会议员最近声称，在巴拉望，他的一位朋友是个有伐木特许权的人，这个人雇有私人森林巡护员，他们可以“保护”森林，使之免受游耕者的破坏。

然而，对于“有益的”游耕和“有害的”游耕的重要而微妙的区分，使这场争论变得更为复杂。[①] 有益的游耕，即奥洛弗桑所谓“和谐的游耕”[②]，是指那些已在祖居地上轮作了很长时间的高地土著民族所从事的部分土地长期休耕、对生态环境不造成危害的游耕。有害的游耕，即奥洛弗桑所谓“不和谐的游耕”，是指新来的低地移民所采用的那种不利于环境的破坏性的刀耕火种耕作方式。然而，这种区分正在失去意义，因为许多高地土著居民在忙于同更具侵犯性的低地来的对手们为争占宝贵的土地资源而进行的不平等竞争，也已转而实行在退化或处于边际状态的土地上从事破坏性的、短期休耕的游耕方式。

关于高地居民与森林消亡的关系的另一种流行看法认为，人是（或必须是）解决方案的一部分。这种看法对前面提到的社会林业和农艺林业项目十分关注。的确，如同巴拉望个案将要说明的那样，高地居民不可避免地既是问题的一部分，也是解决方案的一部分。

---

① 例如，M·洛佩兹：《菲律宾边缘区域处于险境中的土地政治学》；P·D·利特尔和M·霍罗威茨编：《第三世界处于险境中的土地：地区透视》，第230页，博尔德，西方观点出版社，1987年版，G·波特和D·小加纳平：前引书，第28～29页。

② H. 奥洛弗桑编：《菲律宾以游耕为基础的社会的适应策略和变迁》，第3页，菲律宾，巴尼奥斯，森林研究所，1981年版。

巴拉望个案

巴拉望本土，位于菲律宾西南部，是组成巴拉望省的1768个岛屿中最大的一个。该岛呈狭长状，从东北到西南绵延425公里，宽度从5~40公里不等。总面积约120万公顷，大部分为山岭连绵的高地。该岛具有丰富的自然资源，包括肥沃的农田，热带硬木材，丰饶的渔场和多种贵重矿藏。巴拉望还以自然美著称，有著名的海滩、珊瑚礁、引人注目的地下河、湖泊和瀑布，以及多种多样、有些是当地特有的野生动植物①。巴拉望岛是3个土著部落群体的家园：巴拉望人（Palawan，或 Palawano），居住在南部山地，从事游耕；塔格巴努亚人（Tagbanua），住在中部山地的河畔和山谷地带，也从事游耕；巴塔克人（Batak），生活在该岛中部偏北地区，以狩猎、采集为生。

西班牙人曾于1521年到过巴拉望，当时麦哲伦探险队的幸存者们在寻找香料群岛期间曾在那里寻求给养。但在其统治菲律宾的350年间，西班牙人对巴拉望几乎毫无兴趣。此外，为了争夺对包括巴拉望在内的群岛南部地区的政治控制权，西班牙人在其统治的大部分时间内都在与来自苏禄和文莱诸苏丹国的善于航海的穆斯林进行徒劳无益但代价高昂的战争。到19世纪中叶，显然已有一些低地菲律宾人迁居到巴拉望岛南部海岸的少数地区、西海岸部分地区和该岛最北部地区。但是直到1872年在该岛中部东海岸的一个小海湾建成普林塞萨港（公主港）之后，大量的低地移民才开始迁往巴拉望。移民先是来自库约岛（位于苏

① C·E·芬尼和C·韦斯顿：《环境保护与管理的经济分析：菲律宾一例》，见《环境保护》，1986年第6卷，第1期。

禄海东部），后来则来自菲律宾各地。然而，从那时起直到进入20世纪以后，巴拉望岛一直是一个位于菲律宾经济和政治生活边缘的鲜为人知的区域。

据估计，1903年巴拉望岛总共只有10900人，其中多数可能是塔格巴努亚人或巴拉望人。若以菲律宾其他地区的标准来衡量，今日的巴拉望依然是个人口稀少、森林茂密的地方，并且常常被视为菲律宾“尚未开发的最后的边缘区”。与先前的所有边缘区一样，移居该岛的人数正迅速增加。1980年，该岛人口近27万；今天已接近50万（见表1）。

表1 巴拉望的人口增长

年份	巴拉望省	巴拉望岛	普林塞萨港
1903	35696	10900	1208
1918	69053	31868	6427
1939	93673	42959	10887
1948	106269	56380	15177
1960	162669	102540	23125
1970	2366335	162042	37774
1980	371782	269081	60234

资料来源：国家人口普查和统计办公室，1970年，1980年。

正是由于巴拉望岛的定居相对晚于菲律宾其他地区，这里的森林消亡也较晚发生。大多数丘陵和平原已无树木，但更高的山地（占该岛面积的很大一部分）仍大多为森林覆盖。然而，确切的森林覆盖面积尚无法确定。据政府的《巴拉望岛战略性环境保护计划》估计，该岛森林覆盖率为68%（C·E·芬尼和C·韦斯顿前引文第47页关于该岛森林覆盖率为三分之二的估计显然是以此为据的），但这个数字依据的是1979年的地面卫星投影(Landsat Imagery)。最近的（可能是更为正确的）估计是54%。

显而易见的是，幸存下来的森林也正以惊人的速度消亡着，大约每年要减少19000~47000公顷。与菲律宾其他地区一样，巴拉望森林消亡的直接原因是商业性采伐和来自低地的贫穷移民的拓居。巴拉望最大的伐木商是帕格达南林木产品公司，该公司的主人具有政治影响力，握有包括巴拉望北部地区广达16.8万公顷，即占该岛现有森林面积25%的地区的伐木特许协议。移民的影响同样严重，从巴拉望近年来年人口增长率约达4.6%可看出这一点。毫不奇怪，人口的增长和开发还严重影响了巴拉望的其他资源，特别是渔场、珊瑚礁和红树沼泽等资源。全国新生态保护运动的领导者、总部设在马尼拉的哈里本基金会为保护这些资源所作的种种尝试，已在全国引起一场有关巴拉望资源的激烈辩论，并促使致力于开发这些资源的政客、官员和商人们结成了联盟。

无需权衡伐木和移民对巴拉望森林消亡各自起了多大作用，正是森林消亡加上移民（而不是伐木）给该岛土著民族带来了最悲惨最持久的后果。然而，除了总人数之外，我们对于移民的性质所知甚少。而另一方面，最近发表的几乎所有关于巴拉望岛土著民族的人类学报告，都是以移民的涌入和随之发生的森林消亡为主要论题的。我旨在对这些报告进行简要综合，首先探讨移民和森林消亡过程中人类付出的实际代价，然后，以较为抽象的“边际化”观点加以论述。

部落解体：人类为森林消亡付出的代价

“部落解体”作为20世纪后期的一种普遍的令人不安的社会

现象，对世界上现存的许多部落社会都有影响，因为它们正被融入更广阔的国家级政治体系中。事实证明，这种融入对土著民族的个人生活和集体福利极为有害，以至于很难用一个词来表达这一进程的所有可能的后果。但“部落解体”这一概念包含了经济贫困、丧失政治自治权、社会混乱和文化消亡等当代部落社会变迁带来的所有经常报道的后果。我以前对巴拉望岛巴塔克人祖居地的森林采伐和移民拓居的后果所做的认真细致的个案研究，详细论述了部落解体这一概念①。从民族志方面来说，我旨在描述巴塔克人的文化（在本文中，也包括肉体）灭绝；从更具理论意义的方面来说，我旨在把这种灭绝与面临严峻的生态与社会压力的小型集团的适应限度联系起来。

这里简要回顾一下我有关巴塔克人部落解体的描述，在塔格巴努亚人和巴拉望人中也可看到类似情形。简言之，我认为，以狩猎——采集、游耕、森林产品的收集与出售和工资劳务的杂乱结合为基础的当代自然经济，已不足以维持巴塔克人个人和集体的健康发展，我以人口衰减和各种各样的健康问题和营养问题说明了这种不足②。但同时我也认为，这类困难以及其他种种困难的产生并不是由于巴塔克人不能适应变化着的环境，而是由于随着融入更广阔的菲律宾社会而产生的不利的商业关系和其他政治经济压力对巴塔克人的时间分配和资源利用造成了种种扭曲③。有人认为巴塔克人不能更有效地从事农耕是由一些潜在的文化因

① 詹姆斯·F·埃德：《部落消亡：菲律宾巴塔克人的人口衰减、文化解体和适应性福利》，伯克利，加利福尼亚大学出版社，1987年版。

② 同上第103～161页。

③ 詹姆斯·F·埃德：《菲律宾狩猎——采集者与农民之间的交换：民族同一性与适应性福利的几种含义》，载A·T·兰博、K·吉拉季和K·休特拉编：《东南亚的民族多样性与自然资源的控制》，第37～57页。安阿伯，密执安大学南亚东南亚研究中心，1988年版。

素，如对定居生活和农事规则的莫须有的厌恶等造成的，我对这类观点持反对态度。相反，我认为，一直缺乏稳固的土地占有权和进一步向低地人转让土地所造成的对巴塔克人农业进步的严重威胁，能够更好地解释目前巴塔克农业的混乱状态。

因此，要想全面理解巴拉望岛土著民族为森林消亡付出的代价，就必须把这个问题与祖居地问题直接联系起来。森林消亡已伴随着对那些土地所有权的大规模让渡以及由此造成的社会政治环境与自然环境的必然变迁而出现。今日的巴塔克人、塔格巴努亚人和巴拉望人不仅要在一个部分或完全没有树木的自然环境中生活，还必须在与低地移民之间日渐恶化的依附性关系中求得生存。他们一方面由于缺乏机会和本身的少数民族地位而不得进入低地；另一方面又被森林开发局禁止进入附近的原始森林，于是他们只能居住在靠近狭窄的沿海平原的一片贫瘠的山坡上，由于非常显眼而时时向低地居民和政府官员们昭示着游耕的种种莫须有的弊端。最近的一份世界银行报告写道：

在深受外来影响的地区，从事传统轮作的人们对环境的破坏可与移民等量齐观。更具侵犯性的低地移民常把少数民族赶往更陡峭的山坡，那里游耕造成的土壤流失最具破坏性。由于树木的缓冲作用，林中砍伐造成的水土流失被减至最低限度。然而，今日的刀耕火种几乎全部发生在森林边缘地带，而轮作则在久已没有树木的退化的土地上进行。由于土著居民土地减少而人口却在增加，因此，休耕期不可避免地缩短了。

边际化使部落解体

过去30年间社会科学最重要的共识之一就是承认发达与不发达之间存在着一种辩证关系。因此，主要工业强国生活水平的提高部分地建立于世界上其他国家的牺牲之上。尽管一种全球经济观点对于解释任何土著民族变迁的本质和根源仍存在种种局限性，但发达与不发达的辩证关系却提供了一种全面的观点，只有从这种观点出发，才能理解部落解体问题。

斯威夫特在考察亚洲和非洲部落社会目前的地位时，曾用阶级形成的观点对这种变迁做了有效的解释：

孤立的小型社会被融入更广阔的社会而成为其边际成分的过程，通常也是阶级开始形成的过程。原先的自然经济转向商品经济导致了经济上和社会生活方面的新的、更为持久的不平等。作为小型社会和包容它的大型社会交往媒介的种种新的制度和角色常常变成一个新的阶级体系的制度。结果，边际社会的问题从此就既是阶级的，也是民族的或文化的同一性问题，虽然它可能仍被看成或归纳为单纯的民族或文化同一性问题。

当然，这只是分析部落解体的几种方法之一。但我发现斯威夫特对边际性观点的关注有助于把注意力集中于被融入更大社会的部落社会所特有的进化过程。实际上，随着这一过程的发展，就不该再说有两个不同的社会了。看来，尽管经济上的互相依赖日益增强，这两个社会在语言、文化或社会界限等方面仍存在着差异。更确切的说法是：一个单一的更为广阔的社会的内部变得更为复杂和更加专业化了。

然而，这里并不只是要简单地指出部落集团有融入更广阔的社会体系的倾向，而是要阐明，这种融入是在不利的、亦即处于边际地位的条件下进行的。因此，我对巴塔克人未来的看法是，他们将渐渐地不再被视为“巴塔克人”，而被看成更广阔的菲律宾社会中的一种一般的部落集团。我们相信，这种观点也适用于许多塔格巴努亚人和巴拉望人。对这些民族的区分，将更多地依据已成为进化中的菲律宾部落集团的普遍特征的共同的社会经济特点，如贫穷、无知和缺乏政治权力等，而更少考虑独特的文化标志（如弓箭或土著语言的使用）。与此相同，弗里德兰[①]看到，在今日之中美洲，做一个“印第安人”几乎就意味着贫穷、无知以及缺乏土地和政治权力。

简言之，边际化与森林消亡一样，也具有毁灭性。亚当斯最近曾比较详尽地探讨过这一观点。他指出，边际化进程的主要因素是某些民族对本地社会（及本民族生活）的传统控制权被剥夺，以使他们剩余的行为自主权不致与更广阔的社会体系相冲突。他注意到，扩张中的工业社会把居住区的某些部分变成废物。与此相同，“它也把所包容的社会的民族和文化的某些部分变成废物”。亚当斯的这种观点并不完全是一种比喻。实际上，大规模的文化消亡常常伴随着开发进程而出现，特别是常常发生在边际民族中。当然，文化消亡也发生于工业化的或“处于中心地位的”区域。

然而，这两种文化消亡却有关键性的区别。中心区域的文化变迁通常伴随着新因素、新形式、新的观念体系和新的社会关系的产生。次要区域的文化变迁则常常是简单的文化消亡，即对社会关系的限制。如果有新的替代物产生的话，那也是中心区域的遗弃物。新的文化形式在次要区域更难为人接受，如果面对的是边际集团，则将是彻底的文化消亡，几乎或完全没有文化替代，也几乎没有从本地技术进步和经济增长中发展而来的新的文化形式。显然，由于这些集团无法得到中心区域的生产资源，其文化再生就不得不依赖本集团的文化传统和一个被破坏的环境所能允许的有限的可能性。

亚当斯认为，伴随着边际化而出现的文化消亡“要求我们的远远不只是伤感”，任何一个承认文化具有某种适应性的人都必

① J·弗里德兰：《作为一个韦亚潘印第安人：当代墨西哥强迫认同研究》，纽约，圣马丁出版社，1975年版。

定会赞同这种观点。一个民族的文化与从谋生手段到生活目标的万事万物都有紧密联系。因此，边际化不仅摧毁了文化，也消灭了动力。对处于痛苦中的部落集团的一个共同评价就是，他们苦于无聊、倦怠和“对生活缺乏兴趣”（如R·布雷思：《进入原始环境》，恩格伍德，普伦蒂斯·霍尔出版社，1972年版）①。

一个可能的答案：农艺林业的理想与实践

难道巴拉望岛所有土著民族的前途就是边际化和随之而来的贫困吗？从70年代后期开始，菲律宾政府对高地居民的政策从试图简单地把他们驱逐出森林区转变为试图把他们纳入一系列旨在既稳定高地生态系统又改善高地居民经济生活的项目中。这些项目是建立于社会林业和农艺林业的观念之上，前者承认高地民族实际上有权享用那里的资源；后者则提倡有益于生态的同时种植树木和粮食作物。

许多这类项目正在菲律宾各地实施。项目的规模有大有小。既有由政府主持的，也有由国内外私人机构主持的。有的专门面向菲律宾部落集团。也有的不限文化背景和在森林区居住时间，而是面向特定区域内所有高地居民的。这类项目在利用土著森林居民管理热带森林的知识方面也存在着程度上的差异。然而，在

① 冯·菲雷尔—海门道夫在对生活在偏远山区和居住在人口稠密的河畔的两种印度孔达雷迪人村落的气氛进行比较时，曾极为痛切地描述过这种状况：戈古拉普迪的雷迪人的生活方式与40年前他们父辈的生活方式完全相同，我在那里看到了我1941年曾看到过的那种喜悦和轻松的情调。而在雷迪人与少量来自海岸地区的印度人杂居的科伊达，所有生活乐趣似乎都消失殆尽。雷迪人和科亚人沦为消沉沮丧的苦工，他们对商人和高利贷者的暴行满怀愤恨，却无力形成一致行动以减轻对于新移民的依附。

所有提倡这些项目的地方，根本理想都是发展中的“高地农业生态系统”将能使大批高地农民在较少的土地上从事集约农业，这种农业是定居的而非游动的；它能够扩大而不是耗尽森林植被；它将给农民们带来基本生活所需和现金收入。

虽然这些项目大有前途，并且在几个地方似乎也的确起了作用，但在理想与现实之间仍存在着严重的抵触和矛盾。这就提醒人们注意为了菲律宾社会林业的长远利益而防止过度的热情，至少就土著民族的福利来说是这样。本文的篇幅不允许对有关问题进行全面探讨，但通过简要回顾对迄今为止巴拉望这类项目的进展情况来结束本文将是有益的。巴拉望岛的项目是1979年以后才出现的新事物，当时建立了巴拉望一体化区域发展工程，这是菲律宾全国一系列旨在通过整体方式而不是局部方式促进多方面发展的大规模地区发展项目中的第五个。该工程还在同类项目中首次包含了一个明确的与环境有关的子项目，即一体化环境项目。巴拉望的一体化环境项目和下面将叙述的高地开发项目于1983年开始实施，经费由欧洲经济共同体提供。

迄今为止，巴拉望一体化区域发展工程在高地开发方面进展甚微，基本上只限于在巴拉望南部高地建立了几个集约管理（且代价昂贵）的“模范农场”作为项目基地。这些基地是与森林开发局共同建立并合作管理的，它们全部位于国有森林中已全面退化的山坡上，目前这里混居着低地移民和土著的巴拉望人或塔格巴努亚人。模范农场的宗旨显然是要在巴拉望一体化区域发展工程和森林开发局工作人员的帮助下，使基地附近的高地农民（然后，再使与他们相邻的更远的人们）接受项目基地示范的有益于生态的农场管理方法。实际上，附近的高地农民并不接受这些方法，他们从该项工程所得到的好处似乎仅限于模范农场定期提供的劳务工资。

项目缺乏进展，部分地反映了有关环境和社会问题的严重性，同时也反映了该项目与菲律宾其他地区同类项目之间的根本矛盾。最重要的矛盾是：政府一方面试图让高地人享用高地的资源，鼓励他们再造森林并采用其他有益于生态的管理手段；另一方面却又拒绝承认他们对土地的占有权。G·波特和D·小加纳平指出：

政府把所有未经官方认可为可转让和可自由设置的土地均视为国有土地，而拒绝承认高地居民对这类土地的所有权。政府与森林再造项目合作，为高地居民提供有效期为25年的“管理证书”，到期后可再延长25年。但大多数农民均不信任森林开发局。他们仍然认为这只是一种骗他们栽树的手段，一旦树木长大，森林开发局就会收回土地。[①]

洛佩兹也提醒人们关注这一矛盾，因为它对巴拉望有所影响：

国家的土地分配政策一直存在着矛盾。一方面，它通过宣布某些国有地对小农开放，允许他们互相转让和自由处置，或通过向持有证明文件的人开放国有森林，而鼓励土地分配；另一方面，又一直牢牢掌握着对这些土地的控制权。为获得所有权或森林许可证而不得不把土地分得支离破碎，加上这一制度所需要的复杂程序，使得大部分土地仍在国家控制之下。同样，未经测量、分配和确定所有权的祖居地要归还国家。至于共同占有土地的形式，国家只承认租用权，不承认所有权。由于不愿放弃土地控制权，国家得以把“国有地”资源分给那些最有可能巩固国家所赖以建立的阶级和民族结构的人，或是那些对国家机关的控制

① G·波特和D·小加纳平：《资源、人口和菲律宾的前途》第29页。

权没有威胁的人。①

除此之外，还有其他问题。尽管对本地人的参与做过口头允诺，但本地人的参与极少成为追求的目标，更谈不上贯彻了（虽然巴拉望一体化区域发展工程的塔姆朗项目在这方面显然是个例外）。在菲律宾各地都可以反复听到这类批评。例如，P·弗里兹和T·J·奥布赖恩在写到棉兰老的植树项目时，曾有如下评论：

……虽然森林法修正案和社会林业项目在理论上都鼓励群众通过自立的社区组织真正参与森林再造工程，但迄今为止，这些项目的实施表明，实际上，项目是由外人制定的，群众的选择只在于：要么依从这些项目；要么失去土地。

此外，巴拉望一体化区域发展工程的所有基地都具有示范性质。出于宣传目的而展示的管理技术（如建造高而平坦的梯田），其人才和资金代价大多超出大部分高地农民的承受能力。同样，他们也无力应付为取得“管理证书”所需要办理的复杂的法律手续。更糟的是，人们不清楚，如果期望中的生态措施得到采用，由此产生的高地农场是否能为其主人们带来足够的收入。总而言之，巴拉望一体化区域发展工程似乎永远只能为极少数人服务。

上述问题影响到所有高地居民，但对土著的塔格巴努亚人和巴拉望人影响特别大。平均说来，他们比低地移民更穷，受教育程度更低，并且更容易被恐吓。巴拉望土著民族比较容易被恐吓，这使我们注意到高地发展项目实施中的另一个严重困难。由于祖居地被划为国有地，为得到土地，土著民族被迫与低地移民和开发者进行不公平的竞争。同样，为了得到政府开发项目带来的利益，土著民族也要面对不公平的竞争。

① M·洛佩兹：《菲律宾边缘区域处于险境中的土地的政治学》第244页；P·弗里兹和T·J·奥布赖恩：《森杯、树木和人民：关于工业化林场和植树项目对菲律宾小农影响的初步报告》，第91页，菲律宾，达沃，替代资源中心，1983年版。

要使这种竞争更为平等，要使土著民族参与有益于生态的长期森林管理，根本方针就是要承认：不能把这种参与性管理的成功与土地所有权问题割裂开来。特别是，政府应该放弃把居住在国有地上的土著居民和其他高地长期居民看作非法居住者的依附性寄养政策。O·J·林奇和K·塔尔博特指出：

……防止菲律宾森林进一步消亡的最现实最公正的方法就是承认已经居住在高地森林区的数百万居民享有无须文件证明的财产私有权。①

我想补充的是，这也是防止部落进一步解体的最现实的方法。官方认可高地祖居地和其他长期占有土地的私有权并不是阻止森林消亡和部落解体的充分条件，但却是一个必要条件，至少是一个起点。

（中国社会科学院民族研究所主办：《民族译丛》1992年第3期，第40～48页。原载美国《人口与环境》，1990年，第12卷，第2期）

① O·J·林奇和K·塔尔博特：《对于菲律宾毁林危机的法律反应》，见《纽约大学国际法和政治学杂志》，1988年，第20卷，第681页。

民族重组：美国印第安人的社会、经济、政治和文化生存战略

［美］乔安尼·内格尔
C·马修·斯尼普[1]　刘精香　译

导　言

土著社会,尤其是美国印第安人对付因欧洲殖民者入侵而引起的各种社会变化的方式,是近年诸种研究的主题。在一大批文献中,对民族关系的研究验证了由于少数民族与多数民族居民之间的接触而产生的四大基本过程：消灭(annihilation)、同化(assimilation)、融合(arealgamation)、调节(accommodation)。“消灭”系指逐一毁灭其群体,导致该居民人口或文化的消失;“同化”就是把少数民族群体吸收到主流文化中来,而主流文化基本不变,结果消除居民中的民族差异;“融合”是指各民族居民的相互适应与混合,造成结为一体的或混血的居民,通常把它描绘成“熔炉”;“调节”指的是维护各不同群体的民族特性,结果出现文化多元论。

所有这些过程表现了美国历史不同阶段中印第安人—白人关系的特点。但是迄今无人完全把握当前土著美国人之民族性的现实。美国印第安人坚持宣称为与众不同的美国少数民族群体，这

① 乔安尼·内格尔系美国堪萨斯大学社会学副教授；C·马修·斯尼普教授执教于麦迪森市威斯康星大学，研究乡村社会学。

是毫无疑问的。根据1990年的人口普查，近200万美国人申报为美国印第安人，而指明其祖先有美国印第安人血统的人数还要多得多（美国人口普查局，1991年）。（斯尼普确定了美国印第安人之民族性的三个类别：①“美国印第安人”，认定自身的种族以及民族世系就是美洲）20世纪上述各种数字有增无减。因此，随着数百个不同的美国印第安人社区的相继出现，这些数字证明了旨在使美国印第安人的民族性归于消失的“消灭”和“同化”纲领的失败。尽管美国印第安人没有被消灭或被同化，但是融合与调节的过程也不能准确地勾勒出土著美国人在美国社会中所处的地位。美国印第安人对美国文化的影响是有限的，他们在美国的经济、社会和政治生活的许多方面处于不利的从属地位。因此，“熔炉”论也罢，文化多元论也罢，都不能就美国印第安人的状况做出令人满意的说明。

在本文中，我们将论证作为多数民族与少数民族关系之特征的、尚未为上述四大过程所包括的第五大过程，称之为“民族重组”（ethnicreorganization）。我们认为，民族重组是所有少数民族群体的特征，它对于认识各殖民地社会中土著人的民族生存尤为重要。在这个意义上，民族重组尤其有助于证明美国印第安人之民族性的持久与转化。

当少数民族顺应主流文化的压力或要求而经历其社会结构的重新组合、民族群体界限的重新划定或某一种其他变化时，即出现民族重组。由是观之，尽管是采取一种缓和的形式，民族重组实乃促进民族群体生存的一大机制。为了说明这一过程的运行，我们将集中探讨继人口锐减和美国作为政治主权国家出现之后，美国印第安人的民族界限是如何变化的。我们将明确论述并列举事实证明，这一过程首先在维护美国印第安人作为与众不同的少数民族的继续生存方面，其次在说明美国印第安人之民族性的内容与组合的变化方面所发挥的主要作用。

民族重组

民族重组的概念与能动可变的民族群体界限的概念是一致的。依照这一观点,区别民族内群体与民族外群体的界限是游移不定的,顺应民族群体内外不断演变的社会条件而不断变化。各民族人口是由社会所确定的群体决定的,而谁是、谁又不是群体的成员,其界定可随时间的推移而改变。此外,某一民族群体的文化内容以及社会、经济、政治组合也是可变的,以对变更的民族界定做出反应,并改变刺激性和强制性的结构。虽然引起民族变化的压力既可源于群体内部,也可由居统治地位的群体所施加,但就殖民地人民而言,外来的压力一般大大超过内部的社会变化过程。无论出于何种原因,我们最好把民族重组理解为一项战略。少数民族群体即运用这一战略,以图适应各种变化的力量。

就美国印第安人而言，民族重组虽早在与外界接触之前的历史时期就已开始，但重新组合的明显加强却是社会、人口、经济与政治变化的结果。这些变化是由欧洲列强对北美的殖民造成的，也是由美国作为主权国家的出现造成的。上述列强和美国当局行使对印第安人的管辖权，并拥有承认各部落① 为合法社会

① “部落”（tribe）一词用来描述美国印第安人村社，既有争议，亦不甚精确。弗里德（1975 年）认为，部落是产生于欧洲人—土著人接触的历史性结构。研究者们一致认为，美国印第安人“部落”在规模、社会组织形式、文化内容以及认同和组织的统一程度等方面都迥然不同。德洛里亚和莱特尔认为，印第安人部落和部落政府系白人的产物，为印第安人所袭用以求生存。因为很多美国印第安人村社指定“部落”为其正式名称的部分（参阅《联邦注册簿》1988 年第 52829—52835 页），还因为该词为印第安人和非印第安人学者广泛运用于有关印第安人事务的文献中，故“部落”也将在本文中被认为适当或有说明作用之处采用，但亦可与“社会”、“村社”、“群体”或其他更恰当、准确的词语互换。

机构的权力。民族重组的结果是，当今美国印第安人的村社在社会、经济、政治以及文化方面都与其所产生的社会迥然不同。

作为战略上适应不断变更的外来约束的民族变化的观念，与作为应急的、由特定社会条件产生的、且在某种程度上属于意志性的民族性的"工具主义"观点是一致的。由此看来，民族性——其内容与成员资格——是一种协定性的社会地位，其条件是经由（该群体成员的）认同（identification）和（主导地位文化成员的）归同（ascription）的交互作用过程来实现的。当两个群体之间的力量平衡悬殊时，协定即倾向于对认同（即个人所坚持的民族性）一方，或者是归同（即居主导地位的对个人的民族性的界限）一方有利。就美国印第安人而言，虽然自我认同强调了部落成员资格和血统，但由主流文化所划归的民族性仍然是部落与超部落（即"印第安人"）的结合体。因此，以上所描述的美国印第安人民族认同的复合的、分层的形式，反映了（自愿的）认同与（强制的）归同之间的这一辩证关系。

通过对民族重组的各种形式的深入研究，我们将进一步看到"自愿的"（内在选择）和"强制的"（外部强加）民族性与民族变化之间的紧张关系。众所周知，民族重组是前者对后者的顺应。这就是说，可供面临要求变化的种种巨大压力（诸如：流行病、强制迁移、军队和治安维持会的攻击等）的印第安人村社选择的数量是十分有限的。不过，我们认为，民族群体对此做出的反应一般包括多项选择中做出试图性的取舍、一定程度的决策、重新组合以求生存的某种努力。本文以下部分讨论的焦点就是美国印第安人村社为求生存而制定重组战略所做的种种努力。下面各节我们将详细说明民族重组的几种形式，包括：社会重组、经济重组、政治重组和文化重组。我们将根据大量纪实的材料论证面临人口和文化灭绝的美国众多不同的印第安人社会中这些重组的过程。

在与欧洲人接触之时即居住在北美洲的印第安人的数量估计为90～1800万人。而大多数人对北美印第安人居民的估计在200～500万人之间。在接触以后的4个世纪中，美国印第安人居民大批被杀，截至1890年已不到25万人。在20世纪初，美国印第安人的数量如此之少，处境如此之恶劣，以至当代美国改革家和政策制定者们预言了这个种族的末日。学者们查明了一系列导致继欧洲人抵达之后美国印第安人数量急剧下降的因素。这些因素包括：疾病、战争、强制性迁移和包括奴役在内的种族灭绝活动。

面对由欧洲人和美国人扩张造成的人口减少和社会瓦解，土著美国人进行了社会、经济、政治和文化等方面求生存的斗争。美国历届殖民与独立政府的活动和政策中，包括一系列环境约束之类的内容，印第安人村社不得不同这些约束作斗争。[①] 各种形式的民族重组体现了一整套求生存的战略。我们将在以下各节详述各种不同的土著美国人村社自从与欧洲人接触到今天，针对他们面临的种种挑战所采取的社会、经济、政治与文化重组的战略。

社 会 重 组

社会重组包括对管理群体成员资格、亲属关系、家庭组织、社会关系等方面的社会结构的规范与安排的更改、增补和排除。

① 美国政府独立后的第一个世纪内，对印第安人的总方针可由在陆军部内下设印第安人事务局（该局于1848年转属内政部）以及印第安人“战士”所持的态度中得到证明。厄特利在报告中引用了阿帕切人服务机构的一名老兵的话：“我们就像追猎和杀死野狼一样追杀他们。”

土著美国人村社之所以采取一些社会重组的形式，是为了对各种危及他们生存的威胁和约束做出反应，其中包括村社或部落界限的重组、管理婚姻规范的重组、群体或部落成员资格规定的重组以及更大范围内的美国印第安人民族认同的重组。

村社或部落界限的重组

由疾病、战争、奴役、强制性迁移和种族灭绝活动引起的人口下降，构成了对土著美国人村社生存的巨大威胁。幸存者们以多种方式针对这些基本的人口威胁做出了反应。反应之一就是队群（band）或部落界限的重组。多宾斯（1983 年）在报告中指出，其人口因疾病而减少到不能提供充分的（有时从文化上界定的）村社基础的群体，往往将其势力与其他村社合并。这些合并的村社在族裔上并不一定相似。因此，印第安人人口的减少往往造成民族的变化：某些群体消失；另一些群体扩大；还产生多部落混合式村社。斯旺顿（1952 年）列举了对那些濒于灭绝的印第安人社会的大量报道，生动描述了各种不同的队群继战争或流行病之后混合或融合的事例。其中某些本来在语言或文化方面互异的群体作为现在的村社生存下来，在保留地内外均不乏其例。譬如，北卡罗来纳州隆比人（Lumbees）的非保留地村社；蒙大拿州洛基博伊保留地的奇佩瓦—克里部落。

就组合的规模而言，自从与欧洲人接触以来，美国印第安人之间大量社会重组的趋势有增无减。汉南（1979 年）认为，民族界限的扩张，足以作为少数民族群体角逐于现代经济和政治舞台的竞争优势。虽然汉南集中讨论的是工业化社会，但对于面临更强大或组织更完善的政治经济竞争对手的任何群体而言，扩大其组织规模都是有利条件。德赖弗（1961年）指出，美国印第安人对欧洲人侵略扩张的抵抗，导致了印第安人政治单位规模的扩大，因为各村庄和队群联合组成了部落并最终结成联盟，以对付武装良好的欧洲人。① 特里格尔（1978年）在报告中指出，印第安人各部落早期结成联盟是为了与欧洲和美国的猎人和用捕兽机捕兽的人进行更加有效的竞争。

出人意料的是，土著美国人数量的下降往往为印第安人领袖进行大规模社会重组提供了机会。莱廷（1985年）认为，当民族创业者努力加强其群体的并以此而加强其自身的政治地位时，就会出现一股扩大民族界限的动力。菲利普斯（1975年）对美国统治的早期在加州印第安人中整顿社会分裂的讨论，提供了这种创业过程的实例。尽管因战争、迁移和疾病使许多加州印第安人的世系不复存在，但许多其他印第安人在诸如卡惠拉部落首领胡安安东尼奥这样一些强大的靠个人奋斗而成功的（不是以世系为基础的）领袖人物的个人控制之下重新组合起来。

美国政府于19世纪开始推行的保留地制度的创立，既对建立更大规模的民族单位的社会重组施加了压力，也为之提供了动力。在许多保留地，互异的土著美国人队群、村社和部落被圈入同一片土地，置于单一的印第安人事务局军官的管辖之下。在许多情况下，这些群体混合为单一的社会和政治单位。虽然在单一保留地的界限之内某些印第安人群体仍互相隔绝而各有区别（例如，怀俄明州温德河保留地的阿拉帕霍部落和肖肖尼部落，或在较小的程度上的蒙大拿州佩克堡保留地的阿辛内本人和苏人部落），但就许多其他情形而言，保留地充当了这样的界限：围绕

① 部落组织规模的相应扩大造成诸多混合性后果。此类规模的扩大虽然使印第安人村社更有能力抵抗欧美人的入侵，但同时也造成部落之间冲突的升级，使传统的部落之间的不和与袭击变成部落之间的战争，打破了部落内部的和谐，损害了社会—经济活力。

这些界限形成新的更大范围的认同，新的认同与保留地居民的队群或部落成分共存，且前者往往取代了后者。

例如，特罗斯佩（1976 年）在报告中指出，蒙大拿州的弗拉西德保留地就是一个“认同的策源地”，尽管事实上该保留地源于彭德·德奥里勒人和库特奈人祖先的人数多于源于弗拉西德祖先的人数。科内尔（1988 年）指出“古老的亚部落认同的衰退，有利于综合的自我概念”。他引述了在保留地水平上认同的几个例子：亚利桑那州的圣卡洛斯—阿帕切人，内布拉斯加州的桑蒂—苏人，俄勒冈州的瓦姆—斯普林人以及华盛顿州的雅基马人。同样的，桑顿（1986 年）在报告中也指出，加州朗德河谷保留地尤基部落认同的衰退，就有利于科维洛印第安人村社更大范围的混合认同。

确实，有许多研究者认为，保留地界限的功劳在于为那些成员源于不同祖先或文化基础遭到严重破坏的部落提供了统一的基础。比恩（1978 年）和希佩克（1988 年）都引证了保留地是加州莫龙戈部落成员认同并形成共同属性的地点。该部落是由“数支不同民族的队群构成的群体”，但该群体“联合成为一个拥有一片保留地的实体”。同样的，布迪（1983 年）发现，保留地是加州皮特河民族各异的印第安部落的一大联合因素。布什内尔（1972 年）认为，尽管胡帕人的传统文化丧失殆尽，但是加州的霍帕保留地对作为一个群体的胡帕人的生存一直发挥着重要作用。①

在许多情况下，保留地水平的认同形式只是补充而并未取代前部落水平的依附关系，从而产生通常由民族研究者们（霍罗威

① 尽管西海岸各保留地居民拥有多重部落和队群的背景，但保留地作为起联合作用的界限毫无例外地是一种规范。参阅《美国商业部 1974 年年鉴》，《美国内政部 1978 年年鉴》。

茨，1985 年；本特利，1987 年；麦克贝思，1989 年）所观察到的认同分层。例如，蒙大拿州贝尔纳普堡保留地贝尔纳普印第安人村社的格罗斯文特人成员与阿辛内本部落成员之间，在联合部落委员会内的代表均分，因此维持了彼此之间的政治上的部落界限，尽管存在大量跨部落界限的社会与经济活动（《美国内政部1978 年年鉴》）。

在其他一些情况下，保留地界限表现为对圈定区域内印第安居民内部民族区分的轻度挑战。例如，华盛顿州图拉利普保留地的杜瓦米什部落成员，长期以来就是图拉利普各部落的一部分。但是，1977 年杜瓦米什人向联邦政府请愿，要求内政部正式承认其为单独部落。在其他一些情况下，诸如前引加州弗拉西德部落或皮特河部落，作为社会与政治组织的基础，部落水平的认同看来不及保留地水平的民族界限那么突出。还有，下文所讨论的一些例子，认同与组织规模的扩大超越了部落或保留地的范围，达到了地区乃至国家的水平：如加州“教会印第安人”(Missionindians)、“俄克拉何马印第安人”、“阿拉斯加土著人”以及“泛印第安人”、“超部落”或“印第安人民族主义者”。

管理婚姻规范的重组

社会重组的又一形式包括婚姻形式方面和管理婚姻规范的运用等方面的变化，以提高部落生存能力。霍克西（1987 年）讨论了克劳部落婚姻规范的变化，认为这些变化是为适应保留地生活所做的调整。他在报告中指出，保留地每一个地区的氏族和队群混居维护了克劳人对氏族外婚和队群内婚的选择机会。地区内婚制的实施，“使保留地第一家庭的子女不必离乡背井去择偶”。桑顿调查了“多源发生”（polygeny）对人口生存的作用。通过对加州托洛瓦部落和尤基部落的比较，桑顿认为，允许族外婚一夫多妻制的托洛瓦社会组织，使得托洛瓦部落从人口减少的局面复苏，并作为特征鲜明的群体继续生存。他指出，与此相反，母系组合的尤基部落社会组织不允许多重异族婚姻，因此部落规模缩小到了丧失活力的地步。

群体或部落成员资格规定的重组

社会重组的第三种形式集中在部落成员资格的各项规定。美国联邦政府对本土 48 州“印第安人部落实体”的正式承认数已达 300 个以上（《联邦注册簿》，1988 年），这些部落实体有资格接受印第安人事务局提供的各种服务。这种承认对许多印第安人村社有极其重要的价值：可以提供免税、有限的自治，以及各种服务设施，其中包括医疗保健、教育、住房、道路、经济发展资金和对部落政府的资助。①

就联邦政府向印第安人村社提供各项服务的代价和合法性所展开的争论的一个主要问题是：哪些人有资格享受服务。资格就是要求在得到承认的部落中享有正式地位。联邦承认的美国印第安人部落必须持有“登记成员”名册。各部落制定的登记规则相互之间差异甚大，但通常都包括有关部落或印第安祖先（“血量”）、双亲（父亲或母亲的部落成员资格）和居住要求等某些指定的内容。登记规则中的“包括”与“排除”的变化决定部落成员界限的宽或严，成为印第安人村社社会重组的另一机制。

① 联邦政府为土著美国人村社所提供的服务的质量和条件成了多年争论不休的根源（梅里安，1928 年；美国众议院年鉴，1952 年；美国印第安人政策评价委员会，1977 年）。

特罗斯佩（1976 年）引证蒙大拿州弗拉西德部落实行的更严、更带排斥性的登记规则，认为这是对 20 世纪 50 年代“终止”（即解除联邦托管关系）部落的压力做出的反应。联邦官员告诫说：弗拉西德部落成员已经被文化移入了，不再需要联邦提供的服务和保护。[①] 这激起了部落领袖们的一场运动，采取更严格的一套“血量”规定以确定成员资格。对犹他州犹他保留地和乌雷保留地的犹他部落的类似的压力，使保留地人口分裂为“纯血统”（祖先有一半以上为犹他人者）和“混合血统”（祖先有不到一半为犹他人者）。

桑顿（1987 年）对土著美国人村社所建立的登记规则的差异进行了分类。他指出，主要在俄克拉何马州群体居住的非保留地才有一种更宽松的或“包括的”规定的趋势。俄克拉何马州诸部落“包括的”成员资格规定可能源于以下事实：这些主要位于非保留地的村社较少面临各成员之间争夺部落拥有的或以土地为基础的资源利益的竞争，因为此类资源有限或者根本就不存在。有关“包括的”规定更带有政治色彩的解释是与选举有关的，因为相当大比例的俄克拉何马居民为印第安人［1990 年占 12.9%（美国人口普查局，1991 年）］。

美国印第安人民族认同的重组

本文将要讨论的社会重组的最后一种形式包括托马斯（1968 年）的所谓“新认同、新民族群体……新‘民族’”，亦即土著美国人中比部落范围更大的认同和组织的兴起。随着许多美国印第安人群体的社会组织规模和民族认同范围从亲属或队群界限向较

① 这些官员主要是率先主张“终止立法”的立法委员。

大的部落或保留地界限的转变，许多土著美国人的认同正在朝超部落的或“泛印第安人”的认同和组织的成员资格的方向转变。超部落认同，既可以是地区的，也可以是全国范围的，它使多层次的美国印第安人“民族马赛克”又添加了另一种层次。①

土著美国人之民族认同范围的扩大趋势可见于人口普查资料。在20世纪，在接受征询有关问题的美国印第安人（指称其民族为印第安人者）中，不能详细说明部落依附关系的人数比例屡屡上升。马苏穆拉和伯曼（1987年）在报告中指出，1910年只有8%的美国印第安人不能说出自己的部落依附关系。与之相比，1930年为11%；1970年为21%；1980年则高达22.4%。声称自己的种族为印第安人又不能指明其所属部落的美国人有将近四分之一，这表明超部落的社会重组的力量正在发挥作用。乙利伯森（1985年）指出，1980年的人口普查中，非印第安居民也有类似的上升变化。他报告说：在美国居住4代以上的非黑人中，有16%是“非归化的白人”（他们无法说出自己的祖国，也不能选定美国为祖国）。“印第安人”和“美国人”的两个事例都表明了民族认同上升变化的情况。

研究者们就超部落认同的出现列举了诸多缘由。毫无疑问，因素之一是外部的归同力量，即普通欧、美人指称“印第安人”为文化上不同的土著美国人群体。这种一刀切的标签成为联邦政策制定者对所有印第安人村社一视同仁的基础，往往产生意想不到的后果。例如，威特（1968年）在报告中指出，20世纪30年代召集各部落领袖向他们解说联邦政策的变化，此举无意中促进了各部落对他们的共同问题和共同利益的觉察。特罗斯佩（1981年）指出，分享共同的条约背景也有助于“美国印第安人……把

① 要了解有关民族认同结构和重构过程的更广泛的讨论，请参阅（下文即将提出的）内格尔的观点。

自身由共同认同极少的居民……转化为一个民族群体”。特罗蒂尔（1981年）认为，1969年由一个混合背景的、主要是美国城市印第安人组成的群体对阿尔卡特拉兹岛的接管，提供了一部泛民族的“宪章”或一种象征，以此为中心，即可出现超部落认同。最后，许多研究者都把超部落组织的兴起（例如“美国印第安人运动”）和60年代后期到70年代的“红色力量行动主义”这二者，与表明这一时代特征的民权运动和社会变化的范围以及民族自豪感联系在一起。

主要发生在20世纪后半期的美国印第安人居民的城市化，也为遵循超部落路线的社会重组提供了基础和理论说明。民族组织（村社中心、教堂、俱乐部、自愿组织的社团、报纸、邻里）在帮助移民民族群体适应城市生活方面的作用，在民族关系文献中均有详细的记载。1980年，有49%的美国印第安人居住在城市地区。第二次世界大战期间和战后美国印第安人居民的城市化，为超部落社会重组提供了混血居民的基础。部落之间的俱乐部、印第安人活动中心、印第安人教堂的各种社会组织（例如保龄球联合会、垒球队）均在拥有相当数量的土著美国人居民的城市中出现，这些组织为超部落认同和社会重组提供了主要的基础结构。

有趣的是，超部落的认同和行动主义的出现补充了部落的认同和行动主义。许多研究者报告说，20世纪70年代，“红色力量运动”的超部落的印第安民族行动主义促进了部落水平的动员，并在诸如皮特河、苏珊维尔印第安人、莫龙戈人、苏人、北犹他人、乌帕人和西莱茨人等群体当中，产生了部落的民族认同和自豪感的复兴。①

① 科内尔（1990年）认为，保留地具有延缓民族的、超部落的认同出现的效果。与非洲裔美国人（他们没有被隔离在孤立的保留地内）不同，美国印第安人直至20世纪中期才发展到全国水平的认同。

经 济 重 组

经济重组包括对经济规范、经济活动与经济组织进行的更改、增补或排除。土著美国人村社采取了经济重组的一些形式，以顺应对群体生存构成的威胁和约束。其中包括经济基础的重组和经济活动的重组。

村社经济基础的重组

欧洲商品、技术和市场引入北美，推动了许多土著美国人村社中大规模的广泛的经济重组。在这些引起变化的外部刺激中最有影响力的是：美国印第安人使用由西班牙引进的役马；美国印第安人村社自愿或非自愿地并入西班牙的布道团系统；土著美国商人参加泛欧皮货贸易；自愿或有时非自愿地投入工资和奴役劳务市场；把袭击和掠夺的目标从部落转向欧美人。经济机遇和约束等方面的这些变化，都为美国印第安人的经济重组提供了刺激或指明必要性。经济活力的重新组合往往是由整个村社进行的。

经济重组往往是一条通向其他形式的民族重组的道路。因此，有时成为社会、政治和文化等方面的民族重组的样板；有时成为这些重组的机制。例如，许多研究者讨论了诸如切延内人、肖肖尼人和布莱克菲特人等狩猎社会采用马匹作为工具的问题。德赖弗（1961 年）认为，这一新技术改进了传统的狩猎方法，增加了某些部落和部落的某些成员的财富，因而在许多部落之间和部落内部引进了等级制度。他还引证对马匹的需求是对土著美国人群体和白人的袭击增加的刺激因素，因而提高了印第安人之间和印第安人—白人之间冲突的级别。沃什伯恩（1975 年）也指出，引入平原部落的增多的马匹使这些部落能够抵抗白人的竞争和入侵。

面对西班牙的布道团系统在佛罗里达和加利福尼亚的巧取豪夺行径的许多美国印第安人村社厂调整了他们传统的经济活动，使其方式能最有效地利用布道团的农业和本土的狩猎与采集场所的经济生产能力。迪甘（1985 年）在报告中指出，到 16 世纪，佛罗里达的印第安人群体除了在布道团修道士的指导下从事园艺活动之外，还继续狩猎。库姆斯和普洛格发现，南加利福尼亚各布道团洗礼者的数量与年份的丰歉相消长（歉收之年洗礼者多，丰年少）。这些数字提供了有关新加入布道团的印第安人的不同经济活动的证据。新入教者将传统的渔猎与采集相结合，以补充布道团所产食物之不足，荒年尤其如此。库姆斯和普洛格提出问题："他们（丘马什印第安人）为什么竟愿意成为进行文化灭绝的（布道团）系统的自愿参加者?"他们的回答是："布道团系统给他们提供了未加入该组织的人所得不到的一些额外食物。"因此，皈依天主教使丘马什人在其传统食物之外，还增添一些新的、由布道团所生产的农产品。

经济活动的重组

霍尔（1989 年）指明了从国际前景认识改造美国印第安人社会的重要性。推动土著美国人村社认识具经济的力量在于：1. 世界经济制度；2. 美国的经济制度；3. 管理部落经济的美国政策网。把美国印第安人保留地视为国内殖民地的观点反映了这种觉察，正如香帕内（1992 年）对美国东南部"五大文明部落"（乔克托、切罗基、克里克、奇卡索、塞米诺尔）在经济和政治重组方面对国际市场（例如棉花）的作用所做的分析一样。

国际与国内贸易，尤其是皮货贸易，在美国印第安人的民族重组方面起了重要作用。研究者们在报告中指出，皮货贸易“对印第安人的生活”产生了“深刻的影响”，导致了沿河岸（为了交通运输和贸易之便）的永久性定居，减少了沿海岸的定居，发展了狩猎，增加了对更精良的（欧洲）武器的需求，促成了家庭、氏族和部落狩猎领域的建立，从而出现了土地私有制、侵犯私人土地、出售、继承和私有财产等观念，以及某些保留地社会阶级的发展，并且随着村社一些富有的皮货贸易成员独立于部落经济之外而导致了传统权威的崩溃。

美国印第安人投入各种工资劳务市场，产生了同样的结果。研究报告表明，美国印第安人在广泛的付酬行业从业，如在加州当农业工人，从事商业捕鱼和罐头制造，采矿，当产业工人，当家庭仆役，当兵，采伐木材，从事家畜饲养等等。美国印第安人投入劳务市场有时是被迫的，而有时是联邦政策造成的。例如，20世纪60年代，美国联邦政府推出了一套计划，旨在将保留地的印第安人重新安置在城市地区就业，以此作为其同化纲领的一部分而终止对部落的承认。

经济活动方面的这些变化本身，作为民族重组的形式并没有多大意义，但它们对社会、政治或文化的重组产生了重要后果。例如，美国印第安人进入城市工资劳务市场导致了城市印第安人社区的形成。虽然不可能形成印第安人飞地或聚居区，但是为泛印第安人或超部落组织和认同的出现起了推波助澜的作用。第二次世界大战期间，美国印第安人的服役参战也产生了社会政治后果，其影响远远超过了直接服役者的范围。研究者们在报告中指出，兵役是退伍老兵发起的保留地内外不断高涨的政治行动主义的催化剂。这些退伍老兵的战时经历，向他们揭示了联邦政府的印第安人政策的不平等和非正义性，以及建立政治组织以改善印第安人居民所面临的处境的必要性。

或许，促成印第安人社会的经济重组以及由此而引起的社会政治与文化变化的意义最深远的动力，从根本上讲是政治性的：即保留地制度。这一政策极大地瓦解了许多部落的传统经济活动，并对美国各地区印第安人的生活产生了广泛的影响。并非所有的分析都谴责保留地制度。不少研究者认为，在当时面临被消灭或因无土地而被同化两种选择的情况下，印第安人部落得以幸存至今，理应归功于保留地制度。

然而，印第安人事务局官员把印第安人圈定在保留地上并加以种种限制，这就迫使村社加以适应。例如，香帕内（1990年）就描述了特林吉特人面对官方的限制是如何从传统捕鱼转向商业捕鱼的。比恩（1978年）在报告中指出，当莫龙戈人保留地的土地分配破坏了已有的耕作方式时，居民做出的反应是，合并各家所分配的土地并组建合作社。斯旺（1987年）发现，19世纪期间，俄克拉何马州的奥萨格人从野牛狩猎，调整转变为将保留地内的粗放农业与保留地外的定期狩猎二者结合起来，狩猎者和农耕者都参加传统的再分配方式。斯旺认为，上述调整起到了“扩大谋求生存者的各种谋生手段的运用，并将获得重要资源充分供给的可能性提高到最大限度”的作用。

保留地制度和联邦政府对这一制度的推行，为大多数部落采取比较现代化的经济重组形式提供了理论基础，即获得联邦政府拨给的资源并实施条约规定的权利的战略。联邦政府有责任向保留地各村社提供一系列资源和服务（卫生保健、教育、道路、房屋建筑、经济发展援助、法律支持、托管土地的行政管理）。在历史上，上述服务都是直接从印第安人事务局（和其他提供服务的机构，如印第安人健康服务中心）获得的。但是1975年颁布的《印第安人自决和教育援助法》允许印第安人部落直接与服务提供者签约以获得这些服务。有关可得到的服务和如何从印第安人事务局与其他公私提供者那里获得这些服务的知识，使得有必要在保留地发展一整批专业技术人员。这些工作者中有的是部落成员，有的则不是。结果在许多保留地出现了技术统治（technocracy）与村社其他部门之间的紧张关系。

保留地制度的另一结果是用经济发展计划的形式实现经济重组。美国印第安人部落在过去几十年里补充了大量的各种发展项目，因为1975年的《印第安人自决和教育援助法》也鼓励了部落的自给自足和经济发展，这包括轻工业加工、水产养殖、旅游和赌博。保留地的发展是一种经济重组的自觉形式，旨在通过提高保留地生活水准，为居民提供就业机会，增强村社的活力，来改变保留地社会制度的面貌。上述项目的收入用于扩大并改进保留地的健康卫生和教育体系，推动诸如实施部落语言和习俗教育等的文化更新计划。

政治重组

政治重组包括对政治结构、组织形式和参与方式的更改、增补或排除。土著美国人村社采取一些政治组织形式以顺应对群体生存构成的各种威胁和约束，这包括政治结构的重组、部落的政治动员和超部落的政治重组。

政治结构的重组

在历史上，土著美国人村社的政治界限表现出很大的灵活性：扩而大之则组成联盟；缩而小之则瓜分前有的村社。虽然政治界限和机构的重新组合既有内部根源也有外部根源，但是，部落之间的关系和印第安人——白人之间的关系，对要求部落内部和部落之间的政治变化产生了巨大的压力。例如，布雷德利（1987年）认为，16世纪五部落（five—nation）“易洛魁联盟”的苏醒，就是由内部在观念形态上对与欧洲人接触的意义，以及对部落之间的和平与合作在获取欧洲商品中的功用的解释而促成的。[①] 与欧洲人和美国人互动的结果，并非总是形成部落之间的联合。印第安人社会在各种不同的战争（例如，法国和印第安人之间的战争、美国独立战争、美国南北战争、西班牙——美国战争）中所采取的立场，导致许多印第安人部落之间的分歧，有些分歧造成了持久的政治隔阂（例如，在易洛魁联盟的各成员之间）。部落内部的政治重组也是对与欧美人接触的一种反应。香帕内（1987年）讨论了切罗基人由于努力抵抗美国人要求割让土地的压力而完成了“从部落社会向民主政府”的转变。他概述了切罗基、奇卡索、乔克托和克里克等部落经由政治重组进入法治政府以便更有效地与美国的政策和组织机构及其制度作斗争的情形。

美国对待印第安人的政策，其中许多带有明确的政治重组目的，对美国印第安人村社的政治变化具有极其强大的力量。19世纪的迫迁政策和保留地政策，使部落的数量大幅度减少并出现分裂，造成了一些群体的多重家园（例如，堪萨斯州的基卡普人和俄克拉何马州的基卡普人，另有几个已识认出的切罗基群体），把数个不同的土著美国人村社合并为单一的保留地（例如南达科他州的派恩山保留地或蒙大拿州的贝尔纳普堡保留地）。在某些情况下，土著美国人对迫迁政策的抵制导致了部落的政治重组，

① 组成联盟的5个部落是休伦人、奥内达人、奥农达加人、塞内卡人、图斯卡罗拉人。关于欧洲人的信念，布雷德利归功于奥农达加人的强调超自然王国，并把欧洲人描绘成“来自天外的超自然的人类，并从水底世界提供显示‘力量’的物质”。他认为这些信念有助于“联盟”的再现；也有助于相信欧洲人的商品是既实惠又具有精神力量价值的。

如在塞米诺尔人中，有些人拒绝从佛罗里达迁往俄克拉何马州重新定居，造成该部落长期分隔于两州。

20世纪的联邦政策对政治重组最明显最有力的刺激是1934年的《印第安人重组法》（IRA，以下简称《重组法》——译者）。作为“印第安人新政”的一部分，该法的制定旨在撤销数十项同化主义政策，扭转部落土地丧失的局面，以恢复部落的政治、经济和社会制度的活力。半数美国印第安人村社采纳了《重组法》规定的制度。许多没有采用这一法案所规定的政府形式，即按照该法案的方针建立法治政府。上述二者所产生的结果是大规模的政治重组，大多包括书面法规、选举部落主席和部落委员会的规定以及部落的各种商业安排。

研究报告指出《重组法》既在部落内部也在部落之间起到了统一的作用。希克斯（1975年）在报告中指出了《重组法》在（南卡罗来纳州）卡陶巴人村社和（新英格兰）蒙赫甘人村社“组织热情的复兴”；布瓦塞万（1959年）发现，纳拉甘塞特人依照《重组法》特许状进行的重新组合恢复了村社的活力；《重组法》的执笔人科利尔（1963年）在报告中指出，纳瓦霍人在是否采纳《重组法》章程的争论中破天荒第一次出现了部落水平的意识。① 随着联邦政府官员频频组织部落之间的集会宣传并兜售该项政策，关于《重组法》的争论也造成了部落之间的接触。威特（1968年）的研究报告说，《重组法》给部落的和部落之间的交流达到史无前例的程度带来了外部压力……在许多情况下，造成了文化上和地理上都相隔遥远的部落之间正面的相互影响。

并非所有的学者都认为《重组法》造成的政治重组是一个积极的发展。德洛里亚和莱特尔（1984年）评论说，此项政策即

① 该部落当时没有投票赞成采纳《重组法》的章程，只发展建立了纳瓦霍人的章程。

使被描绘为“自我管理”也是由白人强加给印第安人村社的。德洛里亚（1969年）还称《重组法》的部落委员会为“傀儡政府”。的确，虽然《重组法》在重建部落统治权和恢复许多土著美国人村社的活力等方面是一股积极力量，但也在采纳该法案建立政府的决定得不到普遍支持的许多保留地内制造了长期的分裂。在另一些情况下，《重组法》使部落分裂制度化，甚至产生了新承认的部落。例如，1950年，按照《重组法》的要求，联合的基图瓦——切罗基人[①] 成为一个组合的队群，这就永久地将其从俄克拉何马州的切罗基人部落中分离了出去。此外，在许多保留地，当《重组法》的非支持者们视当选的（参加投票者往往有限）政府为“印第安人事务局”的代理人，推行一系列政策维护自我的或官僚政治的利益而置部落福利于不顾时，根据《重组法》建立的政府就成了出现村社紧张局势的根源。

部落的政治动员

政治重组也可能包括政治参与方式的一些变化。例如，《重组法》的普选权条款便导致组织竞选运动、竞相把持选举机构和投票。政治行动主义是经过长期重新组合之参与的另一领域。蒂利（1986年）注意到了所有政治动员中“竞争的全部剧目”或行动主义之形式的历史变化。土著美国人的行动主义也绝不例外。对美国印第安人的抗议活动的调查表明了60和70年代行动主义的戏剧性增长。土著美国人向政治行动主义的这一转变主要归因于由民权运动发起的“抗议期”，该运动始于60年代早期，

① 一个反对1906年提出的一项分配土地并解散作为一个共和体的切罗基民族的计划的群体。

止于70年代后期。

美国印第安人行动主义的某些形式是由部落组织的，且全部注意力集中于部落问题。最著名的部落抗议行动主义可能要数60年代的“捕鱼示威”（fish—in）运动。在这次运动中，部落成员们纷纷有组织地捕鱼，以此反对法庭的命令，或表示意在行使条约规定的权利。虽然部落组织的抗议行动发生在整个70年代，但是通称为“红色力量运动”的大量事件都展现了政治重组的一个比较基本的形式，即大于部落的或超部落的美国印第安人认同和重组的出现。

超部落的政治重组

部落之间的首次现代政治重组，“美国印第安人民族联合会”（NCAl）于1944年建立，这部分的是因《重组法》在部落之间发挥网络作用的结果，同时也是由第二次世界大战中美国印第安人中老兵的进步分子返回保留地所致。虽然美国印第安人民族联合会主要将注意力集中于涉及印第安人部落的问题，但它也表明大于部落的重组过程在运作中。60年代，继美国印第安人民族联合会之后出现了一些更年轻的行动主义超部落组织，其成员主要是部落背景不同的城市人，其倾向是为“印第安人”而不是为了部落。斯坦纳（1967年）称这支大军为“新印第安人”，他们构成红色力量行动主义的核心。“印第安青年民族委员会”（NIYC）和“美国印第安人运动”（AIM）是红色力量时期最著名、最引人注目的两大行动主义组织。尤其是美国印第安人运动，1972年在华盛顿特区对印第安人事务局为期一周的占领，于1973年对南达科他州派恩山保留地历时数周之久的包围，使该组织以“受伤的膝盖第二”（Wounded knee Ⅱ）而著称。

超部落认同和行动主义反馈到保留地政治中并在政治参与方面推动了部落水平的变化。福勒（1987年）描述了贝尔纳普堡保留地几个格罗斯文特人青年群体之间因对城市超部落影响的不同显示而出现的分裂。① 一些研究者的报告认为，印第安人的民族自豪感和60与70年代的民权运动的结果，重新引起了对部落历史的兴趣并点燃了部落行动主义之火，这往往是由返回保留地的那些具有城市行动主义经验的人领导的。

文化重组

文化重组包括对物质文化或观念文化的内容、习俗或传输的更改、增补与排除。美国印第安人村社采取不同的文化重组形式，对危及群体和文化之生存的各种攻击和威胁做出反应。这包括对文化习俗的修正，印第安人与非印第安人文化习俗的交融和各种形式的文化复兴。

文化修正

土著美国人社会发生的一切转变是由社会结构与代理机构二者造成的。印第安人村社面对强大的外部力量，以不同的形式做出反应，或抵制，或参与，或适应。土著美国人文化针对外来压力进行的重新组合，反映了内外之间的交互作用，但是它比这里所讨论的其他重新组合的形式更有争议性。之所以如此，部分原

① 福勒（1987年）还描述了贝尔纳普堡保留地的格罗斯文特人与克劳人部落之间，以及格罗斯文特人与阿辛内本人部落之间的文化的仿效。

因在于有关民族性的既神圣又根植于历史的“原初论”观点。文化重组强调文化变化，因而提出了有关土著美国人文化在多大程度上是早期阶段的人工产物的问题。文化重组强调文化体系的动态的不断进化的特征。关于美国印第安人之民族性的一个重要问题是集中在民族群体生存与文化变化之间的关系上：究竟是文化变化破坏民族性，抑或文化变化乃是维系民族持久延续的机制?

布瓦塞万（1959 年）对罗得岛纳拉甘塞特人的研究给了后一论点以强有力的支持。她在报告中指出，纳拉甘塞特人“被极度文化移入了并普遍地与村社融为一体”，没有现存的本族语言，在“种族类型、明显的文化特征乃至集中的居住地等方面”，都与较大的村社难以区分开来。她问道：纳拉甘塞特人是凭借什么手段“得以维持统一和群体认同的”? 布瓦塞万的回答指出了纳拉甘塞特人的 3 项非传统性制度：部落（按照《重组法》建立的议事会）政府、一年一次的部落会议（pow—wow）和印第安人（新教）教会。根据布瓦塞万的描述，这 3 项制度和他们与欧洲人发生接触前的形式即使并非迥然不同，也相差甚远。但是，这些制度为该群体提供了一些重要的东西：村社的观念、共担公益事业、维护印第安世系（被视为优于非印第安人或非洲世系的地位）的机遇，以及把纳拉甘塞特人和其他印第安人村社联结起来的部落成员资格。

许多研究者报告了针对欧美人的“封裹”与强制，土著美国人文化制度所做的修正。香帕内（1990 年）描述了 20 世纪初阿拉斯加特林吉特人对他们传统的“夸富宴”所做的修订，这样做一是为了掩饰遭白人禁止的仪式，再者也是为了安排花费。被禁止的家庭夸富宴对较大的村社开放；而被禁止的各种仪式，则或加更改，或与俄国东正教或者基督教的仪典合并举行。福勒（1987 年）描述了 19 世纪阿拉帕霍人为掩盖他们在怀俄明州温得河保留地举行的各种庆祝活动所做的努力，结果主管印第安人的事务官“把这些活动解释为文明的”。同样的，德赖弗1969年在报告中指出，美国西南部的阿帕切人把少女成年仪式改在7月1~4日举行，这个日期是他们获准在保留地集会的唯一时间。这个新的时间安排一直保留到集会禁令取消之后。

文化修正往往是作为维护其习俗和制度的手段而自愿采取的措施。普鲁查（1984年）把联邦政府对使用佩约特仙人掌的许多部落成员的攻击与土著美国人教会的起源联系起来。土著美国人教会是第一次世界大战后建立的一种泛印第安人宗教。建立该教会的合理性在于依据美国宪法，禁绝佩约特的各种立法努力吓坏了佩约特信徒，于是他们正式建立土著美国人教会，以便明确地置身于《第一修正案》这把保护伞之下。

比恩（1978年）描述了加利福尼亚州莫龙戈保留地针对住区活动中心“大房屋”（Big Houses）的衰落而进行文化修正的另一事例。这些重要的社会和政治制度，近至1904年，都还是以氏族和血统为基础的。但是，相关知识和仪礼的丧失，以及日益下降的资源，威胁到了它们的职能。从20世纪60年代起，采取的解决办法就是建立单独合成一体的“大房屋”，其用途（例如丧葬）广及保留地内外的全体卡惠拉人，而不论其所属的氏族或血统如何。该中心是（不按照传统）由一名妇女领导的。结果是虽进行改革，但“大房屋”制度却得以幸存。

文 化 交 融

各种印第安人和非印第安人文化习俗的交融是文化重组的第二种形式，与民族融合或混合非常相似。文化交融，可以通过文化“借鉴”，把非固有的庆典（如节假日）或习俗（如割礼）采纳到一种文化中来，使两种文化源流更加平等混合。福勒（1987

年）在研究报告中介绍了贝尔纳普堡保留地的阿辛内本人和格罗斯文特人在庆典和仪式上对美国退伍老兵资格的广泛运用。例如，在保留地的米勒克河部落会议期间，老兵们举起并簇拥着美国国旗，而鼓手队则高唱阿辛内本人的“旗歌”。在纪念集会上，老兵们无拘无束地散发食品和礼物。[①] 同样的，怀特霍斯（1988年）的报告也介绍了退伍老兵与许多印第安人村社所举行的部落会议开幕式相结合的行动。

许多部落文化习俗交融的结果，还出现了大于部落的文化融合。许多研究者在报告中指出了平原印第安人在舞蹈、服装、音乐、饮食等形式上文化融合的出现，这些形式在部落会议上尤为引人注目。麦克贝思（1989年）讨论了俄克拉何马州西部非保留地的印第安人群体民族融合的出现。她在报告中指出，诸如普埃布洛人和纳瓦霍人等非俄克拉何马群体使用“俄克拉何马印第安人”的标签，以指称俄克拉何马州基奥瓦人、科曼奇人、基奥瓦—阿帕切人、威奇塔人、卡多人和德拉瓦尔人等各部落的成员。比恩（1978年）沿着同样的思路，描述了加利福尼亚州“教会印第安人”亚文化的出现，这部分的是印第安人事务局人事政策造成的，即安排“受雇的印第安人在保留地由事务局提供资金的岗位工作，而不是让他们自谋职业”。

文化交融在宗教习俗领域是十分明显的。在印第安人村社和教会中，不论其派别如何，两种或更多的宗教之间的调和或混合相当普遍。基督教的象征主义、习俗和信仰与传统的印第安人宗教的交融情况，如马什比人（克利福德，1988年）、阿辛内本人和格罗斯文特人（福勒，1987年）、雅基人（斯派塞，1972年）、奇佩瓦—克里人（福勒，1987年）、莫龙戈人（比恩，1978年）、

---

① 韦伯尔－奥兰多（1991年）在报告中介绍了洛杉矶土著美国人村社的政治行动主义者和非行动主义者之间出现的类似紧张局面。

纳拉甘塞特人（扬，1987年）和特林吉特人（香帕内，1990年）当中的交融情况，均已有所描述。卷入这些文化交融的基督教派别同样是多种多样的，其中包括：门诺教派、震教派、东正教和罗马天主教派、摩门教派以及形形色色的新教教派。

某些研究者认定，宗教文化的交融是保护土著宗教免受基督教和同化主义攻击的一种战略，也是为了巩固印第安人村社。例如，赫林（1988年）对堪萨斯州基卡普人在先知克内库克领导下推行的宗教和社会适应纲领进行了描述，认为这是“一种文化交融，（它）为印第安人抵御白人的进攻提供了一道牢固的防线”。克利福德（1988年）称：马什佩人皈依基督教，就传教士们而言，是“求之不得的福音传道”。但他认为，马什佩人的基督教教堂却又成了反白人斗争的场所。

文化复兴

文化复兴可以接续业已废弃的前制度和习俗而建立，也可能涉及全新的文化形式的创造。这种文化重组的形式，无论是创造的还是再造的，都属于霍布斯鲍姆和兰杰所称的“传统的发明创造”。例如，主要在19世纪90年代盛行于美国印第安人村社的“幽灵舞”，就是一种新的文化形式的例证。这一广泛的复兴运动，假定于欧-美人的销声匿迹和与旧大陆人接触之前的经济文化传统的回归。尽管研究者们就“幽灵舞”运动的广泛流传提出了各种各样的解释，但它的兴起和传播始终表现了作为一种文化复兴形式的特征。

20世纪，许多美国印第安人村社推行了其中包括传统习俗的诞生或再生的文化复兴纲领。在某些情况下，古老的礼仪习俗（如赠物、舞蹈、庆典）被改用于学生升级和毕业、学校授奖、部落机构选举、体育活动等现代盛事。在另一些情况下，现代的制度和事件也成为文化复兴的媒介。复兴的文化习俗在民族志或历史学上的真实性，往往还不及这些习俗所服务的村社建设的目的那么重要。福勒（1987 年）用实际材料列举了格罗斯文特人代际之间就文化习俗的目的和正当性展开辩论的许多例证。其中，老一辈总是对年轻成员制定的文化条规的动机、准确性和理解提出质疑。

20 世纪 60 和 70 年代是美国印第安人村社大搞文化复兴的时期。出现这种情况，原因是多方面的，其一乃是印第安人要求诉讼的间接结果。研究者们在报告中指出，对部落的承认、复位或土地要求的诉讼，往往刺激复兴的努力。例如，布罗德（1985 年）描述了马萨诸塞州马什佩人准备进行十次请愿，要求得到联邦政府对其部落的承认而搭起许多印第安式棚屋和一栋长屋的支架时重新学习传统技能的情景。70 年代在俄勒冈州西莱茨保留地举行了要求恢复部落的类似会议，结果出现了该地部落认同的复活。布鲁（1980 年）的研究报告表明，70 年代伦比人部落自我意识的演变，也是村社在组织形成和集体行动方面为实现联邦对其部落的承认而付出努力的结果。帕雷德斯（1974、1975 年）报告了亚拉巴马州波奇－克里克人因土地要求而引起类似的认同的形成和转化。

现存保留地制度也充当了文化复兴的媒介。最佳例证或许就是教育制度和计划在重建美国印第安人文化，尤其是在土著语言领域所发挥的作用。怀特（1990 年）从一份部落报纸《keq Leyu》中引述了下面这样一段用帕萨马科迪语写的招生广告："如果您今年决定……学习您的语言，请通知我们……不，……成年人学习用自己的语言读书写字并不为时过晚；年轻的朋友们……不用之则失之……来吧，让我们为咱们的语言复兴而尽责。"

许多研究者在报告中指出了保留地学校在类似的文化复兴计

划方面发挥的作用，因为印第安语言、印第安历史和文化都编入了课程表内。①

结 束 语

美国印第安人的个案提供了民族重组面面观的各种实例。社会的、经济的、政治的和文化的重组是民族生存、民族重建和民族创造的机制。这些过程不只局限在美国印第安人或本地部落村社，而且可见于全世界各地城乡民族群体。但是，就所有这些事例而言，民族群体的历史存在具有模糊民族性之动态的、突现的方面的倾向。主要依照民族划分的居民能够将其差别，有时是他们的仇恨的根源追溯到几代甚至数百年之远。然而，当代民族性的和当前民族关系的性质，反映了当代的适应性和不断演进的认同与制度。

苏联的解体及其在东欧的霸权的崩溃所揭示的“民族马赛克”就是一个例子。研究者们可能试图解释说，紧接苏联衰落之后出现的民族主义动员、边界争端和内战，正是由来已久的宿仇在强制消失之后表面化的结果。毫无疑问，许多敌对情绪在历史上是根深蒂固的。毫无疑问，地方和苏联政府所施行的压制防止了民族动员和敌对情绪的表面化。但是，同样毫无疑问的是，这

① 美国土著文化复兴的一个耐人寻味的方面是诸如人类学家、历史学家等专家所起的作用。布迪（1983年）在报告中指出，是一位白人人类学家首创了承认部落的程序，经由这一程序，加利福尼亚州山地迈杜人得以获得联邦政府的承认及其提供的服务。施莱西尔（1974年）和怀特等人注意到，人类学家的活动是有关许多保留地宗教史和文化史的信息源。同样的，布什内尔（1972年）描述了胡帕人的自尊心和文化意识的提高，是因为访问过村社的民族学家、语言学家、音乐研究家以及其他学者们对部落文化史产生专业兴趣的结果。帕雷德斯（1974年）把波奇—克里克人经济和文化的发展与东克里克人从政治家那里以及新闻报道和电视中得到的承认和富于同情的宣传联系在一起。

些新出现的民族和民族主义群体，作为苏联75年的统治及其崩溃后出现的局势的结果，其形式和内容已经重新组合了。

例如，居住在独联体各新共和国的俄罗斯少数民族，就是正在重新组合其民族认同、界限和文化的新群体。各新共和国，由于出现了新的多数民族和少数民族，已开始实施大规模的政治、经济、社会和文化重组的计划。时而再现旧有的制度和传统；时而发明新的制度和传统。虽然不是独联体所有共和国都在以其充分发展的民族认同着手国家和民族大厦的构筑（如塔吉克斯坦），但是另一些共和国开始这样搞了（如波罗的海沿岸各国）。然而，就上述两种情况而言，无论过去的实力如何，均仍有待建造新的思想体系、新的政治、新的经济、新的社会组织和新的文化。

民族重组并不只是新建立的国家的事情。移民群体也忙于在东道主社会中建立其民族认同和民族制度。在东道主社会中已经确立的而且往往居主导地位的群体，作为移民反映其自身的民族性，这种反映并不总是构成一幅美丽的画面。在美国和欧洲，白人势力和白人民族主义运动采用各种思想意识反对移民和“外国人”的存在。因而，针对语言不同的移民群体，出现了形形色色排外主义的移民政策和官方语言政策的动议。[①] 不管民族重组是前摄性的还是反应性的，它都是民族变化和民族新生的机器，它的运转保障了民族性的未来。

（中国社会科学院民族研究所主办：《民族译丛》1994年第2期，第1～15页。原载英国《民族与种族研究》，第16卷，第2期，1993年4月）

---

① 在独联体各共和国和前东欧集团国家的一个类似过程是反犹太主义（往往反对为数甚少的犹太人少数民族，该民族因前帝俄的屠杀而减少十分之一），这在近几年看来像是一种共同的替罪羊策略，用以说明过去失败的缘由。

马来西亚的小民族：塞芒人、塞诺人、贾昆人

［苏］E·B·列乌年科娃　赵俊智　译

马来半岛的土著居民塞芒人、塞诺人和贾昆人，据 1978 年统计总共有 4.5 万人。马来人称他们为“奥朗阿斯利”（土人）、“奥朗胡坦”（林中人）、“奥朗达兰”（内地人），“奥朗布基特”(丘陵人)，“奥朗乌鲁”（河流上游人)。这 3 个在起源、语言、人数、人种类型及其他一些文化生活特点上各不相同的民族，统属狩猎和采集经济文化类型。一般认为：塞芒人属尼格利陀人种；塞诺人属维达人种；贾昆人属南方蒙古人种。不久之前，文献上把塞诺人写成“萨凯人”。“萨凯”的意思是“奴隶”、“下人”，因而它不是族名。关于“塞芒人”一词，也不是该族任何一个部落的自称。现在，大多把他们称为“矮黑人”。贾昆人是马来半岛所有南方蒙古人种的狩猎和采集部落的总称。目前，文献上多称他们为“原始马来人”，在“贾昆人”一名之后再加注他们是原始马来人的一支。关于马来半岛上属于尼格利陀人种、维达人种和南方蒙古人种的狩猎和采集部落，本文将沿用标题上的名称。贾昆语属于南岛语系；塞芒语和塞诺语均属于孟高棉语族。

一、塞　芒　人

塞芒人是上述土著居民人数最少的民族，共约 3000 人，主

要分布在马来半岛北部荒僻地区，傍吉打和霹雳地区中部山脉而居，一部分居住在彭亨州和丁加奴州。塞芒人共有6个部落，人数100~700人不等。人数最多的贾海人和巴特克人（500人），居住在霹雳州和吉兰丹州的东北部。与塞芒人语言和文化最相近的是梅尼克人（120人），居住在吉兰丹州。其余的如拉诺人（260人）、金塔克人（120人）和肯休人（120人），居住在霹雳和吉打两州。

鉴别塞芒人妇女，仅看她们头上是否戴着好像能防病免灾的特制梳子就行了。妇女穿短裙和围裙，男人腰间围一块布。所有衣服都是用植物韧皮做的。现在她们穿马来人的纱笼和布围裙。此外，男人腰间常系一条藤腰带，上面挂着刀具和烟袋。

塞芒人是一个地道的游动部落，衣食住都仰靠森林。他们具有最明显的狩猎和采集经济文化类型的特点。妇女采集食物，男子外出行猎。20世纪初期的学者发现，塞芒人的武器主要是弓箭。现在，他们普遍使用从塞诺人那里学来的用竹筒做的吹气武器。野生植物的根块是塞芒人的主要口粮。如要取得足够的食物，他们就得不惜连续几天四处奔跑。他们在一个地方停留最长不过3天。塞芒人游动多分成10~30人的小组，每个小组都有严格划定的游动区域。一个小组可以到其他小组地区内，但不论到何地都主客分明。他们能准确判断出每个组的自然边界沿着什么河、什么山或其他地形标志通过。其实，正是一定的游动区域成为塞芒人各群体联合的唯一因素。这个时候还谈不上各个塞芒人群体的语言和文化起什么作用。

与塞诺人毗邻而居的塞芒人，通常不仅从事狩猎和采集，而且也从事刀耕火种农业。他们在森林中选出一块适于耕种的地段，砍倒其中的树木并放火烧掉，在林中空地上种植稻子、黍子，栽种珍珠树、甘薯、芭蕉和甘蔗。塞芒人中有一些人本身不从事农业，但到收获季节便迁移到邻近马来人村庄里帮助马来人收获庄稼。塞芒人有时被马来人雇去砍伐森林和开垦土地。有少部分塞芒人虽已完全过渡到定居生活，有时也到丛林中采集藤条卖给华人商贩。塞芒人很早以前就开始向定居生活过渡。早在20世纪初期就已发现，居住在霹雳河上游的塞芒人就主要从事农业，种植稻子、果树和蔬菜，有的给马来人做工，有的自己耕种土地。这部分人与农业民族没有任何区别，但总的说来，塞芒人毕竟是迁徙不定的狩猎和采集部落，只是不定期地从事耕作。

早在19世纪末20世纪初期，从事研究塞芒人的民族学家就已发现，塞芒人曾利用悬崖峭壁的天然掩体作为住所，或在树上筑巢而居。塞芒人在树上架设简陋的住所的方法是，把树杈上逐渐高起的树枝围拢在一起作为屋顶，上面用树叶遮盖起来。现今研究马来西亚土著居民生活的学者伊斯康德尔卡莱认为，悬崖上的掩体和树上的草屋都不是塞芒人的典型住所，这只不过是他们的权宜之计。塞芒人中最常见的住所，不论过去和现在，都是搭在地上的窝棚。窝棚的结构是：用三根竹竿做成鼎立三角架，用蔓草捆在一起，上面蒙上树叶。妇女搭造这样的窝棚只需几个小时，但必须由男人来帮助。窝棚内放上竹篾做的床位。吹气武器和搁放毒药的器皿挂在屋顶上。每一个窝棚住一个小家庭，它是塞芒人中的基本经济单位。父亲和儿子常外出行猎，为全家提供肉食，母亲和女儿在家里采集食物。妇女还为留在窝棚里的家属做饭。在窝棚里除了自己的家属外，还居住着收留的孤儿寡母和单身老人。孩子6岁后通常便与父母分居，住在靠近父母住所的单独窝棚里。

如果公社较大，窝棚则建于四周，中间形成一块圆形空地，用作公社集会和处理公共事务的场所。如果公社较小，几个窝棚可排成一列，相互间距很近。如果知道公社在该地停留不久，窝棚可建在一起，上面共用一个大棚顶，这样办既省工又省料。

通常一个游动部落就是一个有3代人的大家族，其中包括丈夫、妻子、子女，儿媳和女婿以及孙子女。这样的10～30人组成的大家族，构成一个由5～10个窝棚组成的临时村落。大家族的主人是族长。族长的职位可以传给长子。族长必须在经济上主持公道，在公社里伸张正义。目前，族长在土著居民事务部内代表大家族的利益，并通过族长与马来西亚政府发生关系。在少部分已过渡到定居生活的塞芒人中，还设有村长（平格胡鲁）。几个大家族，特别如贾海人和拉诺人那样的大家族可以联合起来共同放牧，不过，这种联合通常是不长久的。一般说来，各个大家族之间只存在较经常的婚姻关系，其他联系则是不稳定和暂时的。塞芒人实行早婚。男子18岁结婚，女子还可早些。结婚仪式很简单。除取得未婚妻同意外，还必须征求岳父的同意。结婚前新郎必须向新娘的父亲赠送礼品：如砍柴刀、衣服和烟叶。所有赠物只是为观赏。还有回避的习俗：女婿不同岳母交谈，新娘不同公公说话。

二、塞诺人

人数最多的土著居民是塞诺人，共有3.2万人，他们主要分布在马来半岛北部和中部山区的霹雳、吉兰丹和彭亨三州。有些塞诺人群居住在雪兰莪州和森美兰州。这些群体有各自的名称和自称，如塞迈人和特梅尔人。塞诺人中的经济、生活方式和文化也不尽相同。在这些方面最相近的是塞迈人和特梅尔人。他们兼营农业、狩猎和采集。塞诺人也像塞芒人一样，实行刀耕火种式的农业，但在经营方式上略有进步。塞诺人先把小树木砍倒一半，然后再砍倒大树，以便使大树压住小树。树枝吹晒数日后用火烧掉。随后便开垦这块地段，在地里种植旱稻、木薯、黍子、甘蔗、南瓜和芭蕉。

整理土地由同住在一个长屋内的全体塞诺人一齐动手。清除地段上的杂草和树丛由妇女和小孩去干，挖掘树桩和点燃树枝则是青壮年男女的事。塞诺人使用的主要农具，是削尖了的木棒。男人在前面挖坑，妇女跟在后面往坑里撒种子。收获的庄稼是全体成员的共同财产。同时，每户还种些蔬菜自己食用，在这方面各家也都互相协助，互通有无。

除此以外，妇女和孩子们还到丛林里采集野果，男人外出行猎。塞诺人打猎使用的主要武器是吹箭筒。从森林中采集的所有果实，同猎获物一样，在长屋所有成员间平均分配，不过首先要满足直接参与狩猎和采集的家族的需要。由于土地经过刀耕火种式耕作之后逐渐贫瘠，塞诺人至少每隔两年在他们居住地区内要转移一次，这就是说他们还是过着游动的生活，不过比塞芒人游动少些。有时他们也在一个地方居住 15 年。

土著居民事务部所规定的某些经济措施，目的在于促使塞诺人向定居生活过渡，促使他们学会饲养家畜，特别是山羊。这些措施当时没有取得成效，因为塞诺人不吃杀死的家畜，认为家畜是他们的家庭成员。不过有些措施，如在塞诺人聚居地开办学校、设立医疗点以及能使他们致富等措施，阻止了他们的迁徙，使他们逐渐在长久居住地定居下来。

塞诺人通常住在高架长屋里，一个长屋居住 40～100 人。长屋的主人是屋长（通高克），屋长处理事务须同全屋成年男人商量。长屋由许多房间组成，每个房间住一个小家族，由共同走廊相通，走廊的中间是公共议事场所。长屋对其所占的丛林地可永久使用，这片丛林地是不能买卖的。塞诺人都是竹编制品的能工巧匠。他们用竹子盖竹楼，做竹舟、竹筏，制作竹家具、劳动工具、竹篮、竹筐、乐器和装饰品。同塞芒人一样，塞诺人也用竹板制作精美的梳子。有些特梅尔人，特别是同塞芒人为邻的特梅尔人还戴鼻棍。在过去，特梅尔人还流行文面的习俗，现在已没有了。每逢节日人们在面部和躯体上涂抹黄、黑、白各种颜色的习俗至今还有。塞诺人的传统装束是：妇女穿裙子，男人穿用树皮做的围腰。现在都改穿马来人的纱笼。

居住在内陆地区和丛林地区的塞诺人同特梅尔人和塞迈人大不相同。他们只在语言上同其他塞诺人相近，而在文化生活特点上则更接近于原始马来人部落。丛林塞诺人住在房子里，主要从丛林里采集藤条卖给华人商贩。内陆地区的塞诺人近 10 年来改变了经营方式。他们原以捕鱼为生，但当时因经不起马来人和华人的竞争而放弃此业，改营农业，种植木薯。现在，他们主要在沿海地区捕捉海蟹和贝壳类动物。很多内陆地区的塞诺人到橡胶和咖啡种植场做工。此外，他们也是名声远扬的建筑家，因此他们被当作土著居民建造房屋的主要劳力。

内陆地区的塞诺人没有划定的统一居住地。他们的居住地分散在马来人、华人、印度人及其他操马来语的土著人村落之中。他们保留着自己的语言。不过，如上所述，在社会组织方面，他们比其他塞诺人部落更接近原始马来人部落。每个村落有 5～10 幢单独的房子，每幢房子里住着一个小家族。村长就是酋长。

三、原始马来人

马来半岛的第三个土著居民群体是原始马来人，总共有 2.1 万人。人数最多的是贾昆人（1 万），主要居住在彭亨州，不过柔佛州也有不少贾昆人居住。人数居第二位的是特穆亚登人（7000），居住在雪兰莪和森美兰州以及彭亨和柔佛州的某些地方。居第三位的是塞米莱人（2300），居住在彭亨和森美兰州。东马来半岛南端的柔佛和新加坡地区，居住着一些特殊的原始马来人部落，称为“海上人”。海上人又分为两种：即“河套人”

(1800）和海上流动民（300)。现在，所有原始马来人部落都操马来语，其中有些人早已信仰伊斯兰教。他们在社会组织和行政管理方面具有许多共同特点，但是总的说来，原始马来人部落之间的差别较之塞诺人之间的差别更为明显。甚至在同一个部落内就有相当大的差别。例如，贾昆人就很不一样，有些贾昆人部落早已完全定居下来，从事农业，在这方面与马来人毫无区别；另一些贾昆人部落则过着半游动生活。

贾昆人村落分散在不同的自然条件下：有些村落在丛林深处；有些村落分布在沿海地带；还有些村落散布在沿河两岸；也有些村落分布在不适合于耕作的沼泽地区。只是在柔佛一地，大约有 30 个贾昆人村落，彼此相隔遥远，老死不相往来。正是这样一些自然屏障造成的分散状态，使得贾昆人没有培养出在民族和文化上的统一感，以示区别于其他原始马来人部落特穆亚登人。每个贾昆人村落由数个高架房屋组成，每个房屋内住着一个小家族。一村共有 50~70 人。村长就是酋长（巴岑），还身兼巫师和萨满两职。巴岑的职位通常可以继承，并可传给其长子，但有时也可选举巴岑。

巴岑选定耕作地段。开垦土地由男人来干；播种和收获是妇女的工作。每家都有一块自留地。贾昆人种植旱稻、木薯、木瓜和芭蕉。他们的主要口粮是木薯。贾昆人同塞诺人中的特梅尔人一样，不能算作是完全定居的部落，因为他们实行刀耕火种农业，在土地贫瘠后随即向邻近地方迁移。农业虽然是贾昆人的主要作业，但并不能保障他们的生活，因为贾昆人开垦的土地不太适宜耕种。因此，他们的主要生活来源仍然靠采集和狩猎。经常全村出动到丛林里采集藤条和树脂，一去就是两三个星期，然后把收获的东西卖给华人商贩，再用赚回来的钱去购买稻米。

对贾昆人影响最大的是马来人。现在，听有贾昆人都会说马来话，尽管有些资料谈到贾昆人也操另一种语言。H·H·米克卢霍—马克莱曾经指出：有些原始马来人部落保留有自己的语言；另一些部落则把自己的语言忘记了，或只保留着自己语言的痕迹。后来另外一些学者也谈到过这一情况，并认为贾昆人操原始马来语。

贾昆人保留了马来人结婚仪式的特点，塞芒人和塞诺人则没有保留。贾昆人结婚先由新郎和新娘的代理人说媒，确定给新娘家的彩礼，然后订婚，过一段时间再举行结婚。结婚举行仪式如下：新婚夫妇先到河里洗身，再接受双方父母摆筵盛情款待。婚后，青年夫妻先到女方父母家居住一年，然后再到男方父母家居住一年，此后便开始建造自己的房屋。从理论上讲，贾昆人准许多娶一房妻室，但实际上他们都是一夫一妻制家庭。离婚比较容易，有过失的一方只须交付罚金即可。

人数居第二位的原始马来人部落是特穆亚登人，它与贾昆人不同之处在于认识到自己是统一的民族。正因为如此，特穆亚登人身处马来人包围之中，并操马来语，但未被马来人同化。他们只与同部落人结婚，甚至为此目的不惜长途跋涉远去他州。特穆亚登人主要过定居生活，住在高架房屋里。地理条件基本上有利于发展农业。他们种植水稻、木薯、蔬菜和果树。特穆亚登人的行政管理体制较贾昆人先进。酋长（巴岑）任村长，还身兼巫师和萨满二职。巴岑同时也是由 5 ~ 6 个村落组成的地域联合的首领。公社所有成员都必须向巴岑交纳一份收成或替巴岑耕种土地。巴岑的职位可以继承，并可传给其长子。特穆亚登人中还设有专人负责办理公共节日事宜，也有专人防卫外敌入侵并同外族进行交易。

特穆亚登人的结婚手续较贾昆人简单。巴岑按照新郎父亲的请求选择新娘，然后由双方家长通过中间人巴岑进行商谈，确定彩礼数量而后成婚。特穆亚登人准许多娶一房妻室，但实际上也是一夫一妻制家庭。离婚也很容易。巴岑作为法官确定有过失的一方，并使其退回结婚赠物。

第三个原始马来人部落是塞米莱人，主要从事刀耕火种农业。塞米莱人村落有房屋15～20幢，人数平均为80～100人。村落的领导是村长，5～6个村落由一个领袖巴岑管理。不论村长还是巴岑，在塞米莱人中同时也是萨满和巫师。村长选定耕作地段，地段上的树木由公社全体男人去砍伐。此后，每家划给一块土地，通常由父亲和儿子去耕种，收获庄稼由母亲和女儿去做。每家的地段可种植木薯、旱稻、甘薯、葱头和胡椒。塞米莱人的个人财产较之其他原始马来人部落更为发达。塞米莱人仰靠农业也不足以糊口，他们也像贾昆人和特穆亚登人一样，连续几个星期到丛林里采集藤条和树脂，然后把它卖掉并买回稻米和其他用品。所有的塞米莱人村落都有一个特点：每个村子都有竹制的专用风磨，其唯一用途是发出声响，可作为丛林迷路人的引路标志。

塞米莱人口粮的重要补充来源是鱼类和野猪肉。到了雨季，野猪成群结队奔向高处的干燥地方，人们猎取很方便。所有猎获物都在全体公社成员间平均分配。

塞米莱人是所有土著居民中唯一实行割礼习俗的民族。他们的婚姻仪式，有许多细节也是从马来人那里学来的。婚前商谈由村长主持，但不是同未婚夫妻的父母对话，而是同新娘的大舅父商谈。这明显地表现出是受了居住在马来西亚森美兰州的米南卡保人的影响。

最后，在原始马来人部落中还有一种靠捕鱼为生的人。他们自称“河套人”。他们是不久以前从苏门答腊来到这里的，早在第二次世界大战以前他们就同苏门答腊有了经常联系。捕鱼、捕捉海蟹、贝壳动物和其他海产品是他们的主要生活来源。河套人还善于制作马来人最爱吃的虾菜，也善于编织各种鱼筐。他们住在河套地区的高架房屋里。每家都有自己的房子、小船和渔具。

在村里主事的是村长。通常村长就是村庄的创建人。几个村落受一个领袖巴岑管理。巴岑就是同土著居民事务部进行谈判的代表。河套人虽然与马来人操同样语言并信仰同样宗教，但没有被马来人同化。他们不同马来人通婚，保留了自己的文化和社会的统一性。

另一个河套人群体，很早以前人们称之为“海上游动民”。他们是直接居住在船上的真正的漂流部落。在船的中部搭起一个窝棚，一家人捕鱼、吃饭和睡觉都在船上。他们每到一处最多停留一日。领导这个小游动部落的是酋长。酋长是从最佳的捕鱼能手中选拔出来的。海上渔民的主要财产是船，青年人在没有自己的船之前是不能结婚的。

近来的马来亚土著居民的与世隔绝状态，仍不失为民族学家研究土著居民的良好机遇，从中观察他们如何从狩猎和采集者的攫取经济向耕作者的生产经济过渡，从游动的生活方式向定居过渡，从临时性住所窝棚向住房过渡的情况。马来半岛的土著居民代表着一种古代社会类型，这种社会作为统一的机构行使职权。一种活动（经济活动）离不开另一种活动（社会活动和精神活动），两种活动紧密地交织在一起，形成一个不可分割的整体。例如：主持农事工作的酋长同时也是萨满。每一种活动，如砍伐森林、燃烧树枝、播种和收获、都举行烦琐的仪式，诸如清洗工具（刀具、手斧和掘土木棒），目的在于免去灾害和消除恶精灵的坏影响。从农田工作开始到完成乃至到收获季节都举行仪式和祈祷，花费时间之长大大超过该项工作本身所需要的时间。因此造成一种印象：好像人们活动的仪式方面远比活动本身还重要。实际上，在这里的一般社会经济活动和精神活动都是不可分割的整体，在某种意义上说，酋长就是祭司和萨满，因而仪式的宗教涵义和生产涵义也是分不开的。

如果我们从这个完整的机体中人为地把社会关系方面划分出

来，那么可以看到在马来半岛土著居民中出现了酋长制度及其各种管理系统。不过，公职人员不是独立自主地进行工作。所有公职人员都在统一的社会文化综合体内行动，每个人所担当的职能，在其他社会中则由各种社会和宗教人员分担。同时，在上述三个民族中，社会作为一个完整的统一机体，其职能结构也是彼此不同的。这些差别来源于统一的社会文化体系的逐渐解体，即社会文化体系分裂为社会领域和思想领域以及思想领域内部的分化。我们以萨满教为例，就可看到马来半岛土著居民中的这些现象。

目前，马来西亚政府正在努力帮助土著居民达到现代生活水平。现在的政策同第二次世界大战前英国当局的政策截然不同。英国人根本不关心土著居民的命运，并在许多州设立了土著居民特别居住区。

为了把土著居民纳入现代民族生活的轨道并最终促使他们同马来西亚民族共同体合并，从50年代初期开始，马来西亚在经济、政治和文化生活方式方面采取了一系列措施，以保障土著居民的权利并发展他们的经济。

在1961~1966年的五年计划中，曾规定拨款150万马元用来为土著居民发展经济，提高他们的物质福利和教育水平，改善并扩大行政管理和医疗设施。根据这个计划，还要提高他们的畜牧业发展速度，改善定居的土著居民的生活条件。在1966~1970年间，又采取了一系列措施发展农业，促使他们向定居生活过渡，并为实现这一措施拨款38万马元。为土著居民修建了一个有450个床位的医院，而且医院的医务人员主要都是当地人。在丛林里共建立了140个医疗点和80座小学校。在靠近现代城市和城镇地区，土著居民可以到马来人和英国人学校里就学。受过专业训练的土著居民可以做护士、教师、汽车司机、办事员和速记员。为了提高他们的生活水平，建立了“模范村”，村里到处修建了新房子、橡胶园和果树园，还有学校。大部分工作都在合作化的基础上由当地人来做。在土著居民事务部里都有当地各界居民的代表。

以上所有的措施的用意，是为了鼓励和加速土著居民与马来民族共同体融合的过程。可是，由于土著居民不是统一的整体，在成分上和发展上存在许多古代的残余，所以马来西亚在提高土著居民生活方面对不同的部落必须采取不同的办法。因此，土著居民事务部的某些措施，例如促使塞诺人学会饲养家畜的措施，看来是冒进了。同时还必须注意到土著居民同马来人之间和土著居民本身相互间早已形成的交往方式。

马来人和土著居民之间以及土著居民本身之间的关系，比我们实际看到的还要复杂得多。所有的土著居民很早以前就同马来人有了不同程度的贸易关系，给马来人当雇工，为他们耕种田地。许多官方文献记载了土著居民受马来人压迫和剥削的情况。塞诺人和塞芒人被当作不可靠者受到奴隶待遇，H·H·米克卢霍—马克莱对此曾有记述。对马来人的不信任感，至今还保留在某些土著居民中。原来，原始马来人和马来人最初在民族成分和语言上的相近，促进了他们的接触和同化，而同样的因素在塞诺人和塞芒人中，却为他们的接触造成困难。实际上，这些民族间的关系是不完全一样的。原始马来人部落，如贾昆人和塞米莱人等，虽然都操马来语，但在生活方式上却同马来人完全不同，不容易受同化。在塞诺人，特别是特梅尔人和马来人之间，关系十分密切。伊斯康德尔卡莱断言，很多马来人都有特梅尔人血统，有些马来人讲特梅尔语，而特梅尔人都能流利使用马来语。土著居民本身之间的关系也相当复杂。在霹雳州就发生过塞诺特梅尔人拒绝同塞芒人同入一个土著人学校的事件。在吉兰丹州还发生过特梅尔人剥削塞芒人的情况。

鉴于上述的复杂情况，对土著居民的马来化政策有了某些缓和，政府努力在马来西亚土著居民中逐渐培养以下三种自觉意识：第一是本民族共同体的成员；第二是整个土著居民共同体的成员；第三是统一的马来西亚国家共同体的成员。

（中国社会科学院民族研究所主办：《民族译丛》1989年第1期，第57~63页。译自《印度尼西亚、马来西亚和菲律宾的小民族》一书，俄文版，1982年）

东南亚的狩猎民族

［日］大林太良　石应平译　李连　校

一、导　言

在东南亚，迄至近年还到处居住着以采集狩猎经济为生的人群，其中部分人至今仍过着这种生活。其主要者，有安达曼群岛的居民、马来亚山地的塞芒人与巴特克人，还有吕宋岛类原始尼格利陀人种的尼格利陀诸族，泰国与老挝毗邻地区居住的佩图兰人，婆罗洲腹地的普南或佩南人，以及近年来被发现于棉兰老岛山中过着穴居生活的塔萨代人。此外，有报告说，在印度尼西亚东部的阿鲁群岛也有采集狩猎民族，但尚无详细的研究。

这些采集狩猎民族，不管是在体质方面或是文化方面，都表现出种种的差别。比如，安达曼群岛和马来亚的采集狩猎民族，身材矮小，皮肤黝黑，被认为是尼格利陀种人（即小黑人）；其他的采集民族大多数属于蒙古人种系统（或许除阿鲁群岛的居民之外），与其周围的居民和人种无大的区别。

至于狩猎的工具，有安达曼群岛居民和菲律宾的尼格利陀人使用的弓箭。马来亚的塞芒人以前也以弓箭为主要狩猎工具，而巴特克人与婆罗洲的普南人则使用吹箭筒。另外，还有佩图兰人使用标枪。

尽管有这样的差别，但他们之间亦有共同之点。即都过着迁徙的生活，集团规模不大，作为粮食的植物性食品比重甚大，都是森林居民并在多数情况下与农耕民族有一定联系等等，只不过有着程度上的差异。上述共同点不仅见于东南亚，而且在世界其他地区的采集狩猎民族中也屡屡可见。在看待这一地区的栽培狩猎民族之时，这些也同样是值得考虑的特点。

二、与农耕民族的关系

东南亚从旧石器时代的前期就已有人类居住。但是，现代的采集狩猎民族在多大的程度上还保存着旧石器文化继承者的生活方式，尚属疑问。虽然也考虑到有追溯至旧石器时代那样的文化要素存在的可能性，但新增加的要素也不在少数。尼格利陀人的弓箭也许即是其一。比这更重要的，还是社会与文化的整体性质。

也就是说，东南亚的农耕开始了，国家已出现，与远方国家的贸易繁荣起来，即使源自遥远古代的采集狩猎民族还居住于此，但也无法重构他们的社会与文化了。

总之，随着农耕民族的扩大，采集狩猎民族从山麓等原有的居住地区退往山区中，地域发生了变化。不仅如此，他们与农耕民族之间还产生了共生关系并进行着贸易交往。被认为未从农耕民族那里输入铁制品的生活状况正在减少。就像进山收购林产品的商人那样，山里的采集狩猎民族成了给大小平地的居民提供林产品的人。他们过着以农耕民族存在为前提的采集狩猎生活，达到了特殊化且越发采集狩猎民族化。另一方面，在使用树蜡的失蜡法基础上，制造出了东山文化时代的青铜器；而象牙及其他珍贵物品又促进了南海贸易的发达（Loofs，1964；Dunn，1975；Hutterer，1976）。

东南亚的采集狩猎民族与周邻的农耕民族有着密切的关系，

其重要的证据是语言。即在这一地区被认为自古以来过着采集狩猎生活的人们中，孟加拉湾安达曼群岛的居民保存着原有的语言，其他的人则采用了周邻民族的语言。菲律宾的尼格利陀人说澳大利亚语，马来半岛的尼格利陀人则讲南亚语。在后一种情况下，因现在周围的马来人属南岛语系，所以这是与马来人扩张前的时代里居住的南亚语系民族接触的痕迹。印度支那半岛北部的佩图兰人虽也讲南亚语，而更北边的中国云南省苦聪人被认为与其属于同一系统，但他们的语言却属于藏缅语族。也许正是由于与其接触的周邻农耕民族语言系统的不同，才形成如此状况。

采集狩猎民族失去原有的语言而接受周邻农耕民族的语言，这并非罕见的现象。非洲的俾格米人亦失掉了自己原有的语言，接受了周邻班图语系农耕民族的语言。

当然，产生这种所谓语言受容的现象，民族间的接触是必要的。在这样的接触中，我想评价贸易交往所具有的意义。也就是说，我考虑的是，有无来自农耕民族而进入山区搜寻林产品的商人的语言成为山区通用语的过程。

不过，即使说安达曼群岛居民还保存了固有的语言，他们的文化也不是没有受到外来的影响而纯然地保存下来。早在60多年前，海因—格尔德恩就已指出：一旦将安达曼群岛居民的文化作为一个整体来考察，其极原始的特征（如没有狗、乐器与生火法，以及咒术和精灵崇拜的不发达等），确有远古遗风，但也可以看到其他绝非原始的特征。问题在于，在其他东南亚僻地与大洋洲也同样见到这样的要素。所以，不妨推定这其中有古代曾在东南亚广泛分布的诸文化的残余。比较好的房子做成圆形这种情况，以及独木舟的形状、陶器制作和祖先头颅崇拜，似乎都暗示着与邻近的尼科巴群岛民族有某种联系，尽管这样的接触情况和时代还全然不明（Heine—Geldern，1923）。

孟加拉湾中看似孤立的安达曼群岛民族，是受到附近的农耕民族即尼科巴群岛居民的文化影响而独立发展起来的。

三、适应的灵活性

然而，采集狩猎民族与农耕民族在好几百年间，不仅邻近居住而且也有居住在一起的时候，所以有相应发达的适应。也就是说，这种民族之间发生关系的结果，使采集狩猎民族的空间移动性受到了制约而接受了生产经济，从而逐渐形成有两种民族文化要素构成的文化。在这种变化过程中，如给予充分的时间，采集狩猎民族就能很好地发挥灵活的性格。他们能最适度地作出确保生计的适应，这样在经济上维持自给自足，而其目的是可以保持与农耕民族的区别。

斯蒂芬·塞茨举出菲律宾吕宋岛西部的尼格利陀人作为这种采集狩猎民族的例子。即在三描礼士省的皮纳图博山区，尼格利陀人在西班牙人统治时代之前就开始与农耕民族有所接触，随着适应不同高度的生态学条件而与农耕民族接触的程度的不同，在引进了优越的生产经济活动并减少采集狩猎活动的基础上，通过好几代人而适应了下来。

所以，集团狩猎只在海拔600米以上的高地上进行。而在200~600米的高度仅从事个人狩猎。一方面狩猎活动衰退了，另一方面渔捞有强化的倾向。即曾经由猎获物所提供的动物性蛋白已由鱼类替代了。这一发展也反映在渔捞方法的多样化上。

作为他们接受农耕时的栽培植物，重要的有甘薯、香蕉、玉米、山芋、芋头及用刀耕火种栽培的稻。香蕉在高地、玉米在低地、山芋和芋头在200~600米之间栽种。虽然这种依高度而不同的现象是有趣的，但更引人注意的是他们所表现出的情形宛如古代农耕文化博物馆。

尼格利陀人既从农耕的桑巴尔人那里接受了农耕技术，同时也接受了与农耕相关的宗教象征与礼仪。此乃西班牙人征服以前的事情。然而，随着桑巴尔人成为基督教徒，其古时候的农耕信仰和礼仪便丧失了，而这在曾是采集狩猎民族的尼格利陀人那里却保存了下来。比如，在尼格利陀人那里，虽旱稻栽培不很重要，但却举行着稻的播种、生长和收获的礼仪。与此相反，作为他们的主要栽培植物的甘薯、山芋和芋头均无这种礼仪。这种礼仪也许移在玉米的栽培时举行。

在这些与农耕有直接关系的东西之外，尼格利陀人接受保存下来的农耕民族习俗有多种多样，其中之一是结婚时新郎新娘交换饭团或槟榔的习俗。因此，如塞茨所论，皮纳图博的尼格利陀人的文化，至少部分地给予了再构成已消失的农耕民族文化要素的可能性（Seitz，清水，1984）。

四、从农耕民族到采集狩猎民族

皮纳图博的尼格利陀人接受农耕成为刀耕火种民族，是大多数东南亚采集狩猎民族走过的道路。马来亚的塞诺（萨凯）人、苏门答腊的库布人也经历了同样的变化。

然而在另一方面，也有部分农耕民族走过了变为狩猎民族的相反道路。婆罗洲的普南人也许可视之为这种代表性例子。西德的民族学家哈特穆特·K·希尔德布兰德认为，这是婆罗洲与其外部世界的远距离贸易变得繁荣而作为输出物的林产品的需要增长的结果，因而从定居的农耕民族共同体中，分离出某些集团变成林产品采集者。此乃普南诸族的起源，并非很久以前的事情。从文化上看，普南人没有与农耕民族不同的当为独立要素的东西。没有独特的狩猎方法，而与农耕民族的达雅克诸族的狩猎法一样，尤其吹箭筒和猎犬就更是从农耕民族文化中引进的（Hildebrandt，1982）。

斯蒂芬·塞茨亦认为，普南人是比较新的从农耕民族中分离出来的。他从普南人与克尼亚人、塞博基人、卡扬人的文化类似与关系来考察，仅在数百年期间在阿波卡扬河与上巴拉姆河、勒江支流的分水岭附近，从克尼亚人文化中分离出来，发展了采集民族文化，这就是普南人的起源（Seitz，1981）。那时，克尼亚人虽有了阶层社会，但林产品采集者似乎是从下层人民中分出来的（据理查德·切斯特的启示）。而且，塞茨认为菲律宾的塔萨代人也同样是从农耕民族中分离出来的（Seitz，1981）。

五、森林居民

可是，东南亚的采集狩猎民并不都像普南人那样是比较新形成的。卡尔·A·施米茨曾试图推测，作为东南亚的所谓中石器阶段和平文化的主人，狩猎小动物的美拉尼德居民的子孙，是否就是今日的尼格利陀诸族（Schmitz，1964）。虽然也许如此，但这是不能被证明的问题。但即使不能设定这样早的起源，尼格利陀诸族的采集狩猎的生活方式也不是如普南人那样晚的东西，这一点大概是所有研究者认同的。

这样长的时间在森林里继续着采集狩猎的生活，其间产生了独特的与森林相结合的情况。这是怎样的呢？据柯克·M·恩迪科特的调查可明白。

马来亚的巴特克尼格利陀人有时自称“森林人”，是热带丛林里的居民。他们不在开垦地居住随喜好住在森林中的理由之一，是因为那里凉爽。所谓凉爽不仅是舒适感，而且根据他们的病原论：因为酷热引起各种各样的疾病，凉爽相对有利于健康。

另一理由是因为森林乃避开其他民族的地方。马来人的藤商虽定期进入森林，但仅是在白天，而且总是露宿在大河边和沙砾的沙洲上。所以，巴特克人仅限于在雨林中度日，自由于外界的干涉，得以确保某种程度的隐居。

这里重要的是，巴特克人在森林居住被带有宗教的理由。也就是说，他们居住在森林里，是根据超人间的诸种存在而设定的事物的自然秩序之一部分。他们普遍相信，巴特克人作为个人虽有在某时间中离开森林的事情，但倘若巴特克人全体从森林里出来，超人间的诸种存在（神、鬼之类）就要使世界灭亡。

于是，巴特克人不恐惧森林，对其不构筑象征的防御设施。他们的野营地在森林里不增加大的处理，而是融会在周围的森林中。与大部分住在森林里的农耕民族相区别，巴特克人何尝不是"在自然的大海中雕刻出的文化之岛"（Endicott，1978）。

如据恩迪科特所论，在农耕民族的马来人与采集狩猎民的巴特克尼格利陀人之间，在对待森林的态度上有很大的不同。马来人虽也恐惧森林的精灵，但他们真正恐惧的不是精灵，而是森林地域内在的危险，森林的精灵不过是使这种恐怖合理化而已。按恩迪科特所言，恶灵的信仰与森林的恐怖相结合，也许在森林里居住的农耕民族中间是很普遍的。森林对他们说来，本应是回避之敌，但如此做则使他们的生活成为了可能。这样的农耕民族，在森林与人类居住地之间屡屡设定象征的境界，把社会化了的世界作为想像的外来之敌而进行咒术的防御。所以，马来人农民是被巴特克人站在这一种境界的对面一侧来认识的（Endicott，1978）。

（中国社会科学院民族研究所主办：《民族译丛》1990年第2期，第60~63页。原载日本《历史公论》5，《狩猎民族的世界》增刊，1985年）

改革与北方小民族的命运

［苏］З·П·索科洛娃　于洪君　摘译

在我国的最北方和西伯利亚，生活着人数非常稀少的民族（见表）。这就是：涅涅茨人（不超过3万）；埃文克人、汉蒂人（总共2万多）；埃文人、纳乃人、楚克奇人（从1万到1.6万）；多尔甘人、科里亚克人、曼西人（从0.5万到1万）；谢尔库普人、乌尔奇人、尼夫赫人、萨阿米人、乌德盖人、爱斯基摩人（从1.5千到4.5千）；克特人、伊捷尔缅人、普查未统计的楚万人（从1千到1.5千）；恩加纳桑人、尤卡吉尔人、托法拉尔人、阿留申人、涅吉达尔人、奥罗奇人（从500到900人）；埃涅茨人、奥罗克人（从300到500人）。这是在起源方面与该地区相联系的本地居民。其中每一个都有自己古老的奇特文化和语言。1924～1936年存在的中央执委会北部边区民族促进委员会（北方委员会），注重于实现党和政府旨在发展他们的经济、文化和改造其生活的专门措施，其活动促进了北方自治的形成（民族区[①]有：涅涅茨、亚马尔——涅涅茨、汉蒂——曼西、埃文克、泰梅尔、楚克奇、科里亚克、维季姆——奥廖克马、鄂霍次克[②]；民族州有：托木斯克省的特姆斯克、哈巴罗夫斯克边疆区的乌尔奇和纳乃、戈尔诺——绍尔、阿留申、托拉法尔、爱斯基摩、卡坦格利、结雅——乌丘尔、捷尔图拉克、阿纳巴尔、布隆斯克

① 现在称自治区。
② 后两个已撤销。

等[①]），促进了各民族经济和文化的发展。

这些民族在革命前多数处于原始公社关系解体阶段。尽管其中某些民族（汉蒂、曼西、涅涅茨、谢尔库普、埃文克的个别集团、多尔甘等）已经发展起财产分化，其个别集团处于阶级形成的转折路上，但原始公社的各种形式和残余仍在它们那里广泛存在：村社或家庭的土地使用、劳动和产品分配的集体形式、互助原则、氏族的和氏族部落的联合体、族外婚等。苏维埃国家提出了帮助北方各民族绕过资本主义阶段建成社会主义的任务。特别是在最初时期，国内为消除苏联最古老的民族的落后状态做了不少积极的事情。在社会法律方面，实行俄国各民族权利宣言和1918年及1924年宪法所宣布的条款具有很大意义。譬如，通过专门的管理俄罗斯联邦北部边疆区土著民族和部落临时条例就是一个重要步骤。根据当地居民的传统，组织部落的、土著的、后来是游牧的和民族的苏维埃，北方委员会的建立和活动，北方自治（民族区和州）的建立，都有巨大意义。

但是，在30年代中期就开始背离这条路线：北方委员会和民族州被撤销，民族区逐渐丧失其自治权；从50年代末开始，民族苏维埃失去自己的特色并改组为村苏维埃。

在社会经济领域，通过贷款（通常是无偿的）、供应食品、免除赋税、开放储备粮商店，为这些民族提供了物质和财政帮助。

消极成分也不少。例如，在北方的一些区里，集体化速度被毫无理由地加快了，最简单的集体经济形式没来得及好好发展和巩固便（在30年代）改造为集体农庄。还展开了反对个体经济的广泛斗争，其中许多人被划为富农分子。租赁形式，特别是对北方各民族传统经济颇有代表性的家庭承包形式，未被充分利用。

苏联北方本地民族人口变化统计（根据1959、1970、1979年

① 一部分民族州后来并入雅库特自治共和国，一部分于30年代中期撤销。

全苏统计资料）

民　族	1959 年绝对数	1970 年绝对数	占 1959 年人数%	1979 年绝对数	占 1970 年人数%
埃文克人	24151	25149	104.1	27294	108.5
涅涅茨人	23007	28705	124.7	29394	102.4
汉蒂人	19410	21138	108.9	20934	99.0
楚克奇人	11727	13597	115.9	14000	103.0
埃文人	9121	12029	131.9	12523	104.1
纳乃人	8026	10005	124.7	10516	105.1
曼西人	6449	7710	119.5	7563	98.1
科里亚克人	6287	7487	119.1	7879	105.1
多尔甘人	3932	4877	124.0	5053	103.8
谢尔库普人	3768	4282	113.6	3565	83.2
尼夫赫人	3717	4420	118.9	4397	99.5
乌尔奇人	2055	2448	119.1	2552	104.2
萨阿米人	1794	1884	105.1	1888	100.2
乌德盖人	1444	1469	101.7	1551	105.6
爱斯基摩人	1118	1308	117.0	1510	136.3
伊捷尔缅人	1109	1301	117.3	1370	105.3
克特人	1019	1182	116.0	1122	94.9
奥罗奇人	728	1089	139.3	1198	110.0
恩加纳桑人	748	953	127.4	867	91.0
尤卡吉尔人	442	615	139.1	835	135.8
阿留申人	421	441	104.8	546	135.8
涅吉达尔人	350	537	153.4	504	93.8
托法拉尔人	586	620	105.8	763	123.0
奥罗克人	—	—	—	(400)①	—
埃涅茨人	—	—	—	(300)②	—
共　计	131461				

注：①1959 年普查未统计。这是实地调查的确切材料。

②根据 1979 年普查，奥罗奇人为 1198。根据 A·B·斯莫良克所获得的资料，奥罗克人为 400 左右（主要在萨哈林州）。

在社会文化领域，为北方各民族提供了既接受中等教育，也接受中等专业教育和高等教育的广泛可能性。1931～1932 年间，为13个人数最少的民族（涅涅茨、埃文克、汉蒂、曼西、埃文、科里亚克、楚克奇、爱斯基摩、纳乃、乌德盖、尼夫赫、克特、谢尔库普）制定了文字。民族文学以这些民族语言为基础发展起来。民族知识分子形成的有利条件已经创造出来。

1930年在列宁格勒创办的北方民族学院培养了不少教师以及苏维埃的、经济的和党的工作者。从校园中走出了学者、诗人和作家——这些民族的代表。但是，它在1941年就已关闭。在它的基础上成立了赫尔岑师范学院北方民族系。

教育工作中也出现了失误。第一，在社会改造和文化革命的总进程中，向北方各民族的宗教世界观和宗教仪式、与之相关的所有传统，其中包括节日，宣布了无情的斗争。对萨满的镇压尤为残酷。同宗教仪式和典仪的斗争导致民族文化贬值，它在社会中不再发挥适应性作用了。第二，到40年代时，为没有文字的民族创造文字的工作几乎停止了。

加快经济改造，镇压民族传统的最坚定的维护者以及萨满、富农分子和被划为富农的人，取消自治，同自古就有的社会规范作斗争，这也是北方各民族其他建设时期所特有的。但在战后年代，实行了一系列在社会经济和文化发展方面为该地区各小民族提供物质帮助的措施。苏联政府和苏共中央通过专门决议，尤其是1957年和1980年决议保证了北方本地居民在社会经济和文化发展方面的各种优惠。其结果是，北方土著人的物质生活水平显著提高，为他们建起了新的居住点，改造了旧的居住点。对他们的医疗服务有了根本改善，他们的人口开始增加。

但是，1980年决议的效果不及1957年决议。因为它的对象不是民族本身，而是他们居住的地区。结果大部分资金落到本地居民不太多的行政中心。此外。20年来，由于北方工业开发加快并在生态上失调，该地区的传统经济被破坏，该地区的问题激化了。

由于工业的发展，苏维埃的和党的机构对发展北方各民族历史形成的经济和文化的注意力减少了。用于民族地区社会发展的物资和资源的消耗，被转用到装备天然气工人和石油工人的居住点上。社会不公正加深了。当地居民散居于区、州、边疆区全体居民之中，失掉了自己的民族整体性。北方各民族代表失掉社会保护的事件增多了，这就导致了他们的社会消极态度。在这一基础上，族际紧张关系加剧了。

整个北方仅鹿场就减少 2 千万公顷，致使 10 万头鹿失去草场。鹿场的占用和污染在石油工业发展起来的亚马尔——涅涅茨、汉蒂——曼西自治区中发展尤为迅速。北方家鹿数量从 30 年代至今已由 220 万头减少到 180 万头。在苏尔古特自治州南部和下瓦尔托夫自治州大部，养鹿业完全消失。其他地方也大为减少。

总之，应当指出，北方大量的经济改组和巩固（包括农业和渔业组合改组为国营农场或国营手工业），均未产生预期结果。养鹿业和狩猎业这类传统部门尤其如此。

当地居民被排挤出狩猎业和捕捞业。发展狩猎加工业的合作猎兽手工业和从事鱼类捕捞与加工的渔业制品厂，更乐于同迁移来的而不是当地的居民签订合同。如果说原来几乎所有土著居民都在某种程度上致力于狩猎业和捕捞业的话，现在在这些领域劳作的不到三分之一。由于工业开发和偷猎偷捕，野兽和鱼类的资源正在灾难性地迅速减少。海兽加工业——沿海地区的楚克奇人、科里亚克人、爱斯基摩人、尼夫赫人的传统经济活动，由于以工业方法捕杀兽类而显著减少。

在发展传统经济部门方面，悬而未决的问题也不少。养鹿者、狩猎者和捕捞者的劳动像过去一样繁重，但生活却没有组织好。由于未能安排好生活，许多青年牧民成了光棍汉。养鹿者、狩猎者和捕捞者的职业培训也很糟糕。青年们在学校里没有获得必要的知识，缺乏从事传统经济活动的经验。

同50年代相比，苏维埃的、经济的和党的领导干部中现在没有或几乎没有民族的代表，由此常常产生冲突局势。本地居民感觉不到自己是土地的主人，大多数人在社会生活中是消极的。

毫无根据地大规模地让养鹿者向定居过渡并合并其居住点的做法，也未被证明是正确的。在这个过程中，他们的传统的小居住点，无论是固定的还是游牧的，都被撤消了。出现了狩猎者、捕捞者和养鹿者离开低产的活动区的情况。由于有劳动能力的居民就业未获保证，传统部门出现衰退。与此相联系的是居民的物质生活水平下降。认识到离开游牧就不可能从事养鹿业的时候已经到来了。必须改变对待养鹿文化的概念化立场，明确最近的任务是在游牧条件下最妥善地安排养鹿者的生活。

尽管通过了《自然保护法》并成立了苏联自然保护委员会，地方的苏维埃目前仍不能同污染自然环境的工业企业作斗争，因为不是它们，而是边疆区、州和自治区区域内的部和主管部门掌握着真正的权力。需要有一个能对地区、部门和企业已经麻木的经济关系体系做出规定，以便使每个地区的地方权力机构同它们所支配的企业的相互关系建立在双方利益基础之上的机制。然而，任何一份文件，譬如有关西西伯利亚工业开发的文件，都没有提及北鄂毕斯克各民族的命运。关于这一点，无论是在戈尔巴乔夫到西伯利亚旅行的材料中，还是在雷日科夫访问秋明州的消息中，都只字未谈。此事的过错首先在于各个州和自治区的领导，他们甚至没有向政府提到这个问题。

必须要么通过为整个西伯利亚规定具有规范性生态要求的法律，要么在一定有专家、其中包括民族学家参与的条件下成立长期致力于解决这些问题的专门机构（俄罗斯联邦最高苏维埃或部长会议北方委员会、苏联西伯利亚暨北方民族发展事务国家委员会）。

北方各民族当前社会经济发展的特点，反映在该地区人口和民族过程中。当地人口的增长速度下降了。例如，从1970年到1979年，其人数总共只增加3.3%，比1959～1970年的增长少四分之三。此外，某些民族（汉蒂、曼西、尼夫赫、谢尔库普、恩加纳桑、克特、涅吉达尔）的人数甚至减少了一些（例如，汉蒂人和曼西人减少1%）。

80年代中期北方各民族的自然增长（16%）大约比全国高0.5倍。但在个别民族（萨阿米、谢尔库普、埃文克）中，它低于平均数（6%～8%）。在生活于自治区中的各民族中，它为13%～35%。但在生活于自治区之外的各民族中，则为6%～37%。

从1970年到1979年，人口增长率上升的只有阿留申和托拉法尔人（3倍），还有埃文克人（1倍）。在爱斯基摩人中，它没有变化（比全国平均幅度高0.5倍）。在所有其他北方民族中，增长率显著下降。在科里亚克人、乌德盖人、伊捷尔缅人中下降到二分之一；在纳乃人、乌尔奇人中下降到三分之一，在楚克奇人、埃文人、多尔甘人中下降到四分之一至五分之一；在涅涅茨人、曼西人中下降到七分之一；在萨阿米人中则下降到二十二分之一。

北方本地居民的死亡率，包括儿童死亡率，高于迁来者中的死亡率，高于俄罗斯联邦死亡率1～2倍。同60年代相比，80年代的寿命率平均减少20岁。在一些地区仅为45～55岁。许多老人活不到退休年龄。例如，根据汉蒂——曼西自治区下瓦尔托夫民族州奥赫特乌尔村苏维埃的材料，在80年代，226名汉蒂人中只有5名男性高于50岁（占2%），其中超过60岁的只有1人，妇女超过50岁的占9.7%。如果把这些材料同1957年该地区的资料加以比照，则可发现，当时50～60岁的男性占9%～13%（多1～2倍），超过60岁的占3.5%～7%（多2～6倍以上)。从60年代中期到70年代初期，随着这些地区的石油勘察和开采，森林工业的发展，这些因素越发增多。

人口正常再生产的破坏（曼西、谢尔库普、汉蒂、克特、涅吉达尔、恩加纳桑、尼夫赫）与家庭中的消极变化有关。家庭结构改变了——不完整的小家庭，包括单身母亲、寡妇、离异者的家庭数量增多（达30%）。非婚生子女，尤其是北方各民族中的妇女与迁移来的男人的临时关系所生子女数量增加。家庭的人口在减少。多数是有2~3个孩子的小家庭。牧民中光棍汉很多(有时达30%)。由于学龄儿童长期生活在位于大居民点的学校宿舍，出现了代沟。家庭教育等于零。父母向孩子传授民族文化经验的传统被破坏了。

北方各民族的居住方面也有变化。尽管他们在自治区内的人数每10年都要减少一些（从1959年到1979年：埃文克人减少2%，涅涅茨人减少5%，汉蒂和曼西人减少6%，科里亚克人减少10%，多尔甘人减少4.8%)，并且总的来说从1959年的57%减少到1979年的51.3%，亦即减少5.7个百分点，但他们的半数以上居住在自治体中（科里亚克人、楚克奇人、曼西人、涅涅茨人和多尔甘人从71%到85.8%)。但无论在俄罗斯联邦各州和边疆区还是在其他共和国，超过自治区范围的趋势已显示出来(特别是在亚马尔——涅涅茨自治区、汉蒂——曼西自治区和泰梅尔自治区)。随着迁来者数量增加，正在发生另一个过程——北方各民族在自治体中的比重减少了。在任何一个自治区里，他们现在都达不到人口的四分之三。土著人百分比低的是汉蒂——曼西自治区（3%)、楚克奇自治区（9%)、亚马尔——涅涅茨自治区（11%）和涅涅茨自治区（13%)。在哈巴罗夫斯克边疆区、雅库特自治共和国，他们只占1%~2%；而在其他州和边疆区中，则仅占1%。

在居住在自治区的本地居民中，保留民族文化和母语知识的农村居民比例较高（从44%到78%）。尽管总的说来在多数北方民族中城市人口逐渐增加：在所有各类民族中，1959～1970年增加7.5%；1970～1979年增加5.3%（1979年城市人口平均为22.8%）。

母语和文字是民族文化发展的重要组成部分。它们在北方土著中正失去自己的地位。例如，从1970年至1979年，将本民族语言看作母语的本地民族的代表减少5%。1979年，只有61.7%的人把本民族语而不是俄语或其他语当作母语。在10个北方民族中，半数以上居民认为俄语是母语。生活在自治区区域内的本地居民代表平均有77.7%承认自己的语言是母语（在各个民族中为52%～93%），生活在自治区外的则为46.9%。在某些民族（乌德盖人、伊捷尔缅人、奥罗奇人、奥罗克人、阿留申人）中，则仅有17.8%～31%的代表者把自己原有的语言当作母语。

我国宣布所有民族平等，其中每个民族都有发展母语的权利。必须强调母语作为民族文化载体和媒体的功能。况且，民族文化和传统经济部门以及与之相联系的生活方式和住宅风格的发展，存在密切的相互依存关系。因此，旨在修订北方各民族语言的所有措施的成功，与其说取决于管理性的决定，毋宁说取决于它们的传统经济、文化和生活的发展。

重要的是要让在这里工作的属于外族居民的专业人员掌握北方语言。我们记得，20～40年代时，每位学者、专家都把学习他所工作的那个民族的语言看作自己的义务。

教育制度中的缺陷对北方民族群体的发展有着重大影响。在当地学校综合化方面，目前对建立传统经济部门、民间加工业和手工业的经验考虑得很差。学生的总的培训质量还处于低水平，往往是带着蹩脚的俄语知识，在没有母语和本民族文化的知识，无论是对传统部门还是对现代经济和文化领域中的劳动活动训练很差的情况下离开校门的。

由于城镇化和同化过程，消灭许多有时要200乃至200多年才能形成的民族村落，北方本地居民失去了民族物质文化的许多因素，但新的现代物质文化又不是以最佳方式来到北方各民族中间的。

尽管一些文化机关在北方为保持民间精神文化传统做了大量工作，后者的发展还是很差。其中某些东西已无可挽回地消失了。节日传统文化几乎完全绝迹。

还不能不谈到的是，与苏联其他民族不同，在北方各民族那里，职业艺术发展很差。西伯利亚连一家北方民族剧团都没有。距离真正的民族文化繁荣还很遥远。可见，在北方和西伯利亚各民族的民族文化发展方面，积累了许多复杂的悬而未决的问题。

学者和实践工作者目前正在制定到2010年的北方各民族发展构想。遗憾的是，学者们对于解决这些问题的观点和立场有着很大分歧。哲学家、社会学家和民族学家对于传统的民族文化缺少共识。

所有这些悬而未决的问题，在1988年11月于新西伯利亚召开的社会学家全苏代表会议讨论的到2010年期间北方民族社会和经济发展构想中得到了反映。

1988年5月，苏联科学院民族学研究所极北和西伯利亚各民族民族学分部准备了自己的构想草案，学者、苏维埃的和中央各部暨主管部门的工作者，以及地方苏维埃机关，于1988年9月进行了讨论。总的来说，该构想得到高度评价并报呈俄罗斯联邦会议。

这份文件中关于北方各民族经济、文化、生活改造的加速同保持他们的民族文化的独特性不相容的观点是具有原则意义的。改造必须根据各民族的历史，他们的文化、人口数量，他们的自治，分散还是集中居住，传统经济部门的作用，土著人与外族人的比例关系。过去与外族人接触的程度，城镇化水平，该民族居住区工业开发程度，它的民族群体，最后是该民族具有语言和文字的情况而有所区别。此外，根据分布情况和生活方式而继续发展该地区各民族传统经济部门，应该视为固定不移的条件。

可见，北方各民族的进一步发展，要求有一整套深思熟虑的和经过科学论证的社会法律的、社会经济的和社会文化方面的措施。

自治（自治区）在他们的生活中依然有着很大作用。但在北方25个民族中，有19个民族现在没有自己的自治，而现有的自治权也非常有限。在目前完善我们的国家的情况下，这些局限应该消除。

我们认为，为人数最少和居住分散的北方地区设立民族自治结构即民族州和民族村委员会是适宜的。1989年8月，第一个这样的州——埃文——贝坦泰民族州在雅库特自治共和国北部成立。那里居住着大约半数（将近6千人）没有自治的埃文人。来自地方的居民和代表向俄罗斯联邦最高机关提出了在赤塔州成立埃文克民族村、在汉蒂——曼西自治区成立民族村委员会的建议。由于对民族村、民族委员会的地位没有规定，问题的解决拖延下来。最近，报界广泛提出了另外一些社会法律性质的建议：在俄罗斯联邦最高苏维埃成立民族委员会，由联邦所有的民族在其中派驻代表；在俄罗斯联邦部长会议隶属下组织（或恢复）北方委员会。

在社会经济改造领域，提出了许多不同的建议。这里最重要的是发展传统部门和与之相适应的居住方式和生活方式。必须放弃关于北方和西伯利亚各民族代表从小村落迁居到合并村、关于撤消这些小的传统村落的唯意志论的决定。同样，为发展北方各民族的经济，必须保持生态平衡，以便使北方工业开发不致对此构成障碍。显然，北方现有的经济形式（国营农场、国营手工业）在某些情况下可以根据在其中就业的居民本身的要求加以改造，家庭承包、租赁可以在北方养鹿者、渔民和猎人中得到广泛支持，因为它们符合其经济传统。

最后，应该积极呼吁当地民族知识分子、民间艺人、说书人、作曲家、舞蹈家参与社会文化活动，改变停滞的、教条化的大众文化工作形式。必须全力发展以母语为基础的文字和教学，宣传民间艺术，不仅培养北方青年一代，而且培养迁移来的居民群众对这种艺术的尊重。

要防止北方各民族的非民族化过程，防止他们丧失自己的语言、文化和自我意识，现在还有时间和机会。应该注意到，在一些地区中，这些过程已经走得很远。拖延可能带来悲剧性的后果。

必须让北方各民族的代表参加俄罗斯联邦最高苏维埃，至少是在那些现在已经没有其位置的地方苏维埃中保住自己的位置。例如，在北方本地民族占全体居民3%的汉蒂——曼西自治区，州和村苏维埃中有202名代表是汉蒂人和曼西人（占4%~11%）；在自治区中有13人（占6.5%）。让所有类别的地方自治机关在很大程度上由本地居民代表来补充，就像30~40年代那样，也是非常重要的。由于所有这些问题激化，1989年苏共中央九月全会通过的苏共纲领《党在当前条件下的民族政策》对北方各民族予以特殊注意。

必须赋予这些地区的人民代表苏维埃以独具的经济开发权。最近将要召开北方、西伯利亚和远东本地民族代表大会，它会代表所有管理环节中的利益。实现业已提出的和其他的建议，将有助于解决北方民族问题。

（中国社会科学院民族研究所主办：《民族译丛》1991年第1期，第1~7页。原载苏联《历史问题》杂志，1990年第1期）

土著部落文化的价值及其面临的危机

［美］尤金·林登　陈景源　雅令文　译

在1600年以前一个可怕的日子里，许多世纪积累下来的人类智慧结晶被毁于一片火海，藏书丰富的埃及亚历山大图书馆成了一片废墟。这是时代的灾难，也使世世代代的人警醒：人类的知识成果是多么脆弱。这场悲剧使学者们不得不重新去构想那些曾经按目录分类、被工整地书写在羊皮卷子上的全部文学作品和科学著作。

今天几乎没有人注意到，更多的关于各种知识和专门技能的“档案”仍处于被淹没状态，使人类面临着不但失去过去而且危及其未来的危险。被储存于生活在估计达1.5万种现存文化中的长者、以传统方法为人治病者、产婆、农夫、渔人和猎人记忆中的各种知识是人类智慧的巨大宝藏。

在人们还须接受大自然的权威时，以及通过尝试、失败和观察获取知识的过程中，这一巨大的、未被文字记录下来的知识宝藏乃是人类的生命线。但今天世界各地的部落，要么，正在消亡，要么正在被现代文明同化。随着部落的消亡，他们所掌握的那些无以替代的知识也将消失。

在漫长的年代里，土著民族发展了各种各样的技能，创造了无数的艺术品。他们摸索出在没有灌溉系统的情况下，在荒漠上从事农耕的方法；他们知道如何在热带雨林中为自己提供足够的食物而又不破坏生态系统的微妙平衡；他们利用关于海流的知识和对冲向远方岛屿的周期性海浪的感知，学会了如何在太平洋辽阔水域上从事远航；他们发现了许多植物的药用功能；他们也懂得了当地各种动植物之间的基本生态关系。如果上述这些知识得以用文字记述下来，西方的科学文献必会相形见绌。如今，很多这样的知识和技能已经消失。如果继续对其漠然处之，则大多数目前尚存的知识很可能会在今后一代人时期内灭绝。

直到最近，发达世界中几乎没有谁对这一文化劫难给予足够的重视。人们的普遍看法是，拥有强有力的分析工具的西方科学几乎没有从部落积累的知识中得到过启迪。但是，发达世界对环境的灾难性的管理不当已在一定程度上削弱了这种傲慢的态度。一些科学家开始认识到，如同土著民族失去他们的文化和传统一样，发达世界正在失去为数众多的基础研究。也许有一天科学家们为保证发达世界的未来不得不去吃力地重构人类的这部分知识。

人为的危机

多少个世纪以来，土著民族一直受到对其土地和传统的开发性侵蚀。现在不同的只是从对土著人的领地权这一基本问题的争论变为对更多问题的争议，例如，个人是否有权在传统行为方式与现代行为方式中做出抉择。土著人的知识随着他们的土地被剥夺而消亡。但是在世界上许多地方，这类知识的消失也由于土著人中的年轻一代在与外部世界的交往中，接受了那种认为传统的一切都是不合法的左道旁门的观点。

这场危机最让人难办的是，它在很大程度上是人为造成的。面对第一世界富裕而强大的形象，使年轻人背离其前辈，从而使依靠口头传承来维持的古老而脆弱的知识链条亦随之中断。对于老年人来说，很难说服雄心勃勃的年轻土著人，使他们相信，利用吹管猎捕野猪远比享受“现代文明”的成果会生活得更好，尽管这种文明成果对他们来说也许只不过是在拥挤杂乱的城市中求得一份卑微的工作。而对于那些为此辩护的、营养充足且又受过良好教育的来访的科学家们来说，其言谈话语既虚伪又带着恩赐的意味。

变化之快令人震惊。据关心加里曼丹岛土著部落权利的马来西亚议会议员哈里森·恩高先生说，20 世纪 30 年代初期，该岛上仍有 1 万佩南（Penan）部落的人在过着以狩猎和采集为主的半游动生活。但是，伐木业一直在毁坏他们的林地，而且马来西亚政府鼓励他们搬到村落中定居。如今，只有不到 500 名佩南人仍旧生活在丛林里。一旦这些土著人迁入城镇定居，所有他们那些适应丛林生活的各种专门技能和知识便会随之消失。村民们都知道，他们的长辈们过去靠观察某种蝴蝶的出没来判定野猪群的踪迹，并且把这种蝴蝶的出现当作获得猎物的吉兆。然而，今天大多数佩南部落的人已经不记得该观察哪一种蝴蝶了。

分布于世界各地的不同的部落的数量是如此之多，使得记录或者说保存住哪怕是他们所掌握的那些正在消亡的知识中的很少一部分也是难以办到的。自从 1900 年以来，巴西的 270 个印第安部落中已有 90 个完全消失了；另有几十个部落已经失去故土或者抛弃了他们的生活方式，如今，三分之二以上的现存部落的人口已经不足 1 千人；有些部落可能会在人们毫无察觉的情况下灭绝。

根据麻省理工学院的语言学家肯黑尔最近所做的一次调查，在全世界 6000 种语言中，已经有 3000 种因无人再学习和使用而注定要消失。研究人员估计，仅非洲就有 1800 种语言，而印度尼西亚有 672 种，新几内亚有 800 种。如果一种语言消失的话，传统知识也往往随之而去，这是因为任何一种独特的语言群体（Language groups）都有着其专门的语汇，这些语汇反映了土著人应付种种挑战——诸如采集食物、治疗疾病以及处理他们特殊生态系统小环境中各种因素的独特方法。据黑尔估计，只有300种语言的未来是令人放心的。

忘却的代价

土著部落本身是这场知识与传统消亡悲剧的最直接的受害者。这并不是说，这些人永远消失了，而是说他们的文化精神失去了活力。正如一位和平队员所说的那样："留下来的往往是作为往昔部落民影子和作为生活在发达社会中的我们的影子的土著人。"当土著民族失去他们所理解的传统知识时，他们不仅在现实生活中而且在心理上付出了代价。例如，一个设在赤道附近扎伊尔的亚利塞尔的天主教教会的护士和传教士们曾收留、护理了大量患肠灼伤及肠穿孔的病人。经调查发现，那些病人在来这里之前都因为患各种轻微病症接受过治疗，并且已经使用过一种栓剂形式的传统药物。问题并不在药物本身，而是出在用药的剂量上。随着老一代以传统方法给人治病的人去世，人们会自己试着用药，或者到那些对他们祖传医药仅是一知半解的人那里去就医。由于缺少西药及训练有素的医务人员，这一问题在像扎伊尔这样的经济落后的国家中正变得越来越严重。

在位于珊瑚海的巴布亚新几内亚的海岛部落中，那些从城市返回高地村落中生活的失业者们，常常缺乏谋生的最起码的知识。比如，该用哪一种树木盖棚屋才不易朽烂；哪一种木头有毒而不能用来烧火做饭等等。许多去西方求学而离开了故乡的年轻人沦为抢劫东西的"小无赖"，这些人使巴布亚新几内亚的城市被列入世界上最不安全的地方之一。

由于人们忽视了各种禁忌，忘掉了传统的计划生育方法，这种全球性任凭土著文化大出血的状态，甚至引发了人口爆炸。在非洲的许多地方，过去部落妇女们每人平均生五六个孩子，但是现在往往生十个以上。

年轻人的出走

对于一个外界的人来说，是很难想像得出那些新奇的观念和形象对进入外部世界的部落青少年心灵的刺激程度有多深。这些部落青少年们看到的只是他们父辈从未接触过、也无法解释的社会的一个角落。在巴布亚新几内亚，那些离开村落求学的土著人子女领悟到的是人们而不是其祖先们的魂灵创造了那些机器、水坝以及现代世界的其他所谓“船货”(cargo)。他们一旦接受了所学的一切，老一代土著人的可信性和权威性便受到了损害。

自1948年以来一直在新几内亚传教的耶稣会传教士弗兰克·米哈利克神父悲伤地评论了教育使年轻人和他们称之为亲戚们的人疏远的情况。他说：“部落的年轻人不喜欢谈论历史，因为历史令他们感到窘迫。每当我谈到他们的父母是怎样生活的时候，他们总是显得很尴尬。”米哈利克神父和传教团中的其他成员正在设法阻止政府烧掉那些土著人用来举行部落成年礼仪式的“神房”。但是，其他的传教士们却常常告诉部落青年，他们的习俗是原始而野蛮的。那些离开村子迁往城市的亲友回村时常向人们炫耀自己的财富和地位，这也对年轻人产生了很大的影响。女孩子们常遇到的是受过教育、当了职员而从其母辈人所受的极端劳苦中逃脱出来的妇女。这些年轻人如何能抵制现代生活的诱惑呢？他们又怎能正确判断其古老的生活方式中有哪些是该受到尊重并应保持下去的呢？

在巴布亚新几内亚国内事务及青年部供职的约翰·马鲁回忆了他年轻时在塞皮克地区上学期间，起初如何把那些没完没了的礼物交换和其他一些传统活动视为对时间与金钱的浪费和对个人积极性的消磨。不过现在马鲁明白了，这些传统象征着家庭之间的联系，且起着抵制贫困和孤独的作用。

可悲的是，土著部落的人们常常能认识到他们正在失去某些宝贵的东西，可是由于对此认识得过晚而回天乏术了。在象牙海岸一个叫泰的村子里，三位出身于富裕家庭的兄弟曾试图对他们格雷部落的传统习俗与现代经济中的各种职业的尊重方面加以平衡。然而，他们的母亲，一位受人尊敬的用传统方法给人治病的人，却未能把她自己的知识传授给他们。三兄弟之一曾说他很想了解母亲使用过的各种药用植物，但他不敢问，因为母亲会认为他已经预见到了她的死期——传统的传授知识的时间。另一位兄弟也曾想和母亲一起去树林，但他犹疑不决，不敢去问他母亲正在做什么，因为他惧怕母亲所掌握的药力。而第三位兄弟只想在工程设计方面有所成就，他认为自会有人去向他母亲求教的。现在时间一年一年地过去了，他们的母亲所掌握的知识很可能将随着她的去世而失传。

西方的轻视

如果发达世界打算帮助土著人保存他们的遗产，首先就必须认识到这些知识是有价值的。西方科学是建立在知识无条件更新换代这一观念之上的，新的更完善的知识不可避免地要把那些过时的、难免有错误的知识排挤掉。西方科学还被视为是客观的，因而比其他任何思想体系更为严密。

在这种自负心理引导之下，科学家们对传统技能往往视而不见。例如20世纪80年代在美国一些博物馆巡回展出的、堪称美洲安第斯山区印第安人手工艺品代表作的金属打制品，麻省理工学院研究古代技术的考古学家希瑟·莱希特曼在对它们进行了检验之后发现，这些工艺品体现了很高的工艺水平。莱希特曼的分析表明，这些工艺品被用化学方法镀上了一层极薄的金层，达到了相当于现代电镀技术的效果。在此以前，从来也没有人想到过印第安人居然也掌握了这种精密技术。

不仅仅是西方，甚至在第三世界政府也往往把他们的土著文化看作阻碍发展和影响其国家地位的消极因素。例如，在巴布亚新几内亚，那些受了非洲殖民主义做法影响的欧洲行政官员们试图在远离部落生活中心——村庄的城市中加强权力、发展商业，以阻难部落主义。据巴布亚新几内亚国立研究院院长约翰·韦科说，这一决定使政府显得遥远而专横，从而加剧了不稳定性。在数十个拥有大量土著人口的国家和地区中，只有格陵兰岛和博茨瓦纳在努力保存土著文化并维护土著人的利益。

不断增长的正确评价

如今，人们对于土著文化的态度已开始发生变化。科学家们正在学会如何从往往蕴含着土著人洞察力的神话、迷信和宗教仪式之中吸收有益的成分。有时，这类知识随时可派上用场：在海湾战争期间，欧洲的医生们采用一种糖膏治疗某些创伤，这种疗法可以追溯到4000年前埃及的战地医药。

纽约经济植物园经济植物研究所所长迈克尔·贝利克指出，在地球上的26.5万种植物中只有1100种被西方科学家们深入地研究过。但可能对人类具有医药价值或尚未发现其营养价值的植物多达4万种，其中很多已被在部落中用传统方法治病的人所采用。他们能在很大程度上帮助科学家们重点研究那些有应用价值的植物。

贝利克参加了由国立癌症研究所发起的寻找有助于治疗艾滋病和癌症的植物的研究。作为此项研究的一部分，他同萨满们一起前往拉丁美洲的热带森林考察。据国立癌症研究所的戈登·克拉格说，到目前为止，已收集到的5000种植物已产生了某些有价值的化学制品。如果其中某一种被证明可作药用，那么出产此种植物的国家就可以从中获得部分收益。

在过去的10年里，发达国家的研究人员们已经认识到他们可向传统农业学习很多东西。以前，这种传统农业常被视为低效率的和有明显破坏性的。尤其是“刀耕火种”的农耕方式曾颇受指责。按照这种方式，部落民放火烧掉一部分森林，并在这片土地上耕种到地力耗尽时为止。然后他们再迁移到另一个地方并以同样的方式开发。这种耕作方法一直受到责难，人们曾把热带雨林的迅速减少归罪于它。

但是现在，研究人员已经认识到，如果谨慎地运用上述传统农耕方法，从环境的角度来看是有益的。例如，根据设在华盛顿的詹姆斯国际资源保护组织（James Nations of Conservation International）的报告，对墨西哥恰帕斯附近的森林造成威胁的并非土著拉坎敦人的传统耕作方式，而是侵占林区的农场主们所从事的更具商业性的农业生产。生活在亚洲和南美洲的许多土著农民可以在一块土地上耕种达50年之久。随着地力的慢慢衰退，土著人还通过选择种植那些对土地肥力要求不高的作物而无须重新开垦另一块林地。

西方人对传统农耕者们所培育的品种丰富的农作物也已另眼相看了。通过培育出大量品系的玉米、豆类、谷类等，他们使植物学家得以建立起一个巨大的、可以用来栽培未来农作物新品种的遗传基因库。例如，世界各地的马铃薯的健康遗传基因应归功于克丘亚印第安人，正是他们在南美洲安第斯山高原地区培植出了50多种不同的品系。如果这些土著人都改种现代作物，那么全世界马铃薯种植业就会失去抵抗病虫害威胁的关键性防线。

人类学家们在对农业和其他方面的传统进行了研究之后惊奇地发现，有时人们在把部落文化的表层丢弃很久之后，仍然保存了一部分有价值的知识。经济植物研究所的克里斯廷·帕多奇在对秘鲁的一个社区研究后发现，尽管那里的人们在几代人之前就已不再过部落生活了，但当地农民们仍在采用传统的农耕技术。帕多奇几乎观察了所有人家的农作物及其耕种技术的搭配系统。同样，对澳大利亚业已城市化的土著居民的儿童的研究表明，与居住在同一地区的白人儿童相比，他们掌握了多得多的有关鸟的种类及习性的知识。尽管他们已经迁离了故土，但这些孩子的父母已经用某种方式将那些知识传授给他们。不过，仍有相当多的因素阻碍着那些处于危险中的传统知识与技能的传承。

伸出援助之手

科学家们尚未找到能更加有效地保存世界各地的传统知识的方法。有些知识可以通过采访和录音、录像把它们储存于磁带之中，但大量的知识却是和生活方式紧密结合在一起的。因此，波士顿的人类学家贾森·克莱坚持认为，保存知识的最好方法就是让它在使之产生的文化中继续保持活力。克莱的解决办法是：以经济刺激作为手段，这样也能使土著人居住区的生态系统得到保护。为此，在克莱的帮助下，一个名为“文化遗存”的倡导性组织在马萨诸塞州的剑桥成立了。该组织的目的是，通过一项使亚马孙热带雨林中的物产进入市场的计划，来鼓励人们以传统的方式利用亚马孙的热带雨林。

克莱相信，在20年之内，对亚马孙河流域出产的各种坚果、油类、药用植物和花木的需求能使这些产品的年零售额达150亿美元。这一数目足以使政府认可亚马孙丛林存在的价值。而生活在亚马孙河地区的印第安人，每年也能从中获得10亿美元的收益。用这笔钱他们能支付法律费用以保护自己的领地，也可以用这笔收入从外界购买所需的物品。

美国的各家公司也开始从土著人的知识中寻求经济价值。1989年，一批科学家成立了一个叫“萨满药剂”的组织，这家设在加利福尼亚的公司的目标是寻找具有商业价值的药用植物。其中的一个项目，就是开发一种用来治疗呼吸系统疾病及传染性疱疹的抗病毒制剂，它是拉丁美洲的传统巫医一向使用的。

如若以尊重和敏感的态度来看待土著文化，它本身就是一种具有市场价值的商品。第一个去巴布亚新几内亚的澳大利亚人彼得·巴特于1965年首先在该岛开办了一家旅行社，专门组织游人沿塞皮克河而上，前往传统的土著村庄。这家公司每组织一次参观，都将钱直接付给当地各村庄，并捐款给基金会以资助当地的教育事业及为儿童接种免疫疫苗的费用。但巴特也承认，不管怎么说，该公司招揽来的旅游者每年多达7000人，在一定程度上造成了对当地文化的破坏。此外，当地的土著雕刻师们为了迎合旅游者的胃口，已把他们的雕刻品做得便于携带。但企业家争辩说，旅游给土著文化带来的破坏要比传教士及开发官员们的活动所造成的破坏小些。

商业办法还要冒许多其他的风险。在许多土著村庄，金钱是一种异己的、不稳定的力量。类似巴特所从事的那种商业冒险，可能最终摧毁那些被展示的种种文化事物的整体性，比如，宗教仪式已成为适应旅游业需要而表演的节目。在新几内亚的一些村庄，已开始允许游人进入从前只有行过成年礼的男子才能进入的“神房”。在非洲，位于公路沿线的村庄将在马达声中举办仪式性的舞蹈聚会。“文化遗存”组织所鼓励的开发森林产品的计划则很可能导致对森林的过度利用。而且，一旦森林物产失去市场，今天促使土著人采金的那些拓居者则会在那里以新的企业取而代之。

尽管如此，经济刺激仍然已经在世界某些地区起到了保存传统知识的作用。曾与生活在扎伊尔东北部地区的俾格米人接触达18年之久的约翰·哈特和特丽斯·哈特指出，其他部落和村民们都有赖于俾格米人从森林中猎获的兽肉和采集的食物及药物。这种经济刺激使他们的知识保持了活力。据约翰·哈特说，俾格米人具有一种不可思议的能力，能够找到他们可能多年没有吃过的水果或多年没有用过的植物。哈特说："如果谁想买某种生长在森林里的东西，俾格米人会知道哪里可以找到它。"

恢复对传统的尊重

保存部落的传统知识既是恢复对传统生活方式尊重的问题，也是提供财政鼓励的问题。已故的埃及建筑师哈桑·费思由于努力说服他的同胞们用传统的泥砖建造房子不仅冬暖夏凉，而且比他们视为现代生活标志的用预制件和水泥建造的住房更便宜，从而赢得威望。

贝利克把提高土著社区内传统巫医的地位作为他工作的任务之一。他和他的同事们为萨满们举行仪式以示对他们的尊敬。大多数萨满是从事宗教活动的人，他们把人们对他们的尊敬看得比物质报酬更重要。在伯利兹的某个社区，当地市长对一些美国科学家拜倒在一位年长的巫医脚下并向他学习医术留下了深刻的印象，从而邀请这些科学家讲课，以便使城里人也学习他们自己的传统医术。贝利克回忆道："这个巫医有200多位活着的后代，但是到目前为止，还没有一个人愿意成为巫医的传人。"尽管听讲座的人很多，贝利克说："也许他们看到科学家们对巫医的礼遇，会激起他们当中的一些人成为巫医的继承人的愿望。”

这种尊崇体现了一种戏剧性变化：以往的科学探险往往把老一辈村民视为博物馆中的活标本。贝利克及与他持相同观点的人都认识到，社区的人必须自己决定如何对待他们自己的传统。对那些掌握着传统知识的人的尊重可以有助于各部落中的年轻一代更好地认识其自身文化的价值，而不是一味奉承现代的一切。如果年轻的徒弟们有所长进，他们的世界就不会那样快地被人忘却。

（中国社会科学院民族研究所主办：《民族译丛》1992 年第 4 期，第 23～28 页。原载美国《时代周刊》，1991 年 9 月 23 日）

孟加拉国的加罗人：一个为生存而斗争的森林民族

［英］杰里米·库珀　刘东国　译

背　景

据估计，居住在孟加拉国的各加罗人部落人口在 10 万人以上①。加罗部落的起源不清楚，但却很久远。据美国民族志学家伯林的说法（他于 1963 年写了第一部详细论述加罗人的民族志著作），他们的历史很可能早于次大陆平原的印度人文化。他认为，他们可能构成了东南亚山区文化类型的最西端。加罗语原属藏缅语族，在对其历史进行研究中，既发现了蒙古人的影响，又有土著人的影响。

早期到次大陆的欧洲探险者把他们描述为"一个野蛮而好斗的民族，专嗜猎头"。在一系列外部政治的影响下（先后经历了英国人、英裔印度人、巴基斯坦人以及如今孟加拉国的统治与管理），他们已有所发展和改进。加罗人严格坚持母系承袭制，这一点并不多见。尽管近期的历史扑朔迷离，但他们对自己的文化

---

① 这是根据支持加罗人的工人和迈门辛县"加罗部落福利协会"所提供的资料所做的十分粗略的估计。不应忘记，很多加罗人迫于债务、洪水以及迫害而分散到各个城市，这使得统计更加困难。除了加罗人之外，孟加拉国还有很多其他部落民，包括查克马人、莫格人、汉琼吉人、姆鲁人和桑塔尔人。

与社会结构却坚守不渝，不受世风之染，顽强地保留了豪放大度的风格和强烈的民族同质性。但是，由于政府在孟加拉国北部迈门辛县附近马德胡帕森林地区所采取的各种行动，这一同质性受到了威胁。

文化规模小的少数民族，其物质和精神遗产正遭到剥夺，这是一个全球性的问题。加罗人的经历作为研究这一矛盾的实例，既生动又能说明问题。孟加拉的加罗人不到全国人口的 0.01%，由于没有对少数民族权利的宪法保护，每当他们与主导文化的政治经济计划发生冲突时，便会遭受巨大挫折，自身的利益难以保护。本文将追寻孟加拉国境内这一矛盾的发展过程，并探讨其原因。最后呼吁要采取一致行动，确保加罗人这一为数不少的民族的生活方式免遭彻底毁灭。

孟加拉国的加罗人

孟加拉国各加罗部落是更大的加罗人群体的一部分，其中心地理位置跨居孟加拉与印度的西北部边界。该地区西界布拉马普特拉河谷，东临印度梅加拉亚邦的卡西丘陵（该地区属乞拉朋齐的一部分，据说是世界上最湿的地方），北部是果尔帕拉地区，南面是迈门辛县（离印度边境约 30 英里）。本文研究的对象是一个叫做阿比马（意为“故土”）的部落集团，人口约 1.3 万人。他们生活在马德胡帕森林地区及其附近，离地区首府坦盖尔 35 英里。在详细讨论该集团的处境之前，有必要对加罗人整体先做一梗概介绍，然后再进一步考察为什么孟加拉的加罗人比印度次大陆东北部地区的任何其他兄弟姐妹们更容易丧失自己的文化认同，进而揭示出政治、地理及文化上的一些原因。

各加罗人部落分布在今印度东北部梅加拉亚邦境内及其周围

地区，尽管在英国人到来之前，他们已在此生活了很多世纪，但欧洲人最早对他们做较为详细的描述是在1800年左右。大部分加罗人部落聚居于梅加拉亚森林密布的丘陵当中（现在通常叫做加罗丘陵和卡西丘陵）。该地区气候异常，疟疾肆虐，但却长满了稀有美丽的树种、灌木和奇异无比的矮木丛，各种珍稀动物，如大象、老虎、猎豹、熊、野猪、猴子、羚羊等驰骋于山林之间。

在周围的平原地区，也有相当一部分加罗部落。他们与丘陵加罗人很少交往，但文化和社会习俗却几乎一样，有很多共同之处。平原上，土丘与块块低洼地错落相间，形成了很多小溪和泽谷，环绕或者是流入布拉马普特拉河谷。19世纪末期负责该地区的英国专员普莱费尔写出了第一部详细论述加罗人的专著，他鉴别出加罗人有7个集团，但文化核心是共同的。目前孟加拉国境内有两种加罗人：阿帕尔（平原加罗人）居住在迈门辛、坦盖尔和杰马勒布尔；阿比马（故土加罗人）居住在马德胡帕森林地区，距迈门辛县城以西35英里。

政治压迫

19世纪英国当局对加罗人的政治压迫采用的是军事压制和行政管制兼施的手段。1800年以前，加罗人地区的占有权与控制权主要是靠习惯法决定的。当一个部落与另一个部落发生冲突时，可以靠实力优势获取对方的土地。1822年，英国当局通过了一项法规，建立了一个统一的区域，叫做东北朗布尔。1825年，英国当局发动了一系列军事进攻，将加罗丘陵的南部也置于自己的统治之下。到1835年，加罗地区西部也沦陷于英当局。但中部地区保持了独立，并且很少与其他地区的加罗人接触。1867～

1871年，英当局对中部地区发动了大规模军事进攻，又使100个村庄置于英当局统治之下。在此之后，英当局又兵分三路发动了一次进攻，当时人们称之为“讨伐”。自此之后，绝大部分加罗人地区都被英国人所控制。加罗人没有枪，这些“胜利”在军事上似乎并无多大意义。但在政治上，加罗人的家园却长期遭到占领。这些事件埋下了复杂的土地权益之争的祸根。直到现在，孟加拉国马德胡帕森林地区的加罗人仍为生存而进行着斗争。

尽管加罗人在军事上遭受一定程度的失败，但在此后的一百年间，人口繁衍却很快。据最具权威性的统计，1901～1951年，该地区的加罗人口增长84%，达到197077人；1951～1961年，又增长39%。1971年孟加拉国宣布独立后所发生的一系列戏剧性的政治和军事事件，导致了这一地区的分裂，疾病、死亡和移民使人口数量发生了很大的变化。这一时期该地区的加罗人口数量还没有一个可靠的估计。

加罗人家庭

过去50年间，有很多民族志学家和野外考察者记录了加罗人的生活，其中首推伯林的著作。在50年代，他在图拉附近的加罗丘陵中生活了很多年，1963年完成了一部研究加罗人的长篇民族志著作。加罗社会的核心是家庭，实行母系承袭制。加罗人用“诺克”（房子）一词表示家庭概念，既表示家庭住房，又包含生物学上的家庭意义。在加罗文化中，人们把家庭的物质特性和它所在的土地看得至关紧要，以至于它们竟是同义词。当我们要观察马德胡帕森林的加罗人在目前所面临的问题时，对这一事实的重要性绝不能低估。①

在加罗人社会中，家庭通常由已婚夫妇和未婚子女，再加上一个已婚的女儿、女婿及未婚子女组成。小孩生下来就是母亲氏族（马充）的成员。尽管儿子一结婚就要离开自己的家而加入到新娘的家庭，但他仍要忠诚于母亲氏族，并终身履行某些正式的义务。由此可见，加罗社会中，家庭既是一个独立的单位，又是几个核心家庭的复合体。但是，“马充”内部禁止通婚。

除非身体畸形，加罗人都要结婚，每人都可望找到配偶。一个家庭如果缺男少女，就被视为是不完整的。生育被视为结婚的重要方面。妇女在生育期内不停地生孩子，这种现象并不稀奇。由于家庭财产要由女性继承，没生女孩的家庭，就要过继一个。只有通过婚姻来满足性欲要求，才被社会所承认，通奸会受到社会的严厉谴责，很少发生。加罗社会中从未听说过同性恋。19世纪末，欧美传教士将基督教传入加罗人地区。该教很容易被加罗文化所接受，据估计，到1972年，已有50%以上的加罗人皈依了基督教。由此可见，即便不从精神信仰上看，就是从社会学的角度看，加罗文化的家庭结构与基督教的教义也不是不相容的。②

家庭成员挣得的收入在习惯上归家庭共有，但个人无论男女都有权通过挣工资、卖制品或生产米酒等方式额外挣得自己的收入。在加罗村寨内，人与人之间没有尊卑之分，但习惯上，宗教活动（泛灵教形式）由男性掌管。祭司是男性，几乎所有的神灵也都是男性，不允许妇女参加宗教仪式。

---

① 加罗文化的同质性已受到其他一些因素的影响，尤其是城市化的威胁最大。他们为还债、结婚、花钱治病或者是逃避当地政府迫害而把土地卖掉。由于人口庞大而居住地紧缺，孟加拉国土地价格不断上涨。

② 信奉基督教本身就使得孟加拉的加罗人与周围穆斯林的关系更加紧张，1988年伊斯兰教被立为国教后就更是如此。

政治事件的介入

如前所述，孟加拉国的加罗人尽管与印度梅加拉亚加罗丘陵的加罗人同出一族，但在过去一个世纪里，他们已变得不同于其印度的兄弟姐妹们了。其原因主要有两点：第一个原因涉及到他们的地理位置。平原与低洼森林相间，与梅加拉亚加罗人难以涉足的高陵地区有很大区别。对山地加罗人来说，地理上的封闭是防止文化融合的天然屏障。而孟加拉的加罗人则距印度人、穆斯林和英国人社区较近，历史上，比印度的兄弟姐妹们更容易被同化。迈门辛县平原加罗人居住地区地势平坦，是水稻和黄麻作物种植区，种植水稻和黄麻是人们主要的经济来源。生产自身的不同导致他们的活动方式也与山地人不同。

第二个原因是政治事件。自分裂以来，迈门辛县和坦盖尔县马德胡帕森林的加罗人发现自己已是一个民族国家的一部分（先是东巴基斯坦，然后是孟加拉），这个国家的政治思想和统治结构与相邻的印度有着很大的差别。分裂时宣布的《拉德克利夫边境裁定书》将边界按照政治需要而不考虑文化关系做了任意划分。这一事件对孟加拉的加罗人，尤其是马德胡帕森林的加罗人所造成的后果是极其深远的。

该地区政治分裂造成的第一个后果尽管简单，但却很残酷。70年代早期，孟加拉国的加罗人发现他们的家园正处于一个主要的战区。战争是人类的灾难，无论其政治结局如何。有一次战争历时9个月，杀害约300万平民百姓，造成3000万人生活贫困，另外1000万人被迫逃到印度的难民营中。战争结束时，取得胜利的革命领袖谢赫·穆吉布拉赫曼说道：“如果希特勒还活着，就连他也会自愧不如。”

政治分裂的第二个后果是，当山地部落民（其中包括加罗人）的权利与穆斯林孟加拉人发生冲突时，历届政府都把部落民的利益放在次要的地位。自1962年以后，东巴基斯坦政府全力支持孟加拉人到加罗人地区定居。定居者被称为“穆斯林难民”，很多人得到了土地所有权认证书，而加罗人对土地显而易见的所有权却被置若罔闻。1962年，巴基斯坦政府宣布马德胡帕森林为国家公园，让包括加罗人在内的部落民迁走。加罗人通过合法斗争避免了这一灾难。

自1971年孟加拉国成立以来，孟加拉的加罗人发现他们所属的这个国家的政治思想与相邻的印度完全不同。孟加拉国宪法采用的是法国模式，实行总统制，概念含混地把国体说成是“世俗社会主义民主制”。而在实践中，“社会主义”杳无踪影；工业民族化政策背离初衷，被保留外国资本于本国经济的运动所淹没。据可靠估计，孟加拉国政府90%的收入来自于外国援助。1982年3月通过军事政变上台的艾尔沙德总统，在他迫于反对党的政治压力而于1990年12月辞职之前，靠的是一个由政治家、军官、外交家组成的混合内阁来治理整个国家。

众所周知，在艾尔沙德统治时期，国家资源管理不善和腐败都达到了惊人的程度。由于国家还没有决心转换政府形式，这一状况能否得到好转还很值得怀疑。孟加拉国少数民族目前在宗教方面遭受的迫害比邻国印度要轻。与某些伊斯兰教国家（如伊朗）不同，宪法规定政府在本质上是世俗性的，毛拉们因而也就不能像其他穆斯林人口较多的国家那样，对政治直接产生影响。尽管如此，实际情况仍然是，孟加拉国至少有85%的人口是穆斯林，是世界上人口占第四位的穆斯林国家。在一个面积相对很小，人口过于拥挤的国度内①，一个宗教集团（及其社会与文化观念）占如此庞大的优势，不可避免地会使伊斯兰教的政治与法律文化成为国家的主导文化。1988年国家颁布法令，立伊斯兰教为国教，就反映了这一点。

习惯法与国法

孟加拉国和东北印度这两个地区近年来的不同历史经历，使得各自的高级法院系统对地方法、习惯法和宗教法的地位（一旦这些法律与国家法律发生冲突时）采取了不同的态度。孟加拉国的情况是既混乱，又盲目。现行的法律体系实质上是被嫁接到一堆从祖先那里继承来的支离破碎、杂乱无章的法律堆积物上，因此它只能是碍眼的大杂烩，各法律系统间的矛盾仍无法得到圆满解决。现代《孟加拉法》容纳了2000条法令，几千份法律文件。此外，根据孟加拉《1972年（调整现行法律）决议》，除被《孟加拉人民共和国1972年宪法》所明确废除的法令外，其他一切在当时有效的法律继续有效（宪法第14条保障了这一权利）。这样，孟加拉国的法律制度与英国统治前的《伊斯兰教教法》（沙里亚）、《英制印度法》（即1947年以前英国统治时所实行的法律）、《印度法》中保留的英国条例和保留于《孟加拉法》中并被颁布实施的《穆斯林个人法》的有关规定，在理论上就不再发生冲突了。

---

① 据估计，孟加拉国目前的出生率约为每分钟降生5人，现在的人口大概已超过了1.15亿，居住在无水的沼泽地中，其面积还赶不上英格兰和威尔士。每年至少有三分之一的土地遭受水灾。其结果是，土地既珍贵，又成为发展其濒临破产的国民经济的中心要素。

然而在这类似祷文的法律中，却只字不提如何保留与尊重包括加罗人在内的部落民的习惯法问题。这样，除非找到相反的特别法规依据，以便能依据土著法（不管是印度教的还是部落的）来捍卫与国法发生抵触的权利和习俗，否则，只能使用通用的成文法来解决这一矛盾。与此不同，印度最高法院近年来发起了一场勇敢而富于想像力的运动，采取了高姿态的执法标准，以图容纳最广泛意义上的基本人权。比如在不同的法律系统间出现矛盾时，要保障经济权利。到目前为止，几乎还没有迹象表明孟加拉国最高法院也愿意这样做。

马德胡帕森林的加罗人：土地权利剖析

舞台已搭好，现在我们可以进入本文的中心了。我们将考察一下阿比马加罗部落民的处境。他们至今仍居住在迈门辛县西部靠近坦盖尔的马德胡帕森林中。① 部落民们为保留他们古老的土地而同政府的政策进行斗争，这一点并不新奇。各地的土著居民、毛利人、因纽特人、亚诺马尼人（Yanomani）、莫霍克人都在进行斗争，不胜枚举。但加罗人的斗争却尚未引起世人的注意，尽管他们已处于绝望的境地。有 1.1～1.5 万加罗人生活在这一地区。这里曾长满了芳香扑鼻的娑罗双树，古树参天，宛如一座座天然的大教堂。森林尽管已遭严重破坏，但仍是孟加拉国第三大林区。加罗人在此居住已有几个世纪，文化与习俗都适应了森林生活。他们种植菠萝、水稻和其他作物，生活仰仗于森林

---

① 出于行政目的，孟加拉国分成 4 个政区：达卡专区、吉大港专区、拉杰沙希政区、库尔纳专区，每个政区由一名专员统治。政区由若干县组成，由副专员控制。迈门辛县是达卡政区 5 个县中的一个。

而又不破坏它。最近达卡一家杂志对这一问题发表了强烈的看法，其中援引了一位加罗人首领的动人话语："我们加罗人是森林的孩子，我们在这里出生，在这里长大，还想在这里死去。我们对森林生活如此适应，以至于离开它就无法生存。"

森林地区土地的所有权，在法律上要根据所有权证据来确定，这种证据或者是登记的地契，或者是依占有期限长短而获得所有权。所有权的登记部门是地方税务局。加罗人就是通过这两种名义来要求对马德胡帕森林地区的土地所有权的。至于具体以哪种名义申请，各家与各家之间依个人的历史而有所不同。实际上，大部分人家是通过实际占有期限来要求所有权。据加罗人的法律顾问们说，根据《1950 年孟加拉国获得与占有条例》，可以把现行习惯法对土地所有权（或者通过登记，或者通过实际占有期限）的确认，作为分离后向巴基斯坦国移交政治权利的一系列协议的内容而使其得到保障。孟加拉国成立后通过的《1972 年（调整现行法律）决议》进一步维护了这一法律保障的持续有效性。

这一地区土地的法律所有权之所以含混不清，其根源在于 1927 年政府开出的财产清单。它把争议地区的大部分土地视为政府托管地，或者是林地，二者都应属于国家所有，而不属于加罗人，尽管事实上他们已在马德胡帕森林及周围地区居住了很多世纪。对于英国财产律师来说，对同一片土地的双重或多重所有实属区区小事，而在一个以土地为主要经济来源、土地就等于权利（尤其是加罗人把土地与家庭当作同一概念）的文化背景中，这样的观点是无法接受的。

继对加罗人长期采取敌视态度（其中包括驱逐、绑架和其他暴力形式）之后，孟加拉国政府于 1984 年发表了这一财产清单（《1984 年孟加拉国政府公报》）。此清单的发表，表明了政府的意向，它为这一地区加罗人长期不懈的斗争划定了一个界限。尽管齐亚拉赫曼和艾尔沙德两位总统都公开表明，加罗部落民永远不会被逐出家园，但现场的证据告诉人们完全不是这么一回事。

国际劳工组织的作用

不管国内法律对这一土地归属问题的争论是否完善，我们有必要进一步从其他方面来考虑一下它的法律地位，这就是国际劳工组织《公约107号》第11和第12条。孟加拉国政府和其他26个国家一道，在此公约上签了字。公约规定："当事居民成员对他们传统居住的土地的（集体或个人）所有权应当得到承认。"不仅如此，"在没有当事居民自愿同意的情况下，不应把他们从习惯居住地域内迁出，除非由于各种原因而涉及到国家安全，或为了国家的经济发展，或处于当事居民的健康考虑而依照国家法律和规则行事"。如果在这种情况下将居民迁出，"应当给他们提供其质量至少与前占土地相等的土地，这些土地适合于他们眼前所需和今后的发展"。

现实情况似乎表明，孟加拉国政府在加罗部落民问题上一再违背《公约107号》。即便政府通过某些法律程序可以证明国家对土地的所有权（根据上面介绍的事实，政府要证明这一点是十分困难的），但没有任何迹象表明他们会遵守公约关于补偿或提供其他土地的规定。是否能采取措施强制执行公约，则完全是另一回事。国际劳工组织成立于1919年，它是有关社会公正、人权，尤其是经济与社会权利及结社自由的专门性国际机构。该机构通过了150多个公约，涉及100多个国家，约有5000项签字内容。但是，它没有强制执行权，如果各国政府不合作，违背公约，也不会得到惩罚。

1989年6月26日，国际劳工组织又通过了一个新的关于土著居民和部落民的《公约》——《公约 169 号》，从而使此事件又遇到了一个意想不到的转折。尽管至少有两个国家承认了此《公约》，但《公约》生效之前必须有两年的过渡期。孟加拉国新政府也将成为此公约的签字国。新公约对加罗人的斗争有着重要意义。它的目的是要摆脱《公约 107 号》的同化方向，“强调保留土著居民和部落民的单独属性，直接参与对自身经济和文化发展的决策”。

尽管国际劳工组织《公约》的实施会有很大困难，但《公约 107 号》（生效后还有《公约 169 号》）毕竟是国际法在土著居民土地权利问题上的明确声明，国际劳工有组织有明确的程序可以遵循，以图控制地方政府的不适当行为。比如程序规定，每个国家都要定期向国际劳工组织呈交报告，说明政府为实施其所签字的《公约》条款而采取的措施，国际劳工组织下设“公约履行专家委员会”对这些报告进行研究。委员会依据获得的信息，有权向当事政府提出信任调查，直接提出抗议或公布观察资料。在孟加拉国的另一地区，即吉大港山区，部落民多年来的遭遇如同一场种族灭绝的战争，有 4.5 万部落民被驱逐到印度境内成为难民。近年来，国际劳工组织分别派出两个代表团到这一地区，行使其调查与报告的权利。尽管这一地区的问题仍未得到解决，但国际劳工组织的访问却迫使孟加拉国政府承诺对政策做重新审察，严厉遣责武装部队，提出行政与教育改革。然而在马德胡帕森林问题上，这些程序还没有得到履行。

橡胶园幽灵

自分离以来，由于我们已经提到过的各种原因，马德胡帕森林地区的加罗人对土地权利的维护已成为法律与政治斗争的焦点。然而到80年代，又出现了一个新的至关重要的问题——橡胶种植园问题，从而在加罗人地区点燃了火药味本来就已十足的火药筒。实现橡胶自给是孟加拉国政府的一个既定目标。据“孟加拉橡胶种植园”组织说，马德胡帕森林地区是种植橡胶树的理想场所，尽管这一主张已引起很多专家的激烈争论。这些争论只是出于经济学上的考虑，更不用说在森林地区生产橡胶是否符合生态学的要求了。

1986年，政府在马德胡帕森林征用了加罗人所要求的6000公顷土地，那漂亮的拱顶形娑罗双树遭到破坏，代之以一排排橡胶树。此项工程是孟加拉国森林发展公司在孟加拉国政府森林部的支持下提出的。征用土地的根据是1984年《孟加拉国政府公报》对所有权的声明（实际上是1927年）。由此，土地所有权问题的实质便一目了然了，因为政府在1984年财产清单中一再强调，只能在所谓的“森林地”或“政府托管地”内发展橡胶园。他们还说，如果什么人对此清单有争议，可以在《森林法》规定的时间范围内提出。当时早已过了期限中止日期。加罗人对此做出反应并指出：第一，财产清单是错误的，依据的地图有误；第二，从未有人提醒他们注意1984年财产清单的存在，也没有人告诉他们有不同意见需要提出反驳。因此，该条款应被视为无效（众所周知，加罗部落民并不经常阅读《孟加拉国政府公报》）；第三，开发者什么时候也没有尊重过财产清单，事实上他们置任何可见的法律权利于不顾，随心所欲地强占土地，想占哪里就占哪里。从生态学上考虑，开发对大片森林所造成的无法弥补的损害，也是引起人们争论的重要方面。

尽管持续不断地抗议，马德胡帕森林地区的橡胶种植园仍在继续发展，进而又演变出一个尚未最后拍板的新计划——第二个橡胶发展工程。与此同时，对这一地区更多的不祥主张正一股脑地冒出来。加罗人代表正在争辩说，发展橡胶园所征用的土地，正在出租给私人所有，就像以前在吉大港山区发展橡胶种植园时所大规模发生的那样。他们还进一步指出，政府向“无地人”优先出售土地的政策正遭到一些人的破坏，他们谎报“无地”而获得土地，然后将土地用于其他目的。人们正在用确凿而无可辩驳的证据指控负责这一工程的政府官员索贿受贿，其矛头直指森林部官员。有家私人已向地方法院起诉了两名官员。最为严重的是，那些反对非法征用土地的加罗人发现，他们的女人遭到攻击，房子被焚毁，时常有人被随意抓走。指责他们的理由是拔掉了种在加罗人稻田中间的橡胶树，从而破坏了橡胶园的发展。

一位深受加罗人爱戴的朋友在马德胡帕森林生活和工作了很多年，他于 1989 年 10 月不无动情地给艾尔沙德总统写了一封信，将自己的亲身所见做了如下描述：

“我在加尔查特拉已经生活了 30 年，亲眼目睹了森林的消失。最近有很多森林官员因公开索贿而被解职。剩下的为数不多的树木在夜间仍被盗伐。加罗居民正感受到来自新官员的压力，他们公开受贿，如果加罗人在他们开垦的土地上耕种，他们就指控砍树而制造冤案。有三起完全是虚假的案件就是在新法律下制造出来的。据我所知，新官员从贝里拜德村受贿 15000 塔卡①，从盖特丘阿受贿 5000 塔卡，从盖拉受贿 10000 塔卡，从詹加利亚受贿 6000 塔卡等等。他们殴打妇女儿童，在多罗西为实施新橡胶工程而烧毁了很多房屋。昨天，他们在加查巴里殴打了一个正在自家菠萝园干活的孩子，从这个贫穷的家庭里索走了 200 塔卡。最近，有 4 个‘像似森林保镖’的持枪人截住了 4 名刚从集市上回来的人，抢走了 3000 塔卡。有一名保镖想必已被人认出！”

① 英币 1 镑约合 50 塔卡。孟加拉国人均收入大约为 4000 塔卡。

亚洲开发银行的作用

生态遭到破坏，居民被非法驱逐，行政管理目无法纪，在这种背景下，有可能为工程第二阶段提供资金的各个银行也转变态度并表示出不满。有可能持续提供资金最多的机构是亚洲开发银行。考虑到当地居民持续不断的争辩（总部设在伦敦的压力集团——生存国际[①]证实他们的争辩大部分属实），该银行做了很多工作以确保为此项工程提供资金将不会给加罗人带来危害。亚洲开发银行指出："作为一项政策"，他们不能将用于种植粮食的土地转变为橡胶种植园。并且，他们不打算在此项工程中把加罗人所居住的土地包括进去。为保证这一目标的实现，他们还在这一地区进行了一系列社会和经济调查。今年上半年，他们仍向生存国际表示，"将来在（马德胡帕森林）地区所采取的任何行动，都必须有无可争辩的证据证明当地居民不会反对橡胶种植。"调查的结果，他们将工程（第二阶段）的计划区域从8000公顷缩减到3350公顷，其中包括已被孟加拉政府开垦种植了的1000公顷。他们还坚持说，所有已被开垦的土地都将被排除在外；那些虽未被开垦，但却一直被加罗部落用于放牧和打柴的所有土地，"只要实际可行"，将被排除在外。

① 生存国际是一场世界范围的支持部落民的运动，它支持部落民决定自己未来命运的权利，帮助他们保护自己的土地、环境与生活方式。它为保护加罗人进行了大量的斗争。

结 束 语

因此，我们可以得出结论说，在官方层次上，只要主要资金提供者审慎行事，认真听取代表加罗人利益的呼声，那么马德胡帕森林地区加罗人失去土地而变成橡胶园的危险在目前似乎已不存在了。各派间的斗争在目前虽暂时偃旗息鼓，但在它的背后，却是一部黑暗的土地征用史。在地方层次上，人们仍如坐针毡，他们害怕森林官员违法乱纪，收受贿赂。部分地由于在法庭上很少取胜，他们对政府诺言的诚意极不信任。当地居民和其他压力集团仍在发动各种运动以提高加罗人的地位。记者菲利普·盖恩于1989年采访了这一地区①，对所见所闻做了动人心弦的叙述：

"在森林的第一个晚上，阵阵的树木倒落声惊扰着我，森林正遭受洗劫和扼杀……很大一片地区残留着清晰的森林痕迹，就在几十年以前，这些森林还存在着。到处都能见到残根败叶，那繁密茂盛、挺拔耸立的娑罗双树却已不见踪影。数千公顷土地都种上了橡胶树。一块高地过去曾长满了娑罗双树，而且是珍稀野生动物的栖息地，而今它却迅速地改变着自己的容颜。就连娑罗双树的树根也被铲除，以为种植橡胶树做准备。此片土地的古老所有者——部落民现在已成了挣日工资的劳动力。"

只要提供贷款的各大银行继续考虑他们的橡胶园工程，这一豪放可爱的古老森林民族的前途就仍然难卜，恐怕是凶多吉少。现在该是发动国际舆论以兴起一场旷日持久的运动的时候了，这

① 艾尔沙德总统终于屈服于外部的压力，于1990年6月10日任命了一个专门委员会调查马德胡帕森林地区的加罗人问题。但是，1990年12月艾尔沙德政府倒台之后，该委员会的地位与前途已很难预料。

一运动将直接促使国际劳工组织采取措施，以调查和监视孟加拉国新政府在此项工程中的作用，尤其是与《公约107号》（到生效时，还包括《公约169号》）有关的方面。为加强这一运动，还应不断地利用国内的法庭，以同地方上的违法乱纪行为作斗争。国际舆论必须积极介入，绝不允许孟加拉国的加罗人失去他们的森林家园。

（中国社会科学院民族研究所主办：《民族译丛》1993年第6期，第62~69页。原载英国《民族与种族研究》，1992年，第1期）

挪威拉普人的斗争

［美］斯图尔特·鲍威尔　郭文豹 译

位于北极圈附近寒冷而又荒凉的高原上的拉普兰地区，目前正在进行一场拯救处于灭绝危险中的拉普人的传统生活方式的决定性的斗争。

斯堪的纳维亚半岛上的各国政府，时而和睦相处，时而争执不休。而生活在这个地区中的大约3万名拉普人，现在正竭力加强对青年一代进行拉普语和拉普传统习惯的教育，以抵制现代西方生活方式的诱惑。

这场斗争能否取得成功在很大程度上要看是否能拯救放牧驯鹿的传统，因为驯鹿对拉普兰来说犹如牛群对得克萨斯一样。它是少数拉普人的生计，是大多数拉普人自豪的源泉。

为保护拉普人的传统，挪威、芬兰和瑞典三国共同开办了一所斯堪的纳维亚“萨米”（拉普）学院。一位在这所学院中工作的挪威拉普人利夫·哈罗宁说：“我觉得我们好像是在同时代赛跑；我们无能阻止此地正在发生的变化。我们所能做的只是使‘萨米’（拉普）语言和文化恢复到足以存在下去。”

斯堪的纳维亚半岛上的少数民族拉普人，有三分之二分布在挪威境内。显然，在20世纪80年代的挪威国内，有一批人正试图破坏拉普文化的根基。时髦的衣着、电视和大城市的职业对拉普青年一代有着巨大的吸引力。正如一些拉普人所说，这对“萨米”是一个非常严重的威胁。

由北极光招徕的旅游者给这个地区带来的个人竞争、工资制的经济以及采矿、军事基地、动力建设项目等，都在破坏着拉普人的家庭传统习惯。他们的祖先早在耶稣基督降生前两千年就在这里定居了下来。他们主要从事渔猎，并用雕刻着驯鹿图像的石块作为装饰品。

拉普人的孩子们对外面的事物越来越感兴趣，这种情况严重危及驯鹿牧人的共同生活。长期以来，他们都是各代有亲缘关系的人一起住在拥挤不堪的同一个帐篷内。现在挪威无线电广播电台和电视台都不用拉普语广播，如同没有用芬兰语和匈牙利语广播的节目一样。甚至挪威的官方事务也不用拉普语。

现代西方生活方式似乎也侵入到北极圈以北 250 英里远的考托凯诺地区。这个地区居住着 2850 名拉普人。这里的公路上行驶着新式丰田牌和福特牌小汽车，喇叭声此起彼伏，不绝于耳。日本或加拿大造的履带式雪上汽车发出的嘈杂声，冲击着竖立在街道两旁冰雪覆盖的房子。这些住房都是现代化的，并有大城市郊区式样的建筑物。在这个距离北极不到 1400 英里的小城镇里，去年冬天黎明都来得很晚。每天在太阳最终掠过蓝灰色的空野之前，天空中只有三个小时的暗淡光辉。下午很早的时候，太阳就骤然直落下山，其速度之快就好像关掉一盏灯一样。严酷的华氏零下 40°气温使人领略到这里未受破坏的自然美和强烈的孤独感。人们在这里感到鼻子的刺痛，露出的肌体在几秒钟内就失去感觉，以至于戴着手套的手往往难以打开被冻住的汽车门。

尽管这里的土地如同气候一样严酷，但拉普人却生活得很自由自在。他们乐于给从外地来的陌生人带路和进行长时间的对话，而不计任何报酬。拉普人有一个习惯，即一旦决定离去时，就出其不意地走开，除了说声“祝生活愉快”外，没有任何别的告别词。

拉普人的祖先在这块濒临挪威海的地区定居，并按亲缘部落关系组成公社式的家庭集团，现在人们把这种家庭集团叫“西伊达”（siida）。他们首次同西方世界接触是在北欧海盗时代（公元

9～14 世纪），那时西方商人来这里同他们交换毛皮和羽绒。到了公元 14 世纪，基督教的传教士到这里传教，使拉普人从信仰以自然和灵魂为主的宗教皈依了基督教。后来，挪威、瑞典和俄国的君主们不顾拉普人的游牧路线，把国界线都延长到拉普人的家园之内。

一个大转变：在挪威，只有说挪威话的居民才能成为土地的主人。据迄今还在流传的一段故事说，在 19 世纪后期，有一位基督教的主教曾向挪威教会当局索要一部拉普语的《圣经》，以促使拉普人改变信仰。他得到的答复是："上帝不讲那种话。如果拉普人想要得救，就必须学挪威话。"

今天，挪威政府和拉普传统主义者们为弥补多年来的强迫同化（这个年代直到第二次世界大战后还未结束）而进行各种努力。奥斯陆政府拨出特别教育计划经费给拉普人开办学校，培养讲拉普语的教师，并设立拉普语的课程，在高等学校里还有研究养鹿的图书和实验室等。政府每年为北极的"萨米"研究会提供总额为 300 万挪威克朗（约合 50 万美元）的经费。这里的语言学者们目前正为使拉普语现代化而努力寻找途径。这种语言对雪的描写有 120 个词，对驯鹿的描写有 400 个词，而在表达现代科学技术发展方面却几乎没有什么词汇。一位拉普人说："如果我们的语言灭亡，那么我们也就完蛋了。"

传统主义者希望说服政府通过加强拉普语的无线电广播和电视，努力使居住在挪威境内占拉普人总人口 92% 的拉普人更紧密地联系起来。

拯救的办法将可能来自新成立的"萨米"权利委员会。目前，这个委员会正在研究是否将建议使拉普语成为第二种正式语言；是否应在宪法中规定给拉普人以特殊的保护及在政府中应有更多的拉普人代表。

挪威政府还给养鹿业拨出了数以百万计美元的津贴，以援助拉普人。养鹿业与其说是约 2500 名牧人生计的象征，倒不如说是拉普人生活方式的重要标志。牧人们多是传统文化的坚强捍卫者。他们讲拉普语，唱自己的小调，信仰神灵，在迁徙期间住帐篷，身着绣有色彩浓重的黑边和鲜红色花纹的外衣，头戴红色长筒帽，足蹬鞋尖卷翘的长筒鹿皮靴。

拉普人每年都要在偏僻的地区度过几个月的时光，如同世界上其他地区的牧人一样，这是放牧畜群的需要。牧人对驯鹿怀有非常细腻的感情。他们把鹿群视为唯一的驮畜和提供食物及毛皮的来源。

拉普人在挪威北部三分之二的地区中享有养鹿的特殊权利，市场价格的津贴提高了味香肉嫩的鹿肉收购价格，每磅约为 3 美元。养鹿者还享有免税的雪上汽车、廉价的汽油、特殊的养鹿计划，以及在购买建筑栅栏材料方面得到援助等特别照顾。

丰厚的收入：在好年成，养鹿者很容易就能赚到同南方产业工人一样多的 18，000 美元。最近一年的养鹿经营生产出近 40 万磅鲜肉，其价值为 600 万美元，即占全国肉类生产总额的 1% 左右。

驯鹿的放牧者非常富裕。他们常常到国外去度假，最喜欢去的地方是离西非海岸不远的加那利群岛。

牧人们还利用现代化的技术设备按季节把挪威 18 万头驯鹿从冬季的山地牧场转移到夏季的沿海地区，并再转移回来。雪上汽车、拖车、轻便车和无线电话收发机，甚至飞机都被动用运送畜群，使这些牲畜轻易地就能够移到任何地方去度过一个星期或几个月的时光。

可是，传统主义者虽然在许多方面是同挪威政府合作的，但在谁应控制拉普兰这个在经济上具有决定意义的问题上，却同政府发生尖锐的冲突。政府认为当然是代表全国 400 万人口的挪威政府，而传统主义者认为应当是两万名拉普人。与美国印第安人极为相似的是，拉普人把土地视作保持其传统价值的永久的和无法取代的物质基础。一位身材苗条、皮肤白嫩、金发碧眼、名叫英格利尔·帕瓦尔的拉普人说：“你不能没有自己的土地，世世代代都不能这样！”

但是，挪威政府明确宣称，96%的拉普兰属于王国政府，并主张该地区的发展决定权属于民选的领导人，而不仅仅是属于生活在这块土地上的居民。

这些冲突是同关于拉普兰的前途问题相联系的，尤其是同关于在阿耳塔河上修建一座耗资达10亿挪威克朗的水力发电站大坝的计划相关的。拉普人认为长360英尺的大坝及由此而兴建的建筑物、道路和新湖泊等，将极大地妨碍驯鹿群的迁徙。他们多次示威游行并两次绝食抗议，乃至使用一些暴力行动去反对这项拟议中的工程。这在平稳的挪威是前所未有的。拉普人和环境保护者曾迫使两届政府宣布停止实施该项工程计划。此外，这个问题还在议会上进行多次的辩论，但均无结果。现在将由挪威最高法院对此问题进行裁决。

有些人希望拉普人在这个案件中获胜，这样就将使面积为6万平方英里的拉普兰不会受到未来挪威发展的束缚。奥斯陆政府则已明确表示，绝不允许在这块与苏联接壤的军事战略要地上采取自由行动。已有600名警官被派往堤坝建设区，负责驱散抗议示威者。

自尊心：不论这场官司胜败，拉普人在这个历时很久的斗争中已经大大提高了自己的觉悟，增强了民族自豪感。

拉普人要保留他们的传统是不容易的，甚至在挪威北部考托凯诺这个地区，尽管这里的拉普人同挪威人的比例是9:1，但同化的力量仍是很强的。儿童在小学里可以说拉普语，可是在中学里他们就必须讲两种语言。警察局的7名成员中有5名是拉普人，然而向这个警察局提交报告却必须用挪威语。19名成员的地方政府议会均由拉普人组成，可是地方长官却由挪威人担任。地方长官吉内尔·斯图莫说：“我花了许多时间去向奥斯陆说明我们在这里应当改变什么。另外，我得用我剩下的时间去向当地居民解释我们同中央政府和挪威法律的关系问题，以及我们永远不能随心所欲地去干什么的问题。”

加强拉普人传统的生活方式的运动，由于拉普人这个少数民族分布在斯堪的纳维亚三个国家和苏联境内而变得复杂了。这些国家各有不同的政策。此外拉普人也存在社会问题，如酗酒等。正如驯鹿牧人组织的领袖约翰·F·埃拉所说的：“一旦我们被纳入挪威的制度，我们就将灭亡。为了避免这一点，人们必须厌恶酒精。”

在北阿拉斯加纬度上的这块偏僻地区，其前途是与什么相连的呢？为防止拉普兰成为挪威发展目标而展开的这场斗争，是否将演变成一场政治斗争呢？看来这种可能性并不大。北极保留地和非对抗性的传统，决定这场斗争不会采取暴力形式。但真正的斗争不是同挪威政府进行的，最根本的问题，是如何把现代化的西方生活方式对一个多年来处在孤立状态而继续存在、如今正受到包围的传统文化的坏影响减少到最低限度。

萨米学会的利夫·哈罗宁说：“我们习惯于吃苦。现在我们正为保卫自己的传统而进行一场竞争。我们有很多竞争者，希望我们大家能及时地赶上去，如果做不到这一点，那么，我们大家都将丧失一些非常特殊的东西。”

（中国社会科学院民族研究所主办：《民族译丛》1985 年第 1 期，第 15～17 页。译自《美国新闻与世界报道》1982 年 3 月 29 日）

正在消亡的部落

伦纳德·格林[1]　王晓丽 译

他们曾经是世界的主人，而今天，作为地球上最后一批部落的勇士、捕鱼者和猎手正在成为这个世界的牺牲者。在索马里难民营中，那些曾颇有自豪感的游牧民正无精打采地等候领取联合国施舍的米粥。在设在巴西热带雨林中的急救站里，印第安人正在因染上麻疹而战栗和死亡，这种病是随着新公路的开通而传入的。菲律宾的山地部落民正在抵制水电开发计划中若干大坝的修建，因为这些工程的实施将使他们历经很多世纪才在山坡上开辟出来的一片片水稻田被水吞没。在雾气迷漫的哥伦比亚东北部丛林中，那些营养不良、肺病缠身的卡蒂亚印第安人正在为保住他们对当地金矿的所有权而斗争，那座金矿一向是他们主要的收入来源。去年，一些富有的白人曾带着法律文书，在警察的保护下前往该地试图强占金矿，5名卡蒂亚儿童在当地人遭受攻击时倒在催泪弹下。

在第三世界许多地区，而且往往是在工业发达的国家中，部落民的土地、生活方式、甚至其自身的存在都面临着无情的冲击。在一个渴求新的能源、矿产资源和农业资源的时代，部落民正在失去漫游于未开发土地上的自由。在文化消亡的威胁中，他

---

① 此文原载美国《新闻周刊》，被1984年美国《人类学年刊》（辑刊）收入。参加采写的有：巴西的伦纳德·格林和拉里·罗瑟，（哥伦比亚）波哥大的彭尼·勒鲁，伦敦的安·詹宁斯，纽约的罗伯特·柯克兰。此外，还包括《新闻周刊》社的一些通讯报道——译者。

们只能做出被迫同化于现代世界的选择。即使是富于同情的政府也很难回答正在从这个世界上消失的那些部落面对困境提出的种种道义问题、政治问题和经济问题。

现在，估计全球尚有两亿以狩猎和采集为生的部落民，他们已成为世界上最大的、处境最危急的少数群体，饥饿、疾病、开发和战争是他们的敌人。现代医学和教育的推广稍微减轻了一些他们的艰难。变革是无法规避的，部落民们“最后将不得不和整个人类共同前进”。英国人类学家弗朗西斯·赫克斯利指出：“这正如我们自己的社会中所发生的种种变革一样，我们已看到在微型集成电路块面前基督教的衰落。”但这绝不应成为常常伴随文明而来的更为丑恶的剥夺形式——诸如向部落民传播疾病或窃取他们的土地——的理论依据。

今天，实际上无论在什么地方，部落民都处于政治体系之外，他们只忠实于自己的部落，对国家的法律和边界漠不关心。为此他们常被视为可能带来安全问题的群体。每个政府都能听到要求对部落民强行同化的呼声，一些受到攻击的部落也只好接受这种同化。在非洲丛林中，那些幸存下来的儿童由于营养极度不良而腹胀如鼓，人们已无暇顾及争论政治和经济问题。南非班图系巴通加部落的一位名叫玛戈丽萨·恩格文亚的妇女说：“长年累月我们都在为活下去而苦苦挣扎。”

直到最近，仍很少有人站出来替危难中的部落民说话。比起对于处境危险的人的关心来，自然资源保护者们似乎更热衷于动植物的生存。法国人类学家让-帕特里克·拉宗抱怨道：“到2000年时，除了少数几个部落之外，亚马孙河诸部落的消亡将是不可避免的，而我们还在为这场种族灭绝推波助澜。”

在部落生存面临的多种威胁中，近代开发者们带往世界上最后的边远未开发区的传染病是一种最直接的威胁。16世纪初葡萄牙人到达巴西时，估计当地有200~600万印第安人。后来由于战争和屠杀，特别是由于传染病的流行，巴西印第安人的人数锐减到二十几万人。幸存者毫不妥协地反对开发亚马孙河资源的计划。于是巴西的土地投机商们把天花病人穿过的衣服送给印第安人，致使数年间印第安人中天花流行。这个最先由英国将军杰弗里·阿默斯特对付美洲印第安人时所使用过的战术，又一次使巴西的土地投机商们获利不浅。即使是筑路人员和农场主们无意中带入的表面上并不严重的传染病，也会使土著居民背井离乡。伦敦“生存国际”（Survival International）的负责人巴巴拉·本特利说：“要想清除这些与世隔绝的部落民，最省事的办法莫过于使他们打喷嚏。”

另一种威胁是强占和骗取部落民的土地。在优惠的税收政策刺激下，巴西的马托格罗索州和朗多尼亚州的大农场主和木材商们不断侵占传统上属于印第安人的土地。事实上，在整个拉丁美洲，合法地窃取部落民的土地是件轻而易举的事，因为负责保护土著居民利益的政府有关机构并不认为这种侵占是一种罪恶。巴西人类学家达西·里贝罗说：“只有在那些从经济方面考虑没有什么价值的角落，印第安人才能保有一块立足之地。而一旦有人发现那里有利可图，当地印第安人的末日也就来临了。”

伦敦里约丁托炼锌公司的联合企业拟在巴拿马的“红山”地区投资 22 亿美元开发那里的一座世界上最大的铜矿。[①] 此项工程将使成千上万的圭米印第安人面临失去土地和水源的痛苦，且得不到任何补偿。在地球另一侧的菲律宾山区，10 多万邦都和卡林加部落的农民——其祖先在 7000 年以前就已经在那里定居

① 里约丁托炼锌公司（Rio Tinto—Zinc Corp）系英国采矿业国家垄断资本企业。1962 年由固本锌公司与里约丁托采矿公司合并组成，同时改为国营。主要经营铅、铜、锌、铀和铝等金属的开采冶炼，在澳大利亚、加拿大、荷兰、南非、美国等地设有数十个子公司和联合企业。巴拿马的铜矿探明储量居世界第四位——译者。

——将眼瞅着他们的许多土地在4个大坝建成后淹没在水中，建设这4个拦河坝是一项在世界银行资助下耗资10亿美元的工程计划中的一部分。从巴布亚新几内亚到圭亚那已有几十个这样的项目列入了开发者、多国公司和国际援助组织的计划。结果正如德国雷根斯堡大学法学教授奥托·基米尼希所说："世界各地的部落民正在迁离他们的天然家园，我们正在经历的这场移居运动，使公元5~6世纪的人类大迁徙相形见绌。"

在非洲，战争，而不是开发构成了对部落民的最大威胁。在该大陆东北部的广阔地域内，地区冲突已使几十个游牧部落失去生计。许多破坏是由乌干达被赶下台的独裁者阿明的军队造成的，他们将当地饱受干旱之苦的游牧民族统统驱赶到难民营中。埃塞俄比亚和索马里之间为争夺欧加登地区展开的规模不大的战斗已使成千上万的人逃离自己的家园。在更远的南方，西南非洲人民组织反抗南非当局的游击战主要在卡拉哈里沙漠——残存的最后一批布须曼人或桑人的家园——附近进行着。在那片曾被博厄斯称为"伟大的卡拉哈里干旱地"上，目前大约只有5.5万名桑人还保留着他们的部落生活方式，他们是很久以前被黑人或白人对手们驱赶到那里去的。

战火也使亚洲的部落民备受苦难。在老挝山区，苦难深重的部落民经常受到越南军队的袭扰。在阿富汗，苏联的入侵曾使大批部落民死于战火、陷入饥饿或被赶出家园。

即使有些部落民大难不死、幸存下来，但由于失去传统的家园和价值观，也将使他们受到难以愈合的心灵创伤。生存国际华盛顿分部的马撒·贝克指出："我们会认为，搬家只不过意味着到另一个超级市场购物；我想，我们尚未意识到土著民族一旦失去家园便意味着他们的消亡。"雷根斯堡大学的基米尼希注意到，部落民们一旦被从他们自己的土地上驱逐走，"也就失去了他们之间的联系纽带，他们的人格也被摧毁"。从巴西亚马孙河波多韦柳[1]的肮脏陋巷到澳大利亚艾丽斯斯普林斯[2]周围的土著贫民窟，酗酒成风、一贫如洗的景象令人窒息地相似。许多部落民沦为奴仆、乞丐或妓女，漂泊在新拓居区的边缘地带。“他们感到羞愧和屈辱”，一位在巴西部落民中布道的意大利牧师说，“他们知道自己是印第安人，但他们的绝望心境使他们否认自己是印第安人，这真是最大的悲剧。”

大多数国家对部落民采取了一种任其自行消亡的对策，对于强烈的歧视来说，这是一种可以理解的态度。正如美国与印第安人关系史上所出现过的情形一样，在世界范围内处于支配地位的多数群体中似乎都在传播一系列关于土著民族的奇谈怪论。开始时，人们对部落民畏而敬之，视他们为一群残酷无情的勇士；进而将其视为在开发国家的伟大进程中必须加以清除的人类中的害群之马。南美洲一些政府的报告声明，有些开发商主张对印第安人群体实施轰炸、枪杀，甚至提出用炸药将其消灭。他们为此辩护说，印第安人根本不属于人类。

甚至一些善意的努力也会使部落更快地陷入混乱。特别是传教士们经常受到批评，人们指责他们毁灭了土著人的宗教，使部落民变为消极、冷漠的群体，从而为霸占部落土地的开发商实施剥削准备了条件。传教士们则辩护说，往往正是他们首先将现代医学和教育制度带入部落社会。他们还宣称，正是通过传布基督教的福音，才使部落民得以与周围社会交往。未教化地区布道团（Unevangelized Fields Mission）的帕特·福斯特说：“我们愿为这两种文化之间架起一座桥梁。”

---

① Porto Velho，一译“韦柳港”，巴西朗多尼亚州首府，位于亚马孙河支流马代拉河畔——译者。

② 澳大利亚北部地方城市，居全国地理中心，四面距海均约1600公里——译者。

一些援助部落民的团体正在缓慢地扩大自己的影响，这类团体大部分是由有关的人类学家发起的。1969 年在伦敦成立的生存国际，以“维护部落民的权利并向他们提供自我保护的方法……以削弱文明社会给部落民带来的毁灭性影响”为其宗旨。后来，类似的团体在美国和欧洲大陆也相继出现，其中总部设在波士顿的人类学资源中心（Anthropology Resource Center）很引人注意，该组织和哈佛大学人类学系是结合在一起的。尽管这些组织的活动方式、方法不同，但这些部落民的支持者们都掌握和发行了不少文献资料，并经常为维护部落民的利益向世界银行及多国公司展开说服工作。在一些宗教团体资助下，这些组织还打算支援部落民抵制将他们逐出家园的斗争，并帮助部落民适应不可避免的开发给他们造成的种种压力。生存国际的巴巴拉·本特利说：“我们在为维护最基本的权利——人们在其世世代代生活的土地上不受杀戮和凌辱，不被窃取和侵占的权利而斗争。”

部落民的保护者坚持认为，即使撇开道义和法律问题不谈，部落社会对现代世界也是可以做出贡献的——从有关种族起源的启示到关于地方野生生物、生态结构和药用植物的知识。本特利指出：使一个印第安部落消亡，“无异于毁灭一个图书馆、信息库。正是一系列的文化丰富着我们大家。如果我们想消除这些人，我们实际上是要毁灭我们自身的一部分。”

部落民们也知道，他们必须以变革求生存。他们最大的需求可能只是要求一段适应的时间。巴黎大学的人类学家克里斯托弗·克莱里指出：“在当今的世界上，部落民们并非必须赤身裸体以表示渴望保持他们的同一性。”本特利认为，部落民的支持者们不应试图阻拦进步，她指出：“我们并非要求政府‘不要开发’……我们只是要求他们明白，在他们研究开发计划时应当考虑到他们给土著民族带来了多大的麻烦，并应将土著民族的利益纳入计划。”

（中国社会科学院民族研究所主办：《民族译丛》1992 年第 4 期，第 20～23 页。原载美国《人类学年刊》，1984 年）

一个从被淡忘中走向未来的印第安部落

［美］蒂莫西·伊根　吴德明　摘译

在俄勒冈州沿海丛林深处，一个小小的美国印第安部落正在建设它未来的保留地。

在林中清除了一片荒草之后，西莱茨（Siletz）印第安人已经建立了一个具有高大住房和宽阔街道的新村社。这里的失业率远远低于国家的平均数字。吸毒和酗酒在这里是不允许的。该部落在经商及外部投资业务中出现很大数目的盈余，便逐渐富裕起来。但是，关于西莱茨印第安人最引人注意的却是一个很简单的事实，即他们仍然存在，同这块土地具有千年历史的联系仍然保持着。西莱茨印第安村社就像将近 70 个美国其他印第安部落或团体一样，在 20 世纪 50 年代根据政府的有关政策被正式撤销了。这项政策就是人所共知的“结束政策”，他们的土地、他们的主权地位及他们的部落身份均被收走。与此同时，政府给这些印第安人支付现金作为赔偿。

自那时候起，这个 2000 人的西莱茨印第安部落为他们被收走的土地进行了 35 年的斗争。他们的一致观点是，这项政策（政府说是为了将印第安人并入美国的主体社会中）是一项令人忧虑的失败政策。西莱茨印第安人说，现在有了保留地，尽管它很小，但是我们的生活过得富裕了。在着手建立新的保留地的同时，西莱茨人决心避免过去的错误。在这里，没有给个人以施舍或现金。他们将每年预算的增长率限制在 2.5%。他们既利用一些原有的经济来源，即森林和捕鱼等，也敢于开创新的冒险生意或向股票市场投资。他们现在仍然举行祭祀鲑鱼神的各种仪式，并且向孩子们传授部落语言。“这个部落是未来社会的一个很实在的样板，因为它在试图吸收两个世界（指现代社会及他们自己的社会——译者）中的最好的东西。”被雇来管理该部落商业界的经理纳尔逊·威特（Nelson Witt’，一位奥格拉拉印第安人）说：“现在他们是外部世界的一部分，但是，他们的心中并未丢弃印第安人的东西。”

1954～1970年期间被撤销的绝大部分较大的印第安部落现在根据国会法令都已恢复。威斯康星州的梅诺米尼印第安部落是第一个恢复的部落（1973年）。西莱茨印第安部落是第二个恢复的部落（1977年）。这两个部落都是在过去执行“结束政策”时被撤销的，然而现在它们都赢回“国中之国”的地位。在他们重建其“国家”时，开始时往往除了有个仅一间房子的办事处外，其他什么也没有。在这些地方，它们过去曾拥有一个州的三分之一的面积。这些部落现在力图避免过去发生的令人扫兴的事件，因为许多很久以前建起（坐落在耕地上，而且被政府认为没有任何价值）的印第安保留地曾出现了超过70%的失业率及无遮掩的住房，前景很暗淡。在此地南边，科基列（Coguille）印第安部落于1989年恢复，在库斯贝（Coos Bay）这个地处太平洋沿岸俄勒冈州的一个不景气的磨坊小镇，现仅有一英亩的土地和一个小小的部落办公室。这个600人的部落8月份采用了一部新宪法并且正在制定一项自给自足的经济计划。

“恢复部落将带来一个更好的生活。这是毫无疑问的。”一位名叫唐·艾维的科基列部落领导人说。“但事实是我们生活在90年代，我们需要尝试现代化的途径。在这方面西莱茨印第安部落为我们提供了有益的启示。”人们普遍认为，西莱茨部落对其他已经恢复原有地位的部落，如内布拉斯加州的蓬卡印第安部落来讲，是一个典范。蓬卡印第安部落现有1200个成员，去年恢复了其地位，但现在仍没有土地。它的一些领导人本周内在俄勒冈州海岸学习研讨了西莱茨部落及科基列部落的有关经验。

自1960年以来，据人口普查局的资料，美国印第安人口已经增加了两倍，现在达到180万人。主要原因是宣布自己为印第安人的美国人数目大增。他们大部分人仍住在保留地或靠近保留地的地区。

然而，就是在不久之前，联邦政府有关印第安人的政策曾主张把保留地统统取消。俄勒冈州受此项政策的影响尤其大。像克拉马特和西莱茨这样的部落，过去都曾有过大片的保留地，但当时它们得到了现金补偿，并被告知它们不再作为部落存在了。在实行“结束政策”的最初几年中，这样做并没有得到部落绝大多数成员的同意。根据1855年签订的条约，西莱茨部落获准拥有一个110万英亩的保留地。但是，这项条约从未得到参议院的批准。原来准备分给它的土地在一系列的总统法令中也被取消了。这些土地中包括一些和俄勒冈州沿海最壮观的风景区联系在一起的地区。在那里，现在四星级的游览胜地和艺术馆紧紧围绕着101号公路旁边的悬崖峭壁。

当西莱茨部在50年代被“结束”时，政府发给每个部落成员560美元，而该部落却失去了当时它从原来110万英亩保留地中所得到的6万英亩的土地。该部落在它所居住的城镇的小山顶上保留了一个小小的公墓，这便成了一个民族唯一可见的标志。这个部落曾生活在从北加利福尼亚州到俄勒冈州的沿海中段地区。

从一开始，尽管居住在城镇附近的一些人告诉联邦机构他们同意“结束政策”，但部落中的许多人是不同意放弃保留地的。西莱茨部落的主席德洛雷斯·皮格斯利（De lores Pigsley）女士说：“‘结束政策’是一场灾难。它剥夺了我们的语言、文化、土地及一切。”她还补充说，“这项政策看起来对那些不住在保留地的人有好处。因此，政府便到住在保留地之外的人中间去征得他们的同意。”

尔后，西莱茨印第安人花费了20年的时间，试图赢得一个国会关于恢复他们部落的声明。1970年以后，当国会和理查德·尼克松总统正式谴责这项“结束政策”时，才打开了通向恢复部落的道路。一块总数为3600英亩的联邦政府土地被归还给了该部落。1977年该部落开始获得新生。其成员靠出售木材，在公墓旁边建起了一个村社中心，还制定了为陆续返回这个新保留地的印第安人建造新住房的计划。他们也得到了当地非印第安人的承认。在那里，西莱茨印第安人的孩子们到公立学校去上学。一位名叫曼努埃尔·里拉托斯的部落委员会成员说：“我们的目标是建设未来，不断向前看。”

西莱茨部落决定不从部落企业的收入中给个人发放现金，这是违背某些人的愿望的。该部落选择了将这部分钱作为村社信贷基金的办法，作为将来的投资用。木材企业通过向苗圃出售当地植物而不断发展，收入的钱又投入股票市场。去年收入约200万美元，是预算数字的4倍。今年是迄今最好的一年。西莱茨部落开办了一个熏烤房，专门向来迪波贝（Depoe Bay）旅游的人出售烤鲑鱼。一个为印第安人同时也为非印第安人服务的卫生站最近刚刚开业。该部落实现了一个长期的梦想并建起了54所新的住房，其中一些房子有5个卧室、凸出的窗户和两个车库。西莱茨部落现在几乎比任何恢复了地位的部落都要兴旺些。

“恢复保留地的重要意义在于，这是美国历史上第一个真正从印第安人的利益出发的有关印第安人的重大政策。我们实现了一个很有历史意义的政策转变。”艾迪·迪尔说。她是威斯康星大学的一位教育家。她曾帮助她的梅诺米尼印第安人重新在威斯康星州获得了保留地。她还说，回顾联邦政府政策的历史，许多印第安人从未想过他们能够重新获得作为部落的地位或他们的保留地。“这些小小的部落通过自己的力量和勇气实现了这一目标。

我认为每一个人都会对此感到吃惊。”她说。“当‘结束政策’出现时，人们忘记了印第安人仍然想做印第安人。”

科罗拉多州博尔德的一位美国印第安人权基金组织的律师唐·米勒说：“恢复保留地在有印第安人的国家中是很罕见的，但它应该有自己适当的地位。”

“被‘结束’的部落从恢复中获得很大益处。”米勒先生说，“但这绝不意味着它们得到了许多他们原来的土地。相反，仅仅是一点点零头而已。”

看着西莱茨人宽敞的新住房，1923年出生在这里的里拉托斯先生说：“我们从一个100万英亩的保留地到一个坟场，又到今天这个样子，总算看到了某些光明。”

（中国社会科学院民族研究所主办：《民族译丛》1993年第1期，第62~64页。原载《纽约时报》，1991年11月25日）

印度对部落地区的开发：总政策和某些具体政策及其执行情况[①]

[印] C·B·特里帕西　王士录　译

印度的部落社会包括众多规模不一、发展也不平衡的部落集团。目前，印度有大约 250 个表列部落。他们讲大约 105 种语言和 225 种方言。除操达罗毗荼语和雅利安语的部落外，还有众多属于南亚语系的部落。后者包括中印度的桑塔尔人、蒙达人、霍人、科尔库人、萨瓦拉人、加达巴人以及梅加拉亚利的卡西人和尼科巴群岛的尼科巴人等科尔或蒙达语族人。从经济学的角度来说，部落社会中有以狩猎——采集为生的原始居民；有游牧者、轮耕者、定居农民、手艺人；也有种植园、矿山和工厂的工人。在戈拉布德县，我们发现邦达人、迪达伊人以及其他部落人在苏纳贝达制造厂共存的局面。部落人的经济和教育发展水平各地区不尽相同。

英国人对部落地区的管理

东印度公司在对部落地区实行控制的过程中遇到了很大的麻烦。它采取的若干行政管理措施导致了焦达讷格布尔高原地区公有土地的瓜分以及部落村社内聚力的削弱。部落主被降到了佃农的地位，封建地主制和高额地租的剥削形式普遍流行起来。对部

① 本文标题略有改动——译者。

落人的压迫导致了蒙达人于1789、1812、1817、1819～1820和1831～1832年的几次武装抗暴起义。1817和1832年科尔人的暴动就是由于在英国人统治下，印度教徒和其他外地人进入这些高原部落地区并非法侵犯了科尔人的权利而引发的。这些印度教徒或外地人是作为地主、地主的代理人、收税人或警察来到科尔人居住地区的。在孟加拉也发生了1795～1800年的丘亚尔人（chuar）暴乱、1832～1833年的甘加纳拉人（Ganganarain）暴乱和1835～1836年、1854年及其以后的桑塔尔人暴乱。锡都和卡努成了桑塔尔人的民族英雄，他们领导了一次宗教改革运动并于1895年发动了反英起义。在奥里萨邦，孔德人也于1846年揭竿而起。进入20世纪以后，最著名的运动是1914年由奥昂人发动的塔纳·巴加特运动。他们参加了由圣雄甘地发起的不合作运动。其他地区也发生了许多类似的部落人的暴动或起义。

J·H·胡顿博士对英国人在部落地区的管理作出了如下评论："英国人对部落地区的统治坏处多于好处。可以说，英国人对部落地区实施管理的初期，由于无知和忽视了他们的权利和风俗习惯而对部落经济造成了巨大损害。此后，由于交通网络的建立、森林保护的实施和学校的兴办，使部落社会发生了若干重大变化，导致了部落人的严重不安。"

G·S·古里对此评论说："这种不安如此严重，以至于导致冷漠、满不在乎、道德堕落，甚至人口下降。"

独立后由总统根据宪法第339条任命并由U·N·德巴尔领导（1960～1961年）的表列地区和表列部落委员会则用下面一段话总结了英国政府对部落人的政策："它使印度绝大多数地区的部落人长期处于赤贫状态。除某些地区外，绝大多数地区的部落人识字率十分低下。他们的土地被剥夺，绝大部分落入非部落人之手。他们对森林的所有权被侵犯。为了对他们实施管理和开发森林资源，从而加强对他们的剥削，外地人大批涌入部落地区，这引起了部落人的严重不安，从而引发了暴乱。政府虽然进行了多次改革，但已全都失败。”

英国政府最后制定了一项把部落划入一个特别地区、将它们隔离开来的政策。在这些保留地区，部落人的某些利益和特权可以受到保护。根据1874年通过的一个法案，部落地区被划分为一些表列县。后来，根据1919年的《印度政府法》，英国殖民当局又对这些县进行了调整。1935年，英国殖民当局作出特别规定，把部落县区组建为“特别区”和“半特别区”。到1947年印度独立时，英国殖民政府对部落地区公布了众多的法令和规定，并进行过多次改革。英国人推行的这种部落隔离政策通常被称为“国家公园政策”(National Park Policy)。有些学者认为，英国殖民者推行这一政策可能意在阻止泛灵论的部落人变为印度教徒，并鼓励基督教传教士到这些部落地区传教。

人类学家们对开发部落地区的态度

人类学家们曾对部落人有很多误解。1960年，我作为一名高级研究员在德巴尔委员会办公室工作了几个月。在一次会议上，委员会成员达亚拜·奈克先生评论说，他们不需要任何人来测量部落人的脑袋和鼻子。这就是直到1960年时作为著名的社会福利工作人员对人类学家的作用的理解。更加令人惊奇的是，就连曾经写了若干篇有影响的关于部落问题的专题文章并被公认为著名人类学家的维里尔·欧文也支持达亚拜·奈克先生的观点。

除少数情况外，大学里的人类学家团体对部落的生活和现实问题并不感兴趣。他们对部落人的了解是纯学术的，并且常常是过时了的。

我认为，某些做学问的人类学家在对待部落问题方面至今仍抱着陈腐的观念。他们并不希望部落人关心自己的经济和文化发展问题。我可以举个例子来说明这一点。戈拉布德县的邦达人，国内外学者对他们都很感兴趣。邦达妇女有剃光头的习俗，身上不包任何布片。她们用串珠遮掩胸部，下身用自织的、叫作“林伽”（ringa）的一块极小的布条遮掩。她们历来不使用大块的布。但是最近 4 年以来，缓慢的、然而却是革命性的变革正在邦达人中发生，这种变革的带头人是邦达妇女拉克什米，她带头放弃这些传统戒律。现在，已有一些邦达妇女开始穿纱丽，也留起了长发。她们的行动已经得到部落社会的承认。我曾对一位人类学家谈过此事，她表示十分惊奇。我告诉她，一个原始部落集团自愿接受一种新思想或新风俗，或者首先对自己的传统习俗进行一些改革是会受到欢迎的。

人类学家们对我所讲的这个部落很感兴趣。他们中有一派，即我所称的“原教旨主义”派，想真正把部落人作为民族博物馆中的标本保存起来，显然不能这样做。变革正在发生，其步伐将会加快。人类学家们的工作是指明方向和为加速这种变革提出建议。

尼赫鲁的部落开发五项原则

对部落地区开发的正确政策是由独立印度的第一位总理贾瓦哈拉尔·尼赫鲁提出来的。在 1958 年 10 月 9 日为维里尔·欧文博士的一本书第二版作的序中，尼赫鲁写道：“我们不能坐视部落地区的问题或不能不对它们予以注意。在当今世界上，坐视这些问题是不行的，或者说是不符合需要的。与此同时，我们又应该注意，不要对这些地区控制太严。特别是派太多的人到部落地区去。必须从各方面来加速部落地区的发展，比如改善交通，建立医疗设施，兴办教育和促进农业的发展等等。"

尼赫鲁总理接着写道，从上述各方面加速对部落地区的开发必须遵循下列5项基本原则：

1. 应该让部落人充分发挥自己的聪明才智，不能把任何东西强加于他们。我们应该从各方面鼓励他们自己的传统艺术和文化。

2. 部落人对土地和森林的权利应该受到尊重。

3. 我们应该培养一支由部落人组成的队伍来从事部落地区的管理和开发工作。从外地派一些技术人员到部落地区无疑是必需的，特别是在开始阶段。但切忌派得太多。

4. 我们不应该对部落地区管得过紧，或者用各种复杂的方案来压他们。我们应该为他们多干实事，而不是去和他们的社会与文化制度进行竞争。

5. 我们不应该只通过统计数字或花钱的数量，而是通过考察受到培训的部落人的素质实际有多少提高来评价我们的工作成绩。

以上5项原则就是人们所熟知的"部落潘查希拉"。

印度宪法中关于保护表列部落的规定

印度宪法中包含着若干关于表列部落的保护措施和保护条款，这里我只想拣几条重要的提一下。在关于国家政策的指导原则一章第46条中这样写道："国家将促进国民中的弱小部分，特别是表列种姓和表列部落在教育和经济方面的利益，保护他们免遭社会不公正（的对待）和各种形式的剥削。"

宪法中谈到表列部落和表列种姓问题的专门条款只有一条，即第244条。这一条对有关表列地区的管理作了原则性规定。依照第5表的规定，全印度共有8个邦有表列部落，即安得拉邦、比哈尔邦、古吉拉特邦、喜马偕尔邦、中央邦、马哈拉施特拉邦、奥里萨邦和拉贾斯坦邦。第6表又增加了4个邦，即阿萨姆邦、梅加拉亚邦、米佐拉姆和特里普拉邦。因此，目前全印度共有12个邦有表列部落。根据第6表建立的县评议会和区评议会是表列部落地区民主的、自治的实权管理机构。

宪法第275条（1）中对表列部落地区的开发也有重要规定："……要设立印度团结基金，作为资本和周转资金分别拨给表列部落地区使用。只要是为了促进表列部落的福利或提高表列部落地区的管理水平，经中央政府批准，邦政府就可以动用这笔款项。"

宪法中还有两处，即宪法第339条（2）和第5表第5节（1）值得一提。根据宪法第339条（2），"中央政府有权对邦政府制定和实施该邦表列部落地区的福利方案给予方向性的指导"。但遗憾的是，迄今我们并未发觉中央政府哪一个邦政府专门作过这方面的指示。同样，第5表第5节（1）也作了如下规定："尽管这部宪法中作了许多专门规定，但邦长还是可以通过公开场合发出指示，否定国会或邦立法机构对该邦表列部落地区所制定的有关法案。"

因此，有表列部落的各邦的邦长都具有特殊权力去为部落人谋取利益。但是，这一条规定迄今为止只有一个邦即安得拉邦使用过。1986年，该邦政府发布的命令指出：从今以后，该邦表列部落地区的一切教师、森林护卫队员、村干部（与其他邦的帕特瓦里、勒克帕尔、塔拉提或卡尔纳姆相同）的缺额都将招聘当地表列部落人来补充。

五 年 计 划

直到第四个五年计划结束，表列部落的福利问题主要还是由一个很小的计划部门即各落后阶级的福利部门负责。在此以前中央政府用于部落地区的投资在各发展计划总支出中的比例如下：第一个五年计划期间占1%；“二五”期间占0.9%；“三五”期间占0.6%；三年计划（1966～1969年）期间占0.6%；“四五”期间占0.5%。在1954年期间，全国共建立了43个综合部落开发区。内务部任命了一个由维里尔·欧文博士领导的委员会对这一开发计划的实施方案进行了评审。在其1960年提出的报告中，该委员会建议在区域较小、人口较少（面积150～200平方公里，人口2.5万人左右）的地区实施逐个开发的计划。到第三个五年计划结束时，已有大约500个部落开发区建成。也就是说，在占部落总人口40%的部落地区实施了发展计划。

在第四个五年计划期间，中央政府对一些特殊集团，比如小农实施了发展计划，以便控制社区各阶层之间以及地区之间贫富差距的扩大。中央政府还在安得拉、比哈尔、中央邦和奥里萨等4个邦建立了6个开发机构，目的在于为怎样在特别不安定的部落地区实施开发计划提供示范。到第四个五年计划结束时，又在奥里萨邦建立了2个这样的开发机构。这样的开发区有一套包括保护措施、经济发展和社会服务部门在内的系统的组织结构。但实际执行起来，这些机构又仅限于农业开发，另外就是对公路干线的修筑进行一些投资。

一个由全印计划委员会任命、由希鲁爵士领导的部落开发计划研究组在1969年提出的报告中指出，目前所实施的部落开发计划不适合于那些问题复杂的部落。这些部落集团太小，以致把它们单独作为一个制定和实施开发计划的基本单位效果不大。他们认为，部落社会的主要问题是负债、土地转让、教育落后和交通闭塞。他们要求采取措施，贯彻德巴尔委员会的建议，并准备实施系统的部落开发计划。

部落次开发计划（Tribal Sub - Plan）的概念和战略

在头 4 个五年计划期间，部落人的利益预期将按一定比例、根据不同发展计划得到增长。但实际上，部落开发计划是在原打算作为补充、实则代替部门计划的开发努力的各落后阶级福利部门的领导下实施的。在第五个五年计划开始前夕，对各部落情况的考察证明，在教育和经济发展方面，有些部落集团已经远远走在了另一些部落集团的前头。在少数部落地区，有一定规模的工矿业已经建立起来。这有助于改善这些地区部落人的生活，给他们带来了好处，但也带来了不少坏处。在另一些地区，有些部落集团仍处在刀耕火种农业阶段，而有些部落人则已经在从事定居农业并接受了犁耕文化。有些部落地区的丰富的自然资源吸引了许多外地人。在有些地区，由于大批外地人季节性地涌入，一些部落正面临着严重的人口压力。因此，很明显，部落开发计划不能只有一个模式。由于资源、人口、社会压力、基础设施的发展等情况不同，各部落地区的开发计划也应不同。

在部落人口集中的地区和部落人口分散的地区贯彻部落发展战略，必须区别情况，不能一刀切。在部落人口集中的地区，其优势必须在发展计划中体现出来。但是，自然优势和基础条件未必就一定能使部落地区发展起来，相反，常常会带来一些不利因素。

因此，人们提出了新的部落次开发计划的设想，其主要内容如下：

1. 部落开发计划必须考虑到各方面的因素。资源的开发必须共同分享，且应优先考虑该地区的需要。必须采取坚决果断和明确解决问题的态度，这样才能保证计划的贯彻执行。

2. 部落地区的开发必须成为国家总体发展战略的一部分。开发计划必须通过各级职能部门来执行。因此，部落地区开发的基本投资也应是国家发展计划总投资的一部分。

3. 根据宪法对中央政府在部落开发方面的职责所作的明确规定，中央各部都有责任促进部落地区的发展。它们应该根据情况，为加速部落地区的发展提供必要的投资。但是，各部门的努力仍不能完全解决部门开发的资金问题。现已作出决定，内务部将承担更大的责任。

4. 部落开发中的另一基本前提是承认具体情况要具体分析这一事实。制定和实施计划的基本单位被称为综合部落开发区。在这一综合开发区之下应建立若干次开发区。

5. 原始部落社团将被建成具有一定灵活性的特别开发区。

6. 部落地区的管理体制应是单线的，这样才能充分发挥效率。应当授予各级职能部门适当的行政和财政权力。各级职能部门的职责应是明确的。

关于部落次开发计划的概念和战略的详细情况，我们可以参看 B·D·夏尔马博士撰著的《部落的开发：部落的概念、结构和计划》一书。此书论及的部落开发的各种问题和政策也是由内务部（现改称福利部）的部落开发局提出和制定的。

印度政府决定，部落人口占大多数的邦和中央直辖区，比如梅加拉亚、米佐拉姆、那加兰、达得拉——那加尔哈维利和拉克沙德维普不搞从前实施的那种部落开发计划。到第六个五年计划结束时，已有 17 个邦和 2 个中央直辖部落区采纳了部落开发次计划，其中建立了181个综合部落开发区、245个次部落开发区和72个原始部落集团特别开发区。在第六个五年计划期间，表列部落开发区的人口已从“五五”期间占部落总人口的65%增加到75%。

对部落开发区的评价

根据部落开发工作组的报告，第六个五年计划期间部落开发的目标是：

1. 提高农业、园艺、畜牧业、林业和小工业的生产水平以及加快房舍、村落的建设，使被纳入次部落开发区的50%的部落人家庭摆脱贫困。

2. 除了以上所列举的主要经济部门外，教育也将成为“六五”期间予以发展的关键部门。

3. 上述两项中提出的目标的实现将主要依赖于合适的基础结构，而这种基础结构的发展必须有相应的财力和物力。

4. 为了实现上述目标，必须根除外地人通过土地转让、高利贷、债务奴役、贸易、货物税和林业开发等手段对部落人的残酷剥削。

1984年10月，工作组又提交了“七五”期间表列部落开发报告书，详尽地阐述了“七五”期间部落开发的政策目标。

“六五”计划在部落开发方面的目标是使50%的处于贫困线以下的部落人家庭越过贫困线。但是，事实上没有哪一个邦作过认真统计，因此，执行结果如何谁也不清楚。邦一级政府仅公布了一项受援家庭的总数，并且常常是虚报了一倍的数字。“六五”期间受援的家庭总数在许多邦都超过了指标，但经济条件改善的实际结果却相当令人失望。绝大多数受益的家庭都是受益于“农村综合发展计划”和其他脱贫计划。

建立部落次开发计划的战略必须遵循的最基本的两条即资源的共同分享和实行单线管理，仍未能在所有建立部落次开发区的邦得到执行，发展资金得不到保证。在安得拉、古吉拉特、喜马偕尔、中央邦、马哈拉施特拉等对部落次开发区给予单独拨款的邦，情况就好一些。单线管理的办法也只有安得拉邦在 1986 年 ~ 1987 年以后才得以执行。

有些邦至今没有任何实际计划和制定出分配发展资金的具体比例。在 1988 年 1 月 6 日举行的由各邦邦长参加的关于部落开发问题的讨论会前夕，福利部承认综合部落开发区不是一级行政单位，它们未被承认为一个制定计划的基本单位。

部 落 的 管 理

几乎所有有部落人的邦都设一位秘书主管部落地区的开发。在有些邦，这位秘书也是部落地区开发的专员；而在另一些邦，专员是一个专门设立的职务。秘书——专员在部落开发局长或若干副专员的协助下工作。中央邦已经成立了旨在分散职权和更好地保证开发计划顺利实施的地区部落开发机构。在比哈尔邦，新设立的地区开发专员办事处已在兰契挂牌办公。该专员全权领导焦达讷格布尔地区的所有开发机构。

综合部落开发区的主管官员一般起协调作用。但事实上，他们越来越感觉到难于履行这一职责，因为他们没有适当的行政权力。所有综合部落开发区县一级的行政官员都应置于开发区主管官员的领导之下，他们全都应当成为综合部落开发区的下属和开发部的代表。部落开发区的主管官员直接对综合部落开发区的一切发展方案的执行负责。

部落地区的人事政策

关于部落地区的行政管理和人事政策，马赫什瓦尔·普拉萨德小组在其报告中对部落地区行政管理方面的弱点作了详细分析，并指出了旨在提高这些地区人民的素质而必须采取的行政和财政措施。但是各有关邦至今仍未制定部落地区的系统的人事政策。

当前，在部落地区各部门任职的有些政府官员不仅能力很差，而且常常与部落人处于敌对状态。有些政府工作人员甚至认为我们搞部落地区的开发是自找麻烦。在有些发展水平较低的邦，部落人被他们称为 Jangali。他们根本不愿意学习任何东西，政府使他们“文职化”的努力已被证明是徒劳的。我可以讲两件亲身经历过的事情。1955～1956 年在江萨尔—巴瓦尔的文化变迁课题鉴定组工作期间，我发现几乎所有在那一地区任职的官员都没有干什么实事，而且还对那里的部落人实行的一妻多夫制进行嘲笑。在那些实行特别婚俗和礼仪的部落地区工作的许多官员的态度也同他们一样。最近我有幸与一位在奈尼塔尔的管理培训学院学习的印度林业部门的高级官员谈了一次话。那个林业部门与附近的 8 个部落有密切关系，但是他们之间的关系很少有融洽的时候。按照这位林业部门的官员的说法，他们与部落的共处几乎是不可能的。这位先生忘记了这样一个事实：林业部门对森林的依赖关系只有不到 100 年的历史，其间，直接的结果是森林资源的毁灭性破坏；而部落人对森林的依赖关系则是持续的，已有上千年的历史。

因此，部落地区管理部门的人事安排必须有一个适当的办法。只有这样才能使他们树立正确的态度，同时使他们尊重部落文化。

的确，有关的报告和会议都强调了志愿组织在部落开发中的重要作用，但是几乎从未有人对其作用作过具体阐述。结果，除古吉拉特、马哈拉施特拉等少数几个邦以外，绝大多数邦依靠政府拨款的志愿组织所发挥的作用微乎其微。在这种情况下，一些专事社会活动的小规模的外国机构已在那些有不满情绪的部落地区建立起来，它们一般都受到部落人的信任。

我认为，在所有有部落人口的邦都必须培养有志为部落地区的开发献身的干部。此外，还必须增加数千名具有部落地区的生活、文化知识和解决问题的能力并接受过专门训练的青年人。要把他们组织起来，而且要授予这样的组织一定的权力，使它在一定时期之内成为一个实权机构，其成员应该享受与政府雇员同等的政治和经济待遇，并且要得到官方的尊重。这一工作可以先在几个邦作试点，然后全面展开。

几个重要问题

1. 教育问题。1981 年时，表列部落中的识字率为 16.35%；而非表列种姓和部落人口的识字率为 41.3%（相差 24.95 个百分点）。在表列部落中，妇女的识字率为 8.04%；而非表列部落妇女的识字率为 29．43%。表列部落与非表列种姓和部落之间的识字率差距已从 1971 年的相差 22.5 个百分点扩大到 1981 年的相差 24.95 个白分点；妇女识字率差别则从 17.4 个百分点扩大到 21.29 个百分点。

1982 年 8 月 5 日，教育部长在联邦院说，在 1982 ~ 1983 年度，部落人学生中 1 ~ 8 年级学生的辍学率在 14 个邦或中央直辖区中为 80%以上。这 14 个邦是：安得拉、阿萨姆、比哈尔、中央邦、马哈拉施特拉、曼尼普尔、梅加拉亚、奥里萨、拉贾斯坦、特里普拉、西孟加拉、果阿—达曼—第乌和达德拉—那加尔哈维利。

有几个专家组已经多次建议要重视部落人的教育。最近，西瓦拉曼委员会在系统的调查研究之后，向政府有关部门提出了44条建议，其中有好几条已被安得拉邦采纳。在安得拉邦，邦政府已经作出决定，在表列部落地区，只能招聘当地部落人为初级小学教师。如果合格者人数不够，那么可以免试从在校学生中任命，但要经过一定的培训。招聘外地人为部落地区的小学教师，不利之处主要是他们不懂当地部落语言。有鉴于此，目前部落地区的初级小学仅仅是在理论上存在。有关专家一致强调，至少在1~2年级应当用当地部落语言作为教学用语。目前，有些邦政府已经准备使用在该邦占重要地位的部落文字编印教材。

2. 部落地区的土地转让问题。根据宪法有关条款，制止部落地区土地转让的条例已经在安得拉、比哈尔和奥里萨等邦实施。此外，有22个邦或中央直辖区制定了制止土地转让的规定。然而第27号表列种姓和表列部落专员报告书（1979~1980年）认为："令人担忧的是，尽管各邦都采取了必要的法律措施，但部落土地的转让仍在发生。"该报告书列出了非部落人为获得部落人的土地而逃避法律制裁的8种方法。但是，由于缺乏最新的和可靠的材料，对部落土地转让问题无法作更详细的叙述。该报告书只是根据列案在册的案例分析了9个邦在这方面的一些基本情况，可能还有更多的案例没有统计在册。为详细了解部落土地转让的情况，有关的邦政府有必要在部落地区进行综合调查。在有些部落地区，甚至至今仍未对土地进行过普查。在米扎普尔县的杜迪地区，根据最高法院的命令，对部落土地转让情况作了调查。但据报告，外地高利贷者在暴徒的帮助下正在把部落人从他们祖辈赖以生存的土地上赶走，企图夺取他们的土地。此外，第

27号表列种姓和表列部落专员报告书所列举的重要补救措施在表列种姓和表列部落委员会西瓦拉曼委员会的第二个报告（1979~1980年）和第七个五年计划期间表列部落开发工作组的报告以及联邦农村发展部的年度报告（1986~1987年）中也提出过。

3. 货物税政策问题。大量贩卖烈性酒是部落地区最坏的剥削形式之一。1975年，社会福利部为在部落地区征收货物税颁布了指导原则。其主要条款是：（1）废除在部落地区售酒的合同制度。（2）由非部落人和部落人参加的政府机构控制酒类的销售。（3）允许部落人酿造自己的传统酒。然而，这些指导原则并未能在所有有关邦贯彻执行。除酒类的销售外，许多政府的商业机构在经营其他商品的活动中也有大量违法行为。直到1984年12月，中央邦部落地区仍有近200家商店未被关闭。奥里萨邦4个县的部落地区所有的外地人商店仍在营业。1984年，表列种姓和表列部落委员会的要人们视察戈拉布德县时，县里的一名领导人曾说过，只要酒店仍未完全被关闭，就不要指望这个县的部落地区会有多大发展。酗酒是部落人毁灭的最主要原因以及他们遭受有政治后台并得到来自邻近地区的暴徒们支持的受益者们剥削的最主要的根源。

4. 由于大工程的兴建而被迫离开家园的部落人的复兴问题。迄今，国家没有制定出一项如何使由于灌溉、水电、矿山、工业、公园和娱乐场所等工程的兴建而被迫离开家园的部落人的安置和复兴的政策。根据表列种姓和表列部落委员会1986年所提交的119个工程的情况报告，这些地区的169.4万名部落人中，有8.14万人被迫离开家园。这些被迫离开家园的部落人的复兴，由于种种原因，安排得很不恰当。把现金赔偿作为复兴政策的重要内容现已被证明是错误的，对部落人没有多少益处。邦政府试图把这些被迫离开家园的部落人按家庭而不是按有共同习俗和一定内聚力的集团重新安置。后来，现金赔偿又被解释为只是对那些其土地和宅基地被侵占的部落人的赔偿。1984 年的《土地获得法案》并没有对那些已被侵占的、部落人所拥有但未经法律正式认可的土地的赔偿作出任何解释；也没有提到是否要对他们由于被迫离开家园而造成的来自林产品、渔业和狩猎等收入的损失，以及由于他们的祖先和神祇的居所被侵占而给他们带来的精神上的损失给以补偿。

联邦内阁和某些中央事业单位颁布的关于安置和复兴的指导原则已经阐明了意图和目标，但并没有得到认真贯彻执行。除了中央邦和马哈拉施特拉邦颁布了关于失去家园的部落人的安置和复兴的专门法案外，其他邦仍在马马虎虎地对待这些部落人。最近由公共事业局颁布的指导原则广泛地涉及到土地的获得、赔偿和复兴等问题。这个指导原则取消了原先的指导原则中关于失去家园的部落人每户可以有 1 人获得就业安置的规定。

被迫离开家园的部落人得不到合适的安置和复兴，在部落地区引起了一种实际的剥夺和土地转让观念的产生。这些部落人不只是接受援助、重建家园，以便恢复他们从前那种生活水平，而且应该尽可能地保持他们作为一个社团的生活秩序而不被打乱。

当前最紧迫的问题是众多部落人，其中绝大多数是由于大批国家工程的兴建已经或正在失去家园的部落人的安置和复兴问题。萨达尔－萨洛瓦尔工程可能已使大约 20 万部落人失去家园。由中央政府领导的讷尔默达河管理局正在认真考虑有关问题，但所有有关的邦似乎仍未制定综合的安置和复兴计划。

基 本 结 论

部落开发的最终目的至今似乎仍不明确。各种官方文件声称，部落开发的目的是使部落人能够加入国家生活的主流。然而这种主流是什么样子，人们只是在猜测而已。对于一个那加人来说，这也许是一个令他们厌恶的字眼。他们也会对那加兰邦的外地人说："我们的目标是主流。欢迎你加入我们的主流！"非部落人也许是在作出有意识的或谨慎的努力来同化或甚至从文化上"吃掉"部落人。正如非部落人希望部落人所干的那样，部落人也会希望非部落人接受他们的部落文化中某些良好的和健康的成分。

部落社会在很大程度上是平均主义的和民主的。今天，在部落地区，我们仍然有机会去加强这种平均主义的社会。部落地区的发展需要得到指导，旨在使剥削制度不能在部落社会中建立。B·D·夏尔马博士曾经指出，部落地区发展的一切问题最终可归结为两个基本点：（1）部落集团对资源的传统所有权是否应该受到保护？（2）部落集团的平均主义的社会结构是否能够维持；他们的社会环境是否能够改善；其社会经济变革是否能在没有剥削的情况下发生？这一过程不能是从外部强加于他们的，而必须由有自我管理传统的部落社会本身来模仿。

（中国社会科学院民族研究所主办：《民族译丛》1992年第2期，第7～15页。原载《人类学季刊》，第68卷，第4期，1988年12月）

美国的“开拓精神”与印第安人的命运

［日］富田虎男　武尚清　译

前　言

“开拓精神”或“开拓意识”一词，在美国历史研究者中，并非惯用词。作为与此相当的词汇，多使用“扩张意识”或“扩张主义”，但这两者之间存在着微妙的差异。“扩张主义”具有更广泛的含义，包括有领土吞并及商业的、军事的扩张等等。而“开拓意识”这个概念，则被认为更多带有农业上的垦殖、侵蚀色彩。

关于“扩张主义”、“开拓意识”的研究，以19世纪40年代的“命定扩张论”（Manifest Destiny）这一命题为中心，在美国和我们日本，都积存下了丰厚的撰述。其中，与本文关系比较大的有清水知久著:《美利坚帝国》（1968年）、《命定扩张论》（1969年）；上田传明著:《命定扩张论与美国宪法》（1988年）；斋藤真著:《美国革命历史研究》（1992年）等。这些著作，都是着眼于由于扩张主义思想而遭到排挤的土著印第安人（或墨西哥人），给我们以颇多启示。这些著作对掌权一方尤其是对压迫者、排挤者的政策和思想有很多阐明，值得研读。但是，对于被排挤一方的反应和思想，还不能说有充分研讨。

当然，这类研究受到有关文献、史料的限制。即使是关于被排挤一方的情形，也只限于来自英语的资料。本文将列举显示

“农业开垦扩张”的两个实例，以具体考察一下“开拓精神”与印第安人的关系。一是英国在北美大陆上的最早殖民地弗吉尼亚的弗吉尼亚公司总裁埃德温·桑兹的殖民计划与1622年印第安波瓦坦人的起义；二是在美国独立及建国时代的托马斯·杰弗逊的建设“自由帝国”的思想与印第安人。

一、1622年的波瓦坦人起义

从伦敦的弗吉尼亚公司开始其殖民事业的1607年算起，刚好15年后的1622年3月22日，印第安波瓦坦人在酋长奥佩钱卡瑙（Opechan—Kanau）的指挥下起义，发生了杀死殖民者347人的事件。

该日清晨，波瓦坦部落联盟的印第安人像往常一样，拿着交易物品，向作为顾主的殖民者各家走去。其中，甚至还有参加顾主们的招待早餐的。可是，突然间，他们呼啸而起，夺来顾主家的武器，或者取出秘密带来的刀子，向这些家庭袭击。仅这一天，包括妇女儿童在内，被杀的就有347人，占全部人口1240人的28%。被杀最多的是马滕·汉德雷德，在75人以上；船长巴克莱农场，27人；大学用地，17人。

詹姆斯敦及其周边的居民，由于有皈依基督教的部落人的报信，幸免于难。另外，总数在20人以上的黑人都安然无事。受到激烈进攻的富鲁·德·汉德雷德有11名黑人，无一被杀。波瓦坦部落并非不分青红皂白地滥杀，而是只对作为压迫者的白人进行阻击。

这次起义后，“要根绝这些野蛮人”的人合唱在北美当地、在伦敦同时开始了。一直担当对印第安人的基督教传教事宜的沙米尔·帕切士牧师也一改前态，参加到这个大合唱中来。他这样说：“作为基督教徒的英国人，本没有从异教徒印第安人手中夺取土地的权力。之所以如此，是因为土地之所有权不是神的权力，而是自然的权力……英国人作为知晓神的意志的基督徒，却负有耕种这些土地的义务。初时，弗吉尼亚的印第安人认识到了英国人的这种义务。但是，在1662年的杀戮事件中，他们连自然之法也忘掉了，举刀砍向英国人。那么，现在，英国人就可以按照自己认为可行的办法随意去干了，他们已经有这种权力。赞美神所给予的光荣吧！对神所赐给的肥沃的弗吉尼亚这块土地加以有效利用，是神叫我们英国人在这块土地上过丰足的生活。"

同时，殖民事业的承担者弗吉尼亚公司也发表了关于这次事件的辩解书。其执笔者爱德华·沃特豪斯这样说："我们的双手，到现在为止，对印第安人是亲切地、公平地对待；我们的手被束缚着。但是，这些野蛮人如今已背叛，甚至用了暴力。由于这样，我们一直被束缚的手可以解放了！迄今为止，我们只限于把他们无用的土地购入并占有。而今后，根据战争及国际法（?）的权利，我们就可以攻入他们的'国'中，去杀死这些想要杀害我们的人……如今，我们可以住到位于这里最肥沃土地上的他们的既耕地上去了……从前，我们把印第安人当作朋友来对待；今后，应该把他们作为奴隶来对待，叫他们干那种单调的、劳累至死的活儿，这才最符合他们的素质。这将会提供给我们一大批干这种活儿的人手。"

弗吉尼亚总督弗朗西斯·瓦伊阿特也加入了这个合唱。他扬言："比起任何事情来，我们首先该干的，就是把这些野蛮人排除掉！"

关于这次印第安人起义的报告于6月到达伦敦。英王詹姆士命令将贮藏于伦敦塔内的武器弹药及各项供应品送往殖民地。弗吉尼亚公司也下令"根除印第安"，输送来武器和其他供应物品。

这样，不论是北美现场，还是伦敦均掀起了"根绝"印第安的大合唱。在这里，也许含有对杀了许多同伴的波瓦坦人的愤怒及憎恶，从而抱有报复之念。但是，绝不止此。我们不能忽略的是，不论是帕切士牧师或是沃特豪斯，都强调和叫嚷的一点是以后可以随心所欲地去夺取土地和"既耕地"。这样就使当地居民的生存和他们未来及繁衍的希望完全破灭了。

残酷的、不分青红皂白的报复战争开始了，战争持续了10年。殖民者只要看到印第安人，不管是不是波瓦坦人，马上就杀。竟至发生了这样一起事件：殖民者谎称要缔结和约而进行招待，把200多名印第安人诓来，下毒杀死了他们。这就令人想起日本人曾对阿伊努人使用过的同样手段。的确，伦敦的公司总部对这次毒杀也感到尴尬，向总督提出劝告："要用更体面些的手段"来杀害土人。这所谓"体面些的手段"就是："请袭击印第安人的居住地；逮捕那些正在打猎的土人；摧毁他们的村庄；破坏他们的祭祀场所；毁掉独木舟；剥下他们的衣服；夺走他们的玉米。"

10年后的1632年，好不容易搞了个停战协定。其结果，英国人占领了肥沃的既耕地，印第安人被迁移到了远离英国人住地的地方。英国人借报复为名，达到了夺取既耕地和隔离居住空间的预期目的。在这以后12年的1644年，波瓦坦人在奥佩钱卡瑙的指挥下再度起义。年迈瞽目的奥佩钱卡瑙乘坐肩舆，被抬着前来指挥。他们杀死了殖民者500多人，最后力竭败北。这是波瓦坦人最后的抵抗。1646年，在波瓦坦人的残存者和殖民者之间缔结了正式条约。其结果，在双方居住地之间划出了境界线。在这里，设立了最早的"印第安保留地"。

从以上所述可以看到，1622年波瓦坦人起义走过了如下的道路：大起义→杀戮→灭绝大合唱→不分青红皂白的报复、屠杀→缔结和约→设定境界线→领土割让→被驱赶到保留地而隔离。像这样的图式，在其后直到19世纪80年代的大约270年间，在北美13个州的殖民地和美国"边疆"（frontier）的所有各个地方，曾无数次地重复发生，成为惯例。但是，殖民者毫不反省（!）把印第安人逼迫到非暴动不可的自己这方的责任。他们只是同一腔调地说印第安人“忘恩负义”、“背叛”、“好战”、“野蛮”、“残忍”，极力加以非难。下面，仅就作为印第安人起义典型的波瓦坦人起义的原因做一研究，并考察一下它与“开拓精神”的关系。

二、香茨的殖民计划与波瓦坦人起义

始于1607年的弗吉尼亚公司的殖民事业，根据发给该公司的国王特许状，是这样规定其目标的：“……向迄今生存于黑暗无知之中的居民传布基督教和对神的认知与礼拜。”但是在当地，尽管在最初3年中就派来了300多名殖民者，但不仅未做到印第安人“基督教化”，而且其殖民成效也是糟糕的：仅耕垦了40英亩土地，只向本国运送了少量的木材和沥青、煤焦油。1610年，殖民者减少到60人，甚至濒临到放弃北美殖民地的状态。但是在途中，他们遇上了带着新任务前来的总督德拉威尔所率领的船队，就又折了回来，继续开展“农业殖民”的事业。

当时的弗吉尼亚地方，处在属于阿尔衮琴语族的波瓦坦联盟的酋长波瓦坦的支配之下。他以用其亲族为酋长的6个部落共1750人为核心，将周边26个部落约8000名印第安人置于自己所属之下，结成了一个庞大的部落联盟。在他管理之下的部落民们，女子在旱地里栽培玉米、豆类等主食作物，采集果实、药草；男子到森林中猎鹿，在河、海中捕鱼，过着丰足的生活。剩余的物产跟其他部落交换，用来自五大湖地区的铜制造装饰物、器具。这样，就有了社会分工。另一方面，在河川的上游，属苏语系的诸部落结成为莫纳坎人部落联盟，而与波瓦坦联盟相对峙。

高龄的波瓦坦大酋长，曾好多次经历过白人入侵事件。这次，一开始他想，英国殖民者大概也只是暂时呆上一段时间，不久就会走的。可是，他从以他弟弟奥佩钱卡瑙管辖的一些地方听到了忠告，说这些英国人“不是为了贸易，他们是抱有侵害我们人民、夺取我们国家的目的而来的”。这些殖民者，根据公司的命令，极力掩盖在此长住的企图。但是，天长日久，其用意就暴露了。于是，波瓦坦发出命令给属下：不理睬殖民者征收食品的要求，而且，出发劫取其兵粮！这是有成效的行动，表现为1609年冬天的殖民地“饥饿期”以及1610年的全体殖民者总撤离。但是，他们同新增强了的殖民者之间，断断续续又进行了3年的战争。

但是，在1613年，发生了波瓦坦的女儿波卡红塔丝被殖民者一方诱拐的事件。于是，事态急转直下。在殖民者方面，竟拿姑娘做人质，向波瓦坦提出要求：归还武器及俘虏，缴纳大量玉米。大酋长迫不得已，答允了这些条件。可是，姑娘并不见归来。翌年即1614年4月，波卡红塔丝不知何故，“改奉”了基督教，而且同一个殖民分子约翰·洛尔夫结了婚。此后数年间，弗吉尼亚曾有过一段平稳的时期，这就是所谓“结婚的和平”。不过，对波瓦坦人来说，它却是来自诱拐与人质的“威吓的和平”，是“屈辱的和平”。

1618年，波瓦坦去世，奥佩钱卡瑙就任大酋长。同一年，弗吉尼亚公司的营业班子也做了更换：伦敦大资本家阶层的代表托马斯·史密斯，被肩负着小额投资者的期望的改革派埃德温·香茨所取代，香茨当了总裁。他在1619年把英国普通法施行于殖民地，设立了代议制议会。此外他还根据土地私有制创立了私领地制，搞了这一连串的改革。而且，他又订出了一个一揽子殖民计划，在弗吉尼亚殖民地付诸实施了。

香茨的殖民计划由生产计划与对印第安人的“文明化”计划所构成。所谓生产计划，就是把弗吉尼亚殖民地变成为本国工业所必需的铁等原料以及桅杆木材等船舶辅助材料之供给地，同时，也成为从前一直依赖进口的生丝及麦酒的供应地。与此相并行，谋求人口之增殖，以为本国工业品之销售提供市场。换言之，他是要把在“光荣革命”后实现的自给自足的英国重商主义帝国体制，提早半个世纪来构想和实现。

实际上，从1619年起的21年间，香茨把4000镑资金和150名工人投入了弗吉尼亚，建立了3家制铁厂，也建立了制材厂、制盐厂、制油厂。另外，他改变了过分热衷于烟草种植的状态，奖励玉米等的生产，谋求粮食自给。他又运送来很多妇女，以谋求社会生活的安定与人口的增加。但是，他的生产计划到1621年夏彻底失败了：制铁厂，全员死亡，归于崩溃；生丝业，蚕茧在运送途中坏死；葡萄不见挂果结实。殖民者对毫无指望的东西断了念，又集中到有希望的烟草种植上了。

由于这项生产计划和私领地上烟草栽培的发展，提高了对劳动力的需求。为适应这种需求，输送来了大量的移民。1619年，从荷兰船上买进来20名黑人。1619～1622年间，有3750名移民到达弗吉尼亚。在1619年弗吉尼亚有移民1000人，再加上后一数字，总共应是4750人。然而实际上仅有1240人。在差数3510人中，多半是因饥饿与疾病而死亡；另一部分则回英国去了。这样，由于生产计划行不通及资金周转困难的双重原因，香茨的生产计划到1621年夏以失败而告终。所以，把1622年3月的波瓦坦人起义说成是香茨计划失败的原因，在时间上也是对不上茬儿的。

香茨的生产计划是失败了，可是他着手搞的公司占领地的扩大以及私领地制的发展，却伴有向波瓦坦人领土的严重蚕食。这个事实，不论在物质上还是在心理上，都把波瓦坦人逼到了走投无路的深渊。

另一方面，与香茨生产计划相并行，还试行了对印第安人的“基督教化”与“文明化”。首先，在公司占领地内，拨出1万英亩作为大学用地，在那儿盖成了一所砖瓦校舍，作为培养向印第安人传布基督教的牧师的基地。其次为教育“野蛮人”子弟而设立教会与学校的计划也在推进。更为有趣的是，香茨在得到奥佩钱卡瑙酋长的谅解的情况下，把印第安人的一户人家移居到英国人占领的一块私人领地之上，“提供”给这家以宅屋、家畜、玉米地，鼓励这家人成为“农民”甚至“市民”。

跟这项“文明化计划”相偕俱来的沙米尔·帕切士牧师回顾当时的情形，他这样表述了自己的心境：“那是想见到：自制与正义相吻合，祝福英吉利人与印第安人能共同居住。”实际上，这种“事业”，从白人的角度来看，是崇高的事业，本应得到印第安人的感谢，但却被认为是烦恼，甚至遭到反抗，这简直难以想像。

但是，在印第安人这方看来，这是对印第安人引以自豪的文化的伤害，是动摇、毁坏印第安人之所以成为印第安人的民族特性的极为严重的问题。固然也有像波卡红塔丝那样接受了“文明化”的人，但那是极少数。在大多数部落民看来，对自己长久孕育下来的传统文化加以轻蔑和侮辱的那些傲慢的基督徒、“文明人”，在考虑他们的什么“教义”之前，已经产生了反感和愤怒，这并非不可理解。前些时，船长约翰·史密斯曾当着众多部落民的面，揪着当时的帕蒙基酋长奥佩钱卡瑙的头发说：“把玉米给我装上船去！否则将把你们的死尸装上！”竟这样发出威胁的嚎叫！奥佩钱卡瑙恐怕不会忘记那时的屈辱。起义在他的指挥下爆发，这绝非偶然。

由如此这般的“生产计划”与“文明计划”所构成的香茨计划，如果我们把它作为英帝国建设思想的早熟性实验来捕捉，那么，1622年波瓦坦人的起义就是印第安人的文化生存被迫濒临灭绝时的决死一战。借用印第安人当代大思想家小韦恩·德洛利亚的话来说，这就是为了印第安人的“精神生存而战”的先驱。

三、杰弗逊的“自由帝国”

美国《独立宣言》的起草人托马斯·杰弗逊在《独立宣言》公布后一个月的8月5日寄给约翰·佩奇的信中，当触及近来易洛魁6部落联盟的动静如何这一问题时，是这样说的：“听说印第安开始了战争，我感到遗憾……为能尽快把这些卑劣的奴才们镇压下去，除非进攻他们之‘国’的中心部位，恐怕没有别的办法。不仅如此，只要这些奴才在密西西比河的此岸还残留一个人，就决不能停止追击”……大陆会议曾对易洛魁6部落联盟是否计划要搞战争表示怀疑，是有充足理由的。因此，向监督官发了如下命令：务须向印第安人宣告：“如果你们这些家伙想跟我们打仗，那就请记住：你们就不会再回到原居地。不仅如此，在这块土地上只要还留有你们一个人，我们就不会停止追击！”

历来以冷静、温和著称的杰弗逊，一旦谈及袭击印第安人，他就兴奋起来，扬言“只要在密西西比河此岸”“还剩有一名印第安人”，也就不停止追击。

实际上，这位杰弗逊，在独立战争将近终结的1780年，他作为弗吉尼亚州州长兼民军最高负责人，已经发布了向印第安人的切洛基国作战，并在俄亥俄河流域扫荡印第安人的命令，并亲自参与了这一“追击”战。这次向切洛基国的侵略进攻，是独立战争开始以来的第三次作战。弗吉尼亚民军跟北卡罗来纳民军协同作战，袭击了切洛基国“中心部位”的首都乔特镇。这次战争毁坏了1000间房屋，烧毁了5万蒲式耳的玉米。这次“追击”的借口是“切洛基人‘侵犯’了白人的开拓地边境”。但是，根本不提及其根本原因是白人移居者的无休止入侵及暴行。

另一方面，同样在1780年，在遥远的西部俄亥俄河流域一带，在民军指挥官乔治·罗杰斯·克拉克指挥之下，对乔尼人、明戈人、曼西人的“追击”战开始了。杰弗逊在这年1月1日致克拉克的书信中做了如下指示：本次作战之目的在于将此3个部落“或者予以根绝，或者驱逐到五大湖或伊利诺伊河的那边去”。在同年12月25日给克拉克的信中，他在表露了典型的印第安观之余，还阐述了此次作战的总体意义在于“自由帝国”之扩大。他这样写道：“我们有理由相信，英军正跟印第安野蛮人结成大规模的联盟，在逐渐包围我们的西部前沿。哪怕是为了阻止在印第安战争中作为副产品的人员残杀与土地荒废……我们也有必要把对西部地方的最初一击视为首要目标……我们依据列强深思熟虑的条件缔结和约，结果作为防范英领加拿大的危险扩张的屏障，结成为亚美利加联邦。由于把危险的敌人变成为有益的伙伴，我们将会把广阔肥沃的领土并入‘自由帝国’中来。”

这里，杰弗逊把根据联合条约搞成的13州联合体这个现实的政体称为“亚美利加联邦”；作为赋予它的扩张性的象征概念，使用了“自由帝国”这个名词。

本来，“美洲联邦”这一构想，是来自杰弗逊在抗英运动之最后阶段提出的“英联邦论”。他于1774年撰写的《英领北美各项权利概论》中，提出了这样的“英联邦论”，即：作为英帝国的应有组成部分，“新增加的帝国的这几个部分结合起来，服从于一个共同的国王，依靠这个而跟母国继续保持联合”。其中，弗吉尼亚殖民地（议会）与母国（议会）处于相同的“对等的自由独立”之地位。这不单是抽象的政治理论，而是植根于当时大多数弗吉尼亚人所抱的一种人生感情的“英帝国观”，即：“殖民地，拥戴一位大家共有的王，只是出于自然赋予的爱而跟母国相关联。除此之外，是与英帝国没有关系的独立之邦。”但是，超前于20世纪的这种“英联邦论”，为当时的母国政府所不容。于是，他要使这种构想在北美大陆实现，那就是“亚美利加联邦”。我们可以认为，这就是跟“专制”的英帝国相对立的称作“自由”帝国的东西。

这个“亚美利加联邦”的基本单位是共和国。那曾是英帝国之一部分的13个北美殖民地，各自割断同英国王之纽带而独立，制定了共和宪法，由此而产生了13个共和国。然后，在北美大陆上产生的这13个共和国，再以自由、对等的立场加入联邦。这样，就由好多个共和国构成了一个大共和邦。其构成人员，在杰弗逊来说，必须是作为“神之选民”的自营农民，因为“只有耕耘大地者才是最有价值的市民”；因为这块北美大陆拥有“能使多得数不尽的人耕作的土地”。

这样，美国这个大共和邦，就是由好多个农业共和国构成的一个农业共和邦，它将以囊括整个大陆为目标而扩大自己。作为把此农业共和邦扩大到全大陆的正当理由，推出了“自由帝国”这一思想。这就是在扩张意识之下，特别强调农业扩张是正当的这样一种可称作“开拓意识”的东西。

杰弗逊在独立战争中，在把此帝国的基本单位——农业共和国构建于弗吉尼亚土地上这一点上，倾注了巨大的精力。他在起草《独立宣言》的同时，又起草了《弗吉尼亚邦宪法草案》。其中规定：给所有成年男子无偿分配50英亩的未占有土地，从而否定了国王对土地的上级所有权。他谋求造就出作为农业共和国基础的自由土地的农民。接着，他又投身于弗吉尼亚法律的修改工作，起草了《一般教育普及法》。其中规定：把“郡”分成为若干个“学区”，在各学区建立公立学校，教给自营农民的子弟读、写、算；教他们掌握历史知识，以使他们成为具有判断能力的市民。

但是，任何法案都未经弗吉尼亚邦议会通过。因此，他把希望转向西部的未占有土地，提出了《土地局设立法》法案。其中规定：(1) 对自由成年男子无偿给予50英亩未占有土地；(2) 在邦内出生、结婚、居住满1年者，无偿给予75英亩未占有土地；(3) 对于在独立战争中从军的士兵，以土地形式颁给奖赏；(4) 对于为每100英亩土地支付40镑者，颁给《土地交付证书》。但是，与创造自耕农相关联的（1）、（2）、（3）被议会所阻搁，只有对土地投机家和种植园主等富有资金的人们有利的（4）在议会获得了通过。结果，西部的未占有土地变成了土地投机者有利可图的场所。罗伯特·莫里斯购入并占有了150万英亩；亚历山大·沃尔克特则购入并占有了100万英亩的土地。“自由帝国”的理念就这样在现实中与其说是为了开发型的农民，还不如说是土地投机者和大种植场主追求利润之猎物。一位历史学家是这样评述的：“作为民主之父的杰弗逊，帮忙起草出一项把在弗吉尼亚诞生的民主制幼芽掐死的法案，实在是历史的讽刺。”

另一方面，占当时弗吉尼亚全部人口40%的30万黑奴，在杰弗逊的农业共和国的构想中又被放在什么位置上呢？他在有关奴隶的修正法案中是这样规定的：“在本法案通过后出生的所有奴隶，全部予以解放。他们在到达一定年龄之前，都生活在双亲身边。女至18岁，男至20岁，根据个人的才能，用公费给予耕作、技术、科学方面的培训。然后……将他们殖民于国外……同时，派船巡行于欧洲，把和送出去的黑人数目相同的白人迎入我国。”不过，因考虑到该法案“舆论未必能通过”，而未曾提出。由此可知，黑人即使解放了，也完全没打算把他们放在其“自由帝国”成员之列，最多不过是以“殖民于国外”为其先决条件。况且，现有的30万名黑奴，也并未成为渐次解放的对象。经常役使着200多黑奴的、作为种植场主的杰弗逊本人，在他的理念与现实的矛盾中，有时虽也受到“良心的苛责”而“震颤不安”，但是，他毕竟还是容忍了黑奴制度在“自由帝国”南半部的继续存在。

四、“自由帝国”与印第安人

根据1783年的《巴黎和约》，美利坚合众国与英国之间的战争终结。如杰弗逊所期待的，“密西西比河的这一侧”的“辽阔肥沃的领土”加入了“自由帝国”。他赶紧描画出了在这块新领地上创建的共和国的蓝图，并作为1784年的《公有地条令》而提出。据此，俄亥俄河以北的西北部领地，将经过如下的3个阶段而加入联邦：(1) 所有的成年男子会聚一堂，以其他共和邦的宪法为样本，建立临时政府；(2) 自由居民的人口达到2万人时，便召开为成立自治政府而召集的制宪会议；(3)“准州”(territory) 的人口达到与人口最少的共和邦（当时为16万人）相同数目时，升格为“州”(state)。这样，他是设计了一个随着领地人口之增加，分阶段地使领地加入联邦的扩张性计划。这个方案在稍加修改之后，被采纳进了1787年的《西北部领地条令》，并作为日后美国领土扩张的支柱性制度而“顺畅地”运作起来。据此，“自由帝国”并不是把固定的殖民地保持下来就算了，而是使可以“不问南北”、向“全亚美利加”扩张成为可能。

同时，在这个《公有地条令》之中，他把要在1800年以前禁止奴隶制度的规定也塞进了新领地之中。把禁奴规定引申到《西北部领地条令》之中，黑奴制度在“自由帝国”北半部的“准州”上被禁止了。但是，适用于南部的《西南部领地条令》却不在此规定之内，奴隶制在“自由帝国”的南半部保存下来了，它伴随“国土”的扩大而扩大、强化，与“自由”的矛盾日益加深。

另一方面，根据1783年的《巴黎和约》，美国要把“危险之敌”的印第安人变成“有用的伙伴”一事，并未成功。大多数印第安部落，对于他们自己的居住地不断被美国人所侵据感到激愤，从未放松过战斗的姿态。在美国这方，尽管它根据“征服的权利”，早已把密西西比河以东的全部领域都算作了“属于美国的领土”，但是为了“终止战斗状态”，它还是被迫与印第安部落单独讲和。1784年及1785年，美国使团与印第安诸部落的代表进行交涉，缔结了4个条约，设定了境界线。诸部落的代表不得已而接受了境界线。但是，其中如肖肖尼人酋长，提出了这样的抗议：“在自己的国土内，划什么境界线，令人不解。”从而又开始了对白人的战斗。另外，易洛魁部落联盟的领导人约瑟夫·普兰特则声明：强制缔结的条约是无效的；征服，只有用战争来回敬。这个姿态一直未被软化。在南部，在马吉里弗利的指挥下，结成了克里克联盟，显示出将要进行抵抗的姿态。全面战争再度爆发的危险迫近了。

美国政府不得已收敛了对印第安领土无偿强制“割让”的政策，改用年金之类的形式来“买进”印第安人的土地。这本是旧日英帝国的政策，现在又复活了，想借此避免危机。

西北部诸部落联盟把俄亥俄河视为最后的边境线，坚决不再让步。华盛顿政权在1790与1791年所派遣的远征军，两次都被击退。但是，在1794年政府以威信为赌注而派出的、在安索尼·温将军指挥下的强大的远征军面前，印第安人在福隆·廷巴兹战役中被打败了。在翌年即1795年的《格林维尔条约》中，印第安人被迫退到俄亥俄河的北部，“辽阔的肥沃土地”被劫夺了。在南边的田纳西，1793年时也遭到了白人民军的入侵，蒙受到再也无法站起来的那种人员、物质损失的印第安切洛基人，于1795年重新确认了与美国订立的《霍尔斯通条约》，割让了广大的领土，走向了接受美政府制订的“文明化”政策之方向。

这样一来，到了1795年，俄亥俄河流域也好，田纳西河流域也好，“广阔的肥沃土地”全都开放了，“安全”也得到了保证。于是，白人移居者、猎户、交易者、土地投机者，潮水一般涌入。俄亥俄的人口从1800年的4.5万人猛增到1810年的23万人。田纳西的人口也自1790年的3～6万人增至1795年的7.7万人，而到1810年，竟激增到26.2万人。杰弗逊创始的扩张机器在顺畅地运行。田纳西于1796年、俄亥俄于1803年，皆升格为“州”而加入了联邦。

这样，杰弗逊于 1801 年就任美国第三任总统时，呈现出这样的情况：“我们（白人）的居住地渐次地与印第安人的居住地接近了。包围了它。”这样，用和平手段取得印第安人的土地，就成为压在大总统、“自由帝国”建设者头上的紧迫任务了。

关于这个问题，杰弗逊表明了如下的方针。

第一，奖励印第安人停止狩猎而从事农耕，即所谓“文明化”政策。由此，使印第安人放开在握的狩猎所需的广阔土地，使他们作为农民进入安定的农业生活。对选择此途的印第安人给予农机具及工具，并派遣指导员。这样，把已成为农民的印第安人作为市民而纳入美国社会，也就是“连同居住地一起，融入全国之中，成为国民的一分子”。杰弗逊认为，对于印第安人来说，这是“头等幸运的历史解决办法”。这种办法的进一步发展，就成为通过混血的同化政策。1808 年，杰弗逊给大酋长亨得里克写了如下的信：“跟我们联合起来……和我们造成统一国民，我们都将成为‘美国人’！而且，可通过结婚而与我们混血。你们的血将在我们的血管中流动，让我们一起在这个大岛（北美大陆）之上来拓殖生息吧！”他一方面把黑人从“自由帝国”的伙伴行列中严予排除了；另一方面，现实状况姑且不论，作为理念，看来他是把同化了的印第安人算作他的帝国的成员了。

第二，促进同印第安人的贸易繁荣发展，尽可能让印第安人负债，并以此作为担保而夺取印第安人的土地。杰弗逊实际上是教唆政府直营的交易所负责人采取这一方针的。这个手法是否真的“和平”，尚未可知。不过绝不能说是“正当”的方法。尤其是，那时大量提供给印第安人以酒精饮料，使他们喝醉之后便在契约书上签名。竟采用了这类卑劣手段，这跟日本人对阿伊努人所用的手段相同。

第三，根据条约交涉而购入土地的方针。唯一的握有跟印第安土地让渡相关之合法权限的联邦政府，自 1795 ~ 1805 年的 15

年间，同居住在俄亥俄、印第安纳、伊利诺伊、密歇根的诸部落进行个别交涉，缔结了17个条约，购入了大量的土地。当然，这些“条约”并不被那些当地居民所尊重，他们经常无视这些条约而行事。不过，对政府来说，这却是获得土地的一种正规的、合法的方法。

第四，把密西西比河以西的土地给予印第安人，以换取该河以东的土地，使印第安人集体移居到那里。这个方案，在杰弗逊总统于1803年自法国人手中购得了密西西比河以西的广大土地之后已成为可能。听从杰弗逊的劝说而移居的只是部分切洛基人，强烈留恋祖辈世代居地的众多部落，后来也不听从这种劝说。结果是，安德鲁·杰克逊总统于19世纪30年代以武力为背景而推进强制移居政策，才最后实现了大规模的驱赶性迁移。

这样，为了使实际前往垦殖的白人容易得到靠各种方法而取得的公有土地，进行了《公有地法》的修正。经过1800、1804、1806年的修改，最小的出卖面积自640英亩降为320英亩，后又降为160英亩。但是，每英亩2美元（!）的售价并未变更。这样一来，西进的白人移民流就加速进行，“自由帝国”之梦想一步步变成现实。

但是在另一方，处于“开拓”前沿的当地居民，对政府所标榜的“文明化”政策与“同化”政策，几乎不抱有任何兴趣。对他们来说，印第安人算不上什么威胁，充其量不过是麻烦因素或打扰者而已。他们并不在意条约所规定的境界线，闯入印第安领土狩猎，搞土地买卖，或入居进去。在他们中间，谁杀害印第安人较多，就成为骄傲的根据，是勇敢的凭证。他们无暇去发一发有如杰弗逊那种“怜悯之情”。

面对如斯的美国政府诸种方针以及当地白人居民的态度，印第安人不得不探索生存之路。一条道路是：肖肖尼人的预言家、战时酋长特克穆西之弟滕斯卡塔维塔所指出的和平共存之路。他在 1808 年 8 月与杰弗逊总统见了面，做了如下的述说："我已通告了全体红种人。现在，你们所走的道路不好。你们必须放弃这条道路……必须是红种人按红种人的方式生活，白种人按白种人的方式生活。特别是，红种人喝威士忌酒，这不行，因为那不是为红种人做的，那是为白种人做的……不要举起战斧。不要打仗。我们的意思是：跟你大总统及你的人民和平过日子。大总统啊！你说过要帮助我们的。怎么样？别再向我们卖酒吧！请你帮忙。为全体红种人，求你了。"

滕斯卡塔维塔要求红种人、白种人各按自己的"风格"生活的道路，出自对文化多元性立场之认识，尖锐批判了那种带有一元的白人独家文化印记的"文明化"政策。

第二条道路是：肖肖尼人酋长特克穆西所主张的印第安团结的道路。他在 1811 年 9 月乔克陶人评议会上，做了如下的倾诉："我们面对着共同的敌人，必须为着一个共同的大义而团结起来。不这样，我们民族的灭绝就临近了……喂！紧密团结，同心同德，为了保卫我们的祖国、我们的自由、我们祖先的坟墓，战斗到最后一卒吧！"

特克穆西看到了由于独立战争而结成为一个民族，在军事上、文化上都向印第安人施加空前压力的美国之存在。他坚信，印第安诸部落若不团结一致，形成为一个民族以进行对抗，就不能活下去。他巡回于各部落，呼吁团结战斗。

第三条道路是切洛基人所走的文明化道路。最初是由妇女进行玉米种植农业，同白人的混血也逐渐进行，结果混血的领导人多了起来的切洛基人，一旦选择了文明化的路子，便在一个世代的时间里构建起了很像样的农业社会。他们创制了独特的切洛基文字，发行了报纸。1827 年制定了切洛基国宪法，建立了切洛基国家。

对于印第安人"为了印第安人精神的生存"而产生出的这三

种道路，美国政府做出了回答——不论是哪条道路，一律用武力镇压并禁止。由西北部领地总督威廉·H·哈里森率领的美国军队，于1811年11月6日对因仰慕滕斯卡塔维塔之名而自各地前来、聚集在“预言者之城”——蒂佩卡努的印第安人发动了突袭，杀戮了众多的部落民，烧毁了这个城镇。更有甚者，1813年10月，哈里森的军队追击了由特克穆西统率的西北部诸部落联军，把特克穆西本人杀死在加拿大的泰晤士。此外，在南部，为响应特克穆西而奋起战斗的克里克人的“红色抵抗”武装力量，也被阿尔道尔·杰克逊指挥下的美军所击破，众多的战士连同2300多万英亩的一望无际的广大领土都一举失掉了。没有多久，那里变成了由黑奴进行棉花生产的中心地带——“黑土区”(the Black Belt)。

在南部想走文明化道路、形成了独自国家的切洛基人，开头是通过诱劝，最后是通过刀枪，也被强制迁移到了密西西比河西岸去了，并未结成一个“统一的国民”。在长途迫迁的路上，约其人口四分之一的4000人牺牲了！这条路被称为“血泪之路”。

在偶然的机会目睹过强制迁移情景的法国人亚历克西斯·德·托克维尔是这样说的：“美国人，‘亲切地’拉着印第安人的手，把他们领到远离祖辈之地的墓场去了。”杰弗逊的“自由帝国”对于印第安人来说，就是这类货色。

（中国社会科学院民族研究所主办：《民族译丛》1994年第3期，第11~20页。原载日本《历史学研究》杂志，1993年7月号）

美洲印第安人：被奴役的道路，解放的道路（上）

[苏] 何塞·格里古列维奇 朱伦 节译

一、印第安人的过去与现在

美洲大陆上的印第安人是权利最少、受剥削最多的一部分居民。无论从哪一方面社会生活指数（职业、收入、教育水平或医疗保健）来看，印第安人都占最末一位。自从与欧洲殖民者发生联系时起，美洲印第安人（美洲土著人）便受到奴役和虐待。祖先的土地被掠夺，选择自己命运的可能性被剥夺。那些旨在满足印第安人要求的政府计划，一般都是不得力和没有用的。理查德·尼克松在1970年7月8日提交给国会的《印第安信函》中提出了改善印第安人地位的措施，但如同以前历届总统的有关文件一样，对美国印第安人地位的改善一点作用也没有。

1976年，当时的内政部长托马斯·克莱普在白宫与200名印第安酋长开了一次会议。克莱普承认，尼克松同意改组的“印第安事务局”，其本质仍是执行仇视印第安人的政策。

保存在美国档案馆中的有关印第安问题的整本整本文件，印第安代表与高级官员的会谈，以及参议院的无数议案，否定了有关美国政府关心印第安居民的真正平等与进步的说法。

美国当局残酷迫害为争取印第安人权利而斗争的战士，把他们关进监狱，直至杀害。据报纸透露，中央情报局现正在执行代号为“混乱”的计划，以使印第安人争取自身权利的斗争化为泡影。联邦调查局的“反情报计划”也是同一个目的。“美国印第安人运动”全国领导人弗农·贝列科特说：“美国当局的政策就是要剥夺印第安人的文化自由、宗教自由和政治自由。他们的目的实际上与过去三百年一样，就是要消灭土著居民。”

在印第安人的保留地里，夏季的失业人数占成年印第安人的三分之一，而冬季则占一半。“参议院印第安事务委员会”主席、参议员詹姆斯·阿布雷斯克在 1977 年 1 月公布的一份报告中指出，在执行“家庭计划”方案的借口下，从 1972 年起已有 3000 名 14 岁到 28 岁的印第安妇女被绝育。《纽约时报》大言不惭地承认，对印第安人不仅要用子弹来消灭他们，而且要通过更加羞辱和有害的方法来消灭他们。

美国执行印第安协定委员会认为，政府对印第安人实行的是种族灭绝和种族歧视政策。该委员会的女领导人之一罗萨娜·奥蒂斯说：当詹姆斯·卡特针对其他国家而主张“捍卫”人权的时候，在美国本土却践踏少数民族的基本民权。

根据这个委员会的材料，印第安人的失业率达 73% 到 90%，平均受教育水平只有五年级，70% 的人长期营养不良，平均寿命是 44 岁（在阿拉斯加只有 35 岁），5 个新生儿就有 3 个夭折。

与此同时，根据联邦能源部的报告，从那些属于印第安人的土地下面已开采了价值 27 亿美元的石油和天然气，1.87 亿美元的煤炭，3.49 亿美元的钨矿，4.3 亿美元的铅、锌、磷酸盐、铜和钙。

保留地埋藏着美国钨矿的 90% 和煤炭的三分之一，但印第安居民实际上从开采矿产资源的垄断集团那里没有得到任何补偿。保留地的经济仍然很少得到发展，居民几乎是全体失业。

拉丁美洲国家的印第安人情况也同样悲惨。1940 年，在当时的墨西哥总统拉萨罗·卡德纳斯的倡议下，在帕斯夸罗召开了第一届美洲印第安人问题会议，并通过了一项声明，其中讲到对印第安人没有使用过的毁灭方法——合法流放、行政驱逐、武力消灭、奴隶化、托管、强迫劳动、雇工制度、几乎全部土地被没收、强制疏散、强制大规模移民、强制改变宗教信仰、宗教迫害。散布仇恨、灾难性的疏散使印第安首领和传统司库消失、收买印第安首领、由剥削者当局安插印第安人"叛徒"充当官员。

应当指出，对印第安人的奴役和压迫无论在何时何地都是在下述殖民主义者的口号下进行的：把他们从落后和愚昧下解救出来，用西方文明的成就帮助他们，以基督教教义和伦理来启发他们，改善他们的生活；等等。在殖民时代，甚至还颁布了保护印第安人反对征服者恣意妄为的法律。秘鲁名人曼努埃尔·冈萨雷斯·普拉达（1849～1918年）不无愤慨地写道："官方命令剥削被征服者，而又要求实行剥削的人讲人道和正义；他们想人道地犯罪作恶，或公道地实施不公道。"

独立战争胜利后，拉丁美洲国家许多政府对印第安人实行同样虚伪的政策。按普拉达的说法，统治阶级使印第安人处于无知和奴隶的地位，把他们关进集中营横遭歧视，用烈酒使他们变得粗野；印第安人在战争中受尽折磨，经常遭到集体屠杀；"印第安人没有权利只有义务虽无明文规定，但却是随处可见的。如果提出这一点，个人怨气被认为是不顺从，集体声明则被认为是起义的行为。过去，当印第安人试图挣脱征服者的枷锁时，那些西班牙现实主义者便屠杀他们"。而现在，"当印第安人抗议繁重的赋税，或者不愿再默受暴君的不公正对待时，则消灭他们"。普拉达最后痛楚地写道："一个有二三百万人生活在法律之外的国家，是不能称为民主共和国的。"

在驳斥那种认为印第安人因落后和无文化才遭受不幸的观点时，普拉达说，印第安人问题与其说是教育问题，不如说是经济问题和社会问题。

20世纪拉丁美洲最著名的马克思主义者之一、秘鲁共产党的创建人何塞·卡洛斯·马里亚特基（1895～1930年）发展并巩固了这一正确的思想。

马里亚特基断言：只要印第安人依附于酋长，一切想通过教育的途径使他们获得解放的慷慨陈词都是没有用的，甚至是荒谬的。他还驳斥了教会解决印第安问题的想法，因为教士只不过是印第安人和酋长之间的调解人。马里亚特基提出：在秘鲁，印第安问题的解决取决于土地问题的解决和酋长制度的废除，因为这是一种使印第安人成为仆从的封建殖民土地所有制形式。

马里亚特基认为，废除酋长制度是革命总过程的一部分，这个革命应推翻剥削制度。不仅土地所有权，而且包括所有生产资料都应归人民所有，也就是说，要建立社会主义。因为资本主义的发展，根据美国经验证明，是不可能解决印第安人问题的。按照马里亚特基的设想，在新的制度下，印第安居民的发展基础，可以是自印加人时代以来一直保存下来、但却有某些形式变化的公社。

马里亚特基的在社会主义基础上解决印第安问题的思想，在那个时代没有得到更大发展；这与他的敌手、秘鲁小资产阶级政党——美洲人民革命联盟的创建人维克托·劳尔、阿亚·德拉托雷的思想没有得到发展一样。在20年代，阿亚·德拉托雷提出了“美洲属于印第安人”的口号。甚至印第安人自己，对这个当时非常时兴的口号也漠然置之。广大的非印第安劳动群众也不理睬这个口号。最后，阿亚·德拉托雷自己也抛弃了这一民族主义的口号，转向了反对共产主义并与帝国主义结盟的立场。

拉丁美洲继续资本主义的发展道路，加重了印第安群众的非常困难的情况。

70年代印第安人的情况如何？现在20世纪80年代初他们的生活条件怎样？研究印第安问题的民族学家对印第安问题现有什

么观点和看法？

在回答这些问题之前，需要弄清“印第安人”这个概念。任何一份民族学调查报告，没有不讨论印第安人代表什么以及确定印第安人的特征是什么的问题。有些科学家否认美洲存在印第安种居民，认为“印第安人”这个概念本身就是不科学的，是西班牙征服者把新大陆错当“印度”而产生的。

一些独立战争期间的爱国首领考虑到西班牙人把印第安人当作有缺点和需要监护的人们来看待，在殖民社会里处于最下层，于是宣布废除使用“印第安人”一词。例如，何塞·德圣马丁将军在 1821 年 8 月 27 日命令说：“今后不许称土著人为印第安人或本地人；他们是秘鲁的子孙和公民，应当承认他们的名称是‘秘鲁人’。”印第安人自己经常喜欢别人称自己为农民、混血人、秘鲁人或墨西哥人，认为“印第安人”一词含有羞辱的意思。在秘鲁，规定对印第安人要正式称他们为农民。

至于“印第安人”这一概念的内涵，人们的意见也不相同。许多科学家表示，人们不应该笼统地讲印第安人，而应讲奥托米人、玛雅人、阿劳干人，等等，他们是不同于欧洲人的美洲民族(etnos)。E·马耶尔就在印第安人的定义中什么是决定性的东西问道：是体质特征、语言、社会地位、自称还是他称？他们怎么与混血人相区别呢？另一位民族学家 F·富恩萨利达强调，在秘鲁确定种族属性的问题带有幻想的形式，常变为一种“光幻之谜”：一个人在社会地位中占的位置愈高，似乎肤色愈“白”；反之则愈“深”。杰出的智利进步科学家亚历杭德罗·利普苏兹称这种现象为“色素效应”。

为什么许多印第安人不接受人们称他们为“印第安人”呢？瑞典民族学家 M·莫内尔说：是印第安人，就意味着被人看不起，是遭受更大剥削和歧视的对象。印第安人要想得到平等，唯一的办法是自我同化和接受全民文化。

美洲存在对印第安人的歧视吗？民族学家对这个问题一般都是作出了肯定的回答。墨西哥女民族学家玛格丽塔·诺拉斯科指出，有的国家严重一些，有的国家轻一些，但在整个美洲，印第安人无论是在体质特征上，还是在语言、衣着和习俗方面，都受到歧视。有些机构，如银行、旅游公司、民航等，是不接待印第安人的。

例如在萨尔瓦多，据美洲国家印第安研究所的领导人之一亚历杭德罗·马罗基说，大多数白人和混血人认为白皮肤是特权和尊贵的象征。在萨尔瓦多，印第安人受到歧视，被当作无理智的人看待。为免遭歧视，印第安人不得不隐瞒自己的民族出身，说自己是混血人。

在萨尔瓦多、危地马拉和洪都拉斯，成千上万的印第安人在反对美帝国主义支持的专制制度的战斗中被反动派杀害了。在尼加拉瓜，桑地诺人民革命于 1979 年 7 月获得成功。反动派企图利用尼加拉瓜印第安人与桑地诺政府对抗。天主教教士和宗教人员煽动印第安人与革命政权对着干，谁不听话就杀谁。

委内瑞拉外交部边界划分局官员丹尼尔·巴兰迪亚兰指出，委内瑞拉、圭亚那地区的居民，无论是白人移民还是克里奥尔人，都自认为是文明人，而把印第安人看作野蛮人和半人类动物，至多把他们当作孩童对待。白人和克里奥尔人试图用征服和殖民时代的办法来“开化”土著居民。他们毁坏印第安人的家庭，把印第安儿童绑架到自己家里以“教育他们”，奸污印第安姑娘，用烈酒麻醉印第安人并剥削他们。因此，印第安人并未走上文明过程，而是跌进“腐恶”的深渊。

对于所谓“森林印第安人”，即热带雨林或难以接近的地区（避难地）的居民，则实行同化政策。1970 年，这类印第安人有 86 万，大多数分布在哥伦比亚、厄瓜多尔、秘鲁、玻利维亚、委内瑞拉、巴西和巴拉圭。同化分步实行：使印第安人定居下来并与他们建立关系，研究他们的发展水平，最后将其纳入各自国家的社会生活中去。

在哥伦比亚、委内瑞拉和拉丁美洲其他一些国家，印第安问题由传教士负责，使印第安人皈依天主教。当局和教士的政策是从下述认识出发的，即印第安人是欠发展的、低级的人类，需要监护。在巴西，有些印第安人居住的地区被宣布为国家公园（禁猎区）。这些公园就像动物园一样，印第安人成了稀有动物。

在有印第安居民的美洲国家中，没有一本资产阶级宪法规定给予印第安人基本权利，也没有规定印第安人受到国家保护；就是连美国的宪法和加拿大的宪法也不例外。事实如同过去一样，印第安人被剥夺了权利。西班牙和葡萄牙殖民当局要征服和奴役印第安人，而当代资产阶级国家则把印第安民族的灭亡当作目标。他们想通过完全同化，把印第安人与非印第安居民绝对混合在一起的办法来解决印第安问题。印第安人作为一个民族单位应该消失，以便使印第安问题消失，是当代资产阶级的纲领，理由是为了国家的巩固（墨西哥化、秘鲁化，等等）。

对印第安人，竭力向他们灌输这样一种思想：只有把印第安的东西都抛掉，如语言、习俗、信仰、服饰，他们才能改善自己的地位，生活中才能有所得。在墨西哥一些地区，白人和混血人还继承殖民传统，称印第安人为“没有理性的人”。按照他们的说法，印第安人只有在放弃做印第安人时，才能开始有理性。

许多印第安人一有机会便自愿“放弃”当印第安人。最有影响的例子是墨西哥总统贝尼托·胡亚雷斯（1806～1870年）。尽管不会讲西班牙语，但他在12岁时便离开故乡迁往城市。他在城市里工作、学习，当律师、政治家、部长，一直到共和国总统。胡亚雷斯从不提及墨西哥印第安人，好像他们不存在似的，尽管他所领导的与法国入侵者进行长期战斗的军队的主力是由与他一样出身的人们所组成的。胡亚雷斯为什么保持沉默？这仅仅因为他认为“印第安人”是落后和野蛮的同义词，而“墨西哥人”则是文化和文明的同义词。还有一个例子。在当代克丘亚农民、活跃的军人和乡村工会运动的老战士韦尔卡的自传中，“印第安人”一词只出现过一次，并且是在一名警察指控他是“印第安共产主义者”时出现的。

什么样的人算是印第安人？墨西哥民族学家、全国印第安研究所所长阿方索·卡索提出了以下定义：自认为是印第安公社成员的人是印第安人，在这种公社中，非欧洲人的体质特征占优势，通行一种印第安语言，在物质文化和精神文化方面顽强地表现出印第安特点；对于这种公社来说，如同与白人和混血人的区别一样，不同于邻近印第安公社的内部结合的社会意识是它所固有的。这个明显不足的定义，在 1953 年日内瓦国际劳工组织会议上被通过，写入了有关几个国家印第安人情况的文件中。

关于印第安人的概念还有另外一些定义。第二届美洲国家印第安代表大会（库斯科）通过了下述提法，印第安人是一种社会意识，这种意识与土著种族或民族的劳动和经济制度、他们自己的语言以及相应的民族传统有关。

亚历杭德罗·马罗基则认为，印第安人是一个社会和经济范畴，是历史造成的，与由于征服而受尽了残酷剥削、贫穷、压迫和社会不公正苦头的美洲土著人的后裔紧密相关。

以上所谈的情况，向我们说明一切有关美洲印第安人的统计都是有问题的。M·莫内的观点特别明确：没有比许多著作中的“精确估计”更荒唐的事了，例如说巴拿马印第安人占 9.5%，黑人占 13.3%，白人占 11.9%，“混血人”占 65.3%。这类数字只不过是猜测，是在某些情况下，时而用社会标准，时而用文化标准，时而用语言或人类学标准所得出的统计资料作为基础推算出来的，但都不能精确和完全地反映出实际情况。

目前美洲有多少印第安人？据1970年的官方统计，印第安人口是1900万。有些科学家说有3000万甚至4000万。对这些数字进行严格分析是件难事，这就如同对发现美洲时的印第安人数进行分析一样，不同的材料有不同的结果；从1330万到1亿不等。

虽然官方统计只有相对价值，但可以告诉我们印第安居民的数量和发展情况。下面是玛格丽塔·诺拉斯科引用的美洲土著人口数字。

年代	印第安居民	增　减	南北美洲人口	印第安人百分比
1492	13385000	—	13385000	100
1570	10827150	-2557850	11229650	96.41
1650	10035000	-792150	12411000	80.85
1825	8634301	-1400699	34531536	25.10
1960	14976228	8341927	408649744	3.66
1970	18812256	3836028	504104845	3.80

从上表可以看出，1960年到1970年，印第安人自欧洲殖民者征服美洲以来第一次增长了20%多，并且在总人口中的比例也有所增加，尽管微乎其微（0.14%）。这如何解释？首先应该承认，在印第安人口较多的国家里，社会经济条件相对有所改善，这些年实行了土地改革（智利、秘鲁、墨西哥）和其他变革（玻利维亚、厄瓜多尔、阿根廷）。在一些国家里（美国、加拿大），土著人捍卫自己权利的运动高潮迭起。关于上述拉美国家以及美国和加拿大的人口统计，见下页统计表。

该统计表表明，30%以上的美洲印第安人居住在3个国家中。此外，从1960年到1970年，有5个国家的印第安人口比例增加了。在美洲大陆的其余14个国家中，居住着另外20%的印第安人。在这些国家中，印第安人口增长情况同以上8国差不多，只有委内瑞拉和巴拉圭是例外；前者印第安人口从1960年的9.8万降到1970年的9.4万，后者则从6万降到5万。在这些国家中，印第安人口比例没有增加。

从文化和社会经济观点来看，美洲印第安人是一个互不相同、参差不齐的群体。他们有不同的语言、方言和传统、信仰。当然，较大的语言区也是存在的，例如克丘亚语就包括居住在厄瓜多尔、秘鲁和玻利维亚境内安第斯山中的几百万印第安人。

诺拉斯科把美洲印第安人分为7个社会经济群：

1. 游猎或半定居居民，处在氏族制度解体的阶段，主要从事捕鱼和打猎；从事原始的农业，生产自需产品（自然经济）。人数有65万，分布在奥里诺科河和亚马孙河流域、墨西哥东北部、火地岛以及其他难以接近的地区。

2. 从事原始农业（刀耕火种）和畜牧业的半定居或定居居民，每隔六七年便因地力衰竭而迁徙一次。生产为了内部消费（自然经济），人口有50万，分布在远离居民点的森林中。

国　家	年　代	总人口	印第安人	印第安人比例
阿根廷	1960	20956039	130000	0.62
	1970	29362204	170000	0.73
玻利维亚	1960	3462000	2180738	62.99
	1970	5063000	2835540	56.00
墨西哥	1960	34923129	3030254	8.75
	1970	48381547	3814770	7.88
秘鲁	1960	10364620	5288590	51.03
	1970	14015000	5434400	38.78
智利	1960	7550991	240000	3.18
	1970	8834820	6000000 *	6.79

续表

国 家	年 代	总人口	印第安人	印第安人比例
厄瓜多尔	1960	4581476	768000	17.15
	1970	6297000	1838700	29.20
小计	1960	11655582		
	1970		14693410	
美国	1960	183000000	550000	0.30
	1970	203235298	830000	0.41
加拿大	1960	18238247	202000	1.11
	1970	21569000	259800	1.21
总计	1960		12407582	
	1970		15783210	

* 数字明显增加，因统计中印第安人定义更精确。

3. 利用现代化技术从事打猎和捕鱼的猎人和渔民，向市场出卖自己的产品。有6.5万人，主要指阿拉斯加和加拿大的爱斯基摩人。

4. 定居的农民和牧民，他们通常是公社社员，耕种着自己的小块土地或公社的土地，在当地市场出售一部分产品。同时从事手工业，从中产生一部分非熟练工人、短工、矿工。这类印第安人是在殖民时代形成的，至今保存着当时的许多风俗习惯。人口有1300万，主要分布在墨西哥、危地马拉、哥伦比亚、厄瓜多尔、玻利维亚、秘鲁和其他国家。

5. 短工（因负债而依靠大庄园主的农民），他们的地位与奴隶相比，不同之处仅在于主人不能将他们与土地分开出卖，但与土地一道可以出卖。在不同国家里分别称他们为农夫、依附者、受保护者、受帮助者、从属者，等等。人口有300万，分布在厄瓜多尔、哥伦比亚、玻利维亚，墨西哥和秘鲁也不少。

6. 主要靠工资为生的工人（非熟练），有小块土地供养家庭，妇女从事手工业。有75万人，分布在美洲亚热带地区。

7. 保留地印第安人（社会经济水平不一），有50万人，分布在美国。

以上7类印第安人总数共有1846.5万。

根据上述分类，拉丁美洲印第安人的主体是由农村公社社员组成的；在墨西哥，印第安人的主体也是公社、农业合作社的成员，印第安公社是其典型的组织形式。

印第安公社的历史可以上溯到遥远的过去。它与集体占有土地是联系在一起的。在16世纪末，西班牙王室担心印第安居民会全部受制于克里奥尔大庄园主（其地位已经巩固），便实行把土地“永远”保留给印第安公社的政策，禁止交换、出卖、馈赠或以其他方式改变法定所有权。这些“保留地”虽然贫瘠，但却保证印第安人有一个相对独立的环境，这就使他们的利益与凶狠的大庄园主监护者无关，而与向其交税的王室相连。当然，依附于西班牙国王派来的官员，公社社员也难免受压榨；但对官员的行为可以上诉，因此至少在理论上，公社社员比那些在监护者手下劳动的印第安人有更大的自由。

从殖民时代初期，公社被迫向皇家如数交税，与市场经济发生了联系；这又引起公社内部关系也随之市场化。独立以后，拉丁美洲国家的统治阶层认为公社是殖民时代的遗物，试图把公社土地分给社员，把他们变为农业小业主。实际上，这样做就意味着印第安农民失去土地，因为由于无知，从前的社员几乎是无偿地把土地所有权让给了囤积居奇者和投机商。

尽管在成立国家以后拉丁美洲历史上曾发生剥夺公社土地所有权的事情，但这种所有制形式目前依然是一些拉丁美洲国家农业中的重要成分。据不久前的统计，在4个“印第安”国家中有13000个印第安公社。在玻利维亚，有3779个公社占有720万公顷土地，约占在册土地（1950年）的22%。由于1963年的土地改革，公社又得到了260万公顷土地。在墨西哥，有1817个公社，占有755.4万公顷土地，占在册土地（1950年）的52%。在秘鲁，1968年革命之前有4000到4500个公社，占有224万公顷土地，占在册土地的11.7%。在智利，有3048个公社，占有56.6万公顷土地，或者说占公社田产（1963年）的2.5%。

如同苏联学者I·萨玛金娜强调的那样，拉丁美洲印第安公社在经过变化后，目前具有占有和利用土地、组织劳动、经济专业化和对外联系的多种形式。资本主义环境，农村资本主义关系的发展，决定了印第安公社的演变改革。

当代印第安公社的发展，也按照资本主义的基本法则，引起了农民的社会差别。但在公社里，这个过程是非常复杂的、缓慢的、隐蔽的，并且有时采取了传统方式；然而其内容，其本质，与拉丁美洲农村发展的总趋势是并行不悖的。最近以来，公社农民愈来愈倾向接受合作化的思想。以这种或那种形式保存下来的旧的公社占有和使用土地形式，历来坚持的集体劳动的习惯，所有这些都将有助于在经济上学习和接受合作方式。对拉丁美洲进步力量来说，在对乡村进行根本的民主改革斗争中，公社农民是积极的同盟者。

二、国际组织和宗教组织对印第安问题的关注和作用

在最近几十年，主要是在1959年1月古巴的民主、反帝革命胜利后，拉丁美洲国家发生了重大的政治、经济和社会改革。在一些国家里（秘鲁、厄瓜多尔、巴拿马），进行了或正在进行社会改革，特别是农业改革。在萨尔瓦多·阿连德执政期间（1970~1973年），智利进行了深刻的社会改革。在其他国家（巴

西、墨西哥、哥伦比亚、委内瑞拉、哥斯达黎加)，资本主义发展步伐加快了。在巴拉圭、萨尔瓦多、危地马拉和其他国家，反动统治阻止着社会改革，或如智利那样破坏已经实行的改革。这些不同的环境对印第安人产生了怎样的影响呢？

1. 在许多“印第安”国家里，有史以来第一次创立了印第安人自己的组织、联合会和中心，捍卫土著居民权利的事业和促进旨在改善他们地位的计划的实施。

2. 成立了首批试图联合全大陆印第安人的组织。

3. 专门从事印第安事务和指导所谓一体化政策的政府机构，几乎在所有国家都建立起来并一直在开展工作。

4. 在专门研究印第安问题的民族学家中间，围绕赞成和反对一体化展开了热烈的思想交锋。

5. 在国际组织，如联合国及其他组织中，以及一些传统组织，如天主教教会中，对印第安人境况的关心显著增强。

国际组织对印第安人的关心有多种形式。

在安第斯国家，10 年前制定了“安第斯共同发展多国计划”(常称“安第斯行动”)，这个计划受到国际劳工组织的资助，在厄瓜多尔、秘鲁和玻利维亚印第安地区建立了许多机构。尽管现在“安第斯行动”不能自夸取得了这样或那样成就，但有许多高薪民族学家在这些机构中工作。

在美洲国家组织支持下的其他计划（共同行动计划，中秘鲁经济和社会一体化方案)，以及美国资助的“南秘鲁地方发展计划”，其成果也微乎其微。在这些计划的实际执行过程中，有美国康奈尔大学的所谓和平使团和专家的积极参加。

应当指出，这些被派去从事印第安问题研究的美国人被指控给印第安妇女做绝育术。这类事情在危地马拉、玻利维亚、哥斯达黎加和其他拉丁美洲国家都有所闻。

上述计划虽有巨额款项，但印第安人很少得利。因为尽管这些计划的领导人及合作者有业务能力和良好动机，但在地方官僚和外国资本的统治下，这些财力很难主要用于改善受款人的境况。此外，地方反动当局对外国民族学家不信任，以为他们的调查具有改变现实的“颠覆目的”。同时，鉴于美国中央情报局在越南战争期间曾经大规模利用民族学家为其出力，民主人士也怀疑在美国民族学家中间混有间谍，实际中常给他们安排诸如“走访”及其他类似活动的“社会”调查一类工作。

“保卫少数印第安人国际协议”（1957 年）的制定，也没有从根本上改善印第安人的境况。这个协议有许多国家签字，但实际上这个协议中的内容至今未曾实行。1972 年联合国经济及社会理事会通过的文件《印第安居民问题》，也遭到同样的命运。这个文件指出，印第安居民是种族迷信和种族歧视的牺牲品。

1971 年在巴巴多斯召开的“拉丁美洲的种族冲突学术讨论会”，也没有产生实际成果，这次会议，谴责了强迫同化和压迫印第安公社的政策。

如同以往几个世纪一样，天主教会仍在对印第安人实行“基督化”。天主教教士在拉丁美洲的传教活动已达 500 年，目的在于使印第安人完全同化，放弃自己的信仰和“野蛮”习惯、语言和文化形式。有鉴于此，印第安人一有机会就抵制教士们的同化活动是没有什么奇怪的。最近，教士们舌敝唇焦地宣称，自己的活动需要与民族学家、应用人类学家的活动结合起来。

如同殖民时代一样，今日的天主教教团在当局划给他们的地区里实际上是无所顾忌地进行活动，尤其在委内瑞拉、厄瓜多尔、秘鲁、玻利维亚、阿根廷和哥伦比亚是如此。

教士与印第安人之间的关系如同地主和雇工的关系一样。教士强迫印第安人为教会无偿劳动。秘鲁民族学家斯特法诺·瓦雷塞认为，庄园和教会是直接从殖民制度——委托监护制继承下来的。梵蒂冈在拉丁美洲国家印第安人居住区设有 29 个以主教为首的教区和12个直接隶属于“梵蒂冈人民教育会”（旧称“传教会”）的教省。

美国教士团在印第安人中也活动频繁。例如在墨西哥，尽管法律正式禁止教士活动，但“马利诺教会”在乌苏特南戈县仍建有18所广播学校、28个信贷合作社和5个农村合作社。在墨西哥，从1961年起建立了“援助在印第安人中传教全国中心”，用纳瓦特尔语（阿兹特克语）出版《命运》杂志。

天主教团在一些国家（委内瑞拉、哥伦比亚）享有治外法权。根据1956年卡普秦修会与委内瑞拉政府间的协议，没有修道士的同意，印第安人无权离开教会。教士在传教区担当警察的角色，任命收税人和其他官员。

委内瑞拉民族学家W·科佩斯指出，教士现仍继续称印第安人为“年幼者”。教士按下述原则行事：

1. 印第安人是孩童，因此，需要有教育者，这就是教士；2. 印第安人是落后的人们，这就是说应该把他们从“野蛮人”变成文明人；3. 为了实行这种转变，首先应该信仰基督教；4. 最后目标是使他们与西班牙基督文明亲近起来。印第安人的行为愈像白人，才愈像“人类”。

说了这么多，现在我们需引述苏联学者Yu·苏布里斯基的评论。他就秘鲁天主教教士的活动写道：“那些旨在传布基督教义和习惯的教团活动，含有使印第安人的土著精神文化和物质文化的重要特征消失的危险，是帮助地方业主和外国业主奴役印第安人的。印第安人教团的政策是要阻止印第安群众接受先进的思想，阻止他们认识自己的处境和自己起来改善这种处境。”

在整个殖民时代，在某些国家甚至到独立以后，天主教会是拉丁美洲最大的大庄园主，例如在厄瓜多尔，教会直到最近还占有120万公顷土地。教会直接参加对印第安居民的剥削。除了极个别的例外，教士支持殖民主义者反对独立运动；独立后又变为寡头政治和帝国主义的盟友。教会反对一切社会改革，哪怕是资产阶级性质的改革。

1912年，被有印第安群众积极参加的墨西哥革命（1910～1917年）吓破了胆的教皇庇护十世，发表通谕《痛苦的印第安国家》，谴责鞭打、抢劫、折磨和屠杀印第安人。但是，庇护十世及其继承人对印第安人难以忍受的境况所流的眼泪，难以改变自己与墨西哥革命的敌人站在一起，以及后来反对所有民族解放运动的事实。1957年，教皇庇护十二世发表通谕，继续重申教会是印第安人的朋友，“绝不”不赞成人民的习惯和传统组织，而是要神化它们。

甚至在第二届梵蒂冈公会通过改革决议之后，教皇保罗六世在1968年波哥大“圣餐国际代表大会”上发言时，尽管提到奇布查人、玛雅人、印加人、阿兹特克人和瓜拉尼人的不幸处境，甚至把农民比作基督受难像是“活着受罪”，但他又把教会关于社会正义的所有理论归结为谴责革命和崇尚“乐于福音贫困”，说这能帮助受苦人“登上天堂王国”。

尽管保罗六世规劝和号召教士们要站在人民的社会解放斗争之外，但每当革命斗争高涨时，许多教士乃至高级神职人员都改变了对印第安问题的态度。厄瓜多尔里奥班巴的主教普罗亚尼奥坚决站在捍卫印第安人的立场，抗议地主和商人在做买卖时无耻地欺骗印第安人。巴西的教士阶层谴责在亚马孙地区消灭印第安人的行为，并因此成了当局迫害的对象。巴拉圭教会的成员也反对消灭印第安人，对独裁者斯特罗埃斯内的镇压政策表示愤慨。

1972年3月，由世界教会理事会提议，在亚松森召开了天主教和新教教士会议。会上发表的一项声明肯定说，宗教组织和团体常常成为奴役人们的工具，对建立一个没有种族歧视、宗教歧视或文化歧视的拉丁美洲社会没能做出贡献。目前，教士们号召与民族学家密切合作，但后者一般都认为教士的活动是危害印第安人的。里约热内卢“印第安”博物馆馆长内尔·莱德表示，教士的任何行动都是消极的，因为他们声称要拯救印第安人的灵魂，却忘记拯救他们的肉体。

最近几十年来，在印第安人教区里出现了天主教会的强劲对手——名为威克里夫圣经翻译派的美国组织。这个组织是1930年在圣安纳（美国加利福尼亚州）建立的，建立者是新教传教士威廉·卡梅龙·汤塞德。威克里夫圣经翻译派得到在拉丁美洲投资的大垄断资产者，包括石油商的支持。1975年，这个组织有3千人为其服务。

在30年代，汤塞德借口教化印第安人和研究土著语言，打算深入到拉丁美洲较少有人去过的地区。

为了在拉丁美洲人面前证明自己有兴趣研究印第安语言，汤塞德建立了“贝拉诺语言研究所”。1935年，该研究所在墨西哥得到首次特许权，包括拥有一块为期60年的土地使用权以及与当地130个讲不同的印第安语言的印第安群体共同工作的权利。墨西哥政府迈出这一步，看来是希望得到一个砝码，以平衡天主教会的影响；在那些年代里，天主教会号召人们拿起武器同政府斗争。汤塞德许诺，不仅研究稀奇的土著语言，而且还在印第安人地区开办学校和各种作坊，自己承担一切费用。1970年，该研究所雇用一千多人，在墨西哥97个族群中开展了工作。

1946年，该研究所获得秘鲁政府的特许。1952年，汤塞德在危地马拉设立了分所。从此时起，该研究所便与德意志联邦共和国宗教组织支持的、并有大量财力的西德“人人有面包”组织建立了联系。而“人人有面包”组织，则在拉丁美洲国家设立了以援助印第安人协会名义出现的机构。美国的国际开发署也资助贝拉诺语言研究所的活动。

1955年，该研究所与玻利维亚签订了一项协议。1973年，研究所在玻利维亚拥有71名为其效力的人员，他们分布在17个印第安民族（etnia）中间。研究所还将自己的活动扩展到巴西、厄瓜多尔、洪都拉斯、苏里南。在1962年，研究所在哥伦比亚租到大片土地，与70个印第安群体（grupo）中的44个共21.2万人建立了联系。

不久之后，汤塞德的组织在哥伦比亚变成了国中之国，在丛林中建立了航空设施和广播电台，共有28个飞机场，40架DC—3型飞机，以及大量的直升机和大功率电台。

根据与哥伦比亚签订的协议，研究所负责深入研究当地印第安语言，即音位系统和构词方法；编纂有关的词典和进行比较研究；揭示印第安语言与其他语言的联系；收集有关印第安人的生活、习惯和信仰的各种民族学资料、照片和其他材料；用印第安人的语言编写课本并帮助西班牙语教学。此外，研究所还承担提高印第安人的社会、经济和卫生水平，促进他们文化和道德归于完善的任务。为此，研究所进口的所有必需设备都免税，其人员可以自由出入境。

研究所在哥伦比亚工作了14年，有几百名合作者，但却只出了一本书——《哥伦比亚民族群体的物质文化特点和民间艺术》。这个如此庞大的组织的如此可怜的成果，引起了拉丁美洲舆论界的注意：研究所在亚洲、非洲乃至西欧29个国家里开展了活动，与531个土著族群建立了联系，其中有252个（占47%）是在拉丁美洲；雇用的是在美国各大学里受过专门训练的人类学家和民族学家。此外还证明，受美国中央情报局的委托，研究所在美国侵略越南期间也进行了活动。

（中国社会科学院民族研究所主办：《民族译丛》1986年第5期，第7~16页。节译自苏联《拉丁美洲人民的过去与现在》第2卷，1984年，西班牙第2版）

美洲印第安人：被奴役的道路，解放的道路（下）

［苏］何塞·格里古列维奇　朱伦　节译

三、政府机构和印第安人组织做了些什么

在拉丁美洲所有“印第安”国家中，政府对印第安人的政策都是由第二次世界大战后成立的各国印第安研究所制定的。这些研究所的活动，由美洲国家印第安研究所协调。这个研究所设在墨西哥，并出版中心刊物——《印第安美洲》杂志。它是“美洲国家组织”下的一个机构。

智利科学家亚历杭德罗·利普斯丘兹写道：作为研究印第安居民的经济和文化利益的国家机构，印第安研究所的成立，事实上表明各国政府已经承认了印第安问题的存在及其重要性。秘鲁作家和民族学家何塞·玛丽亚·阿尔格达斯强调说：印第安主义的存在，恰好表明与殖民时代一样生活在不平等和屈辱状况下的印第安人问题，是一个需要解决的问题。

印第安主义在最近发生了一定变化。印第安主义者起初提出“并入化”（incorporation）即把印第安人纳入社会中，实质是要同化他们，认为只有采取这一方式才能解决印第安人问题。在墨西哥，这一政策表现为教印第安人讲西班牙语，使他们融进城市文化，即穿“文明人”的衣服，吃“文明人”的饭食，等等。

后来，上述政策由“一体化”代替，其主要特点是承认印第

安人有使用自己语言的权利。这个政策由墨西哥全国印第安研究所贯彻执行，它通过一体化专门机构，也就是设在印第安人居住区的所谓合作中心开展工作。全国有 65 个这类中心，中心有为印第安居民设立的学校（印第安儿童在此接受西班牙语教育）、医疗站、农牧实验基地、饲养场、机修站和手工车间。据曾多年担任所长的 G·阿吉雷·贝尔特兰说：研究所帮助印第安公社发展农业，在各种申诉中捍卫公社的利益，在公社财产的确认及其分割纠纷中提供咨询。

按贝尔特兰的说法，一体化的最终目的是要通过在全国所有民族群体，包括印第安人和混血人中间反复强调祖国感情，达到相互理解并建立牢固的联系，使建立一个能够团结所有墨西哥人的统一民族的思想见到成效。

但很感遗憾，正如美洲国家印第安研究所前领导人冈萨洛·鲁维奥·奥尔维所说的那样，当权者在实行一体化政策时不尊重正式原则，实际上是要导致印第安人作为民族消失掉，或者说是民族灭绝。

贝尔特兰在反驳对手时断言，除了印第安语言以外，一些评论家力图保存的当代印第安文化，实质上是“殖民产物”，或者说是殖民时代的残留。因为，印第安族群的政治组织、社会结构、技术和经济，正是那些文化“拯救”区曾经存在的思想、价值和模式的翻版，是殖民剥削制度的残余。

在回答一些人指责一体化政策没有解放印第安人，而是使他们无产阶级化，因此是强加给他们的一种新的奴隶制——资本主义制度时，贝尔特兰指出：印第安人向无产阶级转变，自然是从一种依附形式转向另一种依附形式——最完善的剥削制度。但是，它却使印第安人加入革命阶级的行列，在获得解放时将建立一个新社会，因为这个阶级不解放其他阶级就不能解放自己。

他的对手坚持认为，一体化了的印第安人没有变成工人，而是变成了流氓无产者，从而扩大了拉丁美洲的社会中已经够广泛的所谓边缘阶层的队伍。

哥伦比亚民族学家赫拉尔多·雷切尔－多尔马托夫也持同样的观点，认为使印第安人一体化意味着穿旧鞋、走老路，强迫他们忍受沉重的负担，使他们变为仆人，成为我们社会中的最低阶层，剥夺他们的人格尊严。

进步阶层似乎应该努力把印第安人变为无产者（或状况更糟的流氓无产者），为那些为公正解决印第安问题创造条件的根本社会改革而斗争，把印第安居民的利益放在心上。事实证明，只要实行这类改革，只要进行土地改革，哪怕范围有限，印第安问题也能摆脱死亡线。印第安人已经使自己的状况得到改善。例如在智利，在"人民团结政府"期间，于1971年通过了有印第安组织参加制定的印第安法律，这个法律保证了印第安劳动者的利益。由萨尔瓦多·阿连德总统创立了印第安发展研究所，也开展了有很大意义的工作。

在秘鲁，1968年建立的军政府所实行的土地改革和其他改革，也使印第安居民的生活发生了根本性变化。印第安人得到了土地、贷款；宣布克丘亚语与西班牙语同为官方语言，并在学校里实行双语制教育。印第安主义在墨西哥的兴起与繁荣，难道不也正是1910～1917年资产阶级民主革命引发的结果吗？

然而，在那些政权依然掌握在政治寡头和大资产阶级手里的国家，尽管有许多印第安研究所和组织，印第安人的状况不仅没有改善，反而愈来愈糟。

例如在哥伦比亚，1958建立了印第安贸易署（从属于农牧部）。1960年，这个署改组为印第安事务局（属内政部）。后来，在1971年，在这同一个部里成立了印第安政策地方委员会，1972年成立了印第安事务办公局。但是，这些组织绝没有保证使印第安人免遭白人殖民者和地主的压迫、土地被掠夺和反抗者被杀害的厄运。

巴拉圭的情况也一样。在巴拉圭，有国防部印第安事务局，以及由美国银行地方分行和其他美国企业官员领导的扶助印第安委员会。但是，整个印第安部落被消灭的事仍时有发生，奴隶制依然存在，印第安儿童被贩卖。

巴西的情况也不妙。虽然有官方机构全国印第安基金会，并采取措施建立印第安保留地（公园），但在最近几年，在143个部落中有57个消失了。专家们认为，巴西最后一个印第安人如果早不会消失，到三千年纪初也将消失。巴西民族学家弗朗西斯科·梅雷耶斯认为，不论是被关进公园还是结合到巴西社会中，印第安人的命运都一样被抛弃。

在阿根廷，外交与文化部设有印第安人保护局。在庇隆总统任内，这个机构曾有一年是由赫罗尼莫·马利克奥酋长领导的，但印第安人的状况并未因此而有所改善。印第安人现继续遭受当地大庄园主及其雇佣者的压榨。

在玻利维亚，20世纪50年代实行了局部土地改革，印第安公社得到加强。以后的历届政府都严肃谈到从南罗得西亚迁入的15万白人移民问题，认为这一行动使玻利维亚面临着变成种族主义国家的威胁，对印第安人有一定的后患。

对印第安居民实行同化和一体化政策的思想根源，与19世纪末出现的术语“文化同化”观念有密切联系。一些民族学家（R·雷德费尔德、R·林通、M·赫尔斯科维兹）认为：文化同化是不同结构的文化模式在长期和直接的相处中表现出来的一方或双方发生文化变化的现象；因此，文化同化就等于文化价值的交换。他们强调说：印第安人因文化同化已经得益不少，甚至连他们的食物都变了，等等。此外，他们绝不承认以下事实：在这种情况下，文化同化一点也不是自然过程，而是在印第安人中间强行推行欧洲人的文化价值和模式（并不是所有的，更不是最好的），毁掉了他们自己的民族特性和特点；文化同化是殖民统治的结果；目前，印第安人遭受资本主义剥削，文化同化是在资产阶级统治的情况下进行的。

在印第安人与白人之间的关系问题上，有许多民族学家承认文化同化具有殖民主义性质。例如索尔·塔克斯就认为存在两种文化同化：第一种是向印第安人灌输一定的世界观；第二种是在灌输世界观的同时强加给他们一定的社会关系。菲利普·德鲁克认为：文化同化就是一个民族对另一个民族的统治。这个观点受到墨西哥哲学家莱奥波尔多·塞亚的赞同，他认为文化同化在拉丁美洲就是一种文化埋葬另一种文化。哥伦比亚女民族学家尼娜·S·弗里德曼认为：美洲印第安人长期遭受肉体和文化扼杀，是印第安人与代表欧洲习惯和信仰的大自然交往中发生的所谓文化同化过程的结果。

G·福斯特建议用“文化征服”来代替“文化同化”的说法。他认为，统治文化并非把一切都强加给被统治文化；而是强加于己有利的某些东西，并且常常是消极的东西；但统治文化却从被统治文化那里吸收一切积极的东西。福斯特指出，文化同化导致被统治文化的无文化，导致文化价值丧失殆尽，而不是吸收新鲜营养。福斯特得出结论说：被统治文化在反对统治文化的奴役和同化时，自身形成一种可以保持其独特面貌的护卫机制，由此呈现一定的静止性和守旧力。

这是一个极其重要的结论，它解释了印第安人为什么头脑“固执”，为什么对西方生活方式不感兴趣，为什么不接受统治文化建立起来的行为准则的问题。这里反映的问题是印第安人抵制外来价值所采取的不同护卫机制方式，这绝不能成为他们思想迟钝的证据。印第安人思想迟钝，是殖民主义思想家从未放弃宣传的认识。

有些民族学家认为，印第安人的那些恶习不归因于他们自己，而是归因于决定他们命运的白人和混血人。但这种提法不甚吃香。决定印第安人悲惨地位的因素，不是官员或科学家的肤色，也不是他们属于哪个民族或种族，而是这些人（也可能有印第安人）为剥削者的利益服务。

土地改革，限制政治寡头的权力，节制外国资本和其他根本性的社会改革，应当顾及一体化（文化同化）过程，以使一体化不要具有强迫同化的特点。

墨西哥民族学家鲁道夫·斯塔维哈津正确地指出，民族一体化不能通过消灭作为一定族体的印第安人来实现，而应通过把他们从殖民奴隶制下解放出来去完成。

某些一体化的赞同者援引列宁关于资本主义同化具有积极性的著名论断，我们认为这与拉丁美洲国家目前的形势是不适宜的。列宁是在伟大的十月社会主义革命胜利之前，是在资本主义居世界统治地位的情况下，是在同民粹派和其他“复古派”论战时提出这一论断的。但在目前，在拉丁美洲资本主义体系将被打垮之时，强迫同化印第安人常常使他们变成流氓无产者而不是无产者。鉴于革命过程的飞速发展，以及建立在阶级觉悟基础上的工人运动的存在，不应讲什么资本主义下的同化或一体化，而应讲为印第安民族的自由发展而斗争，保留印第安文化中的进步因素。只有在根本的革命变革中，印第安人的发展才有可能。印第安居民中最有觉悟的阶层所渴求的，近年来印第安人自己的组织的纲领所表明的，他们制定的计划和所采取的行动，都是为了这一目标。

例如在智利这个自殖民时代以来大多数阿劳干人（马普切人）一直保持某种独立性的国家里，直到1973年法西斯政变时，有以下的印第安人组织：阿劳干人协会；阿劳干人联合会和阿劳干人团结运动。据利普斯丘兹说：这些组织是由那些知道文化上已与多数智利人同化，但有幸未失去与本民族联系的阿劳干人组成的；他们自觉地忠于自己的传统。

1953年，全国印第安联合会在特木科成立，并在1961年成为智利全国农民和印第安人联盟的组成部分。这一联盟是在农民代表大会上成立的，倾向左派力量集团。这一组织的某些领导人加入了智利共产党，其中有两人被智利共产党选为代表。

委内瑞拉印第安联盟号召印第安人与一切劳动者团结起来，为被剥削者的利益斗争。厄瓜多尔印第安人联盟的活动，也有成绩。

在阿根廷，成立了联合马普切人的印第安人大议会。1972年，阿根廷印第安人大会召开。

在墨西哥哈尼西奥，1975年10月召开了第一次全国印第安民族代表大会，会上有2500名代表出席，代表着500万墨西哥印第安人。当时的总统路易斯·埃切维里亚·阿尔瓦雷斯应邀参加了大会。

在哥伦比亚，有考卡地方委员会、考卡印第安代表大会、沃佩斯地方代表大会和其他地方组织。

在美国，1941年成立的美国印第安人全国代表大会、美国印第安人运动（1968年成立）和其他组织，也开展了活动。此外在阿拉斯加还有阿拉斯加土著人兄弟会和阿拉斯加土著人联盟。在加拿大土著人联盟叫做“红色力量”。

1975年10月27日到31日，在波塔阿尔维尼召开了第一次美国印第安民族代表会议，在这次会议上，成立了由秘书长领导的印第安民族的全体理事会。

1975年，出现了把全大陆印第安人组织团结起来的最初企图。在这一年的10月份，在亚松森召开了南美洲第一届印第安人大会，有巴拉圭、阿根廷、巴西、玻利维亚和委内瑞拉印第安组织的共23名代表参加。

1977年9月，在联合国计划下召开了保护美洲印第安人国际会议。

在这次会议上，有非政府的、国际的和国家的 80 个组织的代表，联合国、联合国教育科学及文化组织、国际劳工组织的观察员，以及 38 个联合国组织成员国的代表团参加。

北美、南美和中美 15 个国家的 100 多名印第安代表向世界舆论详细报告了大陆土著居民的悲惨处境，以及当权者在经济、社会、法律和政治上对土著人实行的种族歧视和种族灭绝政策。会议谴责了美国和大陆其他帝国主义国家对土著人实行的这一政策，制定了保卫和支持土著居民权利的行动计划。

四、民族学家的作用是什么

民族学家似是能够与印第安问题建立密切联系的专家。几十年来，具有不同倾向和目标的民族学家，对美洲印第安人的过去与现在，他们的家庭关系、生活和行为，进行了大量调查研究和描述。民族学家们真诚地从事这些工作，对自己的研究对象有时表现出极大的兴趣，乃至发展到敬佩，并为此耗尽了自己的精力以至生命。未被民族学家研究或描述过的印第安族群，在美洲是找不到了。有些民族学家参加了所有冠以“保护”印第安人的机构：从印第安事务局，到各种官方或半官方的组织，以及与印第安问题有关的理事会、部门和委员会。在制定有关改善印第安人生活和提高其文化水平的计划、宣传纲领和改革时，民族学家是无可争议的参加者。

但是，从印第安人利益的观点出发，民族学家的活动尽管是正直的，其结果还是引起了印第安人的日益增长的不满。他们很少或根本不了解科学家们写报告的目的。一名哥伦比亚印第安人说，这些人把人民的生活写在书里，拍在照片上，以后就不见了。

有许多民族学家不满意自己的工作战果。近年来，人类学家（民族学家）之间展开了激烈的争论。有人断定，人类学是殖民制度的产物，人类学家是为宗主国和统治阶级服务的，他们的调查危害了从属民族和族群。在大多数情况下，这些指责是针对美国人类学家的，特别是那些参加了类似“羽纱”计划的人类学家的，这个计划在智利所造成的危害至今还有表现。

对于自己对印第安人的遭遇无能为力，或缺少作出应有贡献的愿望，民族学家在寻找辩解的理由，认为所有这些都不是自己的过错，而是民族学科学本身没有能力对根本改善印第安人的生活作出这样或那样的决定，甚至连建议都不能提出。他们说：搜集有关印第安人的资料，是民族学家的义务；但民族学家没有义务提出旨在改善印第安人生存条件的建议，更不能为实现这些建议而斗争。

西方最著名的民族学家、现为法国科学院院士的克劳德·莱维鲁施特劳斯特别赞成这些准则。在对巴西印第安人进行实地调查时，施特劳斯提出了以下二者取一的问题：科学家是只应限于调查其他社会呢，还是也应该给他们实际帮助以改善他们的境况？

施特劳斯断定，如果我们想当公正者，我们就不要对我们研究的社会做这样或那样的评论。这位法国科学家在选择相对主义的道路时说：每个社会已经做出了自己的选择，每种选择都不能与其他选择进行比较，因为任何选择都有同样的存在权利。民族学家应遵守自己使命的有限性特点。民族学家从事研究其他民族，就该受到这种选择的惩罚；他的作用只在于懂得这些其他民族，而不是以他们的名义行事，因为这些民族是其他民族一事本身，就限制着他与这些民族采取同样的思维方式和思考方法。

根据施特劳斯的观点，世界上没有绝对好的社会，也没有绝对坏的社会。每个社会都给它的成员一定好处，同时保存着不公正的痕迹。这些痕迹或多或少都是持久的，似乎有特殊的惰性。

作为证明，这位学者举出人类社会初始阶段所固有的、与我们社会也不无关系的食人肉习性作为例证，因为文明人迫于饥饿，不仅口头传说，在实际中也能“吞食”他们的同类。

对于施特劳斯的这些理由，人们能说什么呢？他的目的，是为民族学家对自己所研究的民族所处的悲惨境地无所作为寻找理由的。这位民族学家认为，《悲惨的热带》一书作者没有权利当他所调查的社会的法官。

看来，科学家也不应就统治阶层对被研究的民族——这里就是印第安人所抱的态度，或压迫者与被压迫者之间的关系作出评论。

像殖民主义和社会关系的阶级性这类对于理解民族学对象的状况来说是重要的问题，施特劳斯予以掩盖下去了。但是，掩盖或不谈这个问题，依然不意味着摆脱了这个问题。资本主义、殖民主义和帝国主义是民族学家无权拒绝的事实。更有甚者，资本主义环境不仅造成了民族学“对象”的落后，而且还竭力维护自己对他们的统治，包括利用科学家为此服务。例如美国中央情报局就与民族学家合作，制定了有名的“同情”、“羽纱”和其他这类性质的计划。

但是，如同施特劳斯那样号召科学家仅仅搜集资料并劝告避免得出结论，怕的是什么呢？显然，怕的是这些结论的性质。

本文作出以上分析后应该得出什么结论呢？我们认为结论只有一个：

印第安人问题首先是遭受殖民主义征服和奴役的民族的问题。印第安人在殖民社会里是被剥削的对象。获得独立后，印第安人的状况更加恶化。资产阶级妄图最后征用在许多地方已被消灭的印第安人的土地。通过一体化把印第安人纳入资产阶级社会的办法来解决印第安人问题的设想，将导致民族灭绝，最好的结局也只能导致把印第安人纳入被雇用者的“队伍”中去。

如同苏联、古巴和社会主义阵营的其他国家民族问题的解决所证明的那样，站在印第安群众的利益上来解决印第安人问题，只有在社会主义条件下才有可能。捍卫印第安人的权利，只有在人民群众起来与寡头政治和帝国主义开展斗争的时候才有可能。只有在城乡绝大多数劳动者以及知识界、宗教界和军队中的进步人士参加的情况下，这种斗争才能取得成功。

（中国社会科学院民族研究所主办：《民族译丛》1986 年第 6 期，第 6～11 页。节译自苏联《拉丁美洲人民的过去与现在》第 2 卷，莫斯科 1984 年西班牙文版）

澳大利亚的土著居民

［澳］道格拉斯·巴格林 巴巴拉·马林斯
黄承球 译

澳大利亚土著人的猎获物只是用来果腹。传统上，土著人过着狩猎和采集的生活。与周围的环境紧密结合在一起。完全依赖环境求得生存。他们尊重生命的基本尊严，既重视人，也关心动物，是自然资源保护论者。土著人虽然捕猎，但并不嗜杀。没有白人那种“行猎取乐”的心理。土著人不滥捕乱杀，也不在不必要的情况下浪费自然资源。各个时期的神话和图腾都在不同程度上体现了土著人保护动植物的情况。丛林地是他们的田园，但他们并非按常规观念耕作。从不把植物的果实摘光，也不把地下的薯类掘尽。大自然必须忍受痛苦以使人类生存，而人类也须自律才能使大自然存在下去——这是土著人哲学的精髓。

土著人是熟练的猎手。他们懂得如何悄悄接近较大的有袋类动物，能向一只袋鼠悄悄靠近到标枪足以掷及的距离，通常是15米以内，有时甚至能潜近到距袋鼠不到6米而不被察觉。为了不使动物嗅到人体气味并伪装自己，土著人狩猎前往身上涂一层泥，泥的颜色和周围环境一致。在混合式的地带，有的人涂红色，有的人涂白色或蓝色，看上去像蚁山、石头等自然景物的颜色。在林区，猎手们用带叶的树枝伪装自己，或赤身裸体呈树干的颜色。

寻找猎物时，土著人总是逆风而行。使动物难以嗅出人的气味而发觉他们。袋鼠张望别处时，猎手便飞速向前靠近，有时移动1米左右，有时一口气行进18米甚至更远。袋鼠刚一转过头来，他们立即止步，一动不动像一棵树或一座蚁山。他们在狩猎中以信号语言互相联络。在向动物靠近途中表明各自的位置，他们相互发出尖锐的“库”声，这种叫声看来不会惊动被追捕的动物。

当寻找埋藏在海滩沙地中的龟蛋时，土著人多是随着爪迹向可能是蛋窝的地方行进。由于知道雌龟惯于制造假象，土著人总是用一根削尖了的木棍。在挖掘前先检验一下如果棍尖上沾有蛋黄或是血迹，就表明找到一个藏有50~200个龟蛋的蛋窝。

土著人用耳朵确定“糖袋”——野蜂蜜的所在，当地的无刺小蜜蜂往往把巢筑在空心的干枯树干里。空膛越深蜜越多。土著人把耳朵紧贴树干，静心细听，靠微弱颤动准确地断定蜂巢的位置，并能轻而易举地把蜂巢砍出来。

土著人凭借对其所要猎取的动物的充分了解而采用各种不同的诀窍和手段。

在大澳大利亚湾以北地区，隐蔽的猎人把绑着羽毛的长杆在自己的头顶上绕圈挥动。袋鼠会误以为是一只盘旋的隼，猎人则乘袋鼠被惊的瞬间将它捕获。

在昆士兰北部，鹰（隼）也常被土著人诱骗和捕获。猎人先用石头堆起一个空心的圆锥形掩体，然后躲到里面，手抓小鸟从掩体顶部伸出，来回晃动，以吸引飞鹰。在鹰俯冲下来时，猎人便把作为诱饵的小鸟收回掩体内。鹰抓不到鸟，旋即落在掩体的石头上，粗壮的爪子不停地往石缝里伸，想把小鸟拽出来。猎人则用双手把鹰腿牢牢抓住。

在澳大利亚西部土著人捕猎鸸鹋时，先用羽毛将自己打扮起来，或者砍些禾本科植物的茎、叶掩蔽起自己的躯体。他们用棍子模拟鸸鹋的脖子，用脚趾挟拖着标枪，像鸸鹋走路一样，尾随着未被惊动的鸸鹋。接近后，投出标枪捕杀鸸鹋。阿纳姆地的猎手们常将睡莲叶撕开两个洞套在耳朵上遮住自己，在水中随野鹅群游来游去并不声不响地把一只只野鹅拽入水中呛死。

澳大利亚东部的土著人专门用空心枯树捕捉负鼠。他们在枯树上下各开一个洞口，白天，负鼠从洞口爬进树内睡觉时，他们就将点燃的火把从根部的洞口塞进树内，当被烟熏得蒙头转向的负鼠从上面的洞口爬出来时，便会被活捉。

狩猎是件没有把握的事。有时人辛劳一天却空手而归。因此，土著人的饮食不可能完全依赖猎物的肉。即使捉到野兽，猎物也属于整个部落，须按食物共享的原则进行分配，每人一份。一个人单独捕捉到的猎物也不例外，都必须与族人共享。

妇女每天所采集的食物是澳大利亚土著人饮食中的基本部分。采集具有较强的个体性。尽管妇女往往结伴外出，但每个人采集到的食物全归家人享用：本人、子女或近亲（父母或姐妹）。妇女外出采集往往带孩子，孩子与母亲同行或跨坐在母亲双肩上，婴儿则睡在母亲用额头拖在背后的网袋里。她们漫步在田野上，四处搜寻植物性的（食物）——根茎、薯类、嫩荀、坚果、浆果、多汁的水果等。她们也捕捉可供食用的昆虫——蛴螬、蜜蚁、蚱蜢和蝉，或到海边、水潭边拾贝类动物。她们永远不会空手而归。

男人狩猎，妇女采集的性别分工是合理的，这种根据体力和为保证家人的生存需要所实行的分工合作，能使人们充分利用周围的自然资源。但男女之间的分工并不十分严格。有时妇女也猎捉蜥蜴和负鼠之类的小动物。男人没捕到动物时，也只好挖些山药，采些野果或捡些蛴螬、水贝带回家中。男人的工作比较辛苦，女人的工作比较繁杂。男人提供的是佳肴美味，女人提供的是基本食物。总的来说，这是一种令人满意的安排，男女各展其能，各尽其才。男人的尊严不会由于有时打不到猎物而受到伤害。从一个地方搬迁到另一个地方时，妇女总是心甘情愿地背负起家中所有物品，而让自己的丈夫轻装简从，手执标枪随时准备追杀路遇的野兽。

土著人的家庭生活在很大程度上是能够自给自足的。有时，一个男子（通常是优秀的猎手）会有不止一个妻子。这样的家庭人多力量大，可以减轻家庭成员的负担，经济来源更有保障。妻子们一起外出采集，在食物加工、烧饭等家务劳动方面都有专门分工。土著人与白人的接触和交往日益增多后，一夫多妻家庭已越来越少见。

儿童虽跟大人外出采集寻找食物，但在繁重的家庭劳动中，不必承担固定的义务，人们也不指望他们能为家庭做出很大贡献。他们只是外出见习，通过实践增知识，长才干。大人的正常活动小孩都可以参加。丧失狩猎和劳动能力的老人通常由亲属来照顾，儿子尤其须承担赡养老人的义务。在一夫多妻的家庭中，年轻的妻子（们）必须照料年长的第一妻子。

男人和女人都参加食物准备和做饭工作，但方法各异。传统上，男女烧火的方式不一样。妇女烧火先用两根大木柴摆成“V”字形，相接而不相交，再顺着大木柴加放小柴，也是相接不相交。这样架柴烧起来的火，火势不猛，适于煮由妇女采来的各种植物性食物。男人烧火时，先平行地摆放两块大木柴，一些较小的木柴横架其上，点燃后火势很猛。有些人类学家认为，这种烧火方式的不同具有象征意义。

植物性食物，有的生吃，有的熟吃，还有一些例如山药（一种主要食物），则要浸漂过或做其他去毒处理。坚果和其他带壳食物，常用石块砸开去壳后，磨成粉加水搅拌后捏成扁块，放进热炭灰中焙熟。露兜果的肉有时生吃（味辛辣），但其核要先焙烧。后浸泡，再烘烤。苏铁棕榈果要先砸烂，后烘烧，再放进水里浸泡，数天后捞起来煮成白色稀饭。这种稀饭可即煮即吃，也可以把它烤成软馍，这种馍可存放数天甚至几个星期而不变质。

肉通常熟食，但煮的时间不长，特别是人们饥饿难忍或长时间没吃肉时更是这样。

土著人把猎捕到的飞禽走兽先放在火上烧，去毛，然后切成块，当场分给大家。有时也用地灶烧烤整只猎物。他们在地上挖坑，坑内生火。猎物放入火坑前先掏空内脏，然后把烧得滚烫的石头或蚁山泥塞进猎物空腔内。之后把整个猎物放进地灶，用沙子或热炭灰覆盖，上面升火烘烤。有些地方的土著人将兽头或鸟腿露在地灶外面，当蒸气从嘴里或腿上冒出来时，整个猎物便烤熟了。

土著人的思想和价值观不同于欧洲社会。但是谁能说哪一种文化和生存手段更好呢？千百年来，澳大利亚土著人过着与世隔绝的生活，形成了自己的生活模式和社会行为规范，这种生活模式和社会行为规范使得土著人的社会十分稳定。在保证生存的前提下，把对环境的破坏降低到了最低程度，物尽其用，人尽其能，每个人都知道别人期望自己做些什么。亲族制度规定着不同年龄、不同性别、不同社会群体、不同辈分的人的行为和义务，既规定了如何分配大猎物的肉，也规定了年轻人必须赡养老人。领土权保证每个群体在狩猎和捕鱼方面有均等的机会。水为当地人所共有。部落界线稳定而公正，部落之间极少发生冲突，没有出现大规模的战争。儿童在一个温情友善的社会里成长，不仅得到生身父母的关怀，也得到群体其他成员的爱护。当婴儿的生母工作繁忙时，别的母亲便会替代生母给孩子哺乳，悉心照料孩子，婴孩长到三四岁甚至五岁时才断奶。蹒跚学步的孩子会把遇到的任何一个妇女当作妈妈。在一定年龄内，孩子的学习是非正式的，他们通过观察和实际参与来学习。除了某些特殊仪式外，大人们从来不向孩子们隐瞒什么。孩子们从很小的时候起就观察生活中的一切。这里几乎不存在我们所说的社会问题。

儒艮和海龟是沿海土著部落所需鲜肉的主要来源。传统上，某些内地的部落也定期到海边捕捉海龟和儒艮。涨潮时，儒艮常到海边觅食。有经验的土著人盯着水面上的气泡或是被儒艮咬断而浮出水面的水草。他们还能从很远的地方听出儒艮的呼吸声。出海捉儒艮时，小舟的首尾各一人。一旦发现儒艮，船头的猎手立即示意停止划桨并把标枪举过头顶，向划桨人示意儒艮所在的位置，小船在标枪可以掷及目标的地方停下来，通常的距离是10米左右。标枪手投标时，连人带标枪扑向水里以增加标枪的速度和力量，然后迅速爬上船来，帮助同伴操纵标枪绳。他们让被击中的儒艮拖着小船漂游，直到它精疲力竭，浮出水面。遇到大的儒艮，要连续投几次标枪才能使它体力耗尽，随船漂游。要是被击中的儒艮还活着，便将它溺入水中，或是用手指堵住它的鼻孔使它窒息。被击中的儒艮如果特别大，猎手就把船小心沉入水里，把儒艮推进船体内，然后将船抬出水面，舀出船内的水。

有些地方在把儒艮开膛切割前，不准妇女观看。这种奇异的海中哺乳动物的前肢之间有一对乳房，好像妇女的一样。雌儒艮在海面上给小儒艮喂奶时，也是用双鳍像手臂似的抱着它。人们认为儒艮是东半球传说中美人鱼的祖先。刻有乳房和鱼尾的儒艮是澳大利亚的一种传统艺术品。

土著人通常也用猎捕儒艮的方法捕杀海龟。但有时他们游到海龟后面，用活结把龟鳍绑住，或抓住龟的背甲，跨坐在龟背上，直至最后把它杀死。标枪头是金属打制的，可能是印尼人和欧洲人传给土著人的。在此之前，土著人使用的是木质的标枪头。使用木标枪头需要有高超的技术才能击中和刺入海龟颈部柔软的部位。在昆士兰州塔利河地区和约克角北端，土著人巧设圈套捕捉海龟。他们把一条活鲫鱼拴在一根绳了上，在尽可能靠近龟的地方将鱼放入水中。鲫鱼不停地游来游去。猎手聚精会神地控制绳子，海龟一游过来，便将标枪向它猛刺过去。鲫鱼只做诱饵，平时养在用石头垒砌的池子里。

土著人把捉到的海龟宰杀切割后放到锅里煮熟食用。而阿纳姆地的土著人先将海龟开膛，掏去内脏和尚未形成硬壳的蛋，然后塞进草和滚烫的石头，再整个地放到火上烤。龟蛋和龟内脏被认为是美味可口的食物。孩子们往往把掏出来的龟内脏放进水中拖着玩，把龟壳当作玩具船，在水中尽情地嬉戏娱乐。人们并不厌恶这种游戏。孩子们像父辈一样讲究实际：一切都得到利用。人们为了获得食物，需要猎杀动物，在宰杀猎物时添些娱乐活动，把龟壳当玩具有什么可指责的呢？这正是当地土著人对待事物的传统态度——尽量利用所得之物。孩子们主要是通过参与和观察来进行学习。当海龟四脚朝天、一动不动地被拖上岸后，他们全神贯注，用好奇、超脱的眼光静静地观看大人宰杀海龟。对他们来说，杀龟预示着欢乐和美餐。

土著人半游牧的生活方式影响到他们对待财产的态度。个人财产只限于自己能带走的东西，如打猎用的武器和采集用的工具。他们没有固定的家，岩洞、树根、能避风的密林便是他们的住处。此外，个人财产还包括人所共知的、孩子们也需逐渐了解的涉及社会责任、债务、权利和信誉的网络系统。上面所说的社会责任等网络绝大多数是建立在亲属关系的基础上的。大家都把它们看成是一种互惠关系。回报是土著人生活的特色之一。对于从表面观察问题的人来说，土著人似乎常常丢弃东西。互惠以及回报和舍弃使人认为土著人缺乏所有制观念。然而，情况并非如此。挖地的棍子以及梭镖、长矛和诸如此类的物品很少外借。

飞镖① 是投掷棍棒的进一步发展，是能掷出去的一根棍棒而已，用得着时就再从地上拾起来，用不着了就扔掉。有时土著人把它削光滑保存起来。飞镖的使用并不像人们想像的那样广泛。在阿纳姆地东北部、金伯利北部、约克角、塔斯马尼亚岛和澳大利亚西南部的当地人对飞镖一无所知。飞镖并非特意被设计

① boomerang，亦译作“飞去来器”、“飞去来棒”——译者。

为一种能够掷出去又飞回来的东西。它的主要作用是直扔出去力求击中猎物。返回式的飞镖主要是一种玩具。

一般说来，标枪是澳大利亚土著人最珍惜的物品。每个猎手都小心爱护和保管自己的标枪，天天察看，有时花大量的时间修补损坏了的标枪杆，磨利标枪头的双刃。他们之所以如此珍爱这种猎具，是因为很难找到适合于制作标枪杆的曲直相宜、轻重适度、便于投掷的合适木料。此外，切削磨制石英石的标枪头也极为费时费力。当然，土著人也会用他们捡到的适合于做标枪头的其他材料代替。在阿纳姆地东部，土著人从被冲到岸边的木板中取出钉子，像钉铁铲那样用钉子把标枪头钉在标枪杆上。首次架设电报线路通过土著人居住区时，遇到许多困难。土著人经常剪断电线用于制作标枪头。他们还找来废玻璃瓶，不辞劳苦地砸制成有长刃的标枪头。第二次世界大战时在澳大利亚北部偏远地区留下一些飞机残骸，这些残骸成了土著人拾取金属的源泉。他们把残骸当成财富，认为是制作标枪头难得的材料。每当发现飞机残骸他们都去观看并小心地把它保护起来。

投标枪器的使用是土著人技术上的一个重大进步。它是人的手臂的延长，使投掷更加准确，更有力量。土著人使用的木棒大小不一，形状各异，木质坚实，光滑闪亮，木纹清晰可见。有的被涂成赭石色。盾在东部沿海较好斗的部落中被普遍使用，在南澳大利亚州西部和金伯利北部的大部分地区则很少见到。石斧在各地已不再使用。如今人们所见到的石斧是专门作为旅游商品而制作的。

澳大利亚土著人使用一种用树皮制造的小船。他们把树皮割成一定大小，用纤维绳把它们缝起来。这种其树皮可以用来做小船的树，在一些土著人早已绝迹的地方仍可见到。土著人也会造木筏。北方沿海部落与漂洋过海而来的印尼人交往后，学会了凿空木头或大树干制造独木舟的技艺。舟上有用露兜树叶编成的马卡萨式的帆。今天，土著人还使用一种带有调控装置的独木舟。

对澳大利亚土著人来说，部落领地上的每一部分，每一个地理特征都是有个性、有意义的。他们对当地的情况了如指掌——一石、一木都有自己的名称和故事。澳大利亚腹地的最精确的地图最初就是根据土著人提供的情况绘制的。土著人是出色的追捕能手和勘探者，他们可以背着石头标本长途跋涉 80 多公里，轻轻松松地把一个地质工作者准确无误地送返营地。

在土著人看来，特殊的自然形态体现着各种不同的意义。拱门和岩洞成为各种仪式和神话历史的发源地。土著人用琳琅满目的绘画和雕刻装饰这些地方，使这些地方成了土著人举行仪式和接受教育的场所。在这里他们研究祖先的启示和训诲。古老的画廊被一代代土著人维护和重新绘制着，但原来的基本样式始终被保留着。

不寻常的岩石、洞穴和树木常被土著人尊崇为发祥、繁衍之地，是梦幻时代图腾祖先来过的地方。有些地方只和动物及图腾有关，有些是一般物种的繁衍地，有些则只是人类的繁衍地。显然，土著人依据人与自然的一体观，总是把自然物种的繁衍与人类的增殖等量齐观。例如以袋鼠为图腾的部落成员可以在繁衍地举行必要的仪式，以求妻子怀孕，使孩子的灵魂进入其妻子腹中。如果妻子仍未怀孕，依据土著人的哲学，他会认为这种仪式已导致一只袋鼠降生，所以妻子未能怀孕。尤其在澳大利亚中部沙漠地区，绝大多数土著人认为自己的祖先是人和非人的同一体。

有些自然景物与禁忌有关，被围起来，平时不许使用这些地方。但土著人讲求实际，如果需要，禁忌也是可以改变的。例如在找不到其他水源的地方，人们也可以从禁止使用的水坑里取水饮用。另据麦卡锡记述，菲什河部落曾禁止妇女吃袋鼠肉。而当地土著人能捕获到的动物只有袋鼠，当地妇女因长期靠薯芋类植物充饥而体弱多病，于是一男子提出，妇女们用带叶的树枝在煮熟的袋鼠躯体上敲打几下后，禁忌即可解除。从此该部落的妇女开始放心地吃袋鼠肉了。

舞蹈是土著居民生活中的重要组成部分，是人们表现自己的重要场合，男女老幼都参加。有的舞蹈庄严神圣，只在特殊场合才跳；有些舞会禁止妇女和未被获准的人参加（妇女也有她们自己的秘密舞会，男人不得观看）。土著人最喜欢当地所有人都可以参加的舞会，这种娱乐舞会几乎每天晚上都举行。

从孩提时起，歌舞的节奏和敲打飞镖的伴舞声音，以及吹奏迪杰里多管发出的浑厚乐音便成为每一个土著儿童生活的一部分。男人一演奏，一歌唱，妇女肩驮婴儿婆娑起舞。母亲们时而欢跳，时而休息，婴儿由一个人的肩头传到另一个人的肩头，他们在学会走路以前每天晚上几乎通宵在依附大人跳舞，在妇女们的双肩上摇来晃去，昏昏欲睡。从很小的时候起他们就学会了紧搂母亲的头，紧揪母亲的头发，跨坐两肩，不管是醒是睡绝不会从大人肩头上掉下来。母亲们则个个沉浸在舞会的欢乐之中。年纪较大的儿童有他们自己特殊的舞会，虽然规模不大，但也是夜间娱乐的一部分。

舞蹈既可以是特殊故事的表演，也可以是纯粹的模仿。舞会中舞蹈者或表演神话故事，或再现当代的事情。他们疯狂地追逐，又蹦又跳，时而学鸸鹋阔步，时而学袋鼠跳跃，时而学飞鹰盘旋。歌手们唱着情歌“小调”，由于舞会是非正式的，所以为个人表现自己的艺术才华提供了更大自由。

敬神舞会在规模和范围上是受限制的，风格上须遵循世代相承的传统模式，因为它的内容涉及本族人的起源、繁衍以及其他仪式。敬神舞会上任何违反传统的内容都将被视为严重事故，它意味着仪式的失败，会招来灾祸，使部落受到损害，甚至会危及整个部落的存在。因此，长者对整个舞会进行严密的监视，不时从旁指点，以免新手违规犯禁，冒犯神灵。这种舞会属于严肃的仪式，很少举行，举行前要做充分的准备。参加跳舞的人须精心打扮，仅选戴头饰就要花数小时。舞蹈者的舞步严谨，不像娱乐舞会的舞步那样活泼轻松，但却很壮观，给人以深刻的印象。最富戏剧性的仪式与交战有关，尽管土著部落之间很少发生冲突和决斗。在阿纳姆地沿海地区这种舞蹈被称为“马格拉达”。它体现了土著人的哲学思想，是一种仪式性的、为求得和平而战斗的舞蹈。对立的双方分列两旁，中间相隔略远于标枪能够投及的距离，舞蹈者先跳起象征性的图腾舞蹈，然后骂声四起，标枪飞舞，一方进攻，一方防守，交战双方不停地跳着舞向对方逼近，最后首先进攻的一方佯装受伤，至此，宿怨了结，双方联袂共舞，重归于好。

妇女们的秘密仪式性舞会在专门的“圆形场地”举行。舞会上她们有时唱的是独特的歌曲，主要是关于人生各个转变时期的歌曲，如乳房发育、月经来潮、婴儿降生（但她们并不要求加速成熟，这样的舞会对男人永远是个谜）。路过的男人可以从远处看一眼，但不得停立细看，不得靠近舞场，也不许正面观看舞蹈者。唯一的例外是妇女可以把生病的男人带到舞场，并用她们的歌声给他治病。

澳大利亚土著人是没有文字的民族，他们以美术为媒介表达自己。他们人人从事美术创作，虽然有的人技高一筹，但土著人中没有专职的美术家。美术有多种功能。经历千百年的发展，世代积累的技巧使某些画具有伟大的象征意义；另外的一些画可以用于教育，例如“X光画”可以使人了解动物内部的结构，或表明土著人传统上是如何分配猎物的；再有一些画表达了人们的奇思怪想，是绘画人的艺术表现。

土著人绘画用的是天然颜料，主要是各色赭石。虽然某些特定地区的土著人可能偏爱某种颜色，但总的说来澳大利亚的土著人都喜欢红、白、黑和黄色。他们很少使用蓝色，只有在位于阿叶斯岩以南的金伯利地区洞穴岩画上可以见到蓝色。某些地方年代较久远的古老岩画上常常使用紫色。赭石颜料并非到处都能找到，人们往往要到很远的地方采赭石。把赭石磨成粉末是件既费时又费力的工作。土著人的绘画作品分布很广，画家又常常在很难作画的地方绘制他们的画，绘画基本上是件很费时间的劳作。哪里的生活条件好，哪里的画就多。在一些地区凡是适宜绘画的岩石和洞穴都布满了色彩斑斓的赭色画和凹雕，它们相接相叠形成画廊。在阿纳姆地的昂佩利有一个这样的画廊。另一个这样的画廊在昆士兰北部的劳拉，在不久前发现的劳拉的几十个洞穴中绘有数千幅岩画。

不少这样的画廊中绘有“奎因坎”（Quinkan）——北昆士兰特有的一种艺术现象。据土著人说这种奇怪的东西生活在石缝里，昼伏夜出，专躲在营火附近的黑暗处，等候抓捕粗心大意的人，然后急促地躲回到大树或石头后面。土著人常设陷阱监听“奎因坎”的动静而不是为捕捉“奎因坎”。陷阱口用干树叶铺在两条细树枝之上，现在则用报纸代替干树叶。

在澳大利亚语言中，“奎因坎”的真正含义是“乱伦者的形象”。“奎因坎”反映了部落的婚姻习俗和通婚规范。一个男子如果冒犯族规与一个不能与之结婚的近亲族群的女子成婚，或是与她过从甚密，他就会变成一个“奎因坎”。“奎因坎”常常被描绘成全身关节肿大，生殖器畸形，手似利爪——手指多少不一的怪物。“奎因坎”个头高大，毛发很长，獠牙利齿，手脚成兽爪状——酷似东欧的狼人。但“奎因坎”并非全是恶魔。有些“奎因坎”，例如在举行成年礼的洞穴岩画中占显著地位的“奎因坎大叔”便是个本质善良的形象。其余的“奎因坎”，例如掌管雷电的“大汤克奎因坎”，则是罪恶的化身。在劳拉地区现在已经没有过着部落生活的土著人。但是若干年前，当地一些部落的残留部分又重新在莫宁顿岛定居下来，有关“奎因坎”的情况就是居住在那里的土著长者提供的。

传说人物和文化英雄在许多地方艺术中占有突出的地位。在土著人仍然过着传统生活的地方他们的形象备受尊崇，得到悉心的爱护。在北部地方直辖区的埃尔谢拉纳附近，那魔鬼似的形象可能是魂灵，人们画它为的是祈福禳灾。南澳大利亚州西北地区岩画中的彩虹人很可能是某种文化英雄或图腾的祖先，他们的头饰可能代表彩虹。他们的身上绘有通过定期举行仪式并不断重新润饰的标记，这些标记是和人们祈祝人丁兴旺、雨水充足、猎物丰硕的愿望联系在一起的。正因为这样，这一形象虽历经很多世纪却被完好地保存下来。土著人相信，它们一旦褪色，干旱和饥荒就会接踵而来，正是这种信仰保护了“彩虹人”岩画。

金伯利的“万德基纳”是创世祖先的形象。首次发现它们的白色身体和光环似的头饰时，曾使一些人极富想像力地把它们和基督教神话联系起来。事实上白色可能代表水，光环代表彩虹——两者都是生存繁衍的象征。对土著人来说，“万德基纳”不仅是图画，而且是鬼魂。它们生活在产生它们的地区附近的水坑里。它们的形象被留在洞穴的岩壁上，土著人的长者或有专门技艺的人在每年雨季到来之前都要对其重新润饰。“万德基纳”负有为当地部落不断地带来幸福的责任。它们负责带来雨水，送走夭折儿童的灵魂和动植物的鬼魂。在岩图中“万德基纳”常被一些图腾象征所环绕。

人手的图案——通常是左手的形象，遍布整个澳大利亚。土著人将手按在石壁上，对着它吹赭石粉。有时将干颜料吹到浇湿的石面上，有时将颜料粉兑水后含在口中再喷到干燥的石面上。偶尔也能发现脚形图案。用其他东西如飞镖和小鱼制作图案较罕见。

凹雕很可能是土著人最古老的造形艺术。在大陆各地和塔斯马尼亚岛到处都有凹雕。它们往往是各种奇异几何图案的拼合，对这些图案至今尚无人能加以解释。土著人说它们是梦幻时代的人所作，他们自己也不解其意，不知道当时的人是如何刻制这些图案的。目前只有塔斯马尼亚土著人的凹雕作品属于这种风格。大部分为圆形和椭圆形的各种组合与一排排的齿状图像结合在一起，线条清晰，似乎经过了一代人不断雕琢而加深。塔斯马尼亚土著人现已绝迹。他们是有文字记载的历史上实行种族灭绝并达到了目的的唯一例证的牺牲品。他们没有文字，所以这些岩刻中的奥秘大概将永远无法得到解释。

岩刻画上各具特色而又可以辨认的物体形象，如动物和人，被认为是较晚时期出现的。新南威尔士西部穆特温吉附近有数百幅这样的岩刻。其风格别具特色，绝大多数雕刻作品很小，不仅刻出形象的轮廓，而且使形象突出出来，在技法上与制作镂纹印章戒指很相似。可是，悉尼附近库灵盖地区的壁雕却恢弘高大。贝阿米（Baiame）的一幅描绘天文形象的壁雕长 3 米。另一幅描绘鲸鱼吞人的壁画长达 15 米。这些线条粗犷的雕刻通常连接成片。有的地方一公顷范围内所有裸露在沙土外面的岩石平面上全都布满岩刻，仅在霍克斯伯里岛沙石区就有 4000 多幅这样的岩刻画。

雨季土著人较清闲。哪里有能避雨的岩洞，哪里就有大量壁画。但是，在阿纳姆地的一些地方和卡奔塔利亚湾的岛屿上，土著人在雨季住进传统的树皮棚屋中。在这些地方树皮画达到了很高的水平。土著人用黑锰和各色赭石做颜料，以某些木兰花树汁或龟蛋黄做定色剂，而嚼烂一头的带纤维的树皮，或棕榈树的纤维便是他们的画笔。他们选好树皮，除去粗糙的外层，把剩下较柔软的内层展平晒干，当作绘画的纸。不同地区有着不同的艺术风格。阿纳姆地东北部的树皮画以自然主义和抽象的花纹见长；

而格鲁特岛树皮画的艺术风格要比内地的简单古朴，背景是黑锰色，画面有单个或成群的人。而附近莫宁顿岛的情形正好相反，画的背景是白色，人物却都是黑色。

树雕是土著人艺术中一种罕见的形式，几乎只在南威尔士才能见到。树雕有两种主要类型：一种是墓地树雕；一种是矗立在举行成年礼场地的树雕。墓地树雕的多寡和死者的身份、地位有关，有时多达5株。成年礼场地的树雕表现了成年礼仪式的场面。成年礼场地由两个圆形场地组成，一大一小，通常用石头围起来，中间有一条路相通。它们象征人们由一个人生阶段进入了另一个人生阶段，强调新生活的开始。

与人类所有的民族一样，澳大利亚土著人也把死亡看成是恐惧和可怕的事情，丧葬仪式极为肃穆、隆重。盛大的葬礼比白人的显得更为凄楚、哀伤。送葬人往往在自己身上涂上一层白色泥土，象征他们由于亲人去世而与鬼魂世界更亲近了。死者生前的住所和用品作为仪式的一部分付之一炬。尸体一般葬在一个浅的墓穴中，上面堆土，土墩上放些圆木或连根拔起的树。但是在北方许多地区，尸体落葬或火化前，不是挂在树上就是搁在一个木头做的平台上。

在梅尔维尔、巴瑟斯特岛和阿纳姆地的部分地区，将涂过漆和精雕细刻的啪柱竖立在坟前是土著人葬礼的一大特色。在海岛上葬礼延续数个月，竖起的墓柱多达十几根。而大陆上的墓柱只有两根，一根代表死者的形象；另一根代表桅干——数百年前马卡萨商人告别仪式的象征。这些商人起航前或返航到家时，都在船上竖起两根柱子。

不是所有竖起的柱子都跟死有关。在阿纳姆地东北部及其附近的岛屿有色彩斑斓、寓意深刻的图腾柱，这种柱被称为“兰加”（ranggas）——北方土著人祖先留给各部落的圣物。它们是大地上所有生命的源泉，是权力和威望的象征。

传统上妇女不得观赏“兰加”。未成年的男子也很少有观看“兰加”的机会。非常有趣的是竟有一次例外：埃尔科岛的一批“兰加”曾公开展出。R·M·伯恩特在《阿纳姆地的适应运动》一书中记录了这次展出的前前后后。按照传统习惯，只有特定的人才能观看“兰加”，这些圣物必须密藏不为外人所知才有价值。但是，一批人类学家却破例得到一次慷慨的礼遇。不幸的是一部介绍“兰加”的电影后来在埃尔科岛某教区公开放映，观者甚众。观众中不但有人类学工作者，而且有全部落的众男众女，老弱妇幼个个争相观看。

然而，“兰加”影片的公开放映正中那些部落的长者——土著名流的下怀。多年来他们一直在思虑一个大问题：如何调整传统的和外来的生活方式，并把二者结合起来，使部落获得最大的收益。外界的变化已经给土著人带来了一定的好处，尤其是经济方面的好处。但是他们又绝不允许外来的东西破坏部落传统的社会结构与文化。长者们从“兰加”的曝光中找到如何把由于这次不幸的过错而失去的权威重新归还给那些神圣之物——“兰加”的答案。他们将专门为外来人制造一种“兰加”。代表两种不同文化的“兰加”并排竖立，让所有的人都能观看到它们——部落头领和白人领袖权威的源泉。“我们大家需要有一个能引导所有人的领袖，并为他制造使他获得尊荣的‘兰加’，使他有为民造福的能力。现在我们必须听命于巴丹加、威利和谢泼德森先生，他们已得‘兰加’的荫庇。”“兰加”的展出地就在主营地的对面、教区教堂的旁边。白人的“兰加”上有基督教的十字架和布道坛。在3个地点，“纳拉”板标记被用水泥固定在地面上。板上写着（译文）：“这是带来和平的法律，对我们大家都有好处。它告诉我们怎样才能得到幸福。”“头人巴丹加思想守旧，心中只有‘兰加’。我们已改变了主意，我们崇拜上帝。”“我们将组成一个群体，欢聚一起，像朋友一样亲密，遵守同一法律，走同一条道路，说同样的话语。”

（中国社会科学院民族研究所主办：《民族译丛》1994 年第 5 期，第 48～55 页。原载《澳大利亚土著居民》，1988 年版，谢普图书出版社出版）

拉普人最后驱拢畜群？

——切尔诺贝利核事故的遗患

［英］布赖恩·杰克曼　阿婴　译

欧洲最后一个游牧民族拉普人的命运笼罩着一片阴云，他们放养的驯鹿所赖以生存的草原受到切尔诺贝利核电站放射性尘埃的污染。

拉普兰的冬天是黑暗和阴沉的。在这块极北的土地上，太阳在1月份之前是不会露面的。不仅如此，午间几个小时只有一点奇异的薄明，将那阴冷的蓝光洒向这片冰封的大地。这是欧洲仅存的一片广袤的荒野。

今冬大雪下个不停，大自然好像试图掩藏起8个月前在这里发生的那场悲剧。大地虽然厚厚地覆盖了一层寒冷而又洁白的雪被，但是实际上已病入膏肓。成群的驯鹿却仍旧在这里用鼻子拱着地面，寻觅食物。

今年4月份，当苏联切尔诺贝利核反应堆爆炸，将其毒化物喷向大气层时，带有放射物的云团飘过欧洲大部地区上空，包括拉普兰。在这里，雨雪将放射物带到了地面，播下了污染环境的种子，给拉普人带来灾难性的后果。

覆盖拉普兰大部地区的地衣对污染极为敏感，它们是从大气中吸取养分，因而尤为易于受到放射性尘埃的影响。当切尔诺贝利的云团飘过时，地衣像块庞大的海绵饱吸了受污染的雨水。随后，作为拉普人经济命脉的驯鹿群又吞食了这些植物。这样，放射物通过食物链侵袭人类就只剩下最后一环了。

切尔诺贝利核电站爆炸时，拉普兰的90万头驯鹿几乎都在远离放射性污染区的北部放牧，因为拉普兰的牧人仍旧沿袭半游牧民族的习惯，过完复活节就赶着牧群北上。

不过仍有不少牲畜留在后面。9 月份进行每年的秋季驱拢畜群时，第一批屠宰了 1 千多只驯鹿，检验鹿肉的瑞典科学家对他们得到的结果惊恐不安，他们发现被屠宰的 97% 的驯鹿每公斤鹿肉放射性活度达 1 万贝可勒尔，而瑞典对食品里放射性的允许量为 300 贝可勒尔。

瑞典政府对此做出的最初反应是要求立即宰杀成千上万头受污染的驯鹿，然后深埋。这种做法对拉普牧人来说是毁灭性的，而且毫无疑问将使拉普文化走向灭亡，正像当年美国平原上的印第安人由于野牛被灭绝而被消灭一样，一位 25 岁的拉普兰青年乔纳斯·琼森说："我真不知道我们的命运如何。"琼森 16 岁就开始牧放驯鹿。他困惑不解地说："宰杀驯鹿，又埋起来，这是多么荒唐的事情!"

后来政府又另辟蹊径，决定不把每一具驯鹿尸体都丢进坟墓，而是买下部分已经不适于人吃的鹿肉，给瑞典软毛兽饲养场的貂和狐狸食用，因为在人类的食物链上没有这些动物的位置，而且用它们的皮毛做的裘衣又不会受到影响。这样一来，拉普人仍能够以正常的价格向斯堪的纳维亚各国政府出售他们屠宰的驯鹿，从而避免这场悲剧的经济损失，至少眼前的问题可以得到解决。

目前，欧洲其他地区在辐射恐怖期间所实施的安全禁令已经取消，然而，在斯堪的纳维亚北部地区，切尔诺贝利核反应堆爆炸所造成的后果仍留下了阴影。当那片致命的云团飘过北极圈时，留下了一条宽阔的污染尾迹，正好穿过驯鹿的冬牧场。10 月份头场雪过后，南下的畜群无论如何是躲不开那片染有放射物的牧场的。

危机的严重性公诸于世后，在三个受到波及的国家引起了不同的反应。瑞典在此之前就已宣布有些蔬菜不适于人食用，现在当局严格规定允许放射性活度的最大限量为每公斤肉 300 贝可勒尔。

而挪威则倾向于支持欧洲经济共同体确定的 600 贝可勒尔的限度，尽管挪威并非共同市场的成员国。芬兰接受了更加宽松的安全限度，即 1 万贝可勒尔。然而安全标准能够保证什么程度的"安全"呢？据有些专家预计，拉普兰的驯鹿将在 5 年里持续受到影响。如果这一预言不幸言中，那么拉普兰人作为一个单独的民族，其前途的确是暗淡的。

拉普人被美称为"午夜太阳下的游牧人"，是一个勤劳勇敢的少数民族。他们有自己的议会。他们的语言与芬兰语和匈牙利语有联系，但是又不同于其中任何一种，仅对驯鹿就有几百个词来描绘。拉普人口总计有 7 万，喜欢称自己为"萨莫人"（Same，与"平静的人"calmer 同韵）①，他们沿着北极圈，散居在从苏联的科拉半岛，穿过芬兰和瑞典北部，一直伸到挪威的海岸一带。目前，只有十分之一的萨莫人仍旧从事饲养和牧放驯鹿的工作，然而他们的重要性远不仅只是提供蛋白质。

在 60 年代的时候，驯鹿仍然是萨姆人生活的中心，驯鹿的肉、舌、骨髓和奶乳是他们的日常食品（至今拉普人每周至少要吃 6 次驯鹿肉），鹿皮做衣服，而且用鹿筋缝制。鹿的角和骨头是制作工具和手工艺品的材料，也是生产角油和骨胶的原料。

今天的萨莫人早已不再住传统的用木杆和鹿皮搭成的圆锥形帐篷了，多数人已定居在房内，生活更加安定。他们可以把成群的驯鹿直接出售给经理人处理，而且，现代的牧人使用的是无线电话，乘着日本摩托车、滑橇，甚至驾驶直升机把高地上的鹿群赶回来。

---

① 以前多译作"萨阿米人"或"萨米人"，疑系复数人称译音——译者。

不过，在这个20世纪欧洲大陆的边缘上，真正的牧人仍旧保持着半游牧民的生活方式，随着鹿群一起往来于夏牧场和冬牧场之间。秋季驱拢畜群之际，仍然可以触摸到较为古老淳朴的生活脉搏。

9月中旬，一个个畜栏空空荡荡，情景很像美国西部荒芜的牧场围栏。拉普人站在那里，以海员那种茫然的眼光凝视着无际的远方。北极短暂的夏天过去了，8月份以及那烦人的蚊团已经成为记忆，现在的天气干燥而又晴朗。凉风中隐约听得见牧人的吆喝声和犬吠声：驯鹿群正从丘陵上滚滚而来，如同一股褐色的洪流倾泻在沼地上，丛林般的鹿角在水面上丫丫叉叉，上下翻腾，犹如汪洋中的沉船残骸。

鹿群被赶入空着的畜栏，它们鸣叫着，挤作一团。此刻，男人们必须手疾眼快，点数、分群，给每只新鹿羔耳朵上剪上豁口，用以表明其归属。一只只的驯鹿都被牧人麻利而又巧妙地用绳索套牢。除选留下的种鹿外，其他的公鹿就被阉割了（传统的方法是由牧人用牙咬碎鹿的睾丸）。这样，它们越长越肥大，而且变得驯良，成为理想的驮畜。选中要屠宰的驯鹿先被打昏，然后割喉、剖膛，收拾好的胴体要晾挂一整夜。

往年驱拢过后，大部分备受折磨的鹿群被放回到原野上去了，而今年却不同。由于切尔诺贝利事故造成的影响，斯堪的纳维亚各国政府一再敦促拉普人宰掉驯鹿群的80%，而不是以往惯常的35%，并且允诺对所屠宰的每一只驯鹿都付全价。不过萨莫人桀骜骄矜，对变化反应迟钝，至少对牺牲与他们相依为命，两千年来塑造了他们文化的健壮的生灵，是要迟疑再三的。

10月份，北欧驯鹿研究理事会举行会议，讨论切尔诺贝利事故的后果。来自挪威、瑞典和芬兰的60位社会科学家齐聚在芬兰境内北极圈的罗瓦涅米。然而，会没开多久人们就意识到，不可能达成全然一致的意见。

理事会主席，芬兰的本特·韦斯特林博士认为，在瑞典实施严格的安全标准只能适用于那些对驯鹿肉的消费超出可能范围的人们。他认为人们只有每年吃“成千上万公斤的驯鹿肉，才会达到真正危险的程度”。

不过，理事会的挪威籍秘书斯文·斯克詹尼伯格博士指出，在挪威，由于放射性活度过高已经屠宰了几千只羊和1.7万只驯鹿，这项措施使政府耗资2100万英镑。他警告说：“地衣像沼泽地一样，不断地吸收放射性尘埃，而且在今后的若干年里，始终如此这般地生长在那里。”

费尔班克大学的澳大利亚籍教授鲍勃·怀特在阿拉斯加进行的放射性污染检验，进一步加强了斯克詹尼伯格的观点，他是掌握在北美放牧的12万只驯鹿情况的权威人士。据怀特称，就是在这块北美驯鹿食物基地上，放射性活度都已增加了一倍，这对斯堪的纳维亚的牧人来讲是不祥之兆。他说：“我认为这些牲畜最终只能吸收目前存在于它们中间的那四分之一的铯，而其余的四分之三仍聚集在临近的地区。”

由于牧群是游荡在茫茫的旷野里，牧人根本不可能改变驯鹿的吃草习惯。不过倒是可以给它们提供不含放射性的饲料，从而减少它们对那些有潜在致命危害的地衣的依赖，即在饲料里加拌钾以中和放射性核素的有害作用。据斯克詹尼伯格称：“切尔诺贝利事故不会严重打乱今年驯鹿的正常饲养，但是当局尚需决定是否每年都要支付补偿费，是否还要继续生产失去商业价值的肉。”

这是一个不可思议的局面，或者拉普人毁掉他们的牧群，这无异于文化自杀；或者他们对政府关于健康的告诫不予理睬，继续食用鹿肉。

瑞典报界已经在传播一些令人毛骨悚然的舆论，声称受污染的肉已流入市场。与此同时，芬兰人越来越担心他们的政府错误地计算了芬兰的贝可勒尔水准。

人们对于这场灾难表现出一种不现实的漠然态度，因为它毕竟是肉眼所看不到的。表面上看起来，确实一切如故。今年夏天野花遍地，不减往昔，云莓也像往年一样熟透，不过人们受到警告：慎勿采撷。官方还宣布鱼已不宜食用。地衣的危险性至少在10年内是不会消失的。最恐怖的残余物是铯，30年过后其核数仍将余存一半。设在瑞典的拉普人民族组织主席尼古劳斯·斯坦德格说："萨莫人的文化以前曾遇到过困难，而核污染则是空前的灾难，且前景堪忧。"

（中国社会科学院民族研究所主办：《民族译丛》1985年第4期，第62～65页。译自英国《星期日时报杂志》，1986年11月30日）

解读那片金色的森林

——读何青花著《金色的森林》

何 群

2003年9月的一天，在鄂伦春自治旗所在地阿里河镇鄂伦春民研会的办公室里，欣慰地得到了何青花撰写的《金色的森林》这本书。这次下去之前所列工作计划中，即包括此项内容。因为早在上半年，即听说有这样一本书，跑了北京的几家书店均未发现；还因为知道这本书是一位鄂伦春族长者所著，因此更怀有了几分想得到的急切和激动。

自从1992年参与内蒙古自治区社科基金项目《鄂伦春族现代化研究》，1998年承担国家“九五”社科基金项目《现代化过程中小民族发展问题与政策研究——以鄂伦春族为例》，2000年在北京大学社会学人类学研究所参加由国家民委、北京大学、中央民族大学联合进行的中国人口较少民族经济社会发展调查课题，博士毕业论文又将该族十分郑重地纳入视野，鄂伦春族对我的吸引自不待言。这次为了满足人类学专业毕业论文所要求的充分、必要条件——田野调查，我第三次满怀热情和另外一些复杂而难以理清的沉重，踏上了中国东北大小兴安岭那片气势磅礴的土地。所言“那份复杂而难以理清的沉重”，主要是开始那种“研究者”轻飘飘的感觉几近灰飞烟灭，代之以难言的文化恐慌。仿佛我们越是试图走进那个世界，那个世界就越难以看清，并日益构成某种深沉的欲罢不能的吸引。

何青花老人所著《金色的森林》一书，能够帮助我们走近一些、并有可能去亲近一些那部分曾经在深山老林里依靠狩猎为生的人群，去释放哪怕是一两点缠绕于我们内心的因文化差异或“不理解”而引出的压抑。

为了这本书带给的感动，在阿里河镇，我专门拜访了作者。或许正是有了与作者的真诚交流，她拿出珍藏了几十年的“老照片”让我看，在我的一再请求下，终于送给了我一张。我看到，在我们看完后，她那样沉默而认真地把影集重又放回自己卧室内侧一只古旧而质地优良的箱子里。她还找出自己写在两个横格本上的已经整理出的鄂伦春语词、词组汉语拼音标注和词义注释书稿，并告之此项工作正在进行中。我想起她在《金色的森林》中“后记”中的一段很诚恳的话：“…… 我们民族有语言，没有文字，历史上只能用口教传授的方式把鄂伦春族游猎时的经历、经验传授给下一代。由于代代相传，鄂伦春人积累了丰富的经验，创造了独特的游猎生活文化。现在，鄂伦春老一辈人活着的已经不多了，我也已经60多岁了，只想在有生之年为本民族做点有意义的事，让兄弟民族及我们民族的后代多几分了解鄂伦春人的生活习惯、民俗等方面的知识。”这是作者写此书的心意，也是编写鄂伦春语与汉族拼音对照词典的初衷。一种直觉告诉我，正是因为背后有这份厚重的民族情感，才使这本书读来不同于一般民族志“作品”。

关于作者，书的扉页介绍：1936年2月，何清花出生在一个鄂伦春族猎民家庭。8岁开始跟随父亲在森林里打猎。1950年在中国共产党的民族政策关怀下走出森林开始上学。因成立自治旗，急需一批民族干部，于1953年离校参加工作。1956年加入中国共产党，并自愿到基层做鄂伦春猎民的定居工作。1964年调到甘奎乡任妇联主任。1979年后担任自治旗民政局任副局长、旗残联理事长、转业军人安置办主任等职。1992年退休。正如作者的小学老师、中央民族大学教授巴音宝图在书的“序”中所言：从作者细致入微的描写中，可以看出她对生身民族——鄂伦春人森林生活的熟谙，更能看到她对浸润着古老色彩的风俗民情的深刻理解。

按照常规，或许这本书应该归类于民俗文化专著。因为作者从二十七个方面介绍和描述了半个多世纪前鄂伦春族的物质、精神和社会组织等文化图像。包括衣、食、住、行，包括妇女的社会地位与卫生用品，包括优秀猎手应具备的条件，包括年节，包括长寿与环境的关系等，依作者兴致所至，娓娓道来，无不引人入胜。

或许是出自生活中人，或许如上所言，是怀着情感与关怀在写，读此书，给我的收获有两点：使人开始怀疑惯长的某些话语和说教，而被真实可亲、能够感受到的传统狩猎文化的和谐韵律，猎人社会的温馨有序所感动；不可以轻易地对自己所不熟悉的某种文化说三道四，发挥一通无知和不负责任的价值点评。得到上述收获，主要是基于以下事实根据：

1. 他们有自己对自然界的体验并能够与自然界和谐共荣

我国大小兴安岭地区在几百年前地广人稀，有丰富的森林、河流和野生动植物资源。这样的生存环境，使鄂伦春族的传统狩猎业得以延续至上个世纪50年代。尽管300多年前迁移至黑龙江南岸之后，主流社会政治制度、策略的变化对鄂伦春族传统生活冲击接连发生，但是因为足以维持他们生活的森林还在，动物还在，河流依然在奔流，他们的狩猎文化虽然早已告别了鼎盛时期，但是尚能够延续，文化演进的链条尚没有断裂。

鄂伦春人自古以来以狩猎为生，因为他们所在的原始森林里，生长着各式毛皮动物与鸟类、植物，河里鱼很多，只需足够的时间就能满足他们的最低需求并提供充足的食物。这种直接陷入谋生活动的情况产生许多后果，而最大的后果是鄂伦春人要依赖大自然。“居住在林子里的鄂伦春人，对林子里的各种植物是很有研究的。在深深的林子里，他们唯一可依赖的，只能是大自然给予他们的。”[①] 仅就人类所需要的医疗—治疗而言，鄂伦春族的传统草药分为树类草药和草类草药。树类草药中，如漫山遍野的桦树，将桦树皮烧成灰，用开水冲着喝，可治疗腹泻。而松木枯倒后，长出一种海绵状的白色薄片，剥下后裹扎在刀伤处，止血消炎，是天然的绷带。而在草类草药中，有一种叫“音吉汗依拉嘎”鄂伦春语是“狍仔”之意的草药。书中介绍，这种花会在狍子出生时开花。它生长在山坡或河卵石缝长矮草的地方，径长得很高，花骨朵很像狍子的脑袋，花朵是鲜艳的黄色。鄂伦春人一般用它煮水喝，它的劲儿很大，一次不能喝太多，主要治疗痢疾等。

狩猎生活中的“狩猎”，是文化的核心，社会生活的展开－包括家庭结构、社会组织、观念形态，都是围绕能否、或怎样能够猎获到足以维持生存的动物而选择设计的。围绕狩猎，不仅关系到人与人的社会秩序如何安排，也事关人与动物的关系如何安排。动物是活的，有自己的习性、能量和生命周期，猎人在与动物角逐中首先要了解动物。有些动物人是敌不过的，因此，人要让过它们，并在信念中给予一个合理的解释，显示出这样做的道理。

悠久的狩猎生活，使鄂伦春人形成了与狩猎对象——动物，也包括植物的共生关系。由于鄂伦春人世代与大自然打交道，吃的、穿的、用的都是来自大自然，所以他们从不随意乱砍滥伐树木。在野外生火取暖、做饭，也从不乱砍树木，而是到河边拣些漂流木，或者在林中拣些干枝丫、倒木之类烧火。在森林中生活，鄂伦春人最注意的是避免火灾的发生。吸烟或在“斜仁柱”里点篝火，用过之后都小心翼翼地扒开土层，把烟火头、火柴头埋在含有水分的土里，再用脚结结实实地踩好。把自己用过的篝

① 何青花著：《金色的森林》，民族出版社，2002 年 7 月，第 15 页。

火用水浇灭后才能离开。多少世纪以来，鄂伦春人没有因不注意用火而发生人为火灾的事。鄂伦春人保护森林、保护树木，不仅注意火源，防止火灾发生，而且当雷击等原因造成森林火灾时，也会全力以赴。不论是男人、女人或是老人、儿童都会上阵，与火做殊死搏斗。

鄂伦春人以狩猎为生，祖祖辈辈靠打猎维持生计。在长期的狩猎生产中，他们积累了丰富的狩猎经验。知道什么时候该打什么，同时有一些严格的狩猎规矩，如不能打正在交配中的野兽，以使动物繁衍后代，使动物资源更加富集。鄂伦春人还从来不打鸿雁、鸳鸯。因为鸿雁、鸳鸯成双成对地生活在一起，如打死一只，另一只就会孤独地死去。认为打鸿雁、鸳鸯会破坏动物的夫妻生活，也不利于他们繁殖。

在 1915 年至 1917 年期间，曾几次深入现在鄂伦春族地区和使鹿的鄂温克族地区的俄国学者史禄国（注：史禄国将鄂伦春人和使鹿的鄂温克人统称为“通古斯人”），对鄂伦春人与周围动物界的适应和共生，以及这种共生得以维持的条件，曾有过令人兴奋和信服的描述和分析。就鄂伦春人与威胁他们生命安全的动物之间形成的特殊关系，史禄国谈到，在我访问激流河地区的前一年，在该河一条小支流的河谷内有两个男人为两头熊所害，从此通古斯人就不再去那个地方了。狼有时迫使通古斯人改变他们的住所。熊在某些地方为数太多，危及人类，通古斯人则迁往他方。据通古斯人观察，有三个互相竞争的集团：人、虎和大熊。如果一只虎占据了某一小谷地，人和熊就不会再来这里打扰它。如果有人来到这个地方宿营，那只虎就会咬死他的马，到他的帐幕附近，吓唬妇女、小孩，但很少把他们弄死。如这个人迁往附近另一谷地，虎就不再来加害他的家庭和马匹。虎也不去由大熊占据的谷地。属于熊的地方，很容易从它的窟穴周围树木上特殊记号识别出来。熊在它的窟穴一定距离的树木上轻轻咬出记号。

据认为，一个人住到由大熊占据的谷地是不好的。当一个人迁入它的范围，大熊就会采取虎那样的做法。另一方面，熊也不会前往由人、虎或其它熊占据的地方。熊在一二岁的时候同它的母亲一起生活。当一个熊单独生活时，它必须寻找一个空着的地方。虎和熊时常争夺同一块地方。按照它们的习惯，熊在树木尽可能高的地方咬出一个记号。如果虎能够得着树上熊留下的记号以上，它就用爪搔上一个记号。熊看到这个记号后，就必须决定是离开，还是坚持留在原地的权利。如果想留下，第二年春天它就会回来。如果它的嘴能咬到虎留下的搔痕以上，它就再咬上一个印记，如果它够不到就走开。在同样的情况下，虎也照样行事。如虎又在熊咬的印记更高的地方搔上记号，那么这个问题的解决就要延期到来年。第三年，大约在同一天，两个对手重复以前的做法，如果谁也不愿意放弃这个地方，它们就要搏斗。如果虎在第一次进攻中取胜，扑倒对方，虎就能战胜敌手，把熊咬死。如果不成，熊就能慢慢地但肯定能战胜对方，把虎弄死。经过这次决战，领土要求的问题就能获得最终的解决。

但是对棕熊来说，情况就不同了。这种动物经常占据大熊刚离开的地方。棕熊从不为自己的权利同大熊、人或虎进行搏斗。不承认任何规则，也无固定的领地。其它动物有时也迫使人离开自己的场所。如蛇就经常使通古斯人迁移。对这些关系的深刻了解、忠实遵行，是一个人和平生存的最重要条件。因为与所有的虎和所有的熊为敌，实际上是不可能的。对这些规则，动物也是遵守的，不然它们也生活不下去。人与熊和虎相遇是很平常的，但他们之间彼此相斗则是很罕见的。当一个未带武器的人遇到虎、熊时，它们通常并不伤害他。在一头熊吃浆果时，通古斯妇女就常常同它肩并肩地进行采集。他还在当地听说一个例子，说有一只熊，可能是对自己的安全不怎么放心，走近一个女人，唾了她一脸吐沫，就走开了，没对她有任何伤害。林区生活的这些关系，迫使通古斯人首先要彻底了解每一个谷地，了解是什么野兽栖息在其中。他们必须了解自己可以到哪里去活动而不致招惹其它动物，正像同其他民族集团相处的关系那样。以上提到的在激流河地区发生的事件，是因为那些通古斯人是新来的，对当地情况还不了解。

人与动物之间关系的另一种形式是协同和共栖。最典型的是人与渡鸦之间的关系。渡鸦能敏锐地看出一个人是不是去打猎。如果一个人出来未带枪支，它就置之不理。如果他带着枪支，渡鸦就发出怪叫，向某个方向飞去。如果这个人相信这个鸟是吉兆，跟着它走，就会发现猎物。人打到猎物后，将一部分肉和内脏给它吃，它就飞下来，接受它的那一份并发出一种特异的啼声——通古斯人称之为“笑声”，来表示它的喜悦。通古斯人不了解这种现象的本质，只认为这种鸟是一种吉兆。但是没有疑问，这种鸟从高处能比人更好地发现猎物，引导猎人直接找到它。再者，渡鸦并不总是能给猎人领路的。“运气好”的猎人就得到这个预兆，“运气不好”的就得不到。他不相信渡鸦，也不跟着它走。因此很自然，渡鸦不同不跟着它走的猎人协作。

行文至此，又联想到狩猎与猎狗的亲和关系。狗的出现与鄂伦春人狩猎生活一样久远。鄂伦春人在狗的驯养和对狗的个体素质的判断上有十足的经验。史禄国在谈 1915 年他在库马尔千地区停留期间的一件事时讲到，“我有两条看门狗。按我的看法，这两条狗，特别是其中一条只不过是很普通的狗。一天一位通古斯老人来找我，提出要拿一张熊皮换我那条狗，这对我当然是有利的。据通古斯人说，那条狗适于猎獾”。[①] 现在我们去猎民家，在院门口左右环顾、徘徊犹豫的仍是因为恐惧院子里的猎狗。不

① 史禄国著：《北方通古斯的社会组织》，内蒙古人民出版社，呼和浩特：1984年，第 475 页，注释（15）。

管日子好坏，现在猎民各家院里总有一两只或三四只神气十足的猎狗。它们无论是昂首在院子里，还是被拴在狗窝里，往往似乎早就发现了你的出现，往往长久地盯着你，使你不敢往前迈半步。但是有时也奇怪。2000 年 8 月的一天下午两点多，我随一个课题组来到鄂伦春自治旗古里猎民村一户猎民家。课题组的另外两位随主人进到屋里，我因中午在乡里招待的饭桌上喝了点酒，头依然发晕，便没跟进屋，而是就势随意地坐在这家外屋门槛上。这家的那条威风凛凛的大黄狗开始是亲切地在我身边悠闲地走动，最后半卧在我旁边，好像有意陪我。我则用手理着它金黄色的柔顺的皮毛，我们似乎都没把彼此当"外人"。当时我确实忘记了平常对猎狗的恐惧和不小心可能遭袭击的事。这个情节深印在脑海，至今不得其解。难道这与上面的人与渡鸦、妇女的采集可以与熊摘吃果实并排进行有什么内在的一致性？那么我与这条猎狗之间这种短暂的和谐共处是来自于我因酒而解除了对它的戒备，还是与此呼应，猎狗也通人性，能直觉到生人和熟人、自己人和外人之别，从而采取不同的态度？

另外，史禄国还认为，狩猎文化的演变历史表明，我们所观察到狩猎社会中人与动物的共生关系，只能存在于人口非常稀少的情况下。人口如果众多，与动物之间的关系就会有所不同。如果周围的异族人口增多限制了狩猎区域，剥夺了鄂伦春人狩猎权利，那么同样的情况也会发生。"因为只要外来人口不变，就不得不承认通古斯人对他们狩猎地区的权利。汉族猎人进入这一地区后，将要改变动物与通古斯人之间存在的平衡，因为汉人不了解现存的规则，占据属于动物和属于通古斯人的地区，而不承认那些动物或通古斯人的权利。动物将不相信这些新来的人，将同他们斗争，以后准备迁走。这就是在这样一个长期存在着某种平衡的地区人口过剩时，将发生的事例。”[①] 史禄国的鄂伦春地区调查是在1915—1917年，而他预见的准确性，不断被以后数十年鄂伦春族狩猎文化衰落的事实所证实。

2. 狩猎社会的劳动观与体质、社会秩序

何青花老人书中对“鄂伦春族老人为什么普遍长寿”的描述与分析，帮助人们感受到了那个遥远的狩猎社会的某种氛围和风气。

她写到：我见过甘河部落的16位老人，年龄最大的110岁，最小的83岁，105岁的老太太还能做针线活、采木耳等，身体特别健康。有的老头还能起早摸黑打猎，培养青少年射箭，枪法还特别准。在老寿星们的教诲、影响下，年轻人都特别活跃勤劳，大多不抽烟、不喝酒，个个有礼貌，平时见了比自己大的人都要请安，对老人更是无比尊敬。

当时鄂伦春老人的普遍长寿，与所在的生活环境和生活习惯是分不开的：常年在户外活动，养成了勤劳的生活习惯和无忧无虑的好心情。由于老年人生产生活经验丰富，具有一定的权威性；在组织生产、分配、搬迁等集体活动中，指挥得当，善于管理，具有很高的社会威望。老年人的这种地位，决定了他们的责任感和义务感。但凡发生内部纠纷，都是首领出面处理矛盾。不停地活动、不停地动脑筋，加之部族氛围团结和谐，使得鄂伦春老人生气勃勃，天天有事做，不怠惰，不慵懒，这是鄂伦春老人长寿的原因所在。另外，鄂伦春人的游猎生产活动每天都在树林里进行。那里有新鲜的空气，有天然的绿色食品，如鹿肉和各种

① 史禄国著：《北方通古斯的社会组织》，内蒙古人民出版社，呼和浩特：1984年，第64—65页。

野菜，喝的是泉水，服用的都是野生的各种保健药材。①

另据何青花回忆，那时，鄂伦春人的一年是辛劳而充实的。在一年的12个月里，每一个月都安排得满满当当。每一个月，每一天都过得那么充实、愉快。狩猎社会12个月的生活安排、节奏，确实不容人对这个社会健康、和谐产生怀疑。②

我们说，狩猎社会的健康有序，还体现在社会风气鼓励和推崇狩猎技能高的人，赋予他们很高的社会声望和权威。因此鼓励人们的竞争精神。男子为自己在狩猎中的成就、为自己具备一个猎人的智慧和道德品质以及有耐久力等而骄傲；妇女为自己能够使家务井然有序、精巧的手工、有良好的子女而自豪。

那么，为什么当时的一些旅行者曾不止一次地讨论过鄂伦春人是否“懒惰”的问题，以至于目前“懒惰”、懒汉等说法也常常加给猎民村的鄂伦春族男性，特别是未婚大龄男性。尽管，他们的问题已不同于过去外人对其先辈的误会，更有可能是因为文化的不适和无奈。

从狩猎文化劳动观出发，鄂伦春人留给一些外来者的“懒惰”印象，问题可能出在观察者身上。他们的观察，可能是在鄂伦春人狩猎间隔期的闲暇中，当他们在家休息时观察他们的。③鄂伦春人在季节性的狩猎期间，比如在水泡边等鹿来饮水，有时一夜不睡，一天只好好吃一顿饭。对鄂伦春人的吃苦、耐寒、抗饿精神，没有人否认过，一直到现在。

与其他文化不同，鄂伦春人关于劳动的观念，不是为了劳动而劳动，而是为了多生产。一个人努力劳动而得不到好的效果，

---

①② 参阅何青花著：《金色的森林》，中国民族出版社，2002年7月，第64—66页。

③ 史禄国著：《北方通古斯的社会组织》，呼和浩特：内蒙古人民出版社，1984年，第506页。

被看作是不走运的，没有人把他当作楷模。另一方面，并没有费多大的力气而收获丰硕的，则被人们看成是值得仿效的真正成功者。

也许外人会联想，鄂伦春猎人在狩猎淡季或狩猎空余时间无事可干时，应该找点什么事来做，不要那么“懒”。对此，如果从狩猎文化的视角看，鄂伦春猎人是非常勤劳而积极的，他们在劳动中努力生产更多的东西。“在一些民族中不问效果的劳动已成为一种无上的美德，因为完全不劳动也可以生活。而在通古斯人中是没有这种情况的。在他们当中如有不劳动的男人和妇女，就会受到氏族成员的劝诫，有时还受到氏族当局的强制。另一方面，通古斯人不理解为劳动而劳动的观念，按他们的习俗规定，没有一定目的的劳动还不如什么也不干、轻松愉快地休息。”① 也许，正是这种传统劳动观－狩猎生产所要求的分工安排并固化成的劳动观的遗存，排除外在社会环境的因素，仅从文化本身而言，从狩猎向农业以及多种经营的转变绝不是短时期所能够完成的。这种转变不仅涉及到技术，还包括劳动观的重新构建和确立。也许，一个猎人对农民所要求的勤劳、节俭、四季、节气、农事安排是难以理解准确的。

我们发现，狩猎文化对现代社会的适应，因狩猎时期男女性别分工不同，从而显示出男女适应水平的不同。

狩猎时期的鄂伦春人男女分工明确，男子在家里不干女人的活计，否则会被人笑话。而妇女实际上是在不停的劳动着，而且是非常有秩序的劳动着，这主要是由她们的劳动性质决定的。家务活必须不断地去做，对儿童和家畜的照顾，为全家人熟皮子和做衣服，剩下的时间就不多了。而男子所进行的季节性的狩猎和

① 史禄国著：《北方通古斯的社会组织》，呼和浩特：内蒙古人民出版社，1984年，第508页。

其他劳动以及家庭内的分工，使男子在有些时间无事可干，这些时间当然由他们自己去支配了。这样分工的结果，使男子更专心于与狩猎相关的事物；而妇女采集、捕鱼，群体行动和合作、学习精神的建立则更有可能，因而，更有可能容易适应新的社会环境，从而有效进行文化调整。我们在当地，也能看到妇女在现实生存条件－转产－适应多种经营形势的要求，与外界发生交往、合作，谋求生活水平的改善，增加收入中妇女的活跃地位。而当年拥有崇高社会威望的好猎手，则在新的生存环境里显得英雄无用武之地。不仅如此，因为适应上的问题，往往容易成为主流社会的边缘群体。

解读那片金色的森林，我们不能不感到，猎人对猎枪、对猎马的感情，和决定他们认为人之所以为人的那份价值和意义，是我们这些异文化人所无法禅透和估量的。我们所能身体力行的，只有理解。《金色的森林》导引我们经历狩猎文化的历史隧道，一定程度上参与并体验了具有悠久历史传统的狩猎社会的日常生活。从历史和文化的观点看，“如果你把一个人抽离他的社会环境，你便先验地剥夺了他寻找道德稳定和经济效率的动力，甚至剥夺了他对生命的兴趣。如果你在这种情形下用他完全不认识的道德、法律或经济标准去衡量他，你只能得出一个漫画人物。”①在这个意义上，人们如果不能用明晰真实的历史将过去与现在连接起来，就极可能用含糊虚假的认识完成对一个民族的认识。

“历史既是人类成就和不幸的记载，也是人类财富与缺憾的清单。”② 尽管正如各个的个人一样，一个民族难以预料会面临

① ［英］马林诺斯基著，梁永佳、李少明译：《西太平洋的航海者》，第98—99页，华夏出版社2002年1月）

② 杨豫、胡成著：《历史学的思想和方法》，南京大学出版社，第3—4页。1999年12月。

哪样的历史机遇、会遭遇如何的环境演变、会迎接怎样的命运所赐予他们的生活环境—“场”，无论如何，文化在其所在的环境中一定是合理的，都有其特质和不可替代的优势；而就人类社会而言，多种文化样式的存在是人类的福祗。这意味着，当人类遇到任何困难或需对某种形势作出反应时，其方法和道路可以不止一个，人类的生存出路、选择可能将比我们预想的要多。

环境、文化与小民族的特有发展难题
——中国鄂伦春族个案

何　群

世代繁衍生息在中国东北部大小兴安岭、黑龙江嫩江沿岸地区的鄂伦春族，半个世纪前，是一个原始狩猎民族，依靠在原始森林中游猎为生。2000 年全国第五次人口普查，鄂伦春族总人口 8196 人，主要聚居在内蒙古自治区和黑龙江省的 1 个自治旗、11 个猎民乡镇、16 个猎民村。

鄂伦春族传统狩猎文化，是适应所在自然环境和社会文化环境的产物。适应特有的单一环境的结果，形成为简单文化。20 世纪中叶以来，鄂伦春族传统生存环境发生急剧变化，狩猎文化的自然进化过程遭致断裂，后来日益表现出文化的衰落，生存问题引人注目。问题关键在于，面对环境的急剧变化，传统文化所具有的简单文化的特点，束缚了鄂伦春族适应新环境的能力。在主体社会现代化进程中，在环境的进一步变化中，表现出很强的不适应。已故的著名社会学人类学家费孝通教授曾注意到，鄂伦春族面临的情况是森林发生了变化。由于自然和周围社会环境的改变，造成了他们在生产能力和职业方面的不适应。给他们地种，但是他们把地转租给汉人去种或是找打工的汉人来种①。通过追溯鄂伦春族历史以来环境变化与狩猎

---

① 费孝通：《民族生存与发展——第六届社会学人类学高级研讨班上的讲演》，中国社会学会民族社会学专业委员会秘书处、北京大学社会学人类学研究所、中国社会与发展研究中心主办《民族社会学研究通讯》，2001 年第 26 期，第 9 ~ 10 页。

文化演化的历程，吸取相关研究成果，特别是通过自己较为扎实的田野工作①，我认为，从某种意义上说，从事传统狩猎生产的鄂伦春族的生存问题、文化变迁问题，是伴随 20 世纪 50 年代末政府组织定居、尝试农业生产以及之后国家对当地自然资源的大规模开发，当地自然、社会文化环境发生巨大变化而引起的。随着所处自然环境和社会文化环境的变化，传统狩猎生产、生活方式向农业、多种经营等产业的转变问题，一直是围绕鄂伦春族发展的焦点。环境的变化，要求他们必须进行转变，这是问题的一个方面；另一方面，传统狩猎文化适应环境变化能力的局限，特别是来自社会环境的原因，即“适应机会”、“适应限度”问题，使他们的生存发展至今呈现扑朔迷离的发展态势。事实上，小民族生存问题的本质，就是传统民族文化如何适应复杂的环境的问题，就是传统民族文化与环境的关系问题。

一、传统狩猎文化与环境互动历史的概要梳理

通过追溯鄂伦春族近几百年来历史线索，从文化与环境关系的视角的民族志分析，可以得出结论，鄂伦春族传统狩猎文化，

① 1998 年至 2003 年，笔者三次赴鄂伦春地区进行实地调查，走访了 6 个猎民乡镇、9 个猎民村，调查时间累计数月，获得了比较翔实可靠的第一手资料。第一次是 1998 年 7～9 月，为完成所主持的国家“九五”社科基金项目“现代化进程中小民族发展问题及政策研究——以鄂伦春族为例”而开展的实地调查；第二次是 2000 年 7～8 月，参加国家民委、北京大学、中央民族大学联合项目“中国人口较少民族经济社会发展调查研究”，随课题组赴鄂伦春族自治旗，进行鄂伦春族经济社会发展调查；第三次是 2003 年 9～10 月，为完成博士论文而进行的对鄂伦春族聚居地区的实地社会调查。

是适应历史上所在自然环境和社会文化环境的产物。从元、明、清各个朝代一直到 1949 年中华人民共和国建立，鄂伦春族狩猎文化形成、维持的自然环境和社会文化环境，表现为三方面特点：其一，大小兴安岭地区深山密林河谷中可以攫取作为生活资料的动植物自然资源非常丰富，足以满足他们狩猎、采集、捕鱼的生存方式；其二，地广人稀，其他文化的影响微乎其微；其三，尽管迁移至黑龙江南岸之后，17 世纪至 1949 年 300 多年间，所处社会文化环境的变化从没有停止，狩猎文化随着环境变化显示出没落的态势，然而，环境的改变尚没有达到狩猎文化难以维持的地步。

适应特有单一环境的结果，形成为狩猎文化。狩猎文化作为简单文化，相对于农业等复杂文化多元、多层面的性质，具有如下特点：第一，依靠传统狩猎辅之以采集、捕鱼为生，谋生技术原始。与技术相关，社会组织结构相对松散，信仰的原始多神教——萨满教；第二，由谋生手段和社会组织制度、观念形态简单性所决定，他们的生活和命运，容易受到环境的约束，适应急剧变化环境的能力较差。即狩猎文化形成之后的维持、延续，需要以特定的环境条件为前提。简单地讲，就是要以地广、人稀、动植物资源雄厚、活动空间广阔、社会环境单纯、单一为基础。因此，这种文化，可以说是十分脆弱的。一旦所要求的环境条件发生急剧改变，狩猎文化难以作出及时的调整和适应。

就社会文化环境与狩猎文化的互动而言，长达 300 多年的历史演进表明，中央王朝的统治、周围各种政治势力的影响，异文化对其传统文化在技术、社会制度、观念等层面，产生了不同程度的渗透和影响，文化传播引起的文化演进一直在进行。与此同时，伴随着一些时期的文化冲突等非自然同化。比较典型的如清末民初政府在现黑龙江黑河等地，当时称为毕拉尔路鄂伦春人中组织实施的“弃猎归农”运动的不了了之。因总体上生存环境没有发生根本改变，即森林、草原等自然资源尚未大规模开发，迁入的异族人口规模尚未构成使狩猎生产难以为继，所以，狩猎文化尽管呈现衰落趋势，但尚未断裂，依然得以在衰败中延续。

同时，尽管我们说因环境依然能够保证狩猎文化的延续，或衰而未断，然而，考察几百年来鄂伦春族与外界的互动历程，简单文化往往表现出某种弱势，蒙受损失，存在小民族的特殊困难。互动的历史表明，简单文化与环境的关系和谐与否，实质是取决于社会环境的性质。清末民初以来，随着移民增多，社会环境日趋复杂，在与周围政治势力的接触中，在与异族商人等其他身份的人的来往中，蒙受了许多因文化弱势而带来的屈辱和剥削。而半个多世纪前伴随定居等主流社会现代化事业在当地的推进，在急剧改变了的生存环境中，狩猎文化简单性的特点，作为内在的根本原因，局限了他们的适应水平。

透过历史理解现在，将当前的事件牢牢地深植于它们的历史脉络中，可使我们对它们的了解更为丰富。

二、简单文化适应能力和社会环境共同作用中的生存发展问题

我们说，鄂伦春族传统狩猎文化（包括鄂温克族传统驯鹿文化的形成与延续），是适应大小兴安岭地区地广人稀，动植物资源丰富这一自然环境和社会文化环境的产物。狩猎文化的存在和延续，受环境的直接控制和左右。如果人口密度达到一定程度，森林资源开发达到一定水平，狩猎生产失去了回旋余地，那么，

狩猎文化自然演进过程的断裂，狩猎文化的衰落，将是难以避免的。而文化的载体是民族，民族是由人群构成的，因此，一种文化的衰落，实际上即意味着作为这种文化主体的人和人群生活出现重大危机。

1996年，鄂伦春族自治旗政府宣布包括境内鄂伦春族在内的人口一律禁猎。为什么要禁猎？据在当地了解，政府是出于两方面的考虑：一是为了保护当地的生态环境。随着当地人口的剧增，长期的乱砍滥伐滥猎，已使自治旗境内的动植物资源遭致严重破坏，树林消失，物种减少，传染病和水灾、冰雹等因气候、生物链的破坏导致的自然灾害增多等，已成为严重局面。为了遏制这种严重局势，所以提出禁猎。而鄂伦春族作为传统狩猎民族，享有合法持枪者的权利。但是照顾到国家总体利益，也是意在发挥自治民族的带头作用，所以，猎民的狩猎枪支也由政府收上来统一保管。而其他人口的枪支属于没收，而不是收藏；另一个考虑，是希望通过禁猎，促使猎民彻底告别基本已无甚收入的狩猎业，集中全部精力从事农业等其他谋生行业。禁猎后，猎民在政府的扶持下，大规模转向农业生产，兼顾多种经营。但是普遍的情况是，给他们地种，他们把地转租给汉人或是找打工的汉人来种，绝大部分人口靠吃地租和国家的护林员工资、低保补助生活。所谓农业大户只占猎民人口的极少数。黑龙江境内的鄂伦春族尚未禁猎，但是，狩猎业收入已微乎其微。六个民族乡镇的鄂伦春也是以农业为主，同时兼营种植、养殖等。但是猎民社会分化严重，也就是说，从总体而言，还没有建立起从心理上接受、技术上过硬、体质上能够负担农业劳动的局面[①]。

自20世纪中叶定居之后数十年的经历，特别是近十年来各个地区鄂伦春社会发展的主要经历——事件、过程、结果表明，

---

① 无独有偶，敖鲁古雅饲养驯鹿的鄂温克人同样面临因环境巨变而存在的现实生存发展问题。2000年第五次人口普查，鄂温克族有3万多人口。其中从事传统驯鹿业的鄂温克人有100多人。2003年8月下旬，从事传统驯鹿生产的100多名敖鲁古雅鄂温克族，走出生活了几百年的中国东北大兴安岭、激流河和满归镇北部的那一片森林，政府组织他们生态移民，从此他们将定居在离相当于中等城市的根河市大约2-3公里的市郊。政府投入巨资，在那里为他们筹建了各项设施较为完备的社区，搭建了现代化的驯鹿圈舍。2003年9月下旬，笔者在新敖乡看到，已落成的学校、医院、博物馆、乡政府办公楼尚未挂牌，若干辆推土机和运送各种物资的大卡车一刻不停地工作着。据乡领导讲，很快将要举行隆重的定居庆典。中国最后一部分从事驯鹿生产的敖鲁古雅鄂温克猎民，走出森林，这一事件，吸引了国内外的许多目光。他们为什么要离开深山老林？他们和他们的驯鹿，是否能适应定居和圈养的环境？他们今后的前途会如何？

实际上，我在当地了解到，驯鹿的圈舍饲养，已经出现问题。因为驯鹿的生活习性，是必须以森林中生长着的新鲜的苔藓和蘑菇为饲料，并且要求能够自己在森林中游动、自由自在地寻找新鲜苔藓，同时实现它们的社会生活和情感满足；而且它们习惯于人迹稀少的阴冷、潮湿的森林环境。而圈舍饲养则完全失去了驯鹿所要求的生存环境。据当地人介绍，驯鹿在现代化的圈舍圈养了20多天后，体重普遍下降，体质开始走下坡路。无奈，政府只得允许猎民将驯鹿放回林子，而猎民又随着驯鹿重新返回森林，住帐篷，又过起了游猎生活。我在新敖乡（注：相对于过去的敖乡，当地人对新定居点的称呼）看到，为驯鹿搭建的现代化圈舍空置着，为猎民建筑的新居有的空无一人，或有老人守着。问题是，根河市郊的林地面积非常有限，而且现代化建设的继续，也难说仅有的林地不再缩小。事实是，驯鹿连同它的主人已难以有清净的、维持过去生活秩序的环境。在森林深处一个猎民点儿（“点儿”，指在森林中饲养驯鹿、由一两家或外加几个亲属组成的生产单位），我看到为了迎接不久的搬迁庆祝活动，按照上级布置，这个点儿（一对夫妻和两三位亲戚组成）的两三个有力气的男人正在搭建传统住屋“斜仁柱”，跟前，已经有一男一女外边来的记者在使劲地拍照。三十只驯鹿和四五只猎犬活跃在周围。可以想像，庆典时观众人数一定会超过驯鹿和猎民。即便是平时，参观者、考察者、旅游者也往往不期而至，林子里宽宽窄窄的土路在增多，时不时会听到汽车的声音 …… 现代化是不可遏制的。传统驯鹿鄂温克人的生存前景，确实引人注目。

尽管生活在内蒙古和黑龙江省两地以及同一地区不同乡镇之间环境、历史演进、与外界文化交流程度上存在某些可能的差异，但是共同呈现出传统狩猎文化技术以及由此引起的组织、观念等层面的文化适应问题。这主要体现在禁猎后普遍转向农业生产后发生的社会分化；同时，环境急剧变化引出的问题，已经超出了文化适应范畴。鄂伦春猎民现时期生计问题以及未来前景，既受制和取决于传统文化简单性因素与复杂环境的互动，同时受制和取决于50多年来积累的体质、财力、观念、信心状况和可能的转机。就新的生产技术掌握而言，决定今后鄂伦春族产业前景的至关因素，或者说，若希望找到鄂伦春族得以稳定持续发展的产业类型，取决于内外两个方面条件：内部条件是鄂伦春族是否习惯于或胜任于新产业；外部条件是所在地区政府是否能够根据实际，科学决策，找到适合于鄂伦春族的产业，管理体制、社会环境是否可能保证他们从事新的产业。

考察鄂伦春族在巨变中的社会环境中的生存史，我们有必要指出一种现象，即自定居起50多年鄂伦春族所经历的生存困境，并不完全是他们不能主动适应变化着的环境，而是环境没有提供给他们改变自己和适应环境的足够的时间和机会，主流社会大的发展计划、政治运动、社会风气，使鄂伦春族缺乏使某种产业得以形成、巩固、繁荣的时机，缺乏使狩猎文化技术、组织、观念等各个层面向现代化实现平稳转型的时机。

1.1953年组织实施1958年全部实现的猎民定居，政府的意图不是以“弃猎归农”为目的，而是要“改变”鄂伦春族“落后”的狩猎生产生活方式，和其他兄弟民族一起，当家作主，在社会主义大家庭里，实现现代化。受制于文化单线进化论影响，文化演进序列被理解为：原始——落后——发展——进步。以这样的文化理念为前提，所以，外部干预“原始”文化，促使被定义为“落后”的文化的进步，成为“先进文化”或政府正当和不容怀疑的理由。与此同时，现代化的扩散，大、小兴安岭森林、土地开发，外来人口急剧增多，异文化的广泛传播，文化交流的全面展开，狩猎文化自然演化过程日益呈现断裂态势，揭开了鄂伦春族如何适应急剧变化的环境以求生存发展的帷幕。

2. 环境的多变难以赢得相对稳定的适应时间。追踪几十年鄂伦春人生产方针调整、变化轨迹，环境急剧而根本性的变化，迅速打破了狩猎文化与环境已往的平衡、共生、互助关系。狩猎业和鄂伦春人的生活秩序，随着环境的多变而一步一步衰落、一步一步陷入失序的状态。

环境多变的因素之一，是政府政策难以保证一以贯之、系统配套。而政府政策难以保证一以贯之，则根源于政府行为的资源开发造成的所始料不及的自然环境和社会环境巨变，或国内政治运动失控对鄂伦春社会的冲击，这些巨变和冲击，一环接一环，总是不断向鄂伦春族提出生产方针改变、调整问题。于是，生产方针的制定和改变就不可能是主动的、积极的、平稳而有效的，而往往是被动的、消极的、浮躁而短期行为的。这使鄂伦春族的生产难以获得长久稳定发展。如，20 世纪 60 ~ 70 年代，当他们熟悉了养鹿时，却又不让他们养鹿而改种地了；在 1995 年前后，当他们以林为主、刚刚从清林中获得好的收入，又因林业政策调整、外来人口的清林竞争等难以为继了；2000 年前后，当他们刚对农业真正发生兴趣，要求开地、种地时，却又要恢复生态平衡退耕还林了，环境没有提供给他们相对够用的适应时间。

3. 作为社会环境重要因素之一，国家民族优惠政策以及与主流社会转型时期某些管理体制不健全、漏洞相作用，出现了短期效果，超过了狩猎文化的适应限度。致使某种适宜的生产组织形式难以坚持，某项有希望的产业沦为流产，优惠政策落实过程发生变形，如猎民集体农场的最终解体，清林生产的最终衰落，以及曾经繁荣的养鹿业的失落。

另外，政府多年以来扶持方式上的某些失误，帮助上的大包大揽，形成了鄂伦春社会对政府优惠政策、扶持、照顾的依赖等模式化的思想和情感方式，不利于这个群体的自尊、自立、自强；民族优惠政策的制度性安排与传统文化差异、文化适应问题的客观存在，特定环境与特定文化的交错作用，使得因民族而具有的界限和冲突，无论是在群体层面还是在个人层面变得敏感甚至尖锐。出现了某些社会排斥、地方歧视以及附加的鄂伦春族适应、调整问题。与上述问题提出的扶持、帮助方式的调整相关，当前以及国家政治、经济体制改革等现代化进程的推进，鄂伦春族总体文明程度的提高，也将国家民族区域自治政策以及各项有关民族政策如何调整，以适应社会发展、少数民族文明进程问题提上日程。

三、总　　结

1. 鄂伦春族个案表明，小民族的生存问题，主要是由外部环境急剧变化而他们的传统文化不能有效适应而引起的。历史上与外界接触很少，长期生活于一种比较单一的自然环境中的小民族，它们的传统文化是一种简单的文化。当这样的小民族周围的自然环境与社会环境发生急剧变化时，它们传统的、简单的文化和社会组织无法进行迅速的调整和有效的适应，必然发生生存的危机和发展道路的问题。简单文化在与复杂文化接触中，尽管文化借用、传播等文化变迁的一般法则仍在发生作用，但是由于简单文化产生于比较单一的环境，缺乏复杂文化多元、多层面、异质性强的性质，因此，面对急剧变化的新环境，传统文化所具有的简单文化的特点，又束缚了小民族适应新环境的能力。

2. 鄂伦春族生存发展问题，多是在外部压力影响下发生的急剧文化变迁引起的。问题的原因，不仅在于简单文化适应能力与否，还在于不合理的森林、土地等自然资源开发，外地移民和盲目流动人口的急剧增加；国家发展鄂伦春族理念上文化理解的欠缺，发展计划的全国“一刀切”，主流社会政治运动、社会风气等大的社会文化环境的影响，使鄂伦春族缺乏相对稳定的生存环境，缺乏使某种产业得以形成、巩固、繁荣的时机，缺乏使狩猎文化技术、组织、观念等各个层面向现代化实现平稳转型的时机。相对稳定的社会环境的缺乏，使他们没有得到相对稳定的适应时间，没有机会发挥出他们的适应能力。而严峻的生态与社会压力，使他们在消极被动中沦为社会边缘和依附性群体。因此，小民族的生存状况，是对国家政治文明的一种挑战，也是对人类基本权力的一种挑战。

3. 鄂伦春族生存发展和未来前途取决于社会文化环境影响。

为什么包括鄂伦春族在内的那些秩序井然且不乏人间欢乐的狩猎、采集社会如逝去的黄昏？为什么他们的生存发展和未来前途依然引人注目？通过考察鄂伦春族狩猎文化衰落的过程和经历，可以看到，小民族目前的生存问题，更多是外界因素引起的。“对正在迅速消亡的原始种族的研究是目前正在不遗余力地摧毁着原始生活的文明世界的职责之一。”[①] 那么，如何在尽量减少危害结果的前提下帮助小民族逐渐实现文化转型，实现小民族在现代化环境中的文化重建？

鄂伦春族等小民族的生存和未来前途取决于社会环境。尽管小民族适应环境变化的能力不一，但是总的来说，他们的现实生存和未来走向，在很大程度上决定于现代社会构成的环境变量的影响。要为小民族创造生存下去的客观条件，首先是保证小民族

① ［英］马林诺夫斯基著，原江译：《原始社会的犯罪与习俗》，云南人民出版社，2002 年 1 月。“前言”，第 3 页。

用来适应新情况的时间；第二是保证他们生存发展的自然资源和活动空间；三是通过尽可能地延续他们的语言、艺术等来增强他们的文化自豪感；最后，至关重要的是，外部世界欣赏并重视他们的文化和对主流社会的贡献。

后 记

这是一本国外学术界研究现代化进程中土著民族、小民族生存状况的论文集。它们是我按照世界范围内土著民族与小民族生存发展状况及学界对此的研究状况的选择主旨，从中国社会科学院民族研究所（现民族学人类学研究所）主办的刊物《民族译丛》全部期刊（1982－1994 年）中所收集并挑选出来的。同时，编入我的有关文章两篇，加上我写的前言，权为编著。

记得那是 1999 年 9 月－2001 年 1 月在北京大学社会学人类学研究所访学期间，除了上课，便是听讲座，去图书馆，跑书店。而每次去北京大学图书馆，都是怀着朝圣般的心情。嗅着北大图书馆大门台阶上下我感受到的特有橘香，又兴致勃勃地钻进那丛林般的书架之间，找到按年度装订成册的那种黑色硬皮、烫金字的沉甸甸的《民族译丛》，先翻目录，查题目，再品原文，将文章名和期刊号以及大致内容记到本上，再急着去复印，而复印不出图书馆的门就可以解决。这样的工作用去了呆在图书馆里的不少时间。我至今感念北大图书馆工作的踏实和有心，使学子免去了多少找资料的劳神费时之辛苦，顷刻间便可以拥有想找的某本刊物的全部。一所好大学，正如某个老村的格局或一个哪怕是破落贵族的家庭布置，于细微处见经心、见品质。后来，在中央民族大学院内，院里的人都知道的社科院民族学人类学研究所 6 号楼后那间幽静、常年缺乏日照、而时常会不期遇到好书的小书店内，发现了一套将 12 年逐期装订成两大厚本的《民族译丛》正在出售……

我在《民族译丛》上找到的这些优秀文章，为我完成博士论文提供了深厚的理论滋养和资料源泉。论文虽已搁笔，然而这些篇章引发的思绪、情绪意犹未尽。又适逢国内小民族研究渐成气象，筛选其中若干，将其编辑成书，成为紧随论文之后又一紧迫心愿。

《土著民族与小民族生存发展问题研究》最终能够出版，是与多方的热忱支持及工作效率分不开的。也许，用“爱和慈悲是没有敌人的”在此不甚合适，然而，经过协商，非常荣幸地得到了已经停刊11年的原《民族译丛》主办单位－中国社会科学院民族研究所的出版准许，得到尊敬的郝时远所长、蔡蔓华老师、吴家多老师的热情支持，使本书不存在著作权方面的争议。同时，非常感谢朱伦、东蔫、陈景源、王晓丽、郑信哲等译者对我编著此书动议的认同和支持，同意将其译作收编入书。在此，也恳请希望因各种原因没有能够取得联系的几位译者见到此书后，请将您的联系方式提供给我，以表达我的歉意、谢意和尊敬。

为了内心能够踏实，我想表达出对民族出版社负责汉文编辑工作的黄显辟先生的感谢和敬意。感谢您对本论文集选题、学术价值和社会意义的揭示和评价，感谢您的宽容和理解。

承蒙母校中央民族大学将本书列入“211工程”出版计划。承蒙中央民族大学出版社莫福山总编对本书的赏识和器重，责任编辑李苏幸老师的严谨批阅把关，使该书品质得到提升并顺利付梓。

在此，我愿意坦言一个时期以来自己常感觉荣幸的一件事，即本书得到多伦多大学博士、北京大学国际关系学院李安山教授惠赐以序。在我看来，这篇序言，就指引读者进入土著民族与小民族生存发展问题讨论的“氛围”，融入土著民族与小民族生存发展问题意识的“场”，堪称高屋建瓴、画龙点睛之笔。与李老师“序”中所倡导的“问题意识”与“人文关怀”浑然一体并一气呵成，给予一个“做学问”的初学者非常满足并深感惴惴不安的评价。我结识李老师从拜读他的大作《南非斗士曼德拉》开始，之后就注意收集李老师的著作、文章，想从中更多地感受那份才思，想更多地被浸染、被培育出那种做学问的人都急切地想具备的难以言说的学术灵性。

在此，我也想向若干岁月以来所有关怀和帮助过我的人们表示由衷的敬意和感激！念苍天之悠悠，念天行之有常，怎敢辜负殷殷关怀，怎敢不关顾生活－生生不息之大善！

何　群

2006年4月18日